珍藏本
纪念版

汉译世界学术名著丛书

唯一者及其所有物

〔德〕麦克斯·施蒂纳 著

金海民 译

商務印書館
SINCE 1897 The Commercial Press
2017年·北京

Max Stirner
DER EINZIGER UND SEIN EIGENTUM
Phillipp Reclam Jun. Stuttgart 1972
根据斯图加特小菲利普·雷克拉姆出版社 1972 年版译出

汉译世界学术名著丛书
（120 年纪念版·珍藏本）
出 版 说 明

2017 年 2 月 11 日，商务印书馆迎来 120 岁的生日。120 年前，商务印书馆前贤怀揣文化救国的理想，抱持“昌明教育，开启民智”的使命，立足本土，放眼寰宇，以出版为津梁，沟通中西，为中国、为世界提供最富智慧的思想文化成果。无论世事白云苍狗，潮流左右激荡，甚至战火硝烟弥漫，始终践行学术报国之志，无改初心。

迻译世界各国学术名著，即其一端。早在 20 世纪初年便出版《原富》《天演论》等影响至今的代表性著作，1950 年代后更致力于外国哲学和社会科学经典的译介，及至 1980 年代，辑为“汉译世界学术名著丛书”，汇涓为流，蔚为大观。丛书自 1981 年开始出版，历时三十余年，迄今已推出七百种，是我国现代出版史上规模最大、最为重要的学术翻译工程。

丛书所选之书，立场观点不囿于一派，学科领域不限于一门，皆为文明开启以来，各时代、各国家、各民族的思想与文化精粹，代表着人类已经到达过的精神境界。丛书系统译介世界学术经典，引领时代思想，为本土原创学术的发展提供丰富的文化滋养，为推动中国现代学术和现代化进程做出了突出的贡献。

为纪念商务印书馆成立120周年，我们整体推出“汉译世界学术名著丛书”120年纪念版的珍藏本，寄望既利于文化积累，又便于研读查考，同时向长期支持丛书出版的译者、编者和读者致以敬意。

两甲子后的今天，商务印书馆又站在了一个新的历史时间节点上。我们不仅要铭记先辈的身影和足迹，更须让我们的步伐充满新的时代精神。这是商务人代代相传的事业，更是与国家和民族的命运始终紧密相连的事业。我们责无旁贷，必须做好我们这代人的传承与创造，让我们的努力和成果不仅凝聚成民族文化的记忆，还能成为后来人可以接续的事业。唯此，才能不负前贤，无愧来者。

商务印书馆编辑部

2017年10月

译者前言

《唯一者及其所有物》是青年黑格尔分子、无政府主义思想家麦克斯·施蒂纳(笔名,原名为卡斯帕尔·施米特)的主要著作,写于1843—1844年。1844年10月由出版商奥托·维干德在德国莱比锡出版(出版标明的日期是1845年)。该书是青年黑格尔派的一部重要著作,通常也被当作无政府主义思潮的代表作之一。恩格斯因此称施蒂纳是"现代无政府主义的先知"。[①]

马克思、恩格斯在1845至1846年写了《德意志意识形态》一书,第一次比较系统地论述了唯物史观的基本原理,此书对施蒂纳的批判所占篇幅最大,几乎占了全书的十分之七。因此,无论就深入研究《德意志意识形态》,研究马克思主义哲学思想、政治思想的发展,深入研究无政府主义思想的产生与发展,抑或是深入研究青年黑格尔派本身等方面而言,翻译出版《唯一者及其所有物》,都是非常必要的。

① 恩格斯:《路德维希·费尔巴哈和德国古典哲学的终结》,《马克思恩格斯全集》第21卷,第313页。

一

麦克斯·施蒂纳1806年10月25日生于德国巴伐利亚的拜洛伊特。他的父亲是制作长笛的技师，家中过着小康以上的生活。施蒂纳两岁时丧父，其母以后改嫁给一个牙科医生，全家搬到西普鲁士。十二岁时，施蒂纳又回到巴伐利亚，在那里上中学。1826年，即他二十岁时进柏林大学哲学系，学习哲学、神学和古典语言学。当时黑格尔正在柏林大学授课，施蒂纳听过黑格尔的课，也听过著名新教神学家和哲学家施莱艾尔马赫尔、马尔海内克等人的课程，共学习两年。1828至1829年在爱尔朗根大学学习。后来他由于母亲患精神病而休学三年，直到1832年才重返柏林大学，听米歇勒特等人的课。1835年毕业，毕业论文《论教育法》没有获得通过。此后他当过中学的试用教员和女子中学教员。

1842至1844年是施蒂纳从事创作的全盛时期。1842年施蒂纳开始与青年黑格尔派交往。他结交的有鲍威尔兄弟、梅因、科本及恩格斯等人。马克思是1841年底离开柏林的，所以他们两人从未会过面。恩格斯在1889年曾回忆道："我同施蒂纳很熟，我们是好朋友。他是一个善良的人，远非像他在自己的《唯一者》一书中对自己所描写的那样坏，不过多少带点学究气，这是他在教书的年代里养成的。"①

1843年施蒂纳与玛丽·威廉娜·德哈尔特结婚(《唯一者及

① 恩格斯致马克思(1852年3月2日)，《马克思恩格斯全集》第28卷，第31页。

其所有物》就是呈献给她的),她很富有,带来了数万塔勒的财产。1845 年用她的钱买了一座奶酪厂,由于经营不善,不到一年就破产了。接着,他的妻子带着怨恨离开了他。1856 年 6 月 25 日施蒂纳在贫病中去世。

在参加青年黑格尔派活动期间,施蒂纳先后为《莱茵报》、《莱比锡总汇报》和《柏林月刊》等刊物撰写通讯、评论,主要内容是抨击普鲁士当局与教会,反对书报检查制度。这些文章表现出他不顾任何确定的道德准则以抬高自我和反对任何国家的思想倾向。这个时期他的文章有:《关于布·鲍威尔的〈末日的宣告〉》、《柏林教区的一位教友对五十七名柏林神职人员的呼吁书的答辩:基督教的安息日》、《我们教育的不真的原则或人道主义和现实主义》、《爱的国家的若干暂时的东西》和《欧仁·苏的〈巴黎的秘密〉》等。

除了《唯一者及其所有物》外,施蒂纳还出版了《反动的历史》(1852 年)。恩格斯指出,这是一部毫无价值的文集,“是一部由施蒂纳的读书笔记以及已发表和未发表的报刊文章汇集成的汇编,是‘被抛弃的叶和花’,扯到了世界上的一切和其他某些事情。”[①] 此外,施蒂纳还翻译过八卷本的《法国与英国的国民经济学家》。

二

施蒂纳的《唯一者及其所有物》的哲学基础是极端的主观唯

---

① 恩格斯致马克思(1852 年 3 月 2 日),《马克思恩格斯全集》第 28 卷,第 31 页。

心论和唯我论；该书的核心则是从个人——“自我”、“唯一者”出发的，要求绝对自由的极端利己主义。他认为在“唯一者”之外的任何事物都是非现实的、虚幻的。而唯一者的行为准则就是利己主义，“他向来就是抛却除自己之外的一切，因为他估价、评价任何东西都不会大于、高于其自身，简言之，因为他从自身出发并‘返回自身’。”（本书第180页）

全书共分两大部分。第一部分标题是“人”，施蒂纳说明所有意识、宗教、道德、法律、真理、国家、社会、人民、民族、祖国、人类以至世界本身都是旨在通过各种非个人的普遍的东西来奴役个人，都是“否定你自己”的，由此说明世界上的任何事物本身都是利己主义的，因而“唯一者”当然也是利己主义的。第二部分标题是“我”，指出了自我彻底解放的道路，即“回到你自己那里去”的道路。他主张自我的解放不能依靠在自我之外的什么永恒的观念或原则来实现，而只有靠使自我君临这些观念或原则之上来达到。显而易见，这种立论结构是模仿费尔巴哈的《基督教的本质》一书的。《基督教的本质》就分成“宗教之真正的，即本身的本质”和“宗教之不真的（或神学的）本质”两大部分来分别论述神和人的。

与其他青年黑格尔分子一样，施蒂纳深受费尔巴哈的影响，特别是他对宗教的批判。这一点充分表现在《唯一者及其所有物》一书中。同时，费尔巴哈又是该书批判的一个主要目标。这是因为，施蒂纳的“抛却自己之外的一切”的主张是与费尔巴哈崇拜作为类的存在物的人的观点针锋相对的。施蒂纳也拾起了反宗教的旗帜，然而他是怎样批判宗教的呢？

这里就以他批判费尔巴哈为例作一简单说明。施蒂纳宣称，

“我是高于一切的”（本书第5页），而费尔巴哈主张个人“不能超越他的类的法则和绝对的本质规定”[①]，故而对于施蒂纳来说，基督教中的神或费尔巴哈所说的人就都是凌驾于个人之上的同样的东西。施蒂纳认为，费尔巴哈所做的，充其量不过是把最高本质由“神”变为“人”。费尔巴哈的人本主义宗教只不过是基督教的最后变形而已。“对人的敬畏就仅仅是对神的敬畏的一种变化了的形态”（本书第203页）。施蒂纳直截了当地道出了他的依据：“宗教与道德都涉及一个最高本质，至于它究竟是超人的还是人的本质，这对于我来说就是无所谓的了，因为在任何情况下它都是高于我的一个本质，同样是一个超出我自身的东西。”（本书第51页）施蒂纳还进一步指出，费尔巴哈的人的宗教是比神的宗教更糟糕的东西：“费尔巴哈认为，如果他把神的东西人化了，他就找到了真理。不，如果说神折磨了我们，那么，‘人’就能更加残酷地压榨我们。”（本书第191页）这就是施蒂纳在该书中使用的一种典型手法：超出我自身的东西即是神圣的东西，使神圣的东西凌驾在我个人之上即是幽灵、怪想、固定观念，即是宗教，而宗教则是要加以摧毁的。犹如基督教把神看作最高存在就是一种迷信那样，政治自由主义、共产主义、人道自由主义分别把国家、社会、人看作最高存在同样是一种迷信、一种宗教观点。黑格尔把世界精神看作最高存在是迷信，连布·鲍威尔把自我意识看作最高存在也是一种迷信的表现。

① 费尔巴哈：《基督教的本质》，《费尔巴哈哲学著作选集》下卷，三联书店1962年版，第315页。

当然，施蒂纳在作这样的论述过程中，一开始还借助于儿童、青年和成人所谓现实主义、理想主义和利己主义的三阶段式的发展，以及按这一模式套用于论述人类的历史（古代人、近代人、自由者），说明唯一者如何把世界据为己有，把世界变成他的所有物；说明利己主义和利己主义者的结合是个人与社会发展的必然结果。诸如儿童与事物打交道，未能摆脱事物，他们的思想只是针对一种事物所产生的思想——与某个事物相联系的思想。青年与纯粹思想（不与任何事物相联系的思想称之为纯粹思想或纯思想）打交道，但未能摆脱思想。成人随心所欲地处理事物和思想，并将他的个人利益置于一切之上。又如古代是从属于事物的时代，带有黑人性质；近代是附属于思想的时代、基督教时代，带有蒙古人性质；未来则是我，"唯一者"成为既是事物世界的所有者，又是精神世界的所有者，成为利己主义者联合的时代。

施蒂纳对国家的看法则是上述观点在这方面的延伸和运用。"国家总是把限制个人、束缚个人和使其服从、使个人臣服于任何一种普遍的东西作为它的目标。"（本书第 251 页）因而，个人与国家是不共戴天的敌人，施蒂纳认为，国家与社会是无法改造的，因而只能消灭国家与社会，使国家变为我的所有物和创造物，代之以利己主义者的联合。而要做到这一切，利己主义者的个人就必须以力量为后盾，以权力为后盾。利己主义者要成为全能的自我、强者。"你有权力成为什么，对此你也就拥有权利。"（本书第 208 页）谁有权力，他就"站在法律之上"（本书第 183 页）。利己主义者是不讲道德，不受任何束缚的。他不要任何服从，否定一切权威。"什么对我来说是正当的，那么它就是正当的。……而如若某物对于整个世界来说是不正当的，对我来说却可能是正当的，这就叫做我喜好某物，而根本不管整个世界。”（本书第209页）据说，“利己主义者的联合”是建立在一种爱的原则之上，即建立在一种利己主义的爱——我的爱这一原则之上。联合是我自己的创造物，进出随我所愿。我是唯一能使自己参加联合的人。联合的目标不是革命，而是反抗，不是创立新制度，而是设定自我。然而这正如马克思所指出的那样，作为无政府主义者的“唯一者”，他们唯一到这种程度，以至于在他们中间找不到两个可以和睦相处的人。[①] 施蒂纳的利己主义者的联合，纯粹是子虚乌有的东西。这只不过表达了“那些想变成真正资产者的现代德国小资产者的期望”[②]。

三

这个中译本是根据联邦德国斯图加特小菲利普·雷克拉姆出版社1972年版译出的。选用这个版本是因为：该版是依据1844年奥托·维干德出版的第一版排版的。马克思与恩格斯写作《德意志意识形态》时，用的就是这后一版本。1972年版编者只对少数明显的错字、漏字作了补正，并一一予以标明（在正文中用方括号表示），对存疑之处则慎重地仍按原样排版。如本书第5页：“我〔并非〕是空洞无物意义上的无，而是创造性的无……”一句，

① 恩格斯致麦克斯·希尔德布兰德（1889年10月23日），《马克思恩格斯全集》第37卷，第287页。

② 马克思、恩格斯：《德意志意识形态》，《马克思恩格斯全集》第3卷，第481页。

表明1844年版漏排了"并非"(nicht)一词,这是后来补正的。马克思、恩格斯依据1844年本引为"我是空洞无物意义上的无"(见《马克思恩格斯全集》第3卷,第119页)。脚注中凡加〔 〕号的为1972年德文版编者所注;译者加的注一一作了标明;其余的脚注则是作者施蒂纳原注。"施蒂纳生平年表"也是据1972年本译出的。

诚如中文版《马克思恩格斯全集》第3卷译后记所指出的,《唯一者及其所有物》文句十分晦涩,用语怪诞,翻译起来非常困难。译者限于学力,虽尽了很大努力,呈献给读者的译本仍难免有错误与不妥之处,热忱希望读者予以指正。

目　录

我把无当作自己事业的基础…… 3

第一部分　人

第一章　人生…… 8
第二章　古代人和近代人…… 15
　第一节　古代人…… 15
　第二节　近代人…… 25
　　一、精神…… 28
　　二、中迷者…… 36
　　三、教阶制…… 72
　第三节　自由者…… 106
　　一、政治自由主义…… 107
　　二、社会自由主义…… 126
　　三、人道自由主义…… 135

第二部分　我

第一章　独自性…… 170
第二章　所有者…… 189

第一节　我的权力……………………………………………… 204
第二节　我的交往……………………………………………… 232
第三节　我的自我享乐………………………………………… 359
第三章　唯一者……………………………………………………… 410

附录　施蒂纳生平年表……………………………………………… 416

献给我亲爱的

玛丽·德哈尔特

我把无当作自己事业的基础

还有什么不是我的事！首先是善事，而后是神的事，人类、真理、自由的事，人道和正义的事；以至我的人民、我的君主和我的祖国的事；最后，则还有精神的事和成千万其他的事。唯有我的事从来就不该是我的事。“呸！只考虑自己的利己主义者！”

让我们看看，我们为之操劳、为之献身、受其鼓舞的那些事业，它们自己又是如何对待它们的事业的。

你们知道宣讲神的许多详情、数千年来“研究神的深奥”，洞悉神的心地，因而你们就能有把握地向我们说，神自己如何推行对我们是责无旁贷的“神的事业”。你们也并不隐瞒主的作为。那么，什么是主的事业呢？主是否有如同苛求于我们那样的一种他人的事业？它是否使真理的事业、爱的事业成为它自己的事？这种误解激动着你们，你们训示我们：神的事业确实是真理和爱的事业，但对神来说真理和爱的事业绝不能说是一项他人的事业，因为神本身就是真理和爱；你们对于把神和我们这些可怜虫相提并论，即神也从事一项把旁人的事业作为自己的事业的这种想法甚为恼怒。“如果神自己不是真理的话，它会支持真理的事业吗？”它只关心它的事业，但因为它是一切中的一切，因而一切就都是它的事业；而我们，因为我们并非是一切中的一切，因而我们的事业就只是渺小和遭受蔑视的;为此我们务必"为一项更高的事业效劳"。现在清楚了,神只关心自己的事业,只为自己操劳,只为自己考虑,眼里只有自己;诅咒一切使神不得安宁的东西吧。神并不为更高者效劳,只是使自己满足。神的事业是纯粹利己主义的事业。

人类的情况又是如何呢,我们应将人类的事业作为我们的事业吗?人类的事业是一项他人的事业吗?人类为更高的事业效劳吗?否,人类只看到自己,人类只想使人类发展;人类自身即是它的事业。为了人类的发展,它让人民和个人在为它效劳的过程中受折磨,而一旦他们干了人类所需的事情,那么他们就将被人类扔到历史的粪堆上以示感谢。人类的事业不是纯粹利己主义的事业吗?

我根本毋庸向每一个企图把他的事情推给我们的人指出,这样做对他来说只是为了自己,而不是为了我们,只关心自己的幸福,不关心我们的幸福。你们再仔细看看其他事吧。真理、自由、人道和正义,除了要求你们振奋精神并为它们效劳外,还要求其他什么吗?

当它们热诚地受到尊敬时,它们也就获得丰厚利益。看一看受到忠诚的爱国者保护的人民吧!爱国者在浴血战斗中或在与饥馑和贫困的斗争中牺牲了;人民对此又过问了什么呢?人民以他们的尸体为肥料而成为一个"繁荣的民族"!许多个人"为了人民的伟大事业"献出了生命,人民只对他们讲几句感谢的话而从中获得了利益。我把这种事称之为有利可图的利己主义。

不妨也仔细看看那个如此爱护"他的臣民"的苏丹吧!难道他自己不是大公无私把每一小时都贡献给他的臣民吗?是的,为了“他的臣民”。你试一试，表明自己不是作为他的臣民，而是作为你自己：你将会由于摆脱他的利己主义而步入监狱。苏丹除把他自己作为他的事业的基础外岂有他哉；对他来说，他是一切中的一切，是唯一者，他绝不会容忍胆敢不做“他的臣民”的任何一个人的。

而从这些昭然若揭的例子里，你们岂不就会领悟到利己主义者是最时行的吗？从我这方面来说，我由此取得这样一个教训：与其无私地为那些伟大的利己主义者继续效劳，还不如自己也成为利己主义者。

既然神和人类不外乎只将它们的事业置于自己的基础上；那么，我也就同样将我的事业置于我自己的基础上。同神一样，一切其他事物对我皆无，我的一切就是我，我就是唯一者。

你们保证说，神、人类自身的内涵足以说明，就是为了自己是一切中的一切。如果是这样，我就会感到，我更不该缺少这一观念；感到我不必抱怨“我的空洞无物”。我〔并非〕是空洞无物意义上的无，而是创造性的无，是我自己作为创造者从这里面创造一切的那种无。

让那种不完全属于我的事业滚开吧！你们认为我的事业至少必须是“善事”？什么叫善，什么叫恶！我自己就是我的事业，而我既不善，也不恶。两者对我都是毫无意义的。

神的事是神的事业，人的事是“人”的事业。我的事业不是神的事，不是人的事，也不是真、善、正义和自由等等，而仅仅只是我自己的事，我的事业并非是普通的，而是唯一的，就如同我是唯一的那样。

对我来说，我是高于一切的！

第一部分

人

人是人的最高本质。

——费尔巴哈

人刚刚才被发现。

——布鲁诺·鲍威尔

那么,让我们仔细考察一下,这一最高本质和这一最新发现吧!

第一章　人生

一个人自呱呱坠地那一刻起，就力图从所有其他一切事物混杂在一起的世界混乱中找出自己、获得自己。

但是婴儿又防御着一切与他接触的事物以保卫自己，抵抗它们的干扰，坚决保持他自己的存在。

因为每一事物都只顾自己，而同时又与其他事物经常处于冲突之中，故而自我保持的斗争是不可避免的。

胜利或失败，——斗争的命运交替摇摆在这两者之间。获胜者成为主人，失败者成为臣民：那一个威风凛凛地行使“君主权利”，这一个却诚惶诚恐地尽“臣民义务”。

但双方仍然是仇敌，经常互相戒备；彼此窥探对方的弱点，儿童窥探双亲的弱点，双亲也窥探儿童的弱点（譬如他们的恐惧），不是棍棒制服人，就是人制服棍棒。

在童年，解放的过程就是我们力图洞察事物的底细或深究“事物背后”是什么：因此我们窥探所有事物的弱点，大家都知道，儿童们对此具有一种可靠的本能；因此我们乐于打破、乐于捅开隐秘的角角落落，搜索被掩蔽和被抽走的东西，并对一切事物都作尝试。一旦我们知悉事物背后是什么，我们就心安理得。譬如我们了解到棍棒对付我们的倔强太软弱，我们就不再惧怕棍棒，“不再受制于它了”。

在棍棒背后，比它更强有力的是我们的——倔强，我们倔强的勇气。我们从容地深入使我们感到害怕和惊恐的一切事物，深入令人十分害怕的棍棒威力背后，深入父亲严厉面孔等等的威力背后，我们在一切事物背后就会找到我们的不动心，即不可动摇性、无所畏惧性，我们的反抗力、优势、不屈不挠性。在起初引起我们恐惧和敬畏的东西面前，我们不再畏缩不前，而是鼓起了勇气。在一切事物背后我们找到了我们的勇气，我们的优越性；在上级和双亲粗暴的命令背后存在着我们勇敢的意愿或我们狡黠的聪明。我们愈是意识到自己，以往显得不可战胜的东西就愈显得渺小。我们的计谋、聪明、勇气、倔强是什么呢？除了精神岂有他哉！

在一个相当长的时间内，我们得以幸免反对理性的斗争，而这种斗争在以后则是与我们形影不离。最美好的孩提时代正在消逝，也许不用我们非得要与理性去纠缠不清。我们根本不考虑理性，我们与理性绝缘，不接受任何理性。有人欲以理说服我们，则将毫无所获。对好的理由、原则等等我们充耳不闻；相反，我们对爱抚、体罚和诸如此类的事情却难以抗拒。

与理性进行艰苦的生死搏斗还要在以后才出现，并随之开始一个新的阶段：在童年时代，我们玩乐嬉戏，很少苦思冥想。

精神就是第一次自我发现，第一次摆脱与神相关的东西，亦即摆脱神秘、幽灵和“上方的威力”。如今不再有什么东西能使我们新生的青春感觉即这种自我感觉折服了：世界已声誉扫地，因为我们凌驾在世界之上，我们就是精神。

现在我们才知道，我们迄今根本没有用精神来观察世界，而只是对它呆望而已。

我们把我们最初的力量用来对付自然力量。我们敬重作为一种自然力量的双亲;而后则是,父母是可以被抛弃的,一切自然力量是可以认为能被摧毁的。他们是能被征服的。对于有理性的人,即"精神的人"来说,根本不存在作为自然力量的家庭:与双亲和兄弟姊妹等断绝关系的情况发生了。如若他们作为精神的、理性的力量"复活",他们就绝不再是过去的他们了。

不仅仅是双亲,而且所有的人完全被青年人战胜了:对青年人来说,他们绝不是障碍,而且不再是在考虑之列,因为现在是,人们必须服从神更甚于服从人。

在这一崇高的观点下,一切"尘世的"事物都退避到可鄙的远方;因为这是天国的观点。

于是乎看法完全反过来了。青年采取一种精神的立场,而尚未感到自己是精神的;孩子则是在一种无精神的学习中成长。青年不图占有事物,例如不把历史资料往自己的头脑里塞,而是试图占有在事物中所包藏的思想,例如掌握历史的精神;反之小孩虽然了解联系,但不懂得理想、精神;故而小孩只是把学习的东西堆积起来,而不是先验地和理论地加以处理,亦即没有探求理想。

一个人在童年时,如果必须去克服世界规律的障碍,他在自蓟计划干的一切事上,就会遇到精神、理性和自己良心的劝阻,说"这是非理性的、非基督教的、不爱国的"等等,良心向我们呼吁——把我们吓退了下来——我们不是害怕复仇女神厄默尼德的威力、海神波塞冬的愤怒,不是害怕再远也能看到隐蔽事物的神,也不是害怕父亲用来惩罚的棍棒,而是我们害怕良心。

我们"于是自缚于我们的思想",遵循它们的命令,如同我们以往遵循双亲和人们的命令一样。我们的行动以我们的思想(观念、概念、信仰)为楷模,如同童年时代以父母的命令为行为准则。

在那时,我们作为儿童诚然也思考过,只是当时我们的思想并不是无内容的、抽象的、绝对的思想,即"纯粹思想",不是一个自我的天堂、一个纯粹的思想世界,逻辑的思想。

与此相反,这只是我们针对某一件事所产生的思想罢了:我们曾是这样或那样地考虑这一事物。我们也深思熟虑过:我们现在看到的世界是神创造的;但我们并不思索("研究")"神本身的深奥";我们考虑过:"这是关于这一事物的真谛",但我们不会去想真谛或真理本身,也不会把它们联成一条定律"神就是真理"。我们并不触及作为真理的神的深奥。在这些纯粹逻辑的,即神学的问题,诸如"什么是真理?"上,彼拉多①是不会多说的,尽管他在个别情况下会毫不迟疑地去探求:"在这一事物中有什么真理",亦即这一事物是否是真的。

任何与某个事物相联系的思想都是"纯粹思想",不是绝对思想。

揭示纯粹思想或追随这种思想,这是青年的爱好。思想世界的一切光辉形象,诸如真理、自由、人道、人等等照耀着和鼓舞着青年的心灵。

但如果精神已被认识到是本质的东西,那么精神究竟是贫乏

① 本丢·彼拉多:犹太的罗马总督(公元26—36年)。按《圣经》所述,耶稣由他判决被钉死在十字架上,他的名字成了伪善和残酷的别名。——译者

还是丰富,总还有一点区别,因此人就力求精神丰富:精神想要扩充自己,建立自己的王国,建立一个不是这个世界——刚被克服的世界——的王国。精神就是如此力求成为一切中的一切,这就是说,虽然我是精神,但我总还不是完善的精神,并且还必须寻找完善的精神。

这样,刚才还是作为精神而发现了自己的我,一旦我向作为并非是我自己的而是彼岸的完善的精神屈膝,并感到自己的空虚,就立即又丧失了我。

不错,一切都归结为精神,但是,难道任何精神都是〈真正的〉精神吗?真正的和真实的精神是精神的理想、"神圣的精神"。它不是我的或你的精神,而正是一种理想的、彼岸的精神,它是"神"。"神是精神"。而这一在彼岸的"天父岂不更将圣灵给求他的人么?"①

成年人与青少年的区别在于他按照世界的本来面目把握世界,而不是处处对之胡思乱想并改善它,就是说要想按照他的理想塑造世界,在成人心目中牢固树立了这样的看法:人们必须按照他们的利益,而不是按照他们的理想来对待世界。

只要人把自己只当作精神,并把他的一切价值置于确是精神之上(对青年来说,把他的生命、把他的"肉体的"生命奉献给一个无、奉献给对付最蠢笨的侮辱是很容易发生的),那么他就只有思想、只有一个他在找到了一个行动的领域后才有希望实现的观念;故而该人暂时就只有理想,没有实现的观念或思想。

---

① 《路加福音》,第 11 章,第 13 节。

只有当一个人爱上有形体的自身，如同有血有肉的人那样，在自身有了一种乐趣——这样他在成熟的年龄、在成人时——只有在这以后才找到了自身的或利己主义的兴趣，亦即并非只如我们精神的兴趣，而是完全的满足，完整的汉子的满足，一种自私的兴趣。试将成人与青年比较一下吧，对你们来说，成人不是显得更严厉、更少宽宏大量、更自私吗？这样说来，他就是坏些吗？你们说不，说他只不过变得更有主见，或如你们所称的"更实际"而已。主要之点在于：他愈益把自己作为中心点，而青年则"醉心"于诸如神、祖国之类其他的事。

这样成人就表明了第二次自我发现。青年作为精神而发现了自己并在普遍精神，在完善、神圣的精神、人、人类之中，简言之在一切理想之中又丧失了自己；成人自我发现为有形体的精神。

孩子只有非精神的，即无思想、无观念的兴趣，青年只有精神的兴趣；成人则有着有形体的、个人的、利己主义的兴趣。

如若儿童没有一个与之打交道的对象，他会感到无聊：因为他还不知与自己打交道。相反，青年把对象放在一旁，因为对他来说思想来自对象：他与他自己的思想、自己的梦幻打交道，他与他自己精神地打交道或"他的精神被琢磨着"。

青年人把一切非精神的事物轻蔑地称为"外部事物"。如若他仍然执著于某些琐碎的外部事物（如大学生风度和其他外表的东西），这是因为他在这中间发现了精神，亦即这些事情对他有象征意义。

如同我在事物背后发现正是作为精神的我一样，以后我也必然在思想背后发现自己作为思想的创造者和所有者。在精神时期，思想虽然是我的头脑的产物，但思想的发展超越了我的头脑；思想，一种可怕的力量，如同热病时的梦幻缠绕着我和震撼着我。思想对自身来说变成了**有形体的东西**，即是精灵，如神、皇帝、教皇、祖国等。如若我摧毁了思想的形体性，那么我就将思想收回到我自身中来并宣称：只有我是有形体的。于是我将世界作为我认为的那种东西、作为我的世界、我的所有物：我将一切归之于我自己。

如若我作为精神以极端轻蔑世界的态度推开世界，那么我作为所有者把精神或思想推回到它们的空虚之中。它们再也没有支配我们的力量了，就像任何"尘世的力量"不再能支配精神一样。

儿童是现实主义的，拘泥于这一世界的事物，以后儿童才渐渐地洞悉事物背后的情况；青年是理想主义的，为思想所鼓舞，以后他在工作中才成长为成人、利己主义的成人，而后他随心所欲地处理事物和思想并将他的个人利益置于一切之上。最后还有老人呢？如果我有一天成为老人，那么还有足够的时间来谈他。

第二章　古代人和近代人

我们中的任何一个人是如何成长的,他企求什么、有过什么成就或过失,他曾追求过什么样的目标,对怎样的计划和愿望一度心向神往,他的看法经历了怎样的变化、有什么东西震撼了他的原则,简言之,他今天是如何变成不同于昨天或年前的样子的:这一切他都能在不同程度上轻而易举地回忆起来。当他眼前浮现他人的生活进程时,他就更能活灵活现地感受到在他自己身上发生的变化。

那么我们就考察一下我们的祖先所进行的活动吧。

第一节　古代人

按照传统,我们纪元前的祖先曾被授予"古代人"的名称;我们不欲向他们提出因为他们对于我们有经验的人来说本来只该叫做儿童,而宁愿一如既往作为我们好的老前辈加以尊敬。但他们如何成了老朽,而又有谁能以他所谓的新东西来排挤开他们呢?

我们很熟悉革命的革新者和放肆的继承者,他为了将他的礼拜日神圣化,而不惜亵渎祖辈的安息日;为了从自己开始新的纪年而中断他们的纪年:我们认识他并知道他就是基督教徒。但他是否永远保持青春并且在今天还是新人，或者也将被古董化，如同他古董化了“古代人”那样？

不言而喻，古代人自己生育为他们送终的子嗣。那么就让我们细听一下这一传宗接代活动吧。

费尔巴哈说：“在古代人看来世界是真理”，但他忘了作这样一个重要的补充：真理就是古代人力求通过在它背后的非真理性，而最终达到了实在的真理。如果人们把费尔巴哈这句话与基督教有关“世界的空虚和易逝性”的箴言联系起来，就会容易地领会费尔巴哈的这句话。如同基督教徒绝不会相信神的话是空的，而相信神的话是永恒的和不可动摇的真理，愈益研究真理的深邃，真理就必将愈益显示它的光辉并获得胜利；古代人这方面就这样在下述感觉中生活：尘世和尘世关系（如天然血亲）是真实，在真实面前无能为力的自我必须屈膝。恰恰是古代人给予最大价值的东西被基督教徒作为无价值的东西抛弃了；这些人所认为真理的东西，那些人则斥为无稽的谎言：祖国的崇高意义消失了，而基督教徒务须把自己视为“在世上是客旅”①，由此产生诸如索福克勒斯的安提戈尼②这样的艺术创作，把死者埋葬的神圣性说成是卑不足道（“任凭死人埋葬他们的死人”）、不可分离的家庭联系的真理被描写为人们不能非常及时地摆脱的非真理③，在其他各方面也都是

① 《希伯来书》，第 11 章，第 13 节。

② 安提戈尼：古希腊剧作家索福克勒斯同名悲剧的女主人公。她曾不顾国王的禁令埋葬了被抛在旷野的她哥哥的遗骸。因此被国王下令幽禁在地窖中，最后自缢而死。——译者

③ 《马可福音》，第 10 章，第 29 节。

如此。

人们现在认识到，对于两个方面来说，他们的真理是相反的：一方面是自然部分，另一方面是精神部分；一部分是尘世的事物和关系，另一部分则是天上的事物和关系（天上的祖国、上苍的耶路撒冷等等），那么仍然需要考察的是：如何能从古代产生近代，并且产生出毋庸否认的相反情况。古代人自己也致力于把他们的真理变成谎言。

让我们随即进入古代人的辉煌年代伯里克里斯世纪吧。当时诡辩学派的时代教育传播四方，希腊玩世不恭的清谈之风自此就成了它的心腹之患。

祖辈们被未经打扰的现状之威力束缚的时间太长，以至于后辈不能体验痛苦的经过、领会自我感觉。因此诡辩派学者放胆公然地说出了下述的豪言壮语："不要茫然失措！"并传播了启蒙学说："用你的智慧、你的才智、你的精神去反对一切事物；一个人有了良好的、经过很好训练的智慧，他就能最好地走遍世界，为自己准备最好的命运、最舒适的生活。"他们在精神中认识到人反对世界的真正武器。因此他们如此重视辩证法的技巧、讲演本领和辩论术等。他们声称要用精神来反对一切事物；但是他们离精神的神圣性还差得很远，因为精神对他们来说是手段、是武器，如同狡黠和倔强出于同样目的为儿童服务那样：他们的精神是坚定不移的理智。

今天人们会将这称之为片面的智能教育并加以警告：不要仅仅教育你们的智力，而且尤其也要教育你们的心。苏格拉底做到了这一点。倘若心没有摆脱它的自然的冲动，而仍然充满着最偶然的内容,而且作为一种无批判的贪欲完全置于事物的威力之下,心就无非是各种欲望的容器,那么就不可避免自由的理智必须为"邪恶之心"服务,而且邪恶之心所要求的一切都被说成是有道理的。

为此苏格拉底讲道:一个人把他的智力用于一切事物是不够的,而主要问题在于他运用智力是为什么事。我们现在该说:一个人必须为"善事"效劳。为善事效劳即意味着讲道德。因此苏格拉底是伦理学的创始人。

无疑,诡辩学派原则必然会导致奴隶,即使他是最不独立和最盲从的,在事关他的欲望时也能成为一个杰出的诡辩学者,并以极敏锐的洞察力把一切解释安排得有利于他的粗俗的心。还有什么是不能找到一个"充分理由"不能辩护到底的事呢?

为此苏格拉底说道:如若你们要人家敬重你们的聪明,你们就必须是"心地纯洁"的。由此开始,希腊的精神解放进入第二个阶段,心的纯化阶段。第一个阶段虽然由于诡辩派学者宣告智力的全能而告终,但心仍然是维系于尘世的,仍然是世界的奴隶,总是受尘世愿望的刺激。从现在起粗俗的心应予以教育:教育心灵的时期开始了。但心应如何教育呢?智力、精神的这一个方面应达到什么目标呢,即应赢得超脱和君临于物质利害之上的能力,心也期待着这一点:一切尘世的事物必须在它面前遭到毁灭,这样为了心的缘故,即为了极乐、为了心的幸福而放弃家庭、社会和祖国等等。

日常的经验证实,当心还在为事物跳动若干年的时候,理智早就可以摒弃它了。故而即便是诡辩学派的理智也远远凌驾于占统治地位的古老权力之上成为主人,为了使这种权力最终在人那里根本没有任何地位，只需将它从不受干扰滞留的心中逐出就可以了。

这一战争是由苏格拉底挑起的，在古代世界告终之日方达到了它的和平结束。

从苏格拉底那里开始，就对心进行考察，并且细查了心中的一切内容。在古代人最后、最大的努力中，他们从心中抛弃了一切内容，并让它不再为任何事物而跳动：此即怀疑派之所为。在怀疑派时期达到了这种心的纯化；而在诡辩学派时期，理智也成功地进行这种纯化。

诡辩学派修养的作用在于：一个人的智力不为任何事物而默默地存在，而怀疑论派修养的作用则在于心不为任何事物而跳动。

只要人纠缠于世界的运动之中并束缚于尘世关系，那么他就不是精神，一直到古代结束他均是如此，因为他的心一直尚在为独立于尘世外的事而奋斗；因为精神是无形体的并与世界和形体性无关：对它来说存在的不是世界，不是自然的联系，而只是精神和精神的联系。因而人方变得如此完全没有后顾之忧、没有任何顾虑，变得那样无挂无碍，如同怀疑主义修养所描述的人那样，对世界完全无动于衷：在他能作为精神自我感到超脱尘世之前，对世界本身的毁灭就无动于衷。而这正是古代人巨大工作的结果：人自我意识为无拘无束、超脱尘世的本质、自我意识为精神。

于是，而今在人抛弃了一切尘世的忧虑之后，他对他自己来说成了一切中的一切，他只为了他自己，亦即他是为精神的精神，或说得更清楚一点，他只关心这种精神一类。

在基督教关于蛇的智慧和鸽子的无辜之中，古代精神解放——理智和心这两个方面是这样结束的：它们重又显得年轻和新鲜，这一方面和另一方面均不再让尘世的事和自然的事弄得不知所措。

这样，古代人就上升为精神并努力要成为精神。对于要成为精神而行动的人提出了完全不同于以往他自己可能提出的任务，提出的任务实际上只同精神打交道，而不是只同纯感觉和洞察力打交道，仅致力于成为事物的主人。精神只专一地为精神尽心竭力，并在一切事物中寻找“精神的踪迹”：对信仰的精神来说，“万事万物皆出于神”并只是为了表明事物的这种渊源而对事物感兴趣；对哲学的精神来说，一切事物均有着理性的印记，它只有在事物中能够发现理性即精神内容的情况下，才对事物感兴趣。

精神完全只与精神一类打交道，不同任何事物打交道，只同存在于事物背后和上面的本质打交道，只同思想打交道。古代人并非是致力于这种精神，因为他们还没有掌握精神；不，他们才争取精神，并由于反对他们占优势的敌人——感性世界（当耶和华或异教诸神尚远离“神是精神”这一概念时，当“天上的”祖国尚未替代感性的祖国之时，对他们来说什么不是感性的呢？）而砥砺精神，他们为反对感性世界而砥砺感觉、洞察力。即便在今天，犹太人、这一古代早熟的儿童也只能到此为止。他们以智慧和理智（理智轻而易举地成为事物的主人并迫使它们为其效劳）的一切敏锐和力量均不能找到对事物根本不感兴趣的精神。

基督教徒有精神的兴趣，因为他允许自己成为一个精神的人；而犹太人就他们的纯洁性而言从未理解这一兴趣，因为他自己不允许把事物看成是没有价值的。他达不到纯粹的精神性，如在基督教徒单独、直截了当信仰中宗教地表达出来的那种精神性。犹太人的无精神性使得犹太人永远远离基督教徒；因为对于非精神者来说，精神者是不可理解的，如同对于精神者来说非精神者是遭蔑视的那样。犹太人却只有“这个世界的精神”。

古代的洞察力和深思远离基督教世界的精神和精神性，犹之于一个是地、一个是天。

谁自我感觉为自由的精神，谁就不为这个世界的事物所束缚并害怕它，因为他并不重视它；如若一个人仍然感觉它的压力，那么他就必定是头脑极端狭隘的，认为它有作用并明显地表明一个人仍然拘泥于“爱的生活”。谁把一切归之于自己意识到自己是自由的精神、作为自由的精神而行动，谁就根本不会考虑为了非常自由或享福地生活，他该如何作出他的安排。为事物所制约的生活的不舒适性打扰不了他，因为他只是精神地和靠着精神食粮而活着，此外，他食不知味，只是狼吞虎咽，如若他把这种粗茶淡饭消耗尽了，尽管肉体上死亡了，作为精神却自我意识到是不朽的，并怀着一种信仰或思想，闭上了双眼。他的生活即是与精神一类打交道，即是思索，其他的事打扰不着他；任他与精神一类打交道一如他永远能够和想的那样，在信仰中、在冥想或在哲学的认识中，总之所做的只是思索，因此完全清楚这些的笛卡尔最终提出下述命题：“我思故我在。”我的思想故而即是我的存在或我的生活；只要我精神地活着，我就活着；只有作为精神我就是现实的或——我绝对和完全是精神。不幸地丧失了他的影子的彼得·施莱米尔[①]

① 施莱米尔：德国作家夏米索(1781—1832)的小说《彼得·施莱米尔奇遇记》中的人物，他用自己的影子换来一个神奇的钱袋。——译者

是那种变成精神的人的肖像：因为精神的躯体是没有影子的。与此相反，在古代人那里情况是多么不同啊！不论他们多么强烈地和男子气概地反对事物的威力，他们都不得不承认这种威力本身，而且除了尽可能保护他们的生活而反对这一威力外，他们别无他法。后来他们才认识：他们"真正的生活"不是同世界事物进行斗争的生活，而是"精神的"生活，同这些事物"分道扬镳"的生活，当他们认识了这些，他们就成了基督教徒，即"近代人"和对古代人施行改革者，与事物分道扬镳的、精神的生活不再从自然界中吸取养料，而"只是由于思想而活着"，因而就不再是生活而是——思维。

于是正像人们必定不相信古代人是没有思想那样，人们也不能这样来设想最高程度的精神的人，仿佛他是可以不生活的。相反，古代人有他们关于一切、关于世界、关于人和神的思想，并且起劲地表明自己使这一切成为自己的意识。但即使他们思考各式各样的事物，并"深受他们的思想之苦"，他们却不认识思想。试将他们与基督教的箴言比较一下吧："我的思想并非是你们的思想，我的思想高于你们的思想，有如天壤之别"，还考虑一下前述关于我们童年的话吧。

那么古代寻求什么呢？寻求真正的生活享受，生活的享受！最终仍然不能超出"真正的生活"。

希腊诗人西蒙尼德唱道："对难免一死的人来说，健康是最高贵的善；其次是美；第三是不施诡计得来的财富；第四是在青年朋友群中社交享受的喜悦。"这一切都是生活中的精华，生活的喜悦。锡诺普的第欧根尼除了追求他在尽可能小的需要中所发现的真正的享受外还有其他什么吗？阿里斯底波除了追求他在一切兴高采烈的情况下所找到的真正的享受外还有其他什么吗？他们寻求快活、开朗的生活勇气，欢快，他们试图寻求“心情愉快”。

斯多葛派欲使智者，即有生活智慧的人、知道生活的人实现智慧的生活；他们在蔑视世界之中，在没有生活发展的、没有开拓的不同世界欢愉地打交道的，即在孤独的生活中，在作为生活的生活中而不是在共同生活中找到了智者：只是斯多葛主义者活着，一切其他事物对他来说都是死的。与此相反，伊壁鸠鲁派则要求活跃的生活。

由于古代人欲图心情愉快，他们就要求幸福生活（犹太人特别渴求享受多子和富裕的长寿生活），要求幸福，要求各种形式极不相同的好日子。例如德谟克利特就称赞这方面“心灵的宁静”，在这种宁静之中，一个人“怡然生活而无惊无恐”。

他认为，他由于这种心灵的宁静而过得最好，为自己准备了最好的命运，并最好地通过了世界。但由于他不能摆脱世界，而且恰恰是因为他的整个活动旨在努力摆脱世界，即旨在摒弃世界（为此却必须保存可以摒弃和已予摒弃的，否则的话就没有什么可以摒弃了）：这样他充其量也不过达到一个最高程度的超脱而与较小程度的超脱者只是在程度上有差别。假若他自己达到只承认单调的耳语“婆罗贺摩”①一词的对尘世欲念的毁灭，他与肉体的人仍然没有本质的差别。

① 婆罗贺摩：梵文“Brahm!?”的音译，是婆罗门教主神之一，亦意译为梵天。——译者

即使是斯多葛派的态度和大丈夫品德也只不过归结为，一个人务必针对世界而自我保持和自我维护；而斯多葛派的伦理学（他们唯一的科学，因为他们关于精神只会说，精神应如何对待世界；而对自然界〔物理学〕他们只知道说，智者必须反对世界而自我保存）并非是一门精神的学说，而只是摒弃世界和反对世界而自我保存的学说。这种学说存在于"生活的不可动摇性和泰然之中"，亦即存在于最显著的罗马人的品德之中。

即使罗马人（如贺拉斯、西塞罗等人）也没有比这一处世哲学走得更远。

伊壁鸠鲁派的快活（幸福）亦是斯多葛派那样相同的处世哲学，只是更狡黠、更带欺骗性。他们只不过是教诲对待世界的另一种态度、只是规劝对世界采取一种聪明的态度而已：必须诓骗世界，因为它是我的敌人。

怀疑派实现了与世界的完全决裂。我同世界的整个关系是"没有价值、没有意义的"。提蒙说："我们从世界吸取的感觉和思想不包含任何真理。"彼拉多嚷道："什么叫做真理！"按照皮浪的学说，世界既非善亦非恶，既非美亦非丑，如此等等，这是我加给世界的称号。提蒙说："就其自身而言，既没有什么是善、亦没有什么是恶，毋宁说人是如此这般地想"；对于世界来说，留下的只是不动性（宁静）和不出声（沉默——或换句话说：孤独的内向性）。在世界上"没有任何真理可以认识"，事物自相矛盾，关于事物的思想是没有差别的（好和坏不过是一回事，故而这个人称之为好的事物，另一个人则认为是坏）；由于没有可能认识"真理"，故而只剩下了无所认识的人，即在世界上找不到任何事物可以认识的人，而此种人让这没有真理的世界照样存在，并且不去理会这个世界。

这样古代就终结了与事物世界、世界秩序和世界整体的关系；属于世界秩序或这一世界的事物的却不仅仅是自然界而且还有由自然界安排的、人自己看到置身于其间的一切关系，例如家庭、社会等一切所谓“自然纽带”。而后基督教开始精神的世界。仍然准备与世界对立的人是古代人——异教徒（犹太人作为非基督教徒也属于异教徒之列）；只受他的“心智的乐趣”、他的兴趣、他的同情、他的精神，引导的人是近代人、基督教徒。

由于古代人致力于克服世界并努力将人从与其他事物相束缚、缠绕的纽带中解脱出来，这样他们最终导致国家的解体和突出了一切个人的东西。社会、家庭等作为自然的关系是沉重的障碍，它缩小了我的精神的自由。

第二节　近代人

“若有人信基督教，他就是新造的人。旧事已过，都变成新的了。”①

如果上面说：“在古代人看来，世界是真理”，那么在这里我们应当说：“在近代人看来，精神是真理”，如同在那里一样，这里不能忘掉作下述补充：这种真理就是近代人力求通过知悉在它的非真理背后的情况，而最终洞察到了的真理。

① 《哥林多后书》，第 5 章，第 17 节。

在基督教中表明了与古代相类似的一个进程：在直到准备宗教改革的时期，理智束缚在基督教教条的统治之下；而在宗教改革前的这个世纪中，理智却已奋然崛起，以诡辩学派的方式与一切信条要异教的把戏。在此期间，特别是在意大利和罗马宫廷中就叫做：如若只有心仍执著于基督教，那么理智就总可以享受它的乐趣。

在离宗教改革很久之前，大家就非常习惯于吹毛求疵的"争吵"，因而教皇和大多数人，最初把路德的出现都只看作不过是"僧侣之争"而已。人文主义是与诡辩论相对应的，这就如同在诡辩派时期希腊生活处于鼎盛时期（伯利克里时代）那样：最辉煌的事件产生于人文主义时期，或者有人可能会说，产生于马基雅维利主义时期（印刷术、新大陆等等）。在这个时期，心还远不是要摆脱基督教的内容。

但宗教改革如同苏格拉底所起的作用那样，使得心本身认真行动起来，从此以后，心就显而易见地愈益变成非基督教的。从路德开始，人们为自己而把事物放入心中，宗教改革的这一步骤因而就必然导致心也摆脱了基督教虔诚的重负。心日甚一日地非基督教化、丧失了它与之打交道的内容，最后心就只剩下空洞的情爱，完全一般的人类的爱、人的爱、自由意识和"自我意识"。

基督教就这样告终了，因为它渐渐枯萎死去，愈益化为乌有。不再存在心所不反对的内容，除非心逐渐无意识地或者没有"自我意识"地为内容所侵袭。心以置人于死地的无情残酷批判硬要闯进来的一切事物，而且心也没有任何友爱和爱的能力（除非同样是在无意识或意外的情况下）。由于人全部是"利己主义者"，在他们那里还有什么好爱的呢？没有这样的人，就是说，没有仅仅是精神的人。基督教徒只爱精神；然而哪里有那么一位真正是纯粹精神的人呢？

挚爱发肤之躯的人，这当然不是“精神的”亲爱，而是对“纯粹”亲爱和“理论兴趣”的背叛。因为人们恰恰就不能把纯粹亲爱设想为那种与每个人和颜悦色地握手的亲热态度；相反，纯粹亲爱对任何人从不是热烈的，它只是一种理论上的同情，同情作为人的人而不是作为个人的人。个人是与纯粹亲爱背道而驰的，因为他是“利己主义的”，因为他并非是人、并非是这一观念。唯有对于观念来说，才有一种理论上的兴趣。对于纯粹亲爱或纯粹理论来说，人们只是由于被批判、遭嘲讽和最彻底地遭蔑视才存在：它们犹之于狂热的僧侣把人们看作是“粪土”或诸如此类洁净的东西。

达到脱却利害的亲爱最顶端，我们最终必然明了仅仅为基督教徒所爱的精神是无，或者说精神是一个谎言。

在这里简略地并且还是不好理解地写下的一切，但愿在下面的阐述中能得到解释。

让我们且看一下古代人所留下的遗产并作为能干的劳动者竭尽所能地去做！世界可鄙地躺在我们的脚下，深深地陷在我们和我们的天穹下面，世界的芸芸众生进不了这一天穹，世界那麻醉感觉的气息也沾不上边。不管世界如何装扮成迷人的姿态，它也只能扰乱我们的感觉，而迷惑不了精神——我们本来是独自真正的精神。一旦抵达了事物背后，精神也超越了事物，并摆脱了它的各种羁绊，成了一个解放了的、彼岸的、自由的精神。即所谓“精神的自由”。

对于经过长期努力摆脱了世界的精神,即脱却了世界的精神来说,在丧失了世界和世界的事之后剩下的只是精神和精神的事。

但由于精神只是远离了世界并使自己成为一个脱离世界的自由本质,而不能在实际上消灭世界,因而对精神来说,世界是无法排除的障碍物,一个声名狼藉的本质;而在另一方面,丧失了世界的精神只认识和只承认精神和精神一类,这样它就长久地渴望要使世界精神化,即从"臭名"中解脱出来。因此它就如同一个青年那样,着手拯救世界或改善世界的计划。

如我们所见,古代人为自然的事、世界的事和自然世界的秩序效劳,但他们不断地自问,他们是否能摆脱这份差事,当他们在不断发生愤慨的尝试中工作得精疲力竭之际,在他们发出最终喘息的情况下,为他们降生了神,"世界的征服者"。他们所做的一切只不过是尘世的智慧,一种达到世界背后和上面的努力。而什么是以后若干世纪的智慧呢?近代人又企图抵达什么背后呢?不再是抵达世界背后,因为这一点古代人已经做到了,而是抵达古代人给近代人留下的神的背后、抵达"是精神的"神背后、抵达一切精神、精神一类背后。但"自身研究神的深奥"的精神活动即是神学。又如古代人只能表现出尘世的智慧那样,近代人从不超出神学的范围。我们而后会看到,即使是对神新近产生的愤懑也不外是在"神学"方面作出的最大努力,即神学的暴动。

一、精神

精神王国是异常巨大的,有着无穷无尽的精神类事物。现在就让我们看一下精神,这一古代人的遗物的本来面貌。

在古代人分娩的阵痛中产生了精神,古代人却不能把自己说成是精神:古代人能产生精神,而说话却必须由精神自己来说。“天生的神,人之子”才能说出:精神、他,即神,不与尘世的东西和尘世关系打交道,而仅仅与精神和精神关系打交道。

在世界的各种攻击下桀骜不驯的我的勇气、我的坚强不屈、我的倔强,难道就因为世界奈何不了它,它就是在完全意义上的精神吗?如若如此,那么它就只要与世界相对立,它的一切行动都集中于只要不对世界屈服,不,只要它不只和自己打交道,只要它没有与它的世界、精神世界单独相联系,它就不是自由的精神,而只是“这个世界的精神”,束缚于这个世界的精神。精神是自由的精神,即在一个精神固有的世界中才真正是精神;在“这个”世界、在尘世,它是异邦人。只有借助一个精神的世界,精神才真正是精神,因为“这个”世界不理解它并不知道在自己这里留住“异邦的姑娘”。[①]

但精神从哪里得来这一精神世界呢?除了从它自己那里得来还有什么别的地方吗?它必须进行自我启示,而它所说的话语,它对自己披露的启示是它的世界。就像一个幻想者只有在他自己创造的、幻想的创造物中生活和拥有他的世界那样,就像一个狂人创造了他自己的梦幻世界,而没有这个梦幻世界他就不会是狂人那样;精神也必须创造它的精神世界,而在创造这一精神世界之前,它不是精神。

这就是说精神的创造活动使其成为精神,并且在被创造者那

① “异邦的姑娘”:是席勒的一首诗名。——译者

里人们才认出了精神、创造者：精神在精神的被创造者中生活，它是精神的世界。

那么什么是精神呢？精神是精神世界的创造者！当人们看到了，我们将精神一类即思想据为己有之时，人们方才在你和我那里认出了精神：尽管思想可以在我们面前显示，但毕竟还是我们在我们之中使思想获得生命的。因为只要我们是儿童，人们就能向我们提供最有启发性的思想，而不必管我们是否要想或有能力在我们之中重新产生这种思想。当精神创造精神一类之时，精神那里的情况也是这样：精神只有与精神一类即它的被创造者在一起才是实在的。

因为我们是在精神的创造物那里认识精神的，这样应当问一下这些创造物是什么。这些精神的创造物或产儿只不过是各种精神。

如若在我面前有犹太人，一些地道的犹太人，那么我就要在这里停下来，让他们在这奥秘面前停留下来，如同几乎在两千年以来他们没有信仰和没有认识地停留在这里那样。但由于你，我亲爱的读者，至少不是一个纯粹的犹太人，因为如若是这样一种犹太人，也不会迷途到这里，这样，我们还想共同走一段路，直到你也会与我分道扬镳，因为我当面嘲笑你。

有谁跟你说，你完全是精神，那么你就会执著于你的躯体并不再相信他，还会回答：诚然我拥有精神，但不仅是作为精神而存在，而是一个有形体的人。你还会永远将你同“你的精神”区别开来。但那个人会回答说，你目前虽还在肉体的羁绊下蹒跚而行，但总有一天会成为一个“永生的精神”，这是你的命运。不管你如何想象这一精神未来的形象，有一点却已是确定了的：你死后脱却了你的肉体并同时获得了你自己，即永远地获得了你的精神；这样在你那里的精神是永恒和真实，肉体只是一个你可以离去的并且也许是与另一个人相交换的现世的寓所。

现在你相信他了！而今尽管你不仅仅是精神，但如若有一天你必须要离开会死去的肉体，那么你就必得在没有肉体的情况下善自为之。这样，你就有必要自己看护自己并及时地照顾你的真实的自我。“一个人得了天下，而他的心灵却遭到损伤，那对他还有什么裨益呢！”

纵然是假定：在反对基督教准则阶段的过程中所产生的怀疑早就剥夺了你对你的灵魂不灭的信仰：但你仍然没有触动地留下了一个准则，而且你还总是泰然自若地坚持一个真理：精神是你的精华部分，而且精神部分向你提出了比其他一切更大的要求。你撇开你的无神论，在反对利己主义的热情中附和灵魂不灭的信仰者。

但你所考虑的利己主义者是谁呢？就是指的那种没有观念即没有精神部分而活着并为了他个人的好处而牺牲思想的人。例如说，一个好的爱国者牺牲于祖国的祭坛。而祖国是一个观念，这是毋庸置辩的，因而对于没有思维能力的兽类与愚昧无知的儿童来说是不存在祖国和爱国主义的。如若有人表明自己不是一个好的爱国者，那么他在祖国方面就暴露出他的利己主义。在无数其他情况下也是如此；谁在人类社会中利用特权自己获取好处，谁就利己主义地践踏了平等的观念；谁施行统治权，谁就被人们斥之为反对自由思想的利己主义者，如此等等。

你蔑视利己主义者，因为他把精神的事置于个人的事之后，当你要看他如何为了对观念的爱而行动时，他却只关心自己。你们的区别在于你是将精神，而他是将自己置于中心，或者说区别在于你将你的自我分为两部分，并将你的“真实的自我”，即精神提高为比较没有价值的剩余部分的支配者；而他则根本不要知道这种两分法，并一如既往地根据他的兴趣追求精神的和物质的利益。虽然你是只要斥责根本没有精神兴趣的人，而实际上你却咒骂一切没有把精神兴趣看作是他们的“真正的和最高兴趣”的人。你把这种美的骑士事业夸张得如此之远，以至于你标榜它是世界上唯一的美。你并非为你、而是为着你的精神和所有精神一类即观念而活着。

由于精神只有在创造精神一类时才存在，故而我们探索一下它的最初的创造活动。精神如若完成了这一最初的创造活动，以后紧跟着的是创造物的自然繁殖；如在神话中只需造出最初的人，而人类的其余世代则由自我繁殖产生那样。最初的创造活动则与此相反必须从“无”出发，即精神为了实现创造活动除了自己以外一无所有，或毋宁说是它自己尚没有创造出来，而必须自我创造：它最初的创造物因而是它自己，即精神。尽管这听起来是那么神秘，却是我们经历过的日常经验。当你思维的时候，你就成为思维者了吗？在你创造出最初的思想之际，你就创造出了自己即思维者；因为在你思索亦即拥有一个思想以前，你是不思维的。不是由于你唱歌才使你成为歌唱者，你说话才使你成为说话的人吗？同样，产生出精神一类才使你成为精神。

如果说，你自己不同于思维者、歌唱者和说话者，那么你也同样地不同于精神，而且你很清楚地感到：你是有些不同于精神的某物。就像思维着的自我在思维的热忱中很容易听而不闻视而不见那样，精神——热情也会抓住你，于是你就全力以赴地渴望完全成为精神并完全消融在精神之中。精神是你的理想，没有达到的、彼岸的东西：精神即你的——神，“神是精神”。

你是反对一切非精神东西的热心者，你就势必热心于反对没有摆脱非精神一类残余的你自己。你不说“我高于精神”，却懊恨地说：“我低于精神，而精神、纯精神或纯粹精神，我只能思考它，却并非是它，正由于我不是它，因而他是另一个人，作为另一个人而存在，被我称之为‘神’”。

事物的本性就在于：应作为纯精神而存在的精神，就必须是一个彼岸的精神，因为我不是这种精神，故而它只能存在于我之外，由于一个人根本没有完全消融在“精神”这一概念之中，因而纯精神，作为这种精神的精神，只存在于人类之外，只是在人类世界的彼岸，不是在尘世，而是在天国。

只是因为我和精神处于这样的分裂状态之中，只是因为我和精神不是一个和同一事物的名称，而是根本不同事物的不同名称，只是因为我非精神、精神非我，总之，由于上述这些原因，使解释精神即神居住在彼岸的必然性，就完全成了无谓的重复。

由此也就产生了这样的情况：费尔巴哈[①]所努力给予我们的解放何以完全是神学意义上的解放。故而他说，我们只是错认了我们自己的本质，因而在彼岸寻找这种本质，现在由于我们看到了

① 路德维希·费尔巴哈：《基督教的本质》，莱比锡1843年增订第二版。

神只是我们人的本质，我们就必须将它重新作为我们的东西并从彼岸移回到此岸来。费尔巴哈称神即精神为“我们的本质”。我们能够容忍“我们的本质”对我们来说却成了一个对立面吗？能容忍我们被分成一个本质的自我和非本质的自我吗？由此，我们不是要重新回到这样可悲的不幸之中：眼看着自己从自己那里被逐出去吗？

如若为了变换，我们把在我们之外的神的部分移到我们之中，那么，我们会得到什么呢？我们是在我们之中的东西吗？我们最少有可能成为在我们之外的东西。我最少有可能成为我的心，犹之于我最少有可能成为我的心上人。这个我的“另外的自我”恰恰是因为：我们不是居于我们之中的精神，故而我们必须把它移在我们之外：它不是我们，不同于我们合二为一，故而我们除了把它设想为在我们以外、在我们的彼岸、在彼岸存在外，不能有别的设想。

费尔巴哈以绝望的力量去抓住基督教的全部内容，并非是为了摒弃它，不，而是为了把它拉到自己那里，为了用最后的努力将长久渴望的、总是相距甚远的这一内容，从它的天上拉下来，并永远保留在自己这里。这不是最后绝望的一抓、生死攸关的一抓？这还不同时是基督教对彼岸的憧憬和渴求吗？半神式英雄不是要进入彼岸，而是要把彼岸拉向自己这里，并强迫它变成此岸！自此之后，不是一切世界都或多或少有意识地喊叫“此岸世界”是关键之点，而天国必须降临地上，而且在这里不是已有所体验了吗？

让我们简短地把费尔巴哈的神学观点和我们的矛盾对照一下！“人的本质是人的最高本质；最高本质尽管被宗教称之为神

并当作客观的本质来对待，但在实际上，它却是人自己的本质，因而世界历史的转折点在于而今之后对人来说不再是神作为神，而应是人作为神”。[①]

对此我们回答："最高本质无疑是人的本质。"但恰恰是因为最高本质是他的本质而不是他自己，这样我们究竟是在他之外看到它并看作"神"，或者在他之中发现它并称之为"人的本质"，或称为"人"就完全是一样的了。我既非神亦非人，既非最高本质亦非我的本质，这样我是否在我之中或我之外思考本质，就主要方面而言，就是一回事了。是的，在实际上我们总是在两个彼岸方面，在内部的和外部的彼岸方面同时考虑最高本质：因为按照基督教的观点，"神的精神"也是"我的精神"并"住在我们之中"。[②] 它住在天国之中也住在我们之中；我们这些可怜虫就只不过是它的"住所"，而如若费尔巴哈还要摧毁它的天国的"住所"，它就被迫带着全部家当到我们这里来，这样我们——它的尘世的住所，将有人满之患。

如若我们设想论述进展顺利，那么我们在以后的章节中就可以省掉这些题外话，避免重复。现在我们再回到神的最初创造物，回到精神自己这里来。

精神是与我有些不同的事物。而这个不同的事物究竟又是什么呢？

① 参见《基督教的本质》，第 402 页。（《费尔巴哈哲学著作选集》下卷，三联书店 1962 年版，第 315 页。——译者）

② 《罗马人书》，第 8 章，第 9 节，《哥林多前书》，第 3 章，第 16 节；《约翰福音》第 20 章，第 22 节；以及其他多处。

二、中迷者

你见过精灵[①]吗？“不，我没有，但我的祖母见过。”你看，这与我的情况相仿：我自己没见过，但我的祖母却看到精灵在她的腿边穿梭往还。出于对我们祖母诚实的信任，我们因而也相信各种精灵的存在。

但每当祖母讲起她的精灵时，我们的祖父不总是耸耸肩膀吗？是的，这是些不信神的人们，他们对我们优秀的宗教损害极大，这些启蒙者们！我们马上会感到这一点。如若不是以对“一般精神本质的存在”的信仰为基础，那么这种温暖的幽灵信仰又有什么别的基础呢？反过来说，后者本身之所以陷入不幸的动摇之中，还不是有人纵容放肆的理智的人去动摇前者吗？浪漫派人物深切地感到，由于摒弃精灵或幽灵信仰，神的信仰也遭受到怎么样的打击。他们因而不仅试图通过他们重新唤醒的神话世界，而且最终还特别通过“闯入一个崇高的世界”，通过他们的梦游病患者，通过普雷福尔斯特的女预言者等等来消除不祥的后果。善良的信仰者和教父们没有预感到，随着幽灵信仰的消失，宗教也失去了它的根底，此后宗教就成了空中楼阁。谁不再相信幽灵，那么他就只要在他的不信仰中继续彻底地走下去，就能认识到：在事物背后根本没有藏匿着另外的本质，没有幽灵——或简单地按这个字作为同义词通用——没有“精神”。

① 原文是“der Geist”，在德文中，基本意义是“精神”，也有精灵的意思。施蒂纳利用这一点搞了若干文字游戏。——译者

“存在着各种精灵!”在世界上你环顾一下周围并对自己说说有没有精灵从一切事物之中凝视着你。创造者的精神从它如此神奇地塑造的娇小而可爱的花朵中向你倾诉;星星表明了对它们作出安排的精神的存在;从山峰之上崇高的精神飘扬而下;渴望的精神从水中潺潺如诉而升;而——千百万精神则在人的内部讲话诉说。山可崩、花会谢、星星世界也会毁灭、人也会死去——这一切看得见的形体的毁灭又有什么关系? 精神,“看不见的”精神却是永恒的!

是的,幽灵在整个世界出没! 只是在世界之内吗? 不,世界本身也在作祟,它彻头彻尾都是阴森森的,它是某一精神游荡着的假象躯体,它是一个幽灵。一个幽灵除了假象的躯体而外,岂有他哉! 然而真实的精神呢? 因而世界是“空虚”,是“虚无”,只是眼花缭乱的“假象”;它的真义仅仅只是精神;世界是某一精神的假象躯体。

不妨看看近处和远处,各处围绕着你的都是幽灵的世界:你总是有着各种“幻象”或幻影。围绕你出现的一切只是精神居于其间的假象、只是幽灵的“幻象”,对你来说,世界只是一个“现象世界”、在它背后,精神施展它的本领。你“见到各种精神”。

也许你会考虑,把你与到处看到神的古代人加以比较? 我亲爱的近代人,诸神并非诸精神;诸神并不把世界贬低为不过是一种假象,也并不使其精神化。

但对你来说,整个世界都精神化了,并成了谜一般的幽灵;因此,如若在你之中同样只有一个幽灵,你并不会惊奇。你的精神不是在你的肉体中做法吗? 不是只有精神才是真义和真实,肉体“只是暂时的、虚无的”或是一种“假象”吗? 我们所有人不都是幽灵、等待获得“拯救”的神秘本质，即“各种精神”吗？

自从精神在世界上出现，自从“言词变成了肉”，自此以来，世界就精神化了，中了魔法，成为幽灵。

因为你有思想，故而你有精神。什么是你的思想？“精神的本质”。那么说就并非是事物？“不，但却是事物的精神，一切事物的主要方面、本元，它们的观念”。你所想的不就仅仅是你的思想吗？“恰恰相反，它是世界上最现实的东西、原本的真实：它是真理自身；假若我只是真实地想，那么我想的就是真理。尽管在真理方面，我可能迷惑并误认真理；但如若我认真地认识，那么我所认识的对象就是真理”。那么你随时都努力认识真理喽？“真理对我来说是神圣的。诚然也会出现这样的情况：我会觉得一个真理不完善并以一个较完善的替代它，但我不能消灭这个真理。我信仰真理，因而我研究它；没有事物能超越它，真理是永恒的。”

真理是神圣而永恒的，它是神圣、永恒的东西。而你，充满着这一神圣东西并受其引导的你，自己也会神圣化。这一神圣的东西不是对你的感觉而言的，你作为一个肉体的人从未能发现它的踪迹；这一神圣的东西却是对你的信仰，或明确地说，对于你的精神而言的：因为它自己就是一种精神的东西，一种精神，是为精神的精神。

神圣的东西绝非如当前对这“不适当的”词缄口不言的那些人所声称的那样，是可以如此容易地消灭得了的。如果说，我在某种关系下尚被斥为“利己主义者”，那么，我毕竟还保留着关于我必须比为自己更多地为一项其他事物效劳的思想。对我来说，它要比一切事物都更重要。简言之，它是这样一种东西，在这里面我可以寻找到我真正的幸福，即某种神圣的东西。尽管这一神圣的东西看起来像人的东西，尽管它本身就是人的东西，这一切都无损于它的神圣性，充其量也不过是使它从一种超尘世的神圣的东西变为一种尘世的东西，从一种神的东西变为一种人的东西。

有这样一种尚未认识自己的利己主义者，这是**非本意的利己主义者**。这种利己主义者总是关心自己的事，然而却不把自己视为最高本质；他为自己效劳而又认为同时总是为一个更高本质效劳；他不知道比自己更为崇高的东西，却又憧憬着更为崇高的东西；简言之，这种利己主义者不愿意成为利己主义者。他还贬低自己，即与他的利己主义作斗争；同时，他之所以要自我贬低，恰恰是为了使自己“变得崇高”，即为了满足他的利己主义。只有对这样的利己主义者来说，才存在着神圣的东西。因为他要想自诫，不做利己主义者，他在天上地下四处搜索他为之效劳、并为之牺牲的更为崇高的本质；然而尽管他自己感到震惊并束身修行，最终他的所作所为却均是为他自己，他也没有逃脱利己主义的狼藉声名。为此我把他称为非自愿的利己主义者。

他为了摆脱自己所作的努力和操劳，只不过是一种欲图自我解脱的错误冲动。如果你束缚于你过去的时日，如果因为你昨天絮絮叨叨今天就必须仍旧絮絮叨叨①，如果你不能使自己每时每

① “钟声缭绕，教士职责何等重要：
催人上道，今日如昨日般地前来絮叨。
啊，切莫责怪他吧！大家的需要他全知晓：
看，他的幸福就寄托于明日如今日般地絮叨。”
引自歌德的《威尼斯讽刺诗》。——译者

刻都在变化；那么，你就感到自己置于奴隶的桎梏之中，并且已经麻痹了。这样在你存在的每一分钟过程中，未来的新的每一分钟都向你示意，而你在成长之中，"从你"即从彼一时的你之中摆脱出来。如同你在每时每刻的情况那样，你是你的创造物，而恰恰在这一"创造物"中你不欲丧失你自己——创造者。对于你自身来说，你是比你的存在更高的一个本质，而且超越了你自身。你作为非本意的利己主义者恰恰没有认识到高于你的你，即你并不只是创造物，而同样是你的创造者；因而"更高的本质"对你来说是一个外来之物。任何一个更高的本质，如真理、人类等是超越于我们的本质。

外来性是"神圣物"的一个标志。一切神圣物里都有点"神秘的东西"，即外来性，在这里面我们总觉得不完全是乡土气和如同在家里一样。对我来说，凡是神圣的东西，即并非是自己的东西，譬如倘若他人的财产对我来说不是神圣的，那么我就可以视它为我的所有物，在大好的机会下归己所有；或者翻过来说，我把中国皇帝的尊容视为神圣的，那么他对于我的眼睛来说就是陌生的，在他出现时我就闭上我的眼睛。

为何一个无可争辩的数学真理，按照通常的语言理解甚至能够称为一个永恒真理，却不是神圣的真理？因为它并非是天启的真理，或者说它并非是一个更高本质的启示。如若有人把天启的真理仅仅理解为所谓宗教真理，那么他就大错特错了，而且还完全忽视了"更高本质"这一概念的广度。无神论者嘲讽称为"至高"或最高存在的较高本质并一再嘲弄"它存在的证明"，却没有注意到：他们自己正是从一个更高本质的需要出发，为了使新事物赢得一席之地而只能取消老事物。与某一单个的人相比较，"人"不是一个更高的本质吗？而从他的概念得出的真理、正义和观念等不是必须恰恰作为这一概念的启示而加以尊奉并使其保持神圣吗？因为即便人们要重新取消似乎是由这一概念所宣布的某一真理，那么这一点仅仅证明是我们方面的一个误解，而丝毫无损于神圣概念，或者说丝毫无损于那些“有权利”必须将其视为启示这一概念的真理的神圣性。人超越于每一单个的人之外，尽管是“他的本质”，而人在实际上却并非是他的本质（后一本质毋宁说与个别人自身一样），而是一个普遍和“更高的”本质，甚至对无神论者来说是“最高本质”。如同神的启示并非是神亲手写下来的，而是通过“主的喻示”公之于众的；新的最高本质也并非亲自写下它的启示，而是通过“真正的人”使我们知悉。只是在实际上新的本质暴露出比旧神更趋向于精神的观点，因为旧神仍然被想象为一种具体的或外表的形象，而新的本质则相反地得到了一个纯粹的精神性，没有捏造出一个特殊的物质形体。同时它也不缺乏形体性，这种形体性甚至有更大的诱惑力，因为它看起来更为自然、更为尘世化，只是由每一个有形体的人或干脆由“人类或一切人”所构成。这样，精神的幽灵性在假象的形体之中，再一次变得相当充实和大众化了。

最高本质，这一最高本质在其中进行启示和将要进行启示的一切因而就都是神圣的；而那些承认这一最高本质连同它的属性即它所启示的一切的人，也都被神圣化了。神圣的东西重又使它的崇拜者神圣化，崇拜者通过崇拜使自己变成一种神圣的东西，以此类推，崇拜者所做的一切均是神圣的：神圣的步履、神圣的思想和行为、神圣的遐想和志向等等。

不言而喻，只是在互相激烈对立的双方都承认存在着一个必须加以崇拜和为其效劳的最高本质的时候，关于什么将作为最高本质加以尊奉的争辩才有重大意义。就像一个基督教徒在什叶教派和逊尼教派之间，或者在婆罗门教徒和佛教徒之间的争论所采取的报之以怜悯的微笑的态度那样；某人如若认为关于一个最高本质的假设毫无意义，在此基础上的争论是无聊的儿戏，那么他在整个斗争中只能如上述基督教徒：报之以怜悯的微笑。对于否认最高本质的人来说，不论是唯一的神，还是三位一体的神，还是路德式的神，或者是最高存在，或根本不是神而是将“人”作为最高本质，就都没有什么差别了；因为在他眼中，任何最高本质的仆役总不外是迷信的人们：狂暴的无神论者与虔诚的基督教徒相比毫不逊色。

总而言之，在神圣的东西中居于首位的是最高本质和对这一本质的信仰，即我们的“神圣的信仰”。

幽　灵

随着诸精灵，我们进入了精神的王国、本质的王国。

在宇宙之中作祟和进行它的秘密的、“不可理解”的营生的正是我们称之为最高本质的、十分神秘的幽灵。要想彻底考察这个幽灵，理解它，并在幽灵中发现现实（证明“神的存在”），这正是几千年来人们给自己提出的任务。他们因从事完全不可能之事、丹纳士女儿的永无完期的工作[①]，即将幽灵变为非幽灵，将非现实的

① 丹纳士女儿的永无完期的工作：古希腊神话中，埃哥斯国王丹纳士有五十个女儿，除其中一人外，余均奉父命杀死自己的丈夫，后被打入地狱，神惩罚她们向无底桶倒水，故而她们的工作即指劳而无功、没完没了的工作。——译者

变为现实的事，将精神变为完全和有形体的个人而受着折磨。他们在现存世界的背后寻觅着“物之本体”、本质，他们在事物背后搜索着非事物。

如若人们从根底上观察一个事物，即考察它的本质，那么人们就会经常发现一些完全不同于它外表所显示的东西：甜言蜜语和虚情假意，夸夸其谈的空话和微不足道的思想等等。人们为了突出本质而把以往错认的现象贬为纯粹的假象，贬为欺骗。对于从根底上考察了世界的人来说，如此有吸引力和辉煌的世界本质只不过是空虚：空虚即是世界的本质（世界的运行）。谁信仰宗教，谁就不与欺骗性的假象、不与空虚的现象打交道，而是注意考察本质，在本质之中具有着真理。

出自某一方面现象的本质是恶的本质；反之出自另一方面现象的则是善的本质。人的感情的本质例如说是爱，人的愿望的本质则是善，人的思想的本质是真，如此等等。

那些首先被当作存在着的东西，诸如世界及类似的东西，而今只当作纯粹的假象，而真正存在着的东西则是本质，在本质的王国之中，充满着神、精灵、妖魔，这就是说拥杂着善的本质或恶的本质。而今只有这一颠倒混杂的世界、本质的世界真实地存在着。人的心可以是没有爱的，但它的本质却存在着，神，“神是爱”；人的思想可以误入歧途，但它的本质，真理却存在着：“神是真理”，等等。

仅仅只认识和承认本质和纯粹本质，此即为宗教：它的王国是本质的王国，幽灵和精灵的王国。

由于要理解掌握幽灵，或者要把无稽之谈现实化的热望，导致产生一个肉体的精灵、一个拥有实际身体的精灵或神灵、一个有形体的精灵。为了理解这一精灵的幻象，能力最强和最有天才的基督教徒历尽多少磨难！然而却仍然存在着两种天性的矛盾：神的天性和人的天性，即精灵的天性和肉欲的天性的矛盾：仍然存在着最不可思议的幽灵，即保留着非事物。从来还没有一个精灵更能折磨灵魂；即使是为了作法制服某一精灵而自我激励至于狂怒和处于使精神崩溃的痉挛状况的沙门也从未能忍受那种最难想象的精灵施之于基督教徒的心灵折磨。

同样，也只有通过基督才能使事物的真理大白于天下：真实的精神或精灵是人。肉体的或带形体的精神也正是人；而他自身则是可怕的本质，同时是本质的现象和本质的存在或现存。而今，人实际上并不再害怕在他之外的精灵，而是害怕他自己：他面对他自己本身感到惊骇。在他的心胸深处住着罪孽的精神，即使是最细微的思想（而这一思想本身就是一种精神）就可能是一个魔鬼等等。精灵披上了一个形体，神已变成了人，但人而今本身就是可怕的幽灵，他试图抵达这一幽灵的背后，力图克服它、洞察它，使之成为现实，让它说话：人是精神。只要精神能够得救，管什么躯体枯萎：一切归因于精神，而精神的或"灵魂拯救"成为唯一的着眼点。人自己变成了精灵、神秘的幽灵，它在躯体中甚至被授予了一个固定的位置（关于灵魂的位置是否在头脑中的争论，等等）。

你对于我来说，我对于你来说，都不是更高的本质。尽管在我们每一个之中，都可能有着一个更高的本质，并由此唤起对该本质的彼此尊敬。要是最通俗地来讲，就是人在你和我之中生活。如果我不是在你之中见到了人，要尊敬你什么呢？诚然你并非是人、并非是他的真实和相应的形象，而只是他终将死去的躯壳，他能从此中蜕出，而毋须自我结果；但是现在这一普遍的、最高的本质却栖居在你之中，而且我觉得你是现实化了，因为被假想有一个永不逝去的精神在你那一个瞬息即逝的肉体之中，因而你的形象实际上只是一个“假想的”形象；一个精神，它出现了，它在你之中出现了，而毋须与你的形体和这一特定的出现方式相联系，那么，就是一个幽灵。因此我就不把你看作更高的本质，而仅仅只对那在你之中“憧憧往来”的更高本质表示敬意：我“敬佩在你之中的人”。古代人并不敬重在他们的奴隶之中的这类东西，至于更高本质——“人”，还很少得到赞许。与此相反，他们在彼此之中看到的是其他类型的精灵。与个人相比，人民是更高的本质；与人或人的精神相仿佛，在各个人中出没的精神是：民族的精神。因此，他们尊敬这一精神；而只有个人在为这一精神和与其有关的精神如家族精神等效劳的情况下，个人的出现才能有意义；只有为了更高的本质、为了民族的缘故，才让“民族成员”发挥作用。如同对于我们来说，你是通过在你之中出没的精神而成为神圣那样；在任何时候，人们都是通过任何一个崇高本质，如民族、家族以及诸如此类的事物而成为神圣的。只是为了一个更高本质的缘故，人们从来就受到尊敬；而且也只是为了一个神圣的、即受保护和已予承认的人物，才把人们当作精灵。如若我护理和照顾你是由于我爱你，由于我的心在你那里找到养料、满足了我的需要，那么这一切就不是为了一个更高的本质，它的神圣的躯体亦即是你，不是因为我在你之中看到一个精灵，即在此中出现的精神；而是出自利己主义的乐趣：你自己连同你的本质对于我来说是有价值的，因为你的本质并非是更崇高的本质,你的本质并非比你更高、更普遍,它就如同你自己一样是唯一的,因为你是唯一的。

但并不仅仅只是人在作祟,而是一切均在作祟。更高本质,在一切之中出没的精神,均与虚无相联系,并且,只有在这中间“出现”。精灵在每个角落!

如若四出活动的精神为了逃避利己主义而不再在下文出现的话,这里倒是一笔带过这些精神的地方。为了立即转到我们对这些精神的态度,只要从中举出几个例子加以说明就可以了。

譬如说神圣的首先是“神圣的精神”,真理是神圣的,权利、法律、善事、皇上、婚姻、公共福利、秩序、祖国等等等等均是神圣的。

怪　想

咳,幽灵在你的头脑中游荡,你的怪想何其多也!你设想伟大事物,为自己描述一个对你来说存在于此的完整的神的世界,一个你义不容辞地为其效劳的精神王国,一个向你招手致意的理想,你确有着一种固定观念!

当我把执著于崇高东西的人们,看成是十足的疯子、疯人院的疯子,并且由于人类中的绝大多数均属于此类型,而几乎把整个人类世界都包括进去的时候,不要以为我是在开玩笑或认为这是一种比喻的说法。那么,何谓“固定观念”?即是一种使人服从它的观念。如果你们由于这样一种固定观念而看出它即是疯狂,那么你们就将它的奴隶禁闭在疯人院之中。信仰的真理、君王、道德等不就是“固定观念”吗?对信仰的真理人们是不能怀疑的;民众的君王大家是碰不得的(谁要这么做,谁就是反叛君王者);道德,报刊检查员为了保持道德的纯洁，是不会放过任何一个反对道德的小字眼的。这些不就是“固定观念”吗？这一切不都如我们大多数报纸那样是愚蠢的唠叨吗？这不都是那些忍受道德、合法性、基督教的信仰等的固定观念束缚的疯子的喋喋不休吗？这些疯子看来似乎是在自由地徜徉，不是只因为他们在这里面蹒跚的疯人院中占据了如此之大的空间吗？谁要是触动这样一个疯子的固定观念，那么他随即要提防背后疯子放来的冷箭。因为正是在这一点上伟大的疯子与所谓渺小的疯子相同：谁要触动他们的固定观念，他们就要狠毒地袭击谁。他们首先偷掉他的武器，偷掉他的自由言论，而后用他们的爪子向他袭来。现今每一天都暴露出这些狂人的卑怯和复仇心，而愚笨的民众则欢呼他们的疯狂措施。要赢得人们与疯子被拘禁在一个屋子里这一可怕的信念，人们就必须阅读这一时期的日报和听听市侩讲话。“你做归做，却不该把你的兄弟责之为疯子。”但是我并不害怕挨骂而且说：我的兄弟们是十足的疯子。下述两种情况均是同一的“固定观念”：一种情况是，疯人院的一个可怜的疯子中了狂想邪，自认为是上帝、日本的皇帝、圣灵等；另一种情况是，一个安逸的市民的想象：他的使命是成为一个善良的基督教徒、虔诚的新教徒、一个忠诚的市民、一个有德行的人等等。谁要是从不敢越轨，不当善良的基督教徒、虔诚的新教徒、有德行的人等，那么他就是束缚和拘泥于信仰和道德之类当中。同样，烦琐哲学家们只在教会信仰之内玄想；教皇本尼迪克特十四世只在教皇制度的迷信之内写厚厚的书，而丝毫不将这种信仰置于怀疑之中；作家有关国家的论述塞满了整张整本的篇幅，而从未将国家的固定观念自身置于问题之中；我们的报刊上充斥着政治，因为它们囿于偏见：人被创造出来就是要成为政治动物，诸如臣民在臣服之中、有德行的人在德行之中、自由主义者在人道之中过活，而丝毫没有对他们的这些固定观念施以批判的利刃。这正像一个疯子的妄想不可动摇那样，那些想法也立于坚实基础之上：谁怀疑它，谁就触动了神圣的东西！是的，“固定观念”，这是真正神圣的东西！

碰到我们的仅仅是为鬼所迷者，还是我们往往也遇到相反的中迷者，为善、德、伦理、法律或其他什么原则所迷惑的中迷者呢？为鬼所迷并不是中迷的唯一方式。神施影响于我们，而鬼也起着作用：前者是“恩惠作用”，后者是“魔鬼作用”。中迷者被他们的意见所迷惑。

假若“中邪”这个词使你们厌恶，那就称之为着迷，是的，称之为激情和热情，因为幽灵占据着你们，而由它产生一切“灵感”。我要补充一句：充分的热情——因为人们不能站在懒惰和半途之中——被称之为狂热。

狂热，恰恰是有教养者擅长此道；因为一个人只要对精神一类感兴趣，他就是有教养的，而且如果对精神一类的兴趣是活跃的，那么它就是而且必须是狂热的。这是对神圣东西的狂热的兴趣（神殿）。人们考察我们的自由主义者，人们看《萨克逊祖国报》，人们倾听施洛塞尔说些什么：“霍尔巴赫的协会对传统学说和现存制度进行了有组织的密谋。该组织的成员狂热地维护他们的非信仰；就如同僧侣和牧师、耶稣会会士、虔信派教徒、卫理公会教徒、传教协会和圣经协会习惯地狂热维护机械的礼拜和教义信条那样”。[1]

大家注意观察一下，一个讲伦理道德的人的举止如何吧，他认为当今时代大都与上帝无关了，基督教作为过时的东西已被抛弃。如果有人问他，他是否怀疑兄弟姊妹之间的群婚是乱伦，一夫一妻制是婚姻真理，孝敬父母是一种神圣的义务等等（那时在人们甚至准许把姊妹当作妻室）想法时，却使得他发生伦理上的震恐。这一震撼又从何而来？因为他信仰那个伦理道德的戒律。这一伦理道德的信仰深深地植根于他的胸中。他在多大程度上起劲地反对虔诚的基督教徒，他恰恰也就在同样程度上自己仍旧是基督教徒，即道德上的基督教徒。在道德的形式上，他被束缚于基督教，而且是拘束于信仰。一夫一妻制应当是某种神圣的东西，谁重婚，谁就被当作罪人加以惩罚；谁乱伦，谁就罪人般地受苦。那些高叫在国家中不应当注重宗教、高叫犹太人与基督教徒一样是国家公民的人，在这里表明他们是一致的。乱伦和一夫一妻制不都是一种信条吗？谁接触道德者，谁就会知道，他同样也是一个不亚于克鲁马赫尔[2]、不亚于菲利普二世的信仰的英雄。后者为维护教会信仰而斗争，而他则为维护国家信仰或国家的伦理道德法而战斗；为了信条二者均诅咒那些超出他们的信仰所允许范围的行动者。这样的行动者将被打上“罪行”的烙印，并且可能在感化院、在监狱中受折磨。道德的信仰就与宗教的信仰一样的狂热！假若兄妹

① 弗里德里希·克里斯托夫·施洛塞尔：《十八世纪与十九世纪史（至法兰西帝国崩溃）》，第2卷，第519页，海德堡，1837年。

② 克鲁马赫尔（1796—1868）：德国加尔文教派牧师，乌培河谷虔诚派的首领。——译者

因为一种需要在他们的“良心”前澄清的关系而被投入监狱，而后这就称之为“信仰自由”。“但是他们给了一个伤风败俗的例子！”是的，当然，其他人也许会想到：国家对他们的关系是不必干预的，因此“礼俗的纯洁性”就会归于消灭。这样，宗教信仰的英雄为“神圣的神”，道德信仰的英雄为“神圣的善”是同样热情地在奔忙。

热心于某种神圣事物者，看起来彼此是很少相像的。严格的正教徒或旧式信徒与为争取“真理、光明和权利”的斗士、与真理之友、与光明之友、启蒙主义者等有多大的差别啊！然而这些差别之中，几乎毫不带根本性的东西。有人抨击某些旧传统的真理（如奇迹、君侯无限制的权力等），启蒙主义者也随着抨击，而只有旧式信徒悲叹。假若有人抨击真理自身，那么前两派作为信仰者就成了他的敌对者。诚然，如以道德礼俗而言，严格信仰者是苛刻的，而明智的头脑则比较宽容。但是，谁要攻击道德礼俗自身，那么就得与两方面都打交道。“真理、道德、正义、光明等”应该是并保持为“神圣的”。按照这些启蒙主义者的观点，人们指责基督教的东西恰恰应该是其中那些非基督教的东西；基督教却必须保持作为“根基”，攻击它是有罪的，是一桩“罪行”。无疑，反对纯粹信仰的异教徒免不了遭受以前迫害的横暴，现在对反对纯粹道德的异教徒，则尤其是如此。

自一个世纪以来，虔诚遭到如此之多的打击，它的超人本质经常被骂为“非人性的”，这样就使人们感到毋需再次与之较量。然而，只有那些讲道德的反对者总还出现在角斗场上，为了有利于另一个最高本质，攻击这个最高本质。如蒲鲁东就无所畏惧地说："人注定要在没有宗教的情况下生活；然而道德法则是永恒的和绝对的。今天有谁敢于攻击道德？"[①]讲道德者从宗教中吸尽了最好的脂肪为自己所享用，并因而摆脱了引起腺病的可爱的贫困。假若我们因此指出：只要有人只是因为宗教的超人本质而指责宗教，那么宗教在它的核心上远没有受到损伤；假若我们还指出：宗教最终仅仅诉诸"精神"（因为神是精神），那么我们就充分地道出了它与道德的最终的一致，因而能够将宗教与道德的固执争吵置于我们的背后。宗教与道德都涉及一个最高本质，至于它究竟是超人的还是人的本质，这对于我来说就是无所谓的了，因为在任何情况下它都是高于我的一个本质，同样是一个超出我自身的东西。此外，关于"人的本质"问题、关于"人"的问题，在刚刚剥去旧宗教的蛇皮之后，却又重新披上一层宗教的蛇皮。

费尔巴哈就如此教导我们："我们只要经常将宾词当作主词，将主体当作客体和原则，就是说，只要将思辨哲学**颠倒过来**，就能得到毫无掩饰的、纯粹的、显明的真理。"[②]这样，我们就丧失了有局限的宗教立场、丧失了在这一立场中是主项的**神**；我们仅仅把它换上宗教立场的另一面：**道德的**立场。譬如我们不再说："神是爱"，而说"爱是神性的"。如果我们在谓词"神性的"地方代之以相同意义的"神圣的"，那么据此情况，一切事情重又复旧如初。

---

① 蒲鲁东：《人类政治组织原则中秩序的创造》，第38页，巴黎，贝桑松，1843年。

② 费尔巴哈：《关于哲学改造的临时纲要》，《现代德国哲学与政论文选》，阿·卢格编，第二卷，第64页，苏黎世与温特图尔，1843年。（见中文版《费尔巴哈哲学著作选集》上卷，第102页。——译者）

据此，爱应当是人那里的善，使人具有尊严的神性、就是他真正的人性（它“首先使他成为人”，首先从他创造出一个人）。确切地说似应是：爱是人那里的人的东西，而非人的东西即是无爱的利己主义者。然而恰恰是基督教以及思辨哲学即神学作为善、作为绝对的东西所提供的一切，就其性质而言正好不是善的东西（或换一种说法：单纯的善）。这样，通过将谓词变为主词，基督教的本质只是固定得更加令人困惑（谓词恰恰也包含着本质）。神和神的东西将更不可解脱地缠绕着我。将神从他的天国逐出、并剥夺它的“超然存在”，这是还没有建立在充分胜利基础上的要求，如果在此只将神驱逐到人的胸中，并以不可消除的内在性相赠，于是这就意味着：神的东西即是真正人的东西！

正是反对将基督教作为国家的基础，即反对所谓基督教国家的那些人，将不厌其烦地重复道德是“社会生活和国家的基本支柱”。仿佛道德的统治就不是完全神圣的统治，不是一种“教阶制”。

神学家认为，只有信仰才有能力掌握宗教真理，神只给信徒以启示等等，亦即只有心、感情、虔诚的幻想是宗教性的。在神学家长期坚持上述观点之后，在这里就可以附带地回想以下述主张出现的启蒙思潮：亦即“自然的智力”和人的理性有能力认识神。这除了意味着，即使是理性也要求成为如同梦幻那样的梦幻者之外，还有别的什么吗？在这一意义上，赖马鲁斯[①]写他的“自然宗教的

① 赖马鲁斯（1694—1768）：启蒙运动的神学家与哲学家，“自然理性宗教”的代表。——译者

最重大真理”。这必然导致：整个的人以其所有能力表明自己是宗教性的；心与情感，智力与理性、感觉、理解与愿望，简言之，一切在人那里出现的均是宗教性的。黑格尔曾指出过，即使是哲学也是宗教性的。而如今有什么不被称为宗教呢？“爱的宗教”、“自由的宗教”、“政治宗教”，简言之，任何一种热忱，实际上也确实如此。

至今我们还运用拉丁词“宗教”来表达束缚性的概念。只要宗教占有我们的内心，我们无疑仍旧是受束缚的；然而精神也受束缚吗？相反，它是自由的，是唯一的主人，它并非是我们的精神，而是绝对的。因而，正确地正面翻译宗教一词是“精神自由”！在谁那里精神是自由的，谁就恰恰在同样的方式上是宗教的；如同那些被称为耽于声色的人必定放纵声色那样。精神束缚前者，情欲束缚后者。宗教在对我的关系上即是束缚性或宗教誓盟：我是受束缚的；而就精神关系上的自由而言，精神是自由的或拥有精神的自由性。假若我们自由和肆无忌惮地放纵情欲，我们的处境将会多糟，对此不少人是有经验的；然而自由精神、辉煌的精神性、对于精神兴趣的热忱，或用任何什么措词来称呼这一珍宝，把我们置入的困境要比即使是最疯狂的放荡不羁所带来的还要坏。（这一点人们是不易觉察，而且在并非有意识地成为利己主义者之时也是不能觉察的。）

即使是我们的理性、我们的心等等也趋向于神。赖马鲁斯与所有指出这一点的人由此同时也指出：我们完全是中邪的。当然神学家对他们极为恼怒，他们剥夺了神学家宗教的崇高特权，然而由此他们也只不过为宗教、为精神自由占据了更多的地盘而已。因为如若精神不更长久地被局限于感情和信仰，而是也作为一般的智力、理性和思维属于精神，亦即也以智力之类的形式可以加入精神和天上的真理之中，那么整个精神只与精神一类，即与自己打交道，亦即是自由的。现今，我们是如此彻头彻尾地宗教性，以至“陪审官”[①]将我们宣判为死刑；而任何法警作为善良的基督教徒通过“就职宣誓”将我们押送入狱。

总的来说，只有狂暴的憎恶反对一切看起来像“命令”（规定、号令等）的东西、制造起造反的气氛，只有个人的“绝对君主”受到嘲笑和迫害的场合，道德才能从那时起与虔诚相对抗，因而道德只能通过自由主义才会达到独立。作为自由主义的最初形式“市民权”，赢得了世界历史意义，并削弱了原来的宗教力量（参见下文的“自由主义”）。道德原则并非仅仅是在虔诚的旁边亦步亦趋，而是站立在自己双脚之上的。它并不存在于神的戒律，而在于理性法则之中。只要戒律还该是有效的，它就必须先得到理性法则对它有效性的批准。在理性法则中，人从自己出发决定自己，因为“人”是理性的，并且从“人的本质”产生那些带有必要性的法则。虔诚与道德由此分道扬镳：前者以神、后者以人为立法者。

从道德的某一立场出发，人们大概是如此进行推论的：或者是人的肉欲推动他，人随从肉欲，他就是不道德的；或者是善推动他，即善被接受在他的意志之中，称为道德的思想（为善的思想和善的被接受性），而后他证明自己是道德的。例如，从这一立场出发，桑得对科采布所采取的行动[②]是怎样被称之为不道德的呢？

① 双关语。德文中“Geschworne”既有陪审官，又有结盟宣誓者之意。——译者

② 桑得（1795—1820）是德国一大学生，德国知识界自由主义运动的参加者，因杀死反动作家科采布被处死刑。——译者

这样，以同一标准衡量，人们所理解的无私，也包括为有利于穷人的圣克里斯平[①]的偷窃行动。“他不该谋杀，因为明文规定：你不应该谋杀！”简言之，譬如桑得至少是意欲为善、为民众福利效劳的，或又如克里斯平为贫民的福利出力，这是道德的，目标是符合道德的，手段是不道德的。为什么？“因为谋杀、暗杀总是绝对的恶”。当游击队员将国家敌人诱入峡谷，并在他们没有看见的情况下从丛林射倒他们，那么这就并非是暗杀吗？你们可能是按照道德原则所发布的命令，为善而效劳，不过要问一下，谋杀是否从来而且永远不能是善的实现，是否有必要肯定那种实现善的谋杀？你们根本不能诅咒桑得的行动：这一行动是符合道德的，因为是在为善效劳，因为并非是利己的；它是一个由个人实施的惩罚行动、一个冒着自己生命危险执行的处决。他的冒险行动最终除了他要想通过粗暴的武力压制文字写作之外还有什么呢？你们不知道同样的行为不是作为“合法的”和得到批准的吗？从你们的道德原则上对此又可以提出什么异议呢？——“然而这是一个违法的处决。”那么，这里不道德的地方是非法性、对法律不服从吗？这样，你们承认，善不外是法律，道德不外是忠诚。你们的道德就堕落为“忠诚”的外表性，降为执法的工作神圣性，只不过这要比以往的工作神圣性更加专横、更加凶暴。因为在后者那里只需要行动；而你们却还需要思想：人们应该把法律、法令装在自己的心里，谁最合法地思想，他就是最有道德的人。即使是天主教生活的最后欢畅也在这一新教的合法性之中消亡。这里最终才完成了法律统

① 克里斯平：公元三世纪的基督教殉道者，曾在高卢传教。——译者

治。“不是我活着，而是法律生活在我之中。”我然后确实达到这样的分际，只是“它那(法律的)庄严性的容器”。“每一个普鲁士人在他的胸中装着他的宪兵，”一个普鲁士高级军官这样说道。

为什么某些反对派不欲繁荣起来？仅仅是由于他们不想离开道德和合法的轨道这一理由。这样，就产生了忠诚、爱之类的无节制的虚伪。由于它们的可憎性，人们对一个“合法的”反对派这一腐败而虚伪的关系日甚一日情不自禁地充满了厌恶。在爱和忠诚的道德关系上，不能产生一种双重性的、一种对立的意志。如若一种意志是这样，另一种则想改弦易辙，那么美好的关系就受到干扰。然而，按照反对派以往的实践和老的成见，却应首先捍卫道德关系。那么，反对派还留下了什么呢？当亲爱者觉得拒绝自由为好时，大概欲图一种自由吗？绝不！它不可以欲图自由；它只能希望自由，为此“请愿”，喃喃而语“请求、恳求！”假若反对党确实欲图自由，以整个身心欲图自由，那么由此将会产生怎样的情况呢？不，它必须为爱而生活，放弃意志、为爱的道德放弃自由。它从来不许把为自己仅仅是“作为恩惠而恳求”的东西“当作一种权利而提出要求”。爱、忠诚等等要求不可转变的决定性，是唯一的意志，其他人只有顺从它、为它效劳、遵循它、爱它。不管这一意志是理性的或非理性的；人们的行动在这两种情况下，如果遵循这一意志就都是道德的，如若摆脱它，就是不道德的。命令进行书报检查的意志在许多人看来是不合理的；然而在有书报检查的国家里，谁的书逃避书报检查，谁的行为就是不道德的；而谁送审，就是道德的行为。如若有谁摆脱了他这种道德的判断，例如创办了一个秘密刊物，一旦此人被抓获，人们就可能称他为不道德的。还说他是不明智的；然而一个这样的要求在“道德者”的眼中有价值吗？也许如此！即如果他设想是为一个“更高的道德”效劳的话。

今日虚伪的蛛网挂在两个区域的边沿，我们的时代在这两个区域之间晃来晃去并黏着它的欺骗和自我欺骗的细丝。就无疑义地和毫不示弱地为道德服务而言，没有足够的力量；而就完全利己主义地生活而言，则肆无忌惮的程度不够。这样，它在虚伪的蛛网中颤抖，一会向这边，一会向那边，为事不过半的诅咒所束缚，只捉住愚笨而可怜的蚊子。假若有人一旦敢于提出一个“自由”的动议，那么人们马上就又要以爱的保证来冲淡它并佯称要顺从。另一方面，假若他们厚颜地用诉诸信任的道德呼吁之类拒绝自由的动议，而当道德的勇气随即消沉时，他们又会保证，他们如何以特别满意的心情听到自由的言论：他们佯称赞同。简言之，人们想要这一方面，但也不放弃另一方面：人们想要有一个自由意志，但也不放弃胸中的道德意志，这就是说你们自由主义者与奴仆会合了。你们用最忠诚信任的眼光使自由的每句话听起来舒服；而奴仆则将他的奴隶主义披上自由的最谄媚空话的外衣。以后你们分道扬镳，他想的与你们想的完全一样：我领教了你这只狐狸！他在你们那里嗅到了魔鬼味，恰如你们在他那里嗅到了陈旧而发霉的味。

只有在“善人”的眼睛中，一个尼录才是一个“恶人”；而在我的眼中，他如同善人一样也不外是一个中迷者。善人把他看作是一个罪大恶极的人，并将他放逐到地狱里去。为什么没有什么东西能阻挡他的随心所欲？为什么人们那么容忍？难道温顺的罗马人的一切意志都受这样一个暴君的束缚，就不想他们的处境有一丝一毫的改善吗？在古罗马，人们如若随即处决他，就从不会变成他的奴隶。而当时罗马人中的“善人”只以道德的要求,而不是用他们的意志来跟尼录对抗;他们叹息道,他们的皇帝并不像他们那样尊重道德:他们自己则保持为“道德的臣民”,一直到最终有人鼓起勇气,抛弃“道德的、驯服的隶属性”。以后,同样是这些“善良的罗马人”,这些“驯服的臣民”,忍受了没有意志的一切耻辱的罗马人又欢呼暴乱者无法无天的、不道德的行为。当有人鼓起进行革命的勇气之后,在善人们那里曾经夸奖过的那种革命勇气又到哪里去了呢?善人不能有这样的勇气,因为一场革命,以至造反总是“不道德的”。人们只有在停止做“善人”和不是变“恶”,就是两者什么都不是的情况下,才能下定决心去革命。尼录并不比他的时代更坏。在当时,人们只能成为两者之一:善或者恶。他的时代必然会对他作出判断:他是恶人,而且是在最高程度上的坏,不是懦夫,而是恶棍。一切道德人对他只能作出这样的判断。像他那样的无赖今天还继续混迹于道德人之中(可参见冯·朗格的回忆录)。在无赖之中生活当然是不舒服的,因为在这样的情况下人们的生活不会有一刻是安全的;然而人们在道德人之中生活就舒适些吗?在那里,除了被束缚于“正义的道路”上之外,人们的生活也同样缺少安全。他们的荣誉是最少得到保证的;国家民族的帽徽在四下张望时就会不翼而飞。道德的粗暴拳头甚至毫不怜悯地同利己主义的高贵本质亲密相交。

“然而人们不能把无赖和正直的人相提并论!”对了,没有一个人比你们道德法官更经常地这样做了,你们甚至做得比这有过之而无不及:一个正直的人对现行的国家宪法、对神圣的规定等公开讲演时,你们就把他作为罪犯关押起来;而你们把大臣的公文包或更重要的事务委托给狡猾的无赖。这就是说在实际上,你们对我是无可指责的。“然而在理论上!”对了,现在我就事论事地把两者放在一条线上的两个极端:即把两者均置于道德法则的标准上。他们这两方面只在“道德的”世界里才有意义;恰恰正如在基督以前时期,一个守法的和一个不守法的犹太人只有在犹太法典方面才有意义和起作用那样;相反,在耶稣基督面前,法利赛人不再作为“罪人和税吏”。同样,在独特性面前,道德的法利赛人与不道德的罪人就完全是一样的。

尼录由于他的中迷而极感不便。然而,当暴君不尊重“神圣的事物”时,一个有特性的人绝不会为了悲天悯人而愚蠢地用“神圣的事物”与尼录相对抗,而只是用其意志与暴君相对抗。诸如用不可让与的人权的神圣性指责他的敌人,或者把随便哪一种自由说成是一种“神圣的人权”,并且加以证明和炫耀等等,这样的事情是怎样经常地发生啊!这样做的人,即使自己是不自觉地走上通向目标的道路,如同实际在他们那里发生的那样,所得到的也只会是嘲笑。纵然他们感到只要为某种自由赢得大多数,那么这大多数也将意欲这一自由,并获取他们意欲的东西。自由的神圣性和这一种神圣性一切可能的证据,他们是永远无法获得的:哀告和诉愿只表明是乞丐而已。

道德人总是自囿于这种浅见,认为除了“不道德者”外没有其他的敌人。“谁不是有道德的,就是不道德的!”并据此轻蔑地加以谴责,等等。因此道德人从来就不能理解利己主义者。私通不是不道德行为吗?道德者可能辗转反侧一如他之所愿,他却总要尊奉这一戒律；埃米莉亚·加洛蒂[①]为了这一道德真理，抛弃了她的生命。如果私通是真实的，这就是不道德的。一个有道德的姑娘宁愿变成一个老姑娘；而一个有道德的男子是在与他的自然冲动奋斗之中消磨时光，一直到他也许使这种自然冲动成为麻痹；他可能由于道德的原因而自我阉割，如同圣·奥利格纳斯[②]为了上苍的缘故而那样做：后者尊重神圣的婚姻。神圣的贞节因此而未受到损伤，这是道德的。不守贞节从不能成为一种道德的行为。尽管道德者也许对有不守贞节行为的人宽大地作出判断并赦宥他，然而这一行为却总归是一种犯罪，一种违反道德禁令的罪恶，在这里牢牢留着一个不可抹去的污点。如同贞节曾经属于僧侣宣誓那样，现今它是一种道德的品行。贞节是一种善。反之，对于利己主义者来说，贞节恰恰并非是离开它就不行的善：他对此根本不感兴趣。对于道德人的判断将会得出什么结论呢？这就是说，他将利己主义者抛入道德人所认为的人的唯一阶级之外、抛入不道德者阶级之中。他没有别的办法，他必须把不尊重道德的利己主义者看成在一切方面，凡是这个人不尊重道德的地方，都是不道德的。如果他不这么看利己主义者，那么他就恰恰已经背叛了道德，而毋须自己承认，他已不再是真正有道德的人。人们不该由于这种今天无疑是屡见不鲜的现象被引入歧途，而应该想一想：莱辛曾在著名的寓言中把基督教以及伊斯兰教、犹太教比喻为一只“假

① 埃米莉亚·加洛蒂：德国作家莱辛写的同名剧本中的女主人公，为了免遭公爵的侮辱，挽救被威胁的“道德”，她的父亲最后杀死了她。——译者

② 圣·奥利格纳斯(185—253)：希腊教会作家，尝试将希腊哲学与基督教教义相结合。——译者

的戒指”。如果说谁损害了道德，就很少能够归入真正道德人之列，那么首先就该是莱辛，然而他却是虔诚的基督教徒。人们经常比他们自己所敢于承认的要走得更远。——对苏格拉底来说，因为他处于修养的道德阶段，假若他听从克利顿的蛊惑性煽动，并欲图从监狱中逃跑，那么他就是不道德的；只有留在监狱中才是唯一道德的。这一切之所以如此，仅仅是因为苏格拉底是一个道德人。与此相反，“无道德的、肆无忌惮的”革命者们，虽宣誓效忠路易十六，后来却宣布他的退位甚至他的死刑。这一行为是不道德的，对此，道德人永远感到胆战心惊。

这一切多多少少却只适合“市民道德”，自由民对此极为蔑视。这种道德是这样的，如同一般的市民性、它的故乡，与宗教天国还距离太近，而且要自由，为了避免无批判地照样地将宗教天国的法则移植到它的领域，要创立自己的独立的学理。如果这一道德意识到它自己的尊严，并将它的原则，人的本质或“人”，提高为唯一的准则，那么它本身就会完全改观。那些全力以赴达到这一决定性意识的人们就会完全与宗教决裂，宗教的神在他们“人”的身边是找不到一席之地的；就像他们（见下面）在国家之船上凿洞那样，他们也把只在国家中繁荣的“道德”碎为齑粉，因而再也不继续援用它的名字。这些“批判者”所称的道德，非常明确地与所谓“市民的或政治的道德”相区别，而且对于国家公民来说，必定觉得这是一种无意识和无法度的自由。但从根本上讲，这只是“原则纯洁性的前提”。这一原则从它那带有宗教性的不纯洁状态中解放出来，而今以其明确无误的确定性作为“人性”，达到至高无上的权力。因而不必奇怪，即使是道德这一名称，就像其他的名称如自由、博爱、自我意识等一概保留下来，只添上一个附加物："自由的"道德。这正如市民国家纵然遭到谩骂，而国家却作为"自由国家"，如若这还不行，毕竟可以作为"自由社会"重新出现。

因为这个导致人性完成的道德与宗教（道德是由宗教历史地产生的）已经彼此充分谅解妥协，所以毫无阻碍，道德就假自己的手而变成宗教。因为宗教和道德之间的差别只在于：我们与人类世界的关系究竟是通过我们与一个超人的事物的关系来调节和神圣化的，还是我们的行为是一种"仰仗上帝意旨"的行为。假若与此相反，"人觉得人是人的最高本质"，那么上述差别就消失了，道德在摆脱它对宗教的从属地位之后也就自我完善，成了宗教。随而迄今附属于最高本质的较高本质，人就登上了绝对高峰，而我们与他的关系就如同与最高本质的关系那样，亦即宗教的关系。于是，道德性与虔诚性就像基督教初期那样成了同义词，只是由于最高本质另换了一个，一个神圣的变迁不再称做"神圣的"，而叫做一个"人性的"变迁。如若道德胜利了，那么就产生了一个整个易主的过程。

在消灭了信仰之后，费尔巴哈以为驶入了意想的爱的安全港湾。"最高和首要的法则必须是人对人的爱。对人来说人就是神，这就是最高的实践原则，这就是世界历史的转折点。"①然而实际上只是神变了，爱仍旧保留下来：在那里是对超人的神的爱；在这里，则是对人的神的爱，对作为神的人的爱。那么就是对我来

① 费尔巴哈：《基督教的本质》，第402页。增订第二版，莱比锡，1843年。（参见中文版《费尔巴哈哲学著作选集》下卷，第315页。——译者）

说,人是神圣的。而且一切"真正人的东西"对我来说都是神圣的!"婚姻由于自己本身而是神圣的。对所有道德关系亦是如此。友谊对你来说是并且应该是神圣的,财产是神圣的,婚姻是神圣的,每个人的幸福是神圣的,而所以神圣是在于其自身是自在自为的。"①在此大家不是又有了牧师了吗?谁是他们的神?人?什么是神的东西?人的东西!这样无疑就是将宾词变成了主词,并且是不说"神是爱",而说"爱是神圣的";不说"神变成了人",而说"人变成了神"等等。这恰恰只是一种新的宗教。"一切道德关系只有凭着自己本身(没有牧师祈祷的宗教祭祀)被公认是宗教关系时,才能是道德关系,才能培之以道德感。"②费尔巴哈的命题是:神学是人类学,即"宗教事务须成为伦理学,伦理学是唯一的宗教。"

费尔巴哈充其量只是将主词和宾词对调,并突出后者而已。他自己就曾说过:"爱之所以是神圣的,并非由于它是上帝的一个宾词(而它对人们来说绝不会由此而成为神圣的),相反地,它之所以是上帝的一个宾词,乃是因为它凭着自身、自为地是神圣的。"③因而他就感到,要开展反对宾词本身的斗争,首先要反对爱和一切神圣的东西。当他给予人以神的东西,他又如何寄希望于人和神相脱离?如同费尔巴哈所说的那样,对于人们来说,主要事物从来不曾是神,而只是神的宾词。这样,他就能更长久地给他们以金银饰边,因为洋娃娃——原本的核心还在。他也认识到:在他

① 费尔巴哈:《基督教的本质》,第 403 页。(参见中文版《选集》下卷,第 316 页。——译者)

② 同上,第 403 页。(参见中文版《选集》下卷,第 316 页。——译者)

③ 同上,第 406 页。(参见中文版《选集》下卷,第 318—319 页。——译者)

那里只涉及消灭一个幻想，仍然认为这一幻想“对人类起根本性的败坏作用，因为即使是爱、自身最内在、最真诚的感情，也由于宗教虔诚而变成了一种确实的*、虚幻的爱：宗教性的爱，只是为了神的缘故而爱人，因而只是表面地爱人，在实际上只爱神”。[①] 这就不同于道德的爱吗？它爱人，是为了这个人的缘故而爱这个人，抑或是为了道德的缘故，为了人的缘故而爱这个人，因为对人来说，人就是神——为了神的缘故呢？

怪想尚有不少形式的方面。在这里略举一二是不无裨益的。

自我否定对于神圣者和不神圣者、纯洁者和不纯洁者都是共同的。不纯洁者否定一切“善的感情”，一切羞耻，甚至天然的畏怯，而一味放纵支配着他的贪欲；纯洁者否定他对世界的自然关系（“否定世界”）而只遵循支配着他的“愿望”。为金钱的渴求所推动，贪财者否定良心的训诫，否认一切荣誉感、一切慈善和一切同情心，他置一切于不顾：贪欲挟持着他。神圣者也做同类的事。他使自己成为“世界的笑柄”，他是铁石心肠的和“极端公正的”。因为他为愿望所挟持。如同不神圣者在玛门[②]面前自我否定那样，神圣者在神和神规前否定自己。我们现在生活在一个神圣者的厚颜无耻日甚一日地被感觉和被发现的时期，因此这种厚颜无耻也同时被迫日甚一日地自我揭露和自我暴露。人们为反对“时代的

① 费尔巴哈：《基督教的本质》，第 408 页。（参见中文版《选集》下卷，第 302 页。——译者）〔施蒂纳在这里把费尔巴哈原文中的“外表的”（scheinbar）引成“确实的”（unscheinbar）见＊号。〕

② 玛门：即财神。——译者

进步”而举出理由时的厚颜无耻和愚蠢，不是早就超越了一切尺度和一切期待吗？然而必须如此。神圣者和非神圣者一样，在自我否定时必须采取同样的步骤。如果说后者逐渐完全下陷到进行自我否定的粗俗和卑贱之中，那么前者就必定上升至最失体面的高贵。地上的玛门和天上的神要求两者有完全相同程度的自我否定。卑贱者和高贵者同样都向“一种善”伸手；前者向“物质的善”，后者向“观念的善”，即所谓“至善”。由于“趋向于物质的”是为了一个观念的幻影、他的虚荣心而牺牲一切；“趋向于精神的”，则为了物质享受、舒适生活而牺牲一切，因而两者最后是互相补充的。

那些力促要人“大公无私”的人们相信，他们所说的不寻常的东西太多了。在这里，他们所理解的是什么呢？可能有什么类似就“自我否定”所理解的那样的东西。然而谁是这个被否定的和应该一无所获的自我呢？你自己看来应是这个自我。而为了谁的利益，人们把无私的自我否定推荐给你呢？还又是为了你的利益和虔诚，只不过是要你通过大公无私为你创造你的“真正的利益”而已。

你应使你获益，然而你却不应自己去寻求你的利益。

大家把对人乐善好施的慈善家看成是大公无私的：诸如创办孤儿院的弗兰克[①]、为他的爱尔兰人民不倦工作的奥康奈尔[②]；然而也把下述狂热者看成是大公无私的：如将其一生奉献给异教徒

① 弗兰克，奥古斯特·海尔曼（1663—1727）：德国神学家，哈雷孤儿院的创办人。——译者

② 奥康奈尔，丹尼尔（1775—1847）：爱尔兰律师，民族解放运动右翼自由派的领袖。——译者

改宗的圣博尼法齐乌斯[①]那样的人，或如罗伯斯庇尔将一切奉献给道德那样，或如克尔纳[②]为神、国王和祖国而捐躯那样的人。因此，譬如奥康奈尔的反对者就捏造他自私和贪利，而奥康奈尔基金就似乎给了他们非难的根据；因为如若达到可以怀疑他的“大公无私”的目的，那么他们就可以容易地离间他与他的拥护者。

然而由此他们所能表明的不就是奥康奈尔并非是为所假托的目标工作而是另有所图吗？他追求一个目标，而且是他的目标，不管他究竟是为追求赢得金钱还是人民解放，在这种或那种情况下，有一点总是确实的：这里、那里，即便他的民族私利也许会给他人带来好处，因而就算是公共利益，都一样，均是自私自利。

那么，大公无私大概就是非现实的和任何地方也不存在的吗？恰恰相反，没有比它更普通的了！人们甚至可以称之为文明世界的摩登商品。谁要在结实物品上破费太多，就至少能以它的灿烂光辉装饰一下自己并假冒成它，因而把它看成是不可缺少的。大公无私始自何处呢？它始于一个目标不再成为我们的目标、不再成为我们作为所有者可以随意处置的我们的所有物；它始于这个目标成为一个固定目标或一个固定观念，它始于这个目标开始鼓励、激发和煽动我们，简言之，它始于这个目标成为我们的固执成见和我们的主人。只要人们在他的强力中保持着目标，人们就并非是无私的。只有在“我站在这里，此外我一无所能”的情况下，

---

① 博尼法齐乌斯（约680—约755）：中世纪早期的教会活动家，在日耳曼民族中传教的罗马教皇的传教士，后成为主教。——译者

② 克尔纳，泰奥多尔（1791—1813）：德国浪漫派诗人和剧作家，在反对拿破仑的解放战争中牺牲。——译者

即在一切中迷者的基本格言中人们是无私的;由于相应的神圣的热情而追求一个神圣的目标时人们是无私的。

只要目标仍然是我自己的,只要我仍然在任何时间将它置于问题之中,而并非作为它的实现的盲目的工具而牺牲我自己,那么我就并非是无私的。我的热情并不逊于最狂热的热情;然而同时我又对它冷若冰霜,而且是不相信的并保持为它的不可调和的敌人;我保持为它的法官,因为我是它的所有者。

中迷所到之处,大公无私就在那里泛滥成灾,不管是为鬼所迷,还是为善的精神所迷:那儿是罪恶、愚蠢等等,这里是恭顺、献身等等。

人们应往哪儿看,才能不碰到自我否定的牺牲者呢?那里,在我的对面坐着一个姑娘,十余年来,她也许给她的灵魂带来了血淋淋的牺牲。在丰满的身躯上低倾着一个疲乏得要死的头颅,苍白的脸颊泄露了她的青春缓慢地流逝。可怜的孩子,激情该是如何经常地叩动你的心房,充沛的青春力量又如何经常地提出它的要求!当你的头颅埋在柔软的枕头之中,觉醒的天性如何颤动地传遍四肢,血液如何使你的血管鼓胀,火一样的幻想如何在你的眼中倾注情欲的光芒。这时出现了灵魂和灵魂祝福的精灵。你惊恐了,你合起手掌,你那受折磨的眼光注视着上方,你祈祷。天性的风暴平息了,你情欲的海洋逐渐风平浪静。你慢慢地垂下了疲乏的眼皮掠过眼睛下消逝的生活,紧张从鼓胀的四肢悄悄地消退,喧嚣的波涛在心中沉寂,合起掌的双手无力地压在没有抵抗力的胸上,一个轻轻的、最后的长吁声依然在缭绕,然而灵魂是宁静的。为了明晨新的斗争和新的祈祷而醒来,你酣然入睡了。现在事后戒绝的习惯性冷却了你要求的炽热,而你青春的玫瑰在你的幸福的萎黄病中黯然失色。灵魂得救了,肉体就让它毁灭吧!噢,拉伊斯[①],噢,尼农[②],你们轻蔑地摒弃这使人苍白无力的道德是怎样做的?一个随心所欲的风骚少女抵得上一千个在道德上始终循规蹈矩的老姑娘!

固定观念被当做“准则、原则、立场”等等。阿基米德就地球的运转而言,要求一个在地球之外的立场。按照这一立场,人不断地进行探索,每个人尽其所能地掌握这一立场。这一陌生的立场是精神的世界,是观念、思想、概念、本质等等的世界,它是天。天是这样的“立场”,由此出发,地球在运动,尘世的活动被居高临下地俯察并遭到蔑视。人类是如何痛苦而艰辛地奋斗着为了给自己赢得天国、牢固而永恒地掌握天上的立场。

基督教旨在把我们从自然本性(由自然决定的本性)和作为推动力的欲望中解脱出来,并由此希望人并非由他的欲望所支配。这并不意味着他不应有欲望,而是欲望不应该左右他,这些欲望不该是固定的、不能克服、不可解脱的。那么,基督教(宗教)用来对付欲望的东西,我们就不能同样用来对付它自己的关于精神(思想、概念、观念、信仰等)应该决定我们的条例吗?我们就不能要求:无论是精神或概念、观念均不能够决定我们,它们不能变成固定的和不可触动的或“神圣的”吗?而后,就旨在消除精神,消除一切思想,一切概念。如同在那里必须说,我们尽管应该有欲望,

① 拉伊斯:古希腊名妓,以美丽与放荡著称。——译者

② 尼农(1620—1705):法国名妓。——译者

然而欲望不应该有我们那样;而今则成了:我们尽管应该有精神,然而精神不应该有我们。如若感到后者似乎缺少一个正确的意义,那么就该想想,譬如说,一个想法在某人那里成了"箴言",因此他自己就陷入它的禁锢之中,而后并非他有箴言,相反是箴言有他。并且随着这箴言他就又有了一个"固定的立场"。教义问答的教授法意外地成为我们的原则,并且不再忍受排斥。这些学说的思想或精神有着独一无二的威力,并且再不会听到任何"肉体"的抗议。然而,同时我只能通过"肉体"打破精神的专制;因为只要有人也听到他的肉体的呼声,他就整个地听到自己的呼声,而只要他整个地听到自己的呼声,他才是理智的或理性的。基督教徒听不到他被奴役本性的悲叹,而是生活在"恭顺"之中。为此,他对他自身所遭受的不公平并不喃喃诉苦:他相信可以满足于"精神自由"。但一旦肉体发言,而它的调子只能都是"愤激的"、"不正派的"、"不怀好意的"、"邪恶的"等等,那么他就相信听到了魔鬼的声音,反对精神的声音(因为正派、无激情、善意等等恰恰是精神),因而急于反对是正当的。假若他要容忍这些东西,他就必定不是基督教徒。他只听从道德并打无道德的嘴巴,他只遵从合法性并制止不守法的言论:道德的及合法性的精神使其就范,一个僵持、固执的主人。他们称此为"精神的统治",这同时是精神的立场。

那么凡俗的自由主义的先生们要想使谁自由呢?他们呼喊和渴望谁的自由呢?向往精神的自由吗!道德、合法性、虔诚、畏神等的精神。反自由主义的先生们恰恰也想要这些,两者之间的整个争论围绕着利益的问题:究竟仅仅是后者单独说了算,还是前者也应该得到"这同一利益的"共同享用。对于两者来说,精神仍然保持为绝对的主人,而他们只是为了谁应该获取“主的代理人”的教阶王座而争论。人们能安静而有把握地看到下述角逐:这是事情中佳处之所在。历史的野兽如同自然界的野兽一样将互相撕食;它们腐烂的尸体将使土地肥沃,为了我们的收成。

对若干其他的怪想,如使命、真实性、爱等等的怪想,以后我们再回过头来谈。

假若把自己固有的东西和给予的东西对立起来,那么下述指责就是无关紧要的:我们不能有孤立的东西,而是一切东西都在世界联系之中,即通过我们周围存在的印象而接受,因此作为“给予的东西”。因为它在感情和思想之间有很大的差异,后者是由于其他事物而在我这里被激发出来的;前者是被给予我的。神、不朽、自由、人性等等,自儿提时代起就作为思想和感情而深深印记下来,有力或无力地扣动我们的内心,或能在不知不觉中控制我们,或能在丰富的大自然中自己表现为体系和艺术作品,却总不是激发出来的,而是给予的感情,因为我们必须信仰它们、依赖它们。对于那些运用他们的这应该是一种绝对的东西,而且这种绝对的东西必须为我们所接受、感觉和思想,作为信仰确立在他们那里,他们要运用他们精神的一切力量来认识它,阐述它。对于绝对东西的感情因而就是作为一种给予的东西而存在,并且此后只是它自己多种多样的启示。如在克洛普施托克[1]的叙事诗《弥赛亚》

① 克洛普施托克(1724—1803):德国启蒙运动初期的代表人物、诗人。《弥赛亚》是他的代表作,共二十篇。——译者

中,宗教的感情只是一种做作地自我阐述的、给予的东西。与此相反,如若他所面对的宗教对他来说只是对感情和思想的一种激发,而且假若他完全自觉独自地对待它,那么结果产生的并不是宗教的激情,而是这一对象的解体和消耗。这样,他就在成熟的年龄继续他幼稚的、在童年获得的感情,并在他孩子气的琐事中浪费他壮年的精力。

因此,差别在于,究竟感情是给予我的,还是激发出来的。后者是独自的、利己主义的,因为它不是作为感情灌输、口授和强加给我的;对前者,我则视为外来的宝物,在我心里珍爱它如同继承的遗产,潜心照料它并为它们所中迷。我们整个教育目的是在我们之中制造感情,即给予我们以感情,而不是把感情产生和停止的事让给我们。谁有意或无意地从未觉察到这一点呢?我们听到神的名字,那么我们就该有敬畏神的感情;我们听到君王陛下的名字,那对这个名字就该尊敬、诚惶诚恐、驯服地洗耳恭听;我们听到道德的名字,那么我们就该认为听到了一些不可冒犯的东西;我们听到邪恶的名字和邪恶,那么我们就该不寒而栗等等。目标是追求这样的感情,譬如谁以喜悦的心情获悉"邪恶"的行为,那么他就要受到教鞭的"惩罚和教训"。这样,我们出现在成年界限前时,就被填满了给予的感情,并被"宣告成年"。我们的装备由"崇高的感情、高尚的思想、鼓舞人心的准则、永恒的原则"等等所组成。当孩子们像老年人那样战战兢兢地喃喃而语时,他们就成年了;人们通过学校来驱使他们,为的是使他们学习老生之谈的陈词滥调,当他们掌握了这些,就宣布他们业已成年。

在我们面前出现的任何事物和名字,我们不可以一如我们对此愿意和能够感觉那样地感觉，例如对神的名义我们不可以想任何可笑的事情，不可以有任何不恭敬的感觉；在此我们应该感觉和思考什么及怎样感觉和思考，是业已给我们规定和给予我们的了。

这就是灵魂的忧虑：我的灵魂或我的精神并非如我自己所喜欢，而是如他人理应那样感觉地被确定倾向。至少以这种或那种名义最终为自己获得一种独立的感情是不值得费很多劲的。那些在他的演说中期待我们摆出神圣的面孔和一本正经听讲的人，得到的只是嘲笑，因而所费的劲也是不值得的。给予的东西对我们来说是外来的，对于我们来说并非是自己的，因而它是“神圣的”，也就很难摆脱“在它面前神圣的畏惧”。

如今也重又听到对“严肃”、在“重大事物和议论之中的严肃”、“德意志风格的严肃”等等的颂扬。这一方式的严肃性清楚地表明了，疯狂和中迷已变得多么古老和严重。这是因为当疯子达到他疯狂的顶点，在巨大的热诚面前不再体会到喜悦时，就不存在比疯子更为严肃的东西了（请看疯人院）。

三、教阶制

在这里，我想中间插入对我们蒙古文明历史的回顾。这并非是我要求彻底性，甚至也还不是要求可靠性使然，而只不过是因为我感到，这种回顾对弄清其他事物能有所裨益。

世界历史的形成原来完全属于高加索部落，看来至今它已经历了两个高加索时期：在第一个时期，我们务须解决、除掉我们天生的黑人性质，而后在第二个时期出现的是蒙古人性质（中国风格），对此，最终也同样要不无恐惧地了结它。黑人性质表现古代:从属于事物的时代(如鸡食、鸟飞、喷嚏、雷鸣、闪电、神树摇曳等等);蒙古人性质表现附属于思想的时代:基督教时代。而给未来保留下的话则是:我既是事物世界的所有者,又是精神世界的所有者。

进入黑人时代的是塞索斯特雷斯远征以及在总的方面,埃及和北非的重要性。属于蒙古人时代的是从匈奴人和蒙古人一直到俄国人的远征。

就像与神、与世界的关系那样,只要非我的坚硬钻石在价格上坚挺,那么我的价值就不可能定高。就被我受用和吸收而言,非我尚太坚硬和牢不可破;就像在身体上蠕动的寄生虫从体液吸收营养,但并不因此而吞噬身体那样,人就只是在这一不动的东西之上,即在这一实体之上极为忙碌地爬来爬去。这是害虫的忙碌、蒙古人的营生。在中国人那里一切依然如故。与其说没有任何"本质的东西"、"实体的东西"置于变化之中,毋宁说他们更起劲地围绕有着"古老"、"祖先"等名称遗留下来的事物打转转。

这样,在我们的蒙古人时代一切变化只不过是改革性或改良性的,而并非是破坏、消耗或毁灭性的。实体、客体依然存在着。我们的一切勤勉只是蚂蚁的活动和跳蚤的跳跃,在客体的不动的绳索之上的杂耍技艺,在不变或"永恒"统治之下的劳役。中国人诚然是最实在的人民,因为整个掩埋在法规之中;而从实在之中,即从"局限的自由"、"某种局限里的"自由之中,即使基督教时代也产生不了。在最先进的文明阶段,这一活动,在一个不变的前提、一个不可更改的假说之下的活动,获得了科学活动的名称。

在它的最初和最不可理解的形式中,道德表现为习惯。按照该国的风俗和习惯行事——则称之为是道德的。因此,一个纯粹道德的行为，一个地道的、不掺假、最实实在在的道德在中国实行着：人们保留着古老习惯和风俗并像憎恶该当死罪的罪行那样憎恨任何革新。因为**革新**是**传统**、**古老事物**、**固执**的死敌。人通过反对事物、反对尘世侵蚀的习惯得以自我保障并建立一个自己的世界，只有在那里，人才感到像在家里一样，也就是说，为自己建立一个**天国**。这在实际上是毫无疑义的。“天国”除了是人的真正的家乡外，没有别的意义。在那里，不再有外来的东西规定和统治人，不再有尘世的影响异化人自身。简言之，在那里尘世的渣滓被抛弃，而且反对尘世的斗争业已告终；在那里，人不再遭到**拒绝**。天国是摒弃的结束，它是**自由享受**。在那里，人不再抛却什么，因为不再有什么东西对于他来说是陌生和敌对的。然而习惯却是将人从他的第一和原始天性中解脱和解放出来的“另一天性”，它面对前者的每一个偶然性来保障人的安全。中国人所养成的习惯顾虑到一切可能发生的事件，对于一切均是“预见的”；不管发生什么事情，中国人总是知道他该如何对待，而且他不需要按照情况来决定：没有任何未预见到的情况把他从他安静的天国里推翻下来。在道德上习以为常和熟悉了的中国人不会惊奇诧异：他对待一切都是无所谓的，亦即有着同样的勇气或气质，因为他的气质为他的传统风俗的预见所保护，而不致丧失自制。因此，人类通过习惯在教养或文明的阶梯上登上了第一级，并且由于人类想象在文明中攀登亦即是攀登天国、攀登文明或第二天性的王国，因而人类确实是登上了天梯的第一级。

假如说，蒙古文明已经确定了多种精神本质的存在，即创造了一个精神世界、一个天国；那么，高加索人数千年来就与这些精神本质争斗，以求达到它们的土地。他们除了在蒙古人的土地上从事建筑之外还能干什么呢？他们不是在沙堆上，而是在空中建筑，他们与蒙古人搏斗，冲击蒙古人的天国。他们将在什么时候最终消灭这个天国？他们将在什么时候最终成为真正的高加索人并发现自己本身呢？“灵魂不灭”在前些时还以为，如若它自己作为“精神不灭”出现就更有所保障。试问，什么时候这一“灵魂不灭”最终将转变为精神灭亡呢？

在蒙古族不倦的争斗中，人们建成了一个天国；而在这同时，高加索部落的人们，只要他们以其蒙古人的色彩与天国打交道就接受相反的任务，即冲击那个习俗的天国、采取冲击天国的行动。在这一点上，他们的行动局限于挖空人的规范，以便在这个打扫干净的建筑场地上建立一个新的和更好的规范；败坏一切风俗，以便在原地代之以更好的风俗等等。然而，这一行动，确乎纯粹和真正地是其努力想成为那样的东西？达到了它的最终的目标吗？不，它在这一“改良”的创造活动中束缚于蒙古精神。它只是冲击天国，为的是重建一个天国；它只是颠覆老的权力，为的是使一种新的权力合法化，它只从事——改良。然而目标，勿论它在每一新的尝试中怎样经常从眼中消失，却是真正、完全地推翻天国、推翻风俗，简言之，真正、完全地推翻仅仅执著于反对尘世所保障的人，推翻人的孤立性或内向性。通过文明的天国，人试图使自己从尘世中孤立出来，摧毁它的敌意的权力。这一天国的孤立性却必须同时予以摧毁，而天国冲击的真正终结是天国的推翻和天国的覆灭。改良与改革是高加索人的蒙古精神；因为他由此重新为以前有过的东西所代替，即一个规范，一个普通的东西，一个天国。他对天国有不可调和的仇恨,却仍然每天在造新的天国:天国架着天国,他只是宝塔式地把另一个天国压在这一天国上面;犹太人的天国摧毁了希腊人的天国;基督教徒的天国摧毁了犹太人的天国;新教徒的天国摧毁了天主教徒的天国等,不一而足。如果冲击天国的高加索血统的人们脱却他们的蒙古人外皮,那么他们就将成为埋葬在巨大的情感世界废墟之下的情感人,埋葬在他的孤立的世界之下的孤立的人,埋葬在他的天国之下的升上天国者,而天国是精神王国、精神自由的王国。

天的王国,精神和精灵的王国在思辨哲学中找到了它的正常秩序。在这里公开说出作为思想、概念和观念的王国:天国以思想和观念为居民,然后这一"精神王国"就是真正的现实。

欲图为精神获得自由,这是蒙古风格,精神的自由是蒙古式的自由,情感自由、道德和风俗自由等等。

看来大家是把"道德"这一词与自我行动、自我规定在意义上等量齐观起来。然而,后两点并不在于道德,而毋宁说,高加索人冒犯他的蒙古式道德方才表明了他的自我行动。蒙古人的天国或道德保持为坚固的堡垒;而高加索人正是由于不断地攻击这个堡垒才表明他自己是有道德的;假若他与道德根本没有任何关系,假若道德并非是他的势不两立的、永远的仇敌,那么与道德的关系,以及道德本身也随之终止了。他的自我行动还是一个道德的行动,这恰恰是他行动中的蒙古人性质,是他在自我行动中还没有意识到自己本身的一个标志。"道德的自我行动"完全符合"宗教和正统哲学",符合"君主立宪制"、"基督教国家"、"某种限制内的自由"、"受限制的出版自由",或符合束缚于病床的英雄的形象。

如若人不仅拥有摒弃精灵信仰，而且有摒弃精神信仰的力量，如若他不仅拥有摒弃精神信仰，而且有摒弃对精神的信仰的力量，那么这之后，人方能真正克服黄教及其幽灵。

与信仰精神者相比，谁信仰幽灵就不再接受"一个崇高世界（崛起）的闯入"、然而两者都在感性世界背后寻觅一个超感性的世界，总之他们制造并相信一个另外的世界，而这一另外的世界，他们精神的产物是一个精神一类的世界：他们的感官并不掌握和知悉什么一个另外的、非感性的世界，只有他们的精神生活在那里面。对精神实质的存在的蒙古式信仰的发展很容易地导致：即使是人固有的本质也是他的精神；一切照料都必须针对这个单独的、他的"灵魂的拯救"。这样趋向精神的发展，所谓"道德的影响"就有了保障。

因此一望而知：蒙古精神体现了感性的完全的无权利，体现了非感性和非自然；罪恶和罪恶意识在数千年来是蒙古式的苦恼。

但谁竟把精神消融在他的虚无之中？他，这个借助于精神将自然说成是虚无的、有限的和暂时的东西的人，他一个人也能把精神降贬为同样的虚无：我能做这种事，在你们中的每个人都能做这种事，只要他作为无限的"我"行事和创造，简言之，利己主义者能做这种事。

在神圣的东西面前人们丧失了一切权力感和一切勇气：对它，人们是采取无能为力和卑躬屈膝的态度的。况且没有什么事物是通过自身成为神圣的，而是通过我的宣告为神圣，通过我的宣言，我的判断，我的跪拜，亦即通过我的良心。

神圣的东西是一切利己主义者不可接近、不可接触、是在他的势力之外的，即在他之上的：一言以蔽之，神圣即是各种——良心事宜，因为“这对于我来说是一个良心事宜”，也就是说：“我把这看成是神圣的”。

对于幼小的儿童、如同对于动物一样不存在什么神圣的东西，因为为了给这一概念以容身之地，至少须懂得：人们要能够在“善与恶、合法与不合法”等之间作出区别；只有达到反思或智力这一程度上——即达到宗教的本来立场上——才能在自然恐惧的地方代之以非自然的（即只有通过思维才引起的）敬畏，“神圣的恐惧”。这是因为人们把在自己之外的某物视为更强大、更伟大、更合法、更好等等，亦即人们承认一种异己的力量，而且不仅是感觉到，还是明确地予以承认，亦即人们回避、让步、请降、受缚（皈依、谦顺、屈服、顺从等等）。在这里“基督教道德”的整群精灵在作祟游荡。

你们对之寄予尊敬或敬畏的一切均得到神圣的名称；你们自己也说，你们接触它时，带着一种“神圣的畏惧”。甚至于不神圣的东西你们也给予这一色彩（绞首架、犯罪等等）。在与之接触时，你们愕然失色。在这里有些阴森森的东西，即令人可怕的东西或非自身固有的东西。

“假若不把人当作某种神圣的事物，那么就会对任性、肆无忌惮的主观性把屋门、大门一齐打开了！”恐惧是个开端，人们能够使自己害怕最粗暴的人，亦即已是对于他的放肆的堤坝。但是在恐惧之中，永远还保留着试图通过诡计、欺骗、作伪等从被恐惧的东西中解放出来的思想。而在敬畏之中则是完全相反的。在这里不仅仅是被恐惧，而且是被尊敬：被恐惧的东西变成一种我不能逃脱的、内在的力量；我尊敬它，为它所迷惑、归化和从属于它：通过我对它的尊敬，我完全在它的威力之下，而且连一次也不会试图得到解放。于是我以整个的信仰力量依附于它：我信仰。我与被恐惧的东西是一种东西："并非是我活着，而是被尊敬的东西在我之中活着！"由于精神、无尽的东西不容许有尽头，因而它是不变的：它恐惧死亡，它不能离开它的好耶稣，有限性的伟大不再为它的受蒙蔽的眼睛所认识：而由于尊敬所升起的被恐惧的东西不再可以触动：敬畏被永恒化，被尊敬的东西被神化。人于是不再是创造性的而是学习的（理解、研究等等），即从事于一个固定的对象，沉浸在其中，而永不回归到自身。与这一对象的关系是理解、探索和申述的关系而不是解散（消除等）的关系。"人应该是宗教性的"，这是确定的；因此人只研究如何达到此点、什么是虔诚的正确含义等问题。如若人们使箴言自身成问题并置于怀疑之中，情况就完全两样了，它就该被抛弃。道德也是这样一种神圣的观念：人必须是道德的，而且只应该探寻做到此点的真正的"如何"和真正的方式。至于对道德自身，人们就不敢提出问题：它自己是不是就是一个幻象？它总是超越于一切怀疑之上，是不变的。这样，神圣的东西就一阶段一阶段地前进着，从"神圣"一直到"超神圣"。

往往可以将人分为两个阶级：有教养者和无教养者。前者只要是配得上他们的名称的，就专注于思想和精神，并且要求对他们所承认的思想有一种服从的尊敬，因为它的原则在耶稣纪元后的时代里，仍然是统治思想。国家、皇帝、教会、神、道德、秩序等即是这样的思想或只拥护精神的精灵。简单的生物、动物就像儿童那样地绝少关心这类事情。而无教养者确实只不过是儿童。谁要只是沉湎于生活需求，那么他对于那些精灵就是漠不关心的。然而由于在他们面前是很软弱的，故而他也屈服于他们的权力，并为思想所支配。这就是教阶制的意义。

教阶制是思想的统治、精神的统治！

至今，我们仍是有教阶制的，受以思想为依据的那一伙的压迫。而思想则是圣物。

然而这两者总是互相冲突，有教养者与无教养者相冲突，反过来亦是如此；而且这不仅仅是两个人之间的冲突，也是一个人内部的冲突。因为没有一个有教养者，已达到根本不顾及任何物质享受这样有教养的程度，因而，他也就是没有教养的；反之，也不存在一个无教养者是根本没有思想的。终于，在黑格尔那里完全表现出来的，正是这个最有教养的人对事物有什么样的渴望，以及他对每一“空洞理论”是怎样的厌恶。因为现实、物质世界与思想是完全相适应的，而且没有现实性的概念是不存在的。这一切给黑格尔体系——当这里思想和事物庆祝它们的合一之际——加上了最客观的名称。然而这恰恰只是思想的最极端的强暴行为，思想的最高暴政和专制，精神的胜利，随之是哲学的胜利。哲学不再能作出更高的贡献了，因为它的顶点是精神的全能、精神的无限权力。①

精神一类的人自己在头脑中灌入了应该实现的若干东西。他们拥有他们希望看到实现的爱、善之类的概念；因此他们欲图在地

① 卢梭、慈善家及其他人憎恨教养和知识，然而他们却忽视了在一切基督教的人们中都拥有这些东西。他们仅仅只攻击有学问的和精益求精的教养。

球上建立一个爱的王国，在这一王国里，没有人由于自私而行动，而是每个人“因为爱”而行动。爱应进行统治。他们置入他们头脑中的除了称之为——固定观念还能叫做什么呢？“幽灵在他们的头脑中作祟。”最肆虐的幽灵是这个人。想想“通往毁灭的道路是用许多好企图的石子所铺就”这一谚语吧。在自身中完全实现人性、完全成为人这样的意图就是如此毁灭性的方式；要变为善、高贵、爱怜等的意图亦是如此。

布鲁诺·鲍威尔在回想录第六分册第七页中写道：“在近代史中占有如此吓人的重要地位的那个市民阶级却不能担当自我牺牲的行动，不能为了一个观念而奋发、激动起来：这个阶级除了热衷于它平庸的利益外，不为任何东西献身。这就是说，它总是不超出自己本身的范围，而且最终只是由于它这一阶级的人多势众，由于它的外表而取胜：它知道用自己的人多势众使激情、奋发、彻底的努力疲沓下去；它在它的外表上则吸收一部分新观念。”[①]在第六页上写道：“仁人志士为革命观念而献身，并不如此做的市民阶级却只是用这些革命观念为自己谋利益，将精神变为金钱。当然这是发生在它从这些观念中去掉它们的精髓、彻底性、它们的进行破坏的真心实意和反对一切利己主义的狂热之后。”这类人故而就不是有自我牺牲精神的，不是有激情的和有理想的，不是做事彻底的，不是狂热者；他们是普通意义上的利己主义者、自私自利者、精于考虑自己利益的、冷静的、擅长算计的等等。

① 〔布鲁诺·鲍威尔：《1792 年 9 月的日子与法国共和派的最初斗争》，第一部分，第七页，夏洛滕堡，1844 年。（法国革命以来近代史的回想录，根据布鲁诺·鲍威尔与埃德加·鲍威尔收集的资料和回忆编。）〕

那么谁是有“自我牺牲精神”的呢？在完全的意义上当然是这样的人：他把其他的一切都付诸一个事物、一个目标、一个意志、一种欲望等等。一个恋爱者为了达到他的目的而离弃了他的父母，经历了一切危险和困苦，他不是富于牺牲精神的吗？还有野心家和财迷呢？前者把一切贪欲、愿望和满足都呈献给唯一的欲望；后者为了聚集财富而放弃了一切。抑或还有享乐主义者之类呢？一种欲望支配了他，为此他牺牲了其他一切。

而这些牺牲者不就是自私自利的，不就是利己主义者吗？由于他们只拥有一种占支配地位的欲望，他们也只为一种满足而操心，然而他们对于这一满足更为起劲的是：他们沉浸在这种欲望之中。他们整个所作所为是利己主义的，而且是片面的、不开放的、狭隘的利己主义：这是中迷。

“这是些浅薄的激情，恰恰相反人不应受它们的奴役。人必须为一个伟大的观念、为一个伟大的事业作出牺牲！”为一个“伟大的观念”，一个“善的事业”，这大概就是为此死去了无数人的神的荣誉；它那心甘情愿殉教者所找到的基督教；贪婪地要异教徒丧命的唯一造福的教会[①]；以鲜血淋漓的断头台为其效劳的自由和平等。

谁为一个伟大的观念、一个善的事业、一个学说、一个体系、一个高尚的职业而生活，他就不容在自身产生世俗的欲望、自私的兴趣。在这里我们有着僧侣主义概念，或如它为了它的教育学上的效果所称的那样：教书匠精神的概念；因为理想把我们教书匠化。僧侣特殊的天职是为观念而生活、而且是为真正善事的观念而行

① 即天主教。——译者

动。因此如果他显示出一种世俗的傲慢、要求舒适生活、参加娱乐如跳舞与赌博，简言之，要求有一种异于“神圣兴趣”的其他兴趣，人民将会感到这是多么不成体统。由此无疑就产生了教师薪饷菲薄这一情况。教师感到只是由于他们职业的神圣性质而得到补偿，并应“摒弃”其他的享受。

甚至还存在着应把其中的一个或若干个人看作是自己天职的神圣观念的等级名册。家庭、祖国、科学等等级别里就能找到我这个忠于职守的仆人。

在这里，我们碰到了还未学会缺少僧侣主义的世界古老的疯狂。为了一个观念而生活、而创造，这就该是人的天职；而且还依据完成天职的忠诚程度，来衡量他的人的价值。

这就是观念的统治或僧侣主义。譬如罗伯斯庇尔、圣茹斯特[①]等均是彻头彻尾的为观念所鼓舞的僧侣、狂热者、这一观念的可靠的工具、理想主义的人。如圣茹斯特就在一次讲演中呼吁：“在对祖国的神圣的爱之中，有着若干吓人的东西。这种爱是如此的专横，它没有怜悯、没有恐惧、没有人道的关怀，为公共利益而牺牲一切。它将曼利阿斯[②]推至深渊；它牺牲他们的私人意向；它将雷古拉斯[③]引向迦太基，将一个罗马人扔入峻谷，把马拉作为他

① 圣茹斯特(1767—1794)：法国大革命时的政治家，雅各宾派的领导人之一，罗伯斯庇尔的支持者。——译者

② 曼利阿斯：罗马将军，曾担任执政官，据说在一次战争中，因其儿子冒犯纪律出战而被他处死。——译者

③ 雷古拉斯：罗马将军，曾任执政官。在第一次迦太基战争中，他出师非洲，获得胜利。在与迦太基的谈判中因他要价太高未成。后来他被迦太基派的人捕获，并被处死。——译者

捐躯的牺牲而送入先哲祠。”①

于是一个无数“个人”世俗利益的世界与这些理想的或神圣利益的代表相对立。不存在从未被这些个人利益所超过或改动过的如此伟大的观念、体系、神圣的事业。即便这些个人利益也短暂地和在暴怒和狂热的时期沉默过，然而它还是通过“民众的健全意识”不久又重新升起。只有当这些观念不再与个人利益相敌对，亦即它满足了利己主义之时，它才能得到完全的胜利。

正在我的窗户前叫卖鲱鱼的人，他的个人利益是希望买卖兴旺。如果他的妻子或其他人有相同的愿望，那么就都同样是个人的利益。反之，假若一个小偷偷走了他的篮子，那么这就产生了许多人、整个城市、整个国家，简言之，一切厌恶偷盗者的一种利益。这是这样一种利益：鲱鱼小贩个人是无关紧要的，在此代之以并显现出“被盗者”这一范畴。然而在这里一切也可以归结为一种个人利益，因为每一有关者都想到：否则的话不加惩罚的偷窃将变得普遍，他的财物也将殃及，正由于此原因他赞成惩罚小偷。这样的谋算很难为许多人所想到，人们就干脆只听这样的呼叫：小偷是个“罪犯”。在我们面前就有一种判决：在“犯罪”这个概念中，就包含着窃贼的行为，假若情况是这样：如果一项罪行既没有给我，也没有给予我相关的任何人带来最微小的损失，我们仍然**起劲**地反对此项罪行，这是为了什么？因为我为**道德**所鼓舞，在脑海中充满着**道德的**观念；什么东西与道德相敌对，我就与之相较量。对于蒲

① 〔圣茹斯特：《反对丹东的演说》，1794 年 3 月 31 日于国民代表大会上所作。载《十八、十九世纪政治演说集》，阿道夫·鲁滕堡编，第 3 卷，第 146 页，柏林，1844 年。〕

鲁东来说，正因为他认为偷盗毫无疑义是可恶的，所以他用“财产是一种偷盗”这句话给财产打上了烙印。在僧侣主义的意义上，偷盗总是一种罪行或至少是过失。

在这里个人利益就告终了。这一特定的、偷窃篮子的个人对于我这一个人来说是完全无所谓的；我只是对这个小偷、对为这一概念提供了一个标本的这个人物才感兴趣。在我的心灵中，小偷与人是不可调和的对立面。因为谁是小偷，谁就不是真正的人；谁偷窃，谁就在自身褫夺了人或“人性”。如果超脱于对个人关心，那么大家就陷入博爱主义之中。对后者往往把它误解为对所有的人、对每一个人的爱，殊不知它仅仅是人的、非现实概念的、幽灵的爱。在博爱主义者心里的不是人们，而是人。当然他也关心每一个人，但仅仅是因为他希望看到他的心爱的理想到处都能实现。

这就是说，在这里完全谈不上为我、为你、为我们操心，这是个人的兴趣，而且是隶属于“世俗的爱”这一章的。博爱主义是一种天国的、精神的爱，一种僧侣主义的爱。人必须在我们心中建立起来，而我们这些可怜鬼也因此便灭亡。这是一个相同的僧侣主义原则，如同那个著名的话：正义务须走它的路，而世界因此走向灭亡那样：人和正义是观念、精灵，爱它就要牺牲一切：因此僧侣的精神是“牺牲的”精神。

谁醉心于人，而且那种醉心不断在扩展，谁就将个人置之度外并游离于一种理想的、神圣的兴趣之中。人并非是泛称的人，而是一个理想，一个幽灵。

于是各种极不相同的事物就能属于人并且都算到人的账上。如果人们在信仰中找到了人的主要要求，那么就产生宗教的僧侣主义；如果人们在道德中看到了那种要求，那么道德的僧侣主义就抬起了它的头颅。因此我们时代的僧侣精神希望从一切之中造出一种“宗教”；一种“自由的宗教、平等的宗教等等”。这样，一切观念对他们来说就变成了一个“神圣的事物”，以至诸如公民权、政治、社会、出版自由、陪审制度等等。

而在这一意义上的“大公无私”意味着什么呢？亦即只有一种理想的兴趣，在它面前个人的尊严是没有的！

世俗人的僵化头脑反对此点，然而数千年来至少被制服到如此的程度：他不得不低下倔强的颈背并“尊敬更高的权力”：僧侣主义使其就范。假若世俗的利己主义者摆脱了一个更高权力如《旧约》的法规、罗马教皇等，那么随即一个七倍于它的更高的权力就要凌驾于他之上，譬如说，用信仰来代替法律，用使全体俗人变为僧侣来代替特定的僧侣团体等等。他完全像中迷者那样，当他相信从一个鬼那里解脱出来，就在七个鬼之中驰骋。

在上面的引证部分，否认了市民阶级有任何理想。市民阶级总是图谋反对理想的彻底性，而罗伯斯庇尔正是试图以这样的彻底性来施行原则。市民阶级利益的本能告诉它：这一彻底性与它所赞同的东西是不很和谐的；假若它要支持这一原则的热情，这就意味着它反对它自己。为了一个苛刻的理论取胜，它应摒弃它的所有目标那样无私地来行动吗？当大家聆听僧侣呼吁，这无疑正中僧侣的下怀。他们呼吁道：“抛弃你的一切跟着我走。”或诸如“抛售你所有的一切并施舍给穷人，这样在天国你就将拥有珍宝。走过来，随我而行！”一些坚定的理想主义者听从这一呼吁；相反，大多数人像亚拿尼亚与撒非拉[①]那样行动，他们半僧侣式或宗教式地，半世俗地行事，既为神又为玛门服务。

市民阶级并不因为罗伯斯庇尔而想放弃它的目标，也就是说：它向它的利己主义探询，它可以在多大范围内向革命观念让步。对此我不责怪市民阶级。然而人们却可以责怪（如果这里有什么可责怪的话）那些由于市民阶级的利益而放弃他们自己利益的人。他们还不是同样或早或晚地学习了解什么是他们的利益？奥古斯特·贝克尔说："就赢得生产者（无产者）而言，仅仅对传统的权利概念作一次否定是绝对不够的。遗憾的是，人们极少考虑观念的理论胜利，故而必须向他们明白证明，这一胜利怎样能在实际上对生活有好处。"[②]在同一本书的第32页上则写道："假若你们想对民众有所影响，你们就必须在他们的实际利益上抓住他们。"同时他又指出：在农民中如何蔓延开了一种真正的无道德，因为他们宁愿追求他们实际的利益，而不是道德的戒律。

因为革命的僧侣或教书匠为人服务，为此他们割断人的脖子。革命的俗人或在俗之人对于斩首并不抱有更大的恐惧，然而他们为人权，即人的权利考虑却少于他们考虑自己的权利。

那些维护个人利益、在任何时候唯其是问的利己主义却总是输于一个僧侣主义的或教书匠的利益，即一个理想的利益，这种情况是怎样产生的呢？他们自己觉得，他们的人格是太渺小、太不重要了，就觊觎世上的一切和自己完全贯彻到底而言，实际上也是如

① 亚拿尼亚与撒非拉是《圣经》中提到的人物，他们因未向使徒交出出卖田产的全部价银，欺骗圣灵而遭罚致死（见《使徒行传》第5章）。——译者

② 奥古斯特·贝克尔：《当代大众哲学》，第22页，苏黎世新明斯特，1843年。

此。这种情况的一个可靠标志是:他们自己分裂成两种人格,一种永恒的,一种暂时的,每一次只是或者为这一种或者为那一种人格操心。礼拜天为永恒的人格、平日为暂时的人格操心,在祈祷中为前者、在工作中为后者。他们不能小看僧侣,因而他们不会与其脱离,并在礼拜天在他们的内心中听自己的说教。

为了探研这些二元论的本质,人们是如何奋斗和考虑的呢?观念接着观念,原则接着原则,体系接着体系,却没有谁知道如何长期地压下"世俗"人,所谓"利己主义者"的矛盾。这一切不就证明:要把我的整个意志纳入自身之中、充分满足这一意志,那所有这一切观念太无力了吗?尽管敌意长久地隐蔽着,然而这些观念是而且仍然保持与我为敌的状况。在独自性方面,情况也是如此吗?即使是独自性也只是一种和解的尝试吗?不管我转向哪个原则,如转向理性的原则,我总是再度与其分手。或者我能永远是理性的,在我的所有生活中按照理性来安排吗?诚然我很乐意追求理性,我能够爱理性,恰如对神和其他任一个观念那样:我能成为一个哲学家,一个爱智慧者,如同我爱神那样。然而我爱什么,我追求什么,这只有在我的观念、我的概念、我的思想之中:它在我的心中、我的头脑中,它在我这里,如同心那样,然而它并非是我,我并非是它。

属于僧侣精神作用的特别是经常听到人们称之为"道德感化"的东西。

哪里开始有屈辱,道德感化就从那里开始。是的,它只不过是这一屈辱自身、勇气的破坏和折服,降为谦卑。当我在爆炸岩石的时候呼喊某人从近处走开,那么我并非通过这一要求施行什么道德的感化;当我对孩子说,如果餐桌上摆好的东西你不吃,你会挨饿的,那么这并非是道德的感化。然而我要对他说:你要祈祷、尊敬父母、尊重十字架、讲真话等等,因为这一切都是属于人的品质、是人的天职,或干脆说,这就是神的意志,那么道德的感化就完成了:一个人务须顺从于人的天职,应该顺从、谦恭、面对一个作为规则和法律提出的外来的意志而放弃他的意志;在一个崇高者面前他应自我贬低、自卑。"谁自我贬低,谁就将变得崇高",是的,是的,必须及时让儿童们注意虔诚、敬神、正直;一个受过良好教育的人是一个受过"善的原则"教导并且铭刻在心者、一个受过谆谆训诲、耳濡目染、灌输说教者。

假若有人对此耸耸肩头,那么善人就要一下子绝望地紧握双手并呼喊道:"啊,天啊!如果不给儿童们以良好的教育,那么他们就将径直走向罪恶,落入虎口,并将变成毫无用处的顽童!"且慢,你们不祥的预言者。他们诚然将变成在你们意义上的毫无用处的人;然而你们的意义恰恰是一种毫无用处的意义。胆大的男孩子将不让你们劝诫他和在他面前喋喋不休,并且对你们一切自人类有思想以来混说妄谈的愚蠢性没有任何共同的感情:他们将废弃继承权,也就是说他们不想继承你们的愚蠢,如同你们从祖辈那里把它继承过来那样;他们取消了原罪。如果你们命令他们在至尊者面前屈膝,那么他们将回答道:如若他欲向我们屈膝,那么他就自己过来并这样做好了;而我们则至少不想出自本意地屈膝。而假若你们用至尊者的恼怒和惩罚来威胁他们,那他们就像对待犬吠的威胁那样来对待之。你们如若不再能使他们恐惧精灵,那么精灵的统治就结束了,而无稽之谈就得不到信仰。

而这不恰恰又是要求良好的教育和改善教育事业的自由主义者吗？因为即使是他们的自由主义、他们在“法律范围内的自由”没有训练怎么能实现呢？如果说他们进行教育并非是为了达到对神的畏惧，那么他们所要求的就是更为严格的对人的畏惧，并且要通过训练唤起“对人的真正天职的热诚”。

在一个相当长的时期内，人们满足于这样的幻想：他们掌握了真理；然而却没有认真地考虑：为了掌握真理，他们自身也必须是真的。这个时期即是中世纪。人们欲图用普通的即物质的意识，那种只对事物、感性的东西、显而易见的东西有接受能力的意识来捕捉非物质的、非感性的东西。为了看到远方，人们当然会多么紧张地使用眼睛；或艰苦地做手的练习，直到手指熟练程度已足够做到准确地触键：人们就是以多样的方式磨练自己，以便变得有能力将超感觉的东西完全吸收入自身。然而人们磨练什么呢？充其量不过是肉体的人、普通的意识、所谓有限的或客观的思维。由于这种思维，即这种知性（路德在理性的名义下，对它竭尽“贬低”之能事）没有能力理解神的东西，故而人们为了掌握真理所下的磨练苦功，只不过像有人妄图通过年复一年地在舞蹈上练习腿脚，即最终却是要学会吹笛那样白白费劲。所谓的中世纪随着路德而告终，正是路德才懂得了：如果人想掌握真理，人自身就必须变成另外一个什么，就是说要变得像真理自身那样地真。只有谁在信仰中拥有了真理，只有谁信仰它，才能分享真理，亦即只有信仰者才认为真理是可以接近的并探究真理的深奥性。只有人的由肺送气的某一器官方能吹奏笛子；拥有对于真理合适的器官的人才能够共享真理。凡是只能想到感性的东西、客观的东西、物质的东西的人，在真理之中，他也只想象物质的东西。然而真理是精神，完全是非感性的东西，因而只与“更高的意识”相适合，而与“尘世的意识”不相适合。

由此，认识随着路德而清晰了：因为真理是思想，所以它只有对思维着的人来说才是存在的。亦即意味着：人一开始就必须采取完全不同的立场，即天国的、信仰的、科学的立场，或思维的立场来对待它的对象——思想，采取精神的立场来对待精神。即：只有相同者才认识相同者！“你与精神相同，你就理解精神。”

由于新教打破了中世纪的教阶制，因而那种认为所有的教阶制都已经根本由它摧毁的观点就生了根，而完全忽视了新教只不过是一种“改革”，即过时的教阶制的更新。中世纪的教阶制只是一种软弱的教阶制，因为它不得不听任一切可能的世俗之人的野蛮行为肆无忌惮地在它身旁畅行无阻，改革才加强了教阶制的力量。布鲁诺·鲍威尔认为：“就像改革主要是把宗教原则从艺术、国家和科学中抽出来，即把后者从与教会的古代、中世纪的教阶制相结合的那些势力中解放出来那样；从改革中产生的神学和教会的流派也只是彻底地实现宗教原则的抽象化与人类的其他势力相分离。”①而我则在与此相反的地方看到了正确的东西，并认为：精神统治或精神自由——反正都是一回事——从未这样无所不包和无所不能，因为现今这一种精神统治不是将宗教原则同艺术、国家和科学割裂开来，而是将后者完全从现实中抽出，升华为“精神的

① 布鲁诺·鲍威尔：《特奥多尔·克利福特：教义史引言》，帕尔希姆与路德维希卢斯特，1839 年版。又载：《德国现代哲学和政论界轶文集》，阿尔诺德·卢格主编，第 2 卷，第 152—153 页，苏黎世与温特图尔，1843 年版。

王国”并使之宗教化。

人们把路德与笛卡尔的下述论断相提并论是合适的:“信仰者即为神”,“我思故我在”。人的天国是思维,即精神。他可以被夺去一切,然而却夺不走思维,夺不走信仰。一定的信仰,如对宙斯、阿斯塔尔塔、耶和华、阿拉等等的信仰可以被摧毁,然而信仰自身反之是不可摧毁的。自由在思维之中。我需要什么,我渴望的什么东西,不是通过任何人的恩惠,不是通过童贞女玛利亚,不是通过圣者的请托,也不是通过松弛的和严加束缚的教会所能满足的,而是我为我自己所做到的。简言之,我的存在是在思维、精神的天国中的一种生活,一种思想活动。我自身却不外是精神思维者(按照笛卡尔)、信仰者(按照路德),我的躯体并非是我;我的肉体能够承受欲望或痛苦。我并非是我的肉体,我却是精神,仅仅是精神。

这种思想贯穿在宗教改革史中,一直至今。

近代哲学自从笛卡尔以来把“科学的意识”提到唯一真实的、有效用的意识上,才使基督教达到完美的效力。因此它开始从事于绝对的怀疑,普通意识的“悔悟”、宇宙万有的背弃,凡是未经“精神”、“思维”承认有效的,一概置之度外。在它看来,大自然不足论,人的意见不足论,人间“各种人的规章制度”概不足论。它孜孜不息,直到它把理性输入到宇宙万有之中,得以说“现实的是理性的,而且只有理性的才是现实的”。它就这样把精神、理性引向胜利。宇宙万有是精神,因为宇宙万有是理性的,整个大自然里,即使是最不合理的各种人的意见也包含着理性:因为宇宙万有本来是为至善服务的,就是说,导向理性的胜利。

笛卡尔的怀疑包含有明确的箴言:只有思想活动、思维才是精神。“普通”意识把现实性归之于非理性的事物，因而就要与“普通”意识完全决裂！只有理性的东西是存在的，只有精神是存在的！这些就是近代哲学的原则，真正基督教的原则。笛卡尔在当时就已明确地将躯体与精神区分开来；歌德也曾说过：“精神就是自己躯体的建造者。”

然而这一哲学，即基督教哲学自身却并不摆脱理性的东西，并为此起劲地反对“单纯主观的东西”，反对“心血来潮、偶然性、任性”等等。它希望神性在宇宙万有之中应该清晰可见，而一切意识成为神性的知识，并且人到处看到神：然而没有魔鬼恰恰就没有神的存在。

某人虽然对世界的事物有大睁着的眼睛，关于世界有着明晰而不受迷惑的观察、有着正确的判断，但是他在世界中只看到世界，在对象中只看到对象，简言之，一切原封不动是什么样还是什么样，那样的人就不能称之为哲学家。哲学家则是这样的人：他在世界中看到了天国，在尘世中看到了超尘世，在俗事中看到了神性，而且还指出此点或作出证明。前者可能是颇为聪明的，却摆脱不了下述情况：聪明人的智慧所看不到的，在儿童的心灵中却实行得天真自然[①]。这种童心方造就哲学家，造就这种专注于神性的眼睛。前面提到的第一种人只拥有一种“普通的”意识；然而谁知道并能说明神性，那么他就拥有一种“科学的”意识。从这一理由出发，人们就把培根赶出哲学家的王国。看来，人们称之为英国哲学的东西充其量不过是像培根或休谟那样的“清晰头脑”的发现。

① 引自席勒的诗：《信仰的话语》。——译者

英国人不知道给予童心的单纯以哲学意义，他们不知道由童心而造就哲学家。这不过意味着：他们的哲学不欲成为神学式的或成为神学，然而它在实际上却只能发展、完善为神学。在神学那里则是它的生死斗争的场所。培根并不为神学问题和基本要点而自寻烦恼。

在生活中，认识有着它的对象。德国思想比其他思想做得更多些，它力图达到生活的开端和根源，并在认识自身中方才看到生活。笛卡尔的我思故我在的意义是：只有人在思维时，他才活着。思维着的生活亦即"精神的生活"！只有精神活着，它的生活是真正的生活。而后在自然界中，同样只有自然界的"永恒规律"、精神或理性才是其真正的生活。如同在自然界中那样，在人那里，只有思想才活着，其他均是死的！精神的历史必须达到这一抽象，达到普遍的或无生命的生存。神是精神，它单独生存。除精灵外没有什么别的生存着。

人们怎么能声称，尽管近代哲学或近代没有将我们从具体的威力下解放出来，它们却反倒达到了自由？或当我虽说不害怕具体的个人掌权者，却害怕违反于任何我所必须要给予他的忠诚，我就算从独裁者那里解放出来了吗？与近代的关系也完全如此。它只是把存在着的客体、现实的掌权者等变为想象的客体，即变为概念，在概念面前旧的尊敬非但没有消失，反而更加强了。如果说人们在他们以往的现实状况下甚至戏弄过鬼神，那么他们对鬼神的概念倒是更尊重的。"他们摆脱了恶魔，然而恶魔依然存在。"人们对反叛现存的国家、推倒现行的法律很少有所顾虑，因为他们曾经下决心不再钦佩现存的东西和看得见摸得着的东西；然而糟蹋国家这个概念,不服从法律这个概念,谁又敢这么做呢?这样人们就保持为"国家公民"和一个"守法"忠诚的人,人们思忖,为了尊重"法律的精神",唯其更合理地修改以往有缺陷的法律,方能更使其守法。总之,只在目的物形式上有所变化,其中它们的优势和最高统治权依然保留。简言之,人们仍处在服从与中迷之中,生活在反省之中,而且还拥有一个要给予反省和尊敬的对象,在它之前人们感到敬畏与恐惧。人们所做的不外是将事物变为事物的观念、思想和概念等等,并把依附性变得愈益更内向和更不可消融。这样,譬如把自己从父母的命令中解放出来,或摆脱叔叔、姑母的规劝、兄弟姊妹的请求就是不难的;只是拒绝服从很容易进入一个人的良心,并因为人们理性主义地按照个人的理性把个人的要求看作是不合理的,因而即使连这样的要求也很少听从;人们愈是出自良心执著于忠诚、家庭之爱,就愈难宽恕他们自己对他们由家庭之爱和忠诚职责所形成概念的亵渎。从对现存家庭的依附性中解放出来,人们又陷入了更盲目的对家庭概念的依附性:人们将被家庭精神所统治。由汉斯、格雷特等人①所组成的、其统治已变得无力的家庭之所以深入人心,仅仅是由于它保持作为一般的"家庭",对此,这样的古老谚语是正好适用的:"与人相比,我们必须更听命于神。"它在这里的意思是:尽管我不能服从您的无意义的要求,然而作为我的"家庭",您却仍然是我的爱和担忧的对象;因为"家庭"是一个神圣的概念,是从不允许个人侮辱它的。然而这一已变为一个思想、一个概念的家庭,深入内心的无形化的家庭,

① 相当于我们所说的张三、李四。——译者

它只作为“圣物”，它的专制更痛苦十倍，因为它在我的良心中骚扰。只有在这一概念化的家庭对我来说已变为无的情况下，这一专制方被摧毁。基督教的箴言：“妇人，我与你有什么相干？”[①]“因为我来，是叫人与父亲生疏，女儿与母亲生疏”[②]及诸如此类是指出了天国的或本来的家庭，其意义不外是：在国家与家庭之间对抗的情况下，国家的要求是听从它的命令。

如同与家庭的关系那样，与道德的关系情况也是如此。很多人与风俗脱离关系，却很难与“道德”的观念脱离关系。道德是风俗的“观念”，是它的精神的威力，它的超越于良心之上的威力；与此相反，就控制精神来说，风俗是太物质了，风俗并不束缚“精神的”人，所谓独立者和自由思想家。

新教徒尽可以如其所愿那样地去做，对他来说，《圣经》、“神的言论”总是神圣的。如若这一些对谁来说不再是神圣的了，那么谁就不再是新教徒。故而在《圣经》中作出“规定”的，如为神所指定的当局对他来说也是神圣的。这些事物对他来说就总是不可消除、不可接近的、“超越于一切怀疑之上的”东西。由于怀疑，在实践中变为动摇的怀疑对人来说是固有的东西，这样，这些事物就“超越”他自身之上。谁不能与此相脱离，他就将——信仰；因为对此信仰意味着束缚于此。由于在新教中信仰已变为一种更为内向的信仰，因而隶从也变成更内向的隶从：人们将那些神圣性摄入自身之中，将它与他的整个意愿缠结起来，使其成为“良心事务”，

① 《约翰福音》，第 2 章，第 4 节。

② 《马太福音》，第 10 章，第 35 节。

并由此为自己创设一种“神圣的职责”。因而对于新教徒来说，他的良心所摆脱不了的即为神圣的，良心保证性最清楚地表明了它的性质。

新教确实将人变成了一个“秘密警察国家”。“良心”这一侦探和潜伏者监视着精神的每一动向，而一切行为和思想对它来说都是“良心事务”，即警察事务。新教徒就存在于人的自然冲动和良心这一分裂之中（内心的庶民和内心的警察）。《圣经》的理性（代替天主教的“教会的理性”）是神圣的，而《圣经》的言词是神圣的，这一感觉和意识就叫做——良心。这样就将神圣“推至每个人的良心之中”。只要人们不摆脱良心，不摆脱圣者的意识，那么人们可能会有漫不经心的行动，却从不会是没有良心的行动。

如果天主教徒执行了命令，他就会对自己感到满意；新教徒则按照“诚实”而行动。是的，天主教徒只是俗人；而新教徒自己即是僧侣。这恰恰是经过中世纪的进步，同时又是宗教改革时期的祸害：僧侣主义变得十足、充分。

耶稣会的道德除了是赎罪符买卖的继续外还有什么呢？解脱了他的罪孽的人于是也对赎罪有所洞察并相信，他的罪孽如何真正由于赎罪符而化为乌有，尽管在这种或那种特定的情况下（诡辩家），他所干的根本无罪孽可言。赎罪符买卖使一切罪孽和过失得到许可并使任何良心的激动沉默下来。整个肉欲可以为所欲为，只要它是从教会那里取得的。耶稣会会士继续怂恿肉欲；而道德上严格的、阴暗的、狂热的、忏悔的、改悔的、祈祷的新教徒无疑被独一无二地当作基督教的真正完成者，当作精神的与僧侣式的人。天主教，特别是耶稣会会士是用这样的方式来支持利己主义的，在新教中也找到一个非本意和不自觉的追随者并将我们从肉欲的毁灭和消亡中拯救出来。尽管如此，新教精神总是一再地扩大它的统治，同时由于耶稣教的东西在新教精神和神的东西之外只是与一切神的东西不可分的“鬼的东西”，由于它不能在任何地方单独维持下去，因而只能眼睁睁看着，譬如说在法国新教的市侩如何最终获得了胜利，而且精神处于最高峰这样的地位上。

新教由于重新使尘世的东西如婚姻、国家等获得荣誉而经常受到恭维。对新教来说却不过是将尘世的东西作为尘世的东西、俗界的东西。这比起天主教更冷漠。后者让尘世存在，欣赏它的乐趣；而理性的、彻底的新教徒打算直截了当地消灭尘世的东西，而且他只是简单地使之神圣化。婚姻由于变为神圣，而剥夺了它的天然性。这种神圣并非是在天主教赎罪符的意义上，在那里婚姻只接受从教会而来的婚姻的仪式，亦即从根本上讲并非是神圣的；而是在下述意义上：现今婚姻就是由于自身而神圣，是一种神圣的关系。国家之类事情的情况也是如此。以往教皇为国家和它的君侯举行仪式并给予祝福；现今国家一开始就是神圣的，皇帝的情况亦是如此，毋需神父的祝福。自然秩序或自然法则通统被神圣化为“神的秩序”。因而如在奥格斯堡信仰告白第十一条上所说：“这样我们就理所当然地遵奉箴言，如法学评议会明智而公正地所说的那样：男人与女人共同生活是一个自然法则。如若它是自然法则，那么它即是神的秩序，就是说植根在自然之中，亦即它是神的法则。”费尔巴哈尽管没有把道德关系当作神的秩序，却是由于在它们之中内在的精神的缘故，而把道德关系说成是神圣的。能说这要比开明的新教更进一步吗？“但是，婚姻——自然是指自由的爱情结合——之所以神圣，乃是凭着它本身，凭着在今世所缔结的这种结合的本性。只有那种是真正的婚姻的婚姻，那种合乎婚姻的本质、合乎爱情的婚姻，才是一种宗教式的婚姻。所有的道德关系也是这样。这些关系只有在凭着自己而被公认是宗教关系时，才是道德的，才被认为具有道德意义。只有以宗教的诚意来保持友谊的限度，才有真正的友谊；而信者正是以这种诚意来保持他的上帝的尊严的。固然在你看来友谊是神圣的，财产是神圣的，婚姻是神圣的，每一个人的幸福是神圣的；但是，也应当知道，其所以神圣，乃是自在自为的。"①

这是一个很重要的因素。在天主教中，尘世的东西尽管被遵奉或被神圣化，却并非是没有这些僧侣的祝福而神圣的；与此相反，在新教中，尘世的关系却是凭着自己而神圣的，神圣仅仅是由于它的存在。耶稣会的最高格言"目的使手段神圣"是与赋予神圣性的奉献祭祀紧密联系的。任何手段均非由于自身是神圣的或不神圣的，而是它与教会的关系，它对教会的效用使之神圣化。如果谋杀国王能使教会得到尊重的话，这种谋杀就是这样的手段，教会必将会使这一手段神圣化，当然这种神圣化不会公之于众。新教徒把皇帝看作是神圣的，天主教徒则只把教皇祝福之后的皇帝看作是神圣的，而且对于后者来说恰恰是由于教皇（尽管没有特别的行动），一劳永逸地给予了皇帝这种神圣。假若教皇撤回他的祝福，那么皇帝对天主教徒来说就只是一个"俗世的人或俗

① 费尔巴哈：《基督教的本质》，第 403 页，增订第二版，莱比锡，1843 年。（参见中文版《费尔巴哈哲学著作选集》下卷，第 316 页。——译者）

人”,一个“没有受过祝福的人”。

如果说,新教徒为了今后只依附于神圣的东西而要在肉欲自身之中发现一种神圣性的话;那么天主教徒则试图从自身中丢弃肉欲并将其驱至一个特殊的领域,在那里肉欲如其他的天性那样为自己保持着它的价值。天主教教会把它的担任圣职的人员与世俗的婚姻相分离,并剥夺它自己的人员的世俗家庭;新教教会则把婚姻和家庭宣告为神圣的,因而这两者对于它们的神职人员来说,并非是不适当的。

一个耶稣会会士作为好的天主教徒可以将一切神圣化。譬如他只需对自己说:我作为僧侣是教会所必须的,如若我适当地平息一下我的欲望,将更起劲地为教会效劳;因此在这里我想诱奸少女,在那里让人把我的仇敌毒死等等等等;我的目标是神圣的,因为它是一个僧侣的目标,而后这目标使手段神圣化。这一切最终是与教会有利的。为了教会的福祉,天主教僧侣为何要畏怯给亨利七世递上有毒的圣饼呢?

属于真正教会的新教徒起劲地反对任何“无邪的享受”,因为只有神圣的东西、精神的东西才能称做是无邪的。新教徒务须抛弃不能指出其中有神圣精神的东西:跳舞、戏剧、奢侈(如在教会中)等诸如此类。

与这一清教徒的加尔文主义相比,又是路德主义在宗教的即精神的道路上更为彻底。也就是说前者把一些事物匆促地当作官能的和世俗的而排除在外,并净化教会;反之,路德主义试图尽可能地在一切事物中带进精神,在一切中都把神圣精神当作本质,因而这样就将一切尘世的东西神圣化。(“尊敬的接吻谁也不能抵御。”荣誉的精神使其神圣化。）这样，路德主义者黑格尔（他在任何地方都声称：“他欲图保持当一个路德主义者。”）就做到将这一概念完全贯彻到一切之中去。总而言之，理性即是神圣精神，或者说“现实的是合乎理性的”。亦即在实际上一切都是现实的东西，在任何事情譬如在每个谎言中都可以发现真理：没有绝对的谎言，没有绝对的恶等等。

伟大的“精神著作”几乎只是由新教徒创作的，因为只有他们是真正的精神的弟子和完成者。

人所能控制的东西是多么稀少，他必须让太阳走它的轨道、让海洋掀起它的波浪、让山脉高耸入云。这样，他就束手无策地站在不受控制的东西面前。面对这一巨大的世界他是无力的。他能摆脱这样的印象吗？这个世界是他必须服从的一个固定的法则，这个世界决定他的命运。那么，基督教以前的人类是向哪方面努力呢？是旨在摆脱命运的袭击，要不为命运所烦恼。斯多葛派在不动心中达到此点，他们把天性的进攻宣布为是无所谓的，并不必为此而受刺激。贺拉斯表达了著名的对什么都不惊奇的思想，以此表明他对他人、对世界的无所谓：它不应对我们发生影响，不应激起我们的惊异。而那一句“impavidum ferient ruinae”（灾祸造就勇者）表明了同样的不动摇，如在《诗篇》第 46 章第 3 节所说，“即使世界毁灭，我们也不害怕”。总之，这就是基督教的主张：世界是虚无的，为基督教蔑视尘世开辟了地盘。

旧世界用“智者”的不可动摇的精神，准备了它的终结；然而这一精神却经历了一场内心的动摇，对此却没有不动心、没有斯多葛派的勇气来保护它。防范了一切尘世影响的精神对尘世的冲击毫无所感并超越于尘世的进攻之上，对一切都毫无所动，不因任何尘世的崩溃而失去它的自制——这样的精神一再不可阻挡地膨胀着，因为在它自己内部，气体（诸精神）在扩张着，而且是在从外部而来的机械冲击变得没有作用之后，由内部引起的化学的张力开始进行奇异的游戏。

在实际上，古代史是以我争得了我对世界的所有权而告终的。"一切所有的，都是我父交付我的。"（《马太福音》，第 12 章，第 27 节）世界对于我来说已不再是强大的、不可接近的、神圣的、神性的……它"解脱了神性"，而我则随心所欲地对待它，就我而言这是因为：我能对它施以一切神奇的力量，即精神的力量：搬移山脉，喝令桑树，要它自己把根拔起来并栽在海里（《路加福音》，第 17 章，第 6 节），还能够做到一切可能的，即可以设想的："在信的人，凡是都能。"[①]我是世界的主人，我的东西是"光荣的"。世界已变为平淡无奇，因为神性已从它身上消失：世界是我的所有物，对它我可以随我（即精神）所欲地安排。

当我自己提高为世界的所有者之时，利己主义就获得了它第一个完全的胜利，利己主义征服了世界，变成了无世界的，并将一个永世的收获物锁藏起来。

第一份所有物，第一份"光荣"被争得了！

然而世界的主人并非是他的思想、他的感觉、他的意志的主人：他并非是精神的主人和所有者，因为精神尚是神圣的，"神圣

① 《马可福音》，第 9 章，第 23 节。

的精神”,“无尘世”的基督教徒不能变成“无神”的基督教徒。如果说,古代的斗争是一种反对尘世的斗争,那么中世纪的(基督教的)斗争是一种反对自己的斗争。前者反对外部世界,后者反对内部世界。中世纪的人是内向的人、思索的人、冥想的人。

古代人的一切智慧是尘世的智慧,近代人的一切智慧是神的学问。

异教徒(包括犹太人)克服了尘世,然而现在重要的是也要克服自己、克服精神,即要变成是无精神或无神的。

几乎两千年来我们致力于使神圣的精神服从我们,而且还逐渐地撕下了若干方面的神圣性并将其踩在脚下;然而强大的对手总是一再重新以改变了的形态和名称出现。精神尚没有失去神性、失去神圣、失去尊崇。尽管它早就不再作为鸽子飞翔在我们的头上,尽管它不再只单单祝福它的圣徒,而也被在俗之人所捉弄等等。然而作为人类的精神、作为人的精神,对于你我总仍然是一个异己的精神,而远没有变成我们的不受限制的、随我们兴之所至支配的所有物。不过有一件事总是要发生的,并显然要由此开始基督教之后的历史过程:在这之中有一个内容是努力使神圣精神人性化,并且使它接近人或使人靠拢它。这样,它最后就可以被当作“人类的精神”并用不同的名称如“人类观念、人道、人性、普遍的人类爱”等等显得更有吸引力、更亲切和更可接近。

有种看法认为,现今每个人都能够掌握神圣精神,将人类的观念置于自身之中、将人性置于自身中为了使它形成与存在。应当这样认识吗?

不,精神并没有解除它的神圣性和它的不可接近性,它对我们来说是不可企及的，不是我们的所有物；因为人类的精神并非是我的精神。它可以是我的理想，而作为思想我称它为我的：人类的思想是我的所有物，我之所以能充分证明此点是由于我完全按照我的观点来阐述它，而且今天这样、明天那样地塑造它：为了我们自己我们用多种多样的方式描述它。然而它同时也是一项世袭财产，这是我所不能转让也不能摆脱的。

在一系列转变的情况下，随着时间的推移，神圣精神变成了“绝对观念”。这一绝对观念又以多种变迁产生出人类爱、合理性、市民道德等等各种观念。

如若观念是人类的观念，我是否能称它为我的所有物？而又若我为精神效劳、为它而“作出自我牺牲”，我是否能把精神看成是已被征服的？行将就木的古代只有当它摧毁了世界的优势与“神性”并看出世界的无力与“空虚”之后，方能获得它对世界的所有权。

精神的情况也与此相适应。只有当我将精神贬降为一个幽灵，将它支配我的力量贬降为一种怪想，才能认为它已失去尊奉，失去神圣性，失去神性。然后，我使用它才能像人们随心所欲、毫无顾忌地使用自然界那样。

“事物的本性”、“关系的概念”将在我与事物打交道或缔结关系时对我起指导作用。这就好像一个事物的概念由于自己而存在，而不是人们从事物里创造出来的概念似的！这就好像一种我们参与的关系，不是由于参与者的唯一性而是由于其自身方成为唯一似的！这就好像事情取决于其他人如何加标题以分类似的。然而人们如何将“人的本质”与现实的人相分离，而且后者将依据前者加以判断；人们也将如何把他的行为与他相分离并按照“人的价值”来评价他的行为。概念应处处起决定作用，概念规定生活，概念进行统治。这是黑格尔作过系统表述的宗教世界，为此黑格尔将方法变得毫无意义并完成了将概念的规定变为完整的、牢不可破的教条。一切均要按照概念亦步亦趋地行事，而现实的人，即我，将被迫按照这些概念法规生活。还能有一个更难堪的法规统治吗？而基督教不是在一开始就马上承认要将犹太教的法律统治更为加强吗？（“法律的一个字母都不能丢掉！”）

而自由主义只是把另一些概念提到话题上来，亦即代替神的是人的概念、代替教会的是国家的概念、代替信仰的是“科学的”概念，或总括起来说，代替“生硬的教条”和戒律的是现实的概念和永恒的法规。

现今在世界上统治的不外只是精神。一堆数不清的概念在头脑中嗡嗡地打转，而努力者进一步该干些什么呢？他们为了代之以新的概念而否定这些概念！他们说：你们制造的关于权利、国家、人，关于自由、真理，关于婚姻等的概念是错误的概念；譬如权利的概念等无疑应当像现在我们所指出的那样。这样，概念的混乱就进一步发展着。

世界历史极其残酷地与我们打交道，而精神则获得了一种全能的力量。你务必尊重我的敝屣，虽则它能保护你的光脚；尊重我的食盐，虽则它能使你的土豆能够食用；尊重我的华贵马车，虽则占有它你的所有贫困就会一扫而光：你不可伸手取之。人要承认这一切和无数其他事物的独立性；对于他来说，这些东西是不可攫取和不可接近的，应从他那里褫夺过来的。他必须尊重它、敬重它，使他受苦，如若他贪婪地伸出手指：我们称之为“偷窃”！

给我们留下的东西如乞丐般地稀少，是的，甚至是一无所有！一切均被移往他处。如若没有给予我们什么，我们就不敢想要什么：我们只是以施者的恩惠维持生活。你不可以捡起一个钉子，除非你确实得到如此做的许可。而这又从谁处取得？从尊重那里取得。只要它把钉子作为财产留给你，只要你能把钉子作为财产加以尊重，只有这样你才能捡取它。同样，你不该具有思想、不该说片言只语、进行一项行动，它们的保证仅仅在你那里，而并非由于道德或理性或人性使然。贪心人的幸福的无拘束性啊，人们是如何毫无怜悯地试图在拘束性的祭坛上杀害你！

围绕祭坛造起拱形的教堂，它的围墙且一再向外伸展。凡是它划入范围的东西是神圣的。你不再能达到那里，它不再能被触及。你呼叫着，在折磨人的饥饿状况中绕着围墙打转转，寻觅着些微的世俗的东西，你所跑的圈子将愈来愈大。很快这一教堂围住整个地球，而你则被驱至最外面的边缘，还有一步，圣物的世界就获胜了：你坠落到深渊中去。故而你振作起来吧，因为时间还来得及，切莫执迷于饕餮一空的世俗中，勇敢地跳跃吧，破门而进入神圣自身之中去。当你享用圣物，你就使它成为自己的东西！消化圣饼吧，你就摆脱了它！

第三节 自由者

前面对古代人和近代人分成两节作了阐述，看来在这里第三节中独立而分开地对自由者作出论述是顺理成章的了。然而这样做的理由并不在此。自由者只是在近代人中比较时新和最时新者，其所以要在特别的一节中作出叙述，仅仅是因为他们属于现代，而现代的东西首先会引起我们的注意。我把“自由者”只是当作自由主义者的翻译，然而有关自由概念以及诸如此类的若干其他东西，先行提到它们是不可避免的，后面将评述。

一、政治自由主义

人们将所谓专制君主制的酒杯几乎一饮而光之后，在十八世纪，人们清楚地觉察到：他们的饮料并不符合人的口味，就不再贪杯了。不管我们的祖先是什么，他们总得要求是“人”，并且也要求如此地看待他们。

谁要把我们看成某种不同于人的东西，那么我们同样也要不把他看成人，而是看成非人，并像对待非人那样地对待他；反之谁承认我们是人，并防卫我们有被非人对待的危险，我们就把这种人当作我们真正的保护者和庇护者而加以尊敬。

故而我们团结起来，我们互相保护人；然后我们在我们的团结之中找到了必要的防护，并在我们之中、在团结者之中找到了一个认识到他们的人的尊严并作为“人”团结起来的人们的共同体。我们的结合即为国家；我们，结合起来的人们即为民族。

在作为民族或国家的我们的结合之中，我们仅仅只是人。在其他方面，我们作为个人如何行事，以及我们在那里可能屈从于怎样的自私的冲动，这仅只属于我们的私人生活；我们的公共的或国家的生活是一种纯粹人的生活。依附于我们的非人的或“利己主义”的东西均被贬降为“私事”，而且我们严格地将国家与“市民社会”区分开来。市民社会是利己主义驰骋的场所。

真正的人即是民族，然而个人却通常是利己主义者。因而你们抛却了你们的栖居着利己主义的不平等和不和的个性或孤立，并将自己完全奉献给真正的人、民族或国家。而后你们就将作为人起作用，并且人所有的一切你们将皆有之；国家、真正的人将批准你们成为他的成员并给予你们"人权"：人给予你们以人的权利！

市民风格的讲演就是这么说的。

市民风格不外乎是这样的思想：总之，国家即是真正的人；个人的价值在于当国家公民。当一个善良的市民是他所寻求的最高荣誉。他认为，最高尚的事是古风——当一个善良的基督教徒，此外，就没有其他更高尚的事物了。

市民等级在反对特权等级的斗争中得以发展。后者把前者作为第三等级傲慢地对待并将其与"乌合之众"相提并论。故而迄今在国家中，人们"尊重特殊人物"。一个贵族的儿子被选拔担当即使是最优秀的市民也徒劳地望眼欲穿的官职。对此市民义愤填膺。再也不要贵族的称呼、不要个人的优先权、不要等级差别！一切人均应是平等的！不应再追逐特殊利益，而应追求一切人的普遍利益。国家应是一个自由的和平等的人的共同体，而每人均把自己奉献给为"全体的幸福"，消融在国家之中，并使国家成为他的目标和理想。国家！国家！普遍的呼声这样地高喊着。人们也开始寻求"正义的国家宪法"、最佳政体，即在其最佳形态中的国家。国家的思想进入所有的心房并唤起了激情；为国家这一尘世的神效劳，这变成了新的对神的侍奉和崇拜。真正的政治时代开始了。为国家和民族效劳，这已成了最高的理想、国家利益——最高利益，为国效劳（为此绝不需要当官）是最高的荣誉。

这样，特殊利益和个性就遭到逐斥，而为国家捐躯则成了试金石。人们必须自我牺牲，并只为国家而活着。人们必须"无私心地"行动，必须不欲有利于自己而是有利于国家。此人由此就成了真实的个人，在他面前各别的个性就消失了：并非是我活着，而是国家在我之中活着。这样与以往的自私相比，这就是无私和无个性本身。在这个神——国家面前，一切利己主义都消失了，在它面前大家都是一样的：他们没有任何其他区别——人不外是人。

在财产这一易燃的材料上爆发了革命。政府需要金钱，现今它需要表明立场：它是专制的，因而是一切财产的主人、唯一的所有者；它需要自己拿回它的金钱，这些金钱只是臣民所持有，而并非是他们的所有物。然而它却并不这样做，它召集等级会议，让批准这一款项。对上述理论彻底贯彻的恐惧粉碎了专制政府的幻想；谁必须要让"批准"什么，它就不能被看作是绝对的。臣民们看出了：他们是真正的所有者；政府所要求的钱是他们的钱。迄今的臣民有了这样的意识：他们是所有者。巴伊[1]用很少几句话叙述了这一点："如果你们没有我的赞同就不能拥有我的财产，那就更谈不上你们占有我的人格和一切与我的精神与社会立场相关的东西！所有这一切都是我的所有物，如同一块我所耕作的土地一样：因而我有一种权利、一种利益，自己立法。"[2]巴伊的话听起来

① 巴伊(1736—1793)：十八世纪末法国资产阶级革命的活动家，自由立宪资产阶级领导者之一。——译者

② 〔埃德加尔·鲍威尔：《巴伊与法国革命的最初日子》，第 89 页，夏洛滕堡，1843 年。(法国革命以来当代历史回忆录，据原始材料与亲自回忆整理。出版者：布鲁诺·鲍威尔与埃德加尔·鲍威尔。)〕

无疑是这样的：就仿佛每个人均是所有者。因此并非政府，并非君侯，而是民族现在成了所有者和主人。从现在起理想就叫做“人民自由——一个自由的人民”等等。

早在1789年7月8日奥顿与巴雷勒主教的宣言就摧毁了任何人，每个人在立法上均有重要性的外表：它表明委任者的完全无力：代表的多数派成了主人。① 当7月9日报告关于制宪工作划分的议案时，米拉波解释道：“政府只有权力，没有权利；只有在人民之中才能找到一切权利的源泉。”②在7月16日也是同一个米拉波呼吁道：“不是人民是一切权力的源泉吗？”③亦即一切权利的源泉和一切权力的源泉！附带地说一下，在这里“权利”的内容显露出来了：它是权力。“谁有权力，谁就有权利。”

市民等级是特权阶层的继承人。在实际上，只是作为“篡夺物”从贵族那里夺走的权利转移到市民阶层那里。因为市民阶层现在称做“民族”。一切特权又回到民族的手中。因此它们就不再是“特权”：它们变成了“权利”。民族从现在起要求什一税、劳役，它继承了领主法庭、狩猎权和农奴。8月4日夜晚是特权的死亡之夜（城市、村镇、市政府也都因授予特权和领主权而特权化了）并以“权利”、“国家权利”和“民族权利”的新的黎明而告终。④

与新的君主、“至上的民族”相比，“人主”、个人的君主只是可怜的君主。前一君主政体要千倍地厉害、严格、彻底。不再有任何

① 〔《巴伊与法国革命的最初日子》，第102－103页。〕
② 〔同上书，第113页。〕
③ 〔同上书，第133页。〕
④ 〔同上书，第141—142页。〕

权利、任何特权能用来反对新的君主。与此相反,旧政体的“专制君主”是显得多么受局限啊。革命引起了从受限制的君主政体到专制君主政体的转变。从现在起,一切不是前一君主授予的权利即是“僭越”,凡是他所给予的特权即是“权利”。时代要求专制王权、专制君主政体;因而后一种所谓专制王权崩溃了,因为它不懂得要变得专制,以致王权始终受到成千小领主的掣肘。

数千年来所憧憬和所追求的,亦即是找到那样的专制君主,在他之外,没有其他的领主和小诸侯削弱权力,这是资产阶级所做出来的。它启示了君主,只有他一人授予“法律权利”,而没有他的许可没有什么是有权利的。“我们知道偶像在世上算不得什么。也知道神只有一位,再没有别的神。”①

对于反对这种权利人们不再能像对于反对一种权利那样,起而声称:这是“一种不法行为”。人们尚只能说,这是无聊、一种幻想。人们要把某事说成不法行为,就要与此相对提出一个其他的权利并用此来衡量前者。与此相反,人们如若把权利作为权利本身完全加以摒弃;那么人们也抛弃了不法行为的概念,也就消除了整个权利概念(不法行为概念也属于此)。

何谓我们享受一切“政治权利的平等”? 亦即只是国家毫不顾及我个人;我与其他任何一人那样只是一个人,不存在任何会使国家注意的其他意义。并非由于我是贵族、贵族的儿子,或者是官吏的继承人(如在中世纪的诸侯等以及在专制王权下出现的世袭官职)而引起国家的注意。于是国家授予了数不清的一堆权利:

① 《哥林多前书》,第 8 章,第 4 节。

如指挥一个营、一个连等等的权利;在一个大学就读的权利等等;国家要将这些权利颁发出去,因为它们是它自身的事,即国家权利或"政治"权利。它将这些权利给谁,在这里对它来说是无所谓的,只要接受者履行由于所授权利而产生的义务。对于国家来说,我们均是正当的、平等的,一个人并不比另一个人有更多或更少的价值。谁受命统率军队,这对于我来说是一样的,独裁国家讲道,条件是:就任者要相应地懂得所管的事情。据此"政治权利平等"的意义在于:每个人都能获得国家授予的每种权利,只要他满足与此相联系的条件。这些条件只应在每一权利的性质中,而不应在对个人的偏爱(受宠者)中去寻找:成为军官的权利性质包括要求具有强健的肢体和掌握相应范围的知识,然而它并不以贵族出身为条件;反之,假若功劳卓著的市民不能达到此一官职,那就是说存在着政治权利的不平等。在现今的各个国家中,均或多或少地实行这一平等原则。

等级王国(我想如此称呼革命之前的专制王国、帝王时代)是在依靠许多小的诸王国的情况下才维系住个人的。这些是各种团体(社会)如行会、贵族阶层、僧侣阶层、市民阶层、城市、村镇等。无论在哪里,每个人都必须首先将自己视为这一小社会的成员并把它的精神、团体的精神当作他的君主而无条件地服从。他的家庭、他的世族的荣誉对他的作用,譬如说,就比贵族的家庭、世族自身更大。只有通过它的团体、它的阶层,个人才能与更大的团体——国家发生关系;就如同在天主教中那样,个人只有通过僧侣才能与神交往。现在第三等级由于显示了勇气,否定自己的阶层,而结束了这一种情况。它下决心,不再作为与其他阶层并列的一个阶层，并不再称为阶层，而是把自己宣告为“民族”，并且普遍化。由此它就创立了一个更完整和专制的君主政体，而以往进行统治的整个等级原则：在一个大王国中存在小王国的原则就走向灭亡。人们却不能由此说，革命是针对前两个特权等级的，而它是针对一般等级制的小王国的。如果说等级和它的强制统治被摧毁了（即使是国王也只是等级的国王，而不是市民的国王），那么留下的就是从等级不平等中解放出来的个人。然而他们就真该是在等级之外、“脱离常规的”、不为任何等级所束缚、没有一般联系的吗？不，恰恰第三等级因为自己并非是与其他等级并列的一个等级，而是唯一的等级，它才宣布自己成为民族。这个唯一的等级即是民族、“国家”。于是个人将成为什么呢？一个政治上的新教徒，因为他与他的神、国家有了直接的结合。他不再是作为贵族王国的贵族，不是作为行会王国的手工业者，而是如所有人所认识和承认的那样，他只有一个主人：国家，作为它的奴仆，他们全都得到平等的荣誉称号：“公民”。

资产阶级是功勋贵族，它的口号是“让有功者戴上他的王冠”。资产阶级为反对“懒惰的”贵族而斗争，因为在他，勤奋者看来，通过勤奋和功勋而得来的贵族，并非是“天生贵人”是自由的，也并非“我”是自由的，而是“功勋卓著者”，忠实的仆人（他的国王的、国家的、立宪国家里的人民的）是自由的。通过效劳人们获得了自由，亦即为自己赢得了“功勋”，尽管人们也为玛门效劳。人们必须为国家立功，这就是为国家的原则、为国家的道德精神。谁为这一国家精神效劳，他就是一个善良市民，而无论他活着欲为哪一个正当的产业部门效劳。在他们的眼中“革新者”从事一种“无生计的艺术”,只有商贩是实际的。商贩精神恰如追逐官位的精神、恰如在买卖中专图私利的精神,以及用其他方式为自己和他人谋利的精神。

如果说功绩卓著者是自由者的话(因为对于安逸的市民来说,对忠诚的官吏来说,在那种自由中他的心还有什么需要追求的吗?),那么,“仆人”也即是——自由者。驯顺的仆人即是自由人!这是多么荒谬不经啊!然而这却是资产阶级的主旨,它的诗人歌德与它的哲学家黑格尔同样有意识地赞颂主观对客观的依附性、赞颂对客观世界的顺从等等。谁只为事物而效劳,“完全献身于它”,他就有了真正的自由;而在思维者那里的事物即是——理性,它如同国家与教会那样产生出普遍的规律并通过人类的思想将各个人束缚起来。它规定,何者是“真”,而后人就必须以此为准则。没有比忠诚的仆人更合乎理性的人了,他们作为国家的仆人最先被称为善良市民。

究竟要富裕还是赤贫,市民国家悉听你的尊便。然而却只有一种“善的信念”,国家要求你有这种信念并把在一切人那里产生此信念视作它最紧迫的任务。为此,国家帮你抵御“恶的教唆”,它压制“心怀叵测者”,并通过书报检查官或出版法的惩罚即将其投入监狱来使他们蛊惑人心的演说沉默下来;而在另一方面任命具有“善的信念”的人们当报刊检查官,并以一切方式让“善心者与善意者”对你施以道德的影响。如果说国家为对付恶意的教唆而弄聋你耳朵的话,那么它就更加起劲地再度为善的提示而使你的耳朵复聪。

随着资产阶级时代开始了自由主义时代。人们愿意看见到处产生“理性的东西”、“时尚的东西”等等。本该是为称颂自由主义的下述定义把它充分地表现了出来：“自由主义不外是将理性知识运用于我们现存的关系。”[1]它的目标是“理性的秩序”、“道德的行为”、“有制约的自由”，而并非是无政府状态、无法纪、独自性。一旦理性占有统治地位，个性就要甘拜下风。艺术不仅承认丑恶的东西，而且把它作为自己的存在所必不可少的东西，并将其吸收到自身之中：艺术需要恶人等诸如此类的东西。即使在宗教领域内，最极端的自由主义者也走得如此之远：他们欲图将最虔诚的人看成是一个公民，即看成是宗教上的恶人；他们对宗教裁判所采取不屑一顾的态度。然而任何人不得反对“理性的法律”，否则威吓他的就将是最严厉的刑罚。人们所想的并非是个人或自我的自由的运动和体现，而是理性的自由的运动和体现，即一种理性的统治、一种统治。自由主义者之所以是狂热者，并非因为信仰、因为神，而恰恰是因为理性：他们的主人。他们忍受不了没有教养，因此也忍受不了自我发展和自我规定：他们实行监护不次于最专制的统治者。

人们该如何设想“政治自由”呢？是个人摆脱国家及其法律的自由吗？否，恰恰相反，它是个人在国家内和法律上的服从性。为什么却称之为“自由”？因为在人与国家之间不再隔有中间人，人与国家处在一种直接和没有中间环节的关系中，因为人是公民，并非是他人的臣仆，甚至并非是作为个人的国王的臣仆，而是就其

① 卡尔·维特(匿名)：《自阿恩特上台至鲍威尔下台期间的普鲁士》，《来自瑞士的二十一印张》，编者：格奥尔格·海尔维格，第12—13页，苏黎世与温特图尔，1843年。

作为“国家元首”这一性质而言的臣仆。政治自由，这一自由主义的基本学说，只不过是新教的第二阶段并与“宗教自由”完全是平行的。[①] 而宗教自由，是否就应理解为摆脱宗教的自由？绝非如此。对此只能说是摆脱中间人的自由，摆脱起中介作用的僧侣的自由，“俗人地位”的消除，亦即与宗教、与神有了直接的、没有中间环节的关系。只有在人们有宗教的前提下，人们才能享受宗教自由，宗教自由并非是没有宗教，而是信仰内在性、直接与神交往。谁把宗教当作一项本心事宜、当作他自己的事情、当作一项“神圣严肃的事情”，他“在宗教上就是自由的”。同样对于“政治上的自由者”来说，与国家联系是一项神圣严肃的事情，国家是他的本心事宜、他的主要事宜、他自己的事宜。

政治的自由意味着：波里斯[②]即国家是自由的；宗教自由意味着：宗教是自由的，如同良心自由意味着良心是自由的那样，亦即并不意味着：我有摆脱国家、摆脱宗教、摆脱良心的自由；不意味着我脱离了它们；它们的自由并不意味着我的自由，而是一种统治和强制着我的权力的自由；这意味着如国家、宗教、良心等我的某一专制君主是自由的。国家、宗教、良心，这些专制君主使我成为奴隶，而它们的自由即是我的奴隶状态。不言而喻的是，在此它们必定遵循“目的使手段神圣”的基本原则。如果说国家的福祉是目的，那么战争就是一种神圣的手段；如果说法制是国家的目的，那么杀人是一种神圣的手段并以它的神圣名称叫做：“处决”等诸如

① 路易·布朗在《1830—1840 十年史》第 1 卷，第 138 页（巴黎 1841 年版）中论及王政复辟时期说：“新教成了思想与道德的基础。”

② “Polis”的音译，古希腊的城市国家。——译者

此类不一而足。神圣的国家使一切对其有利的东西神圣化。

市民的自由主义嫉妒地监视着的“个人自由”，绝不意味着是一个完全自由的自我规定，因而使行动整个地成为我自身的事，而只是意味着对个人的独立。有谁不对任何人负责，他在个人方面就是自由的。在这一意义上——人们不可对此有其他的理解——不仅统治者就其个人而言是自由的，亦即对于人是不负责任的（“在神面前”他承认自己是负有责任的），而且“只对法律负责的”一切人亦均是如此。这一方式的自由通过20世纪的革命运动而获得了，亦即对于随心所欲、对于此即我们的意愿的独立。为此立宪君主自己务须脱却一切个性、剥夺一切个人的决断，以便避免作为个人、作为个别的人而损害了他人的“个人自由”。统治者的个人意志在立宪君主那里消失了；故而专制君主以正当的感情对此加以抵制。然而正是专制君主欲成为在最佳的意义上的“基督教的君主”。为此他们就必须成为一种纯粹精神的力量，因为基督教徒只是臣服于精神（“神是精神”）。然而只有立宪君主才彻底地表现出纯粹的精神力量。立宪君主在这里存在着，他已不具有任何个人意义，他的精神化已达到这种程度：他可以当作一个完全神秘的“精神”，一个观念。立宪国王是真正基督教的国王，基督教原则真正的体现。在君主立宪政体中，个人的统治，即一个真正任意而为的统治者业已告终；因此在这里个人自由统治着，摆脱了一切个人的统治者的独立，摆脱能以此，即我们的意愿命令我的一切人的独立进行着统治。它是完全的基督教国家生活，一种精神化的生活。

市民完完全全采取自由主义的立场。对他人领域的每一个人的侵犯都激发起市民意识。当市民看到，有人屈从于他人的情绪、爱好、意愿，而此人又只是以个人的身份，而不是以“更高权力”认可者的身份出现的话，市民就抬出他们的自由主义并高呼“专横”。够了，市民所声称的他们的自由即是摆脱了称之为命令的东西：“谁都没法命令我做什么！”命令的意义在于：我应该做的正好是另一人的意志，与此相反，法律并不表现他人的个人权力。市民的自由是摆脱其他个人意志的自由或独立，所谓个性或个人的自由，因为个人是自由的，就是说自由到这样，没有任何其他个人能支配我自身；或者说，我能做或不能做的并不取决他人个人的决定。如出版自由就是一个这样的自由主义的自由，只有在书报检查官的压制表现为个人的任意专横时，自由主义才与之作斗争。而对那种通过“出版法”施行的压制，却表示接受和赞同，也就是说市民阶级的自由主义者只是要写作本身的自由。因为他们是合法的，他们通过他们的著述将不冒犯法律。只有自由主义者的东西，亦即只有合法的东西才应该付印；否则的话“出版法”就以“出版法方面的惩罚”相威胁。人们看到了个人自由得以保证，却根本没有觉察到，假若只要略微往前走一点，最显著的不自由就将占统治地位。因为人们尽管摆脱了命令，而且“没有人能命令我们什么”，然而代替命令的是法律，人们对之将更卑躬屈膝，人们将受一切法律的形式所奴役。

在市民国家里只存在着被迫使做数以千计的事情（如依从、信条等等）的“自由的人们”。而又有谁来这样做呢？强迫他们的只有国家、法律，而不是任何个人！

市民阶级起劲地反对任何个人的命令，即并非根据“事物”、

“理性”等所颁布的命令,这是为了什么？它同样只是为了事物的利益,反对“个人”的统治而斗争！精神的事则是理性的东西、善的东西、合法的东西等等,这是“善事”。市民阶级意欲有一非个人的统治者。

此外,如果原则是:只有事物即道德的事、合法性的事等应统治人;那么,也绝不会允许人们彼此间对个人的限制(如以往市民被限制不能担当贵族的官职,限制贵族不能经管市民的手工业等等),这就是说必须进行自由竞争。作为个人,一个人不能限制他人,他只有通过物方能做到此点(如富人通过金钱这种物来使无产者受限制)。现今起作用的只是一种统治、国家的统治;就个人方面而言,不再有人仍然是他人的统治者。从出生时起,儿童就是属于国家的,只是在国家的名义下,他们才是属于父母的。譬如说,国家就不容虐杀婴孩,要求对他们进行洗礼等等。

而对于国家来说,它的所有儿童都完全是平等的(“市民的平等或政治平等”),他们自己则将看到:他们彼此将如何相处:他们应该竞争。

自由竞争不外乎意味着:每个人能够对抗他人、维护自己、能够斗争。封建集团当然是反对如此做的,因为它存在的基础是不进行竞争。法国复辟时期斗争的内容充其量不过是:资产阶级要求自由竞争、封建主则力图保留行会制度。

于是自由竞争胜利了,而且必定战胜行会制度。(下面将进一步阐述。)

如果革命奔向反动的歧途,那么由此只是表明了革命原来是什么。因为每一种努力如若进行深思熟虑之后,就总是趋向反动;

而只有陶醉,“不假思索”才朝着原来的行动方向前进。“深思熟虑”经常是企图反动的口头语,因为思虑提出了界线,脱离了本来的宗旨,即原则与开始时的“无拘束性”和“无限制性”。将一切顾虑置于脑后的粗暴的小伙子、口出狂言的大学生是真正的市侩,因为在他们那里就如同在市侩那里一样,顾虑构成了他们行动的内容,只是他们作为自吹自擂者起来反对顾虑,并采取消极的态度,而后作为市侩则顺从顾虑并对此采取积极的态度。在两种情况下,他们共同的行动和思考都围绕着顾虑打转转,然而市侩对于小伙子来说是一种反动,他是进行思虑的粗暴的伙计;正如后者是不假思虑的市侩那样。日常生活经验证实了这一翻转的真实性,并表明了自吹自擂者磨练成市侩。

如在德国的所谓反动也表明了,它如何只是战斗的自由欢呼的深思熟虑的继续。

革命并非是反对一切现存的制度,而是反对这种现存的制度、反对一种特定的实况。革命废除这个统治者,而不是废除一切统治者。相反,法国人遭到最严酷的统治:革命杀掉了老的有罪者,欲图给予有德者一种有保证的生存,就是说革命仅仅用道德代替了邪恶(邪恶与道德的区别,就恰如一个粗暴的小伙子与一个市侩的区别那样)等等。

直到现今为止,革命的原则仍然是只攻击这个和那个现存的制度,因而是改良主义的。有多少改善,就保持了多大程度的“思虑的进步”:总不外是一个新的主子代替旧的,破即是立。新的市侩保持着与旧的市侩的区别。革命市侩般地使第三等级、中间等级兴起。革命又以市侩的方式枯竭下来。并非是个别的人——而纯粹的他即是人——自由了；而应说市民、公民、政治的人，正因为如此他并非是人而是人的类族的一个标本，特别是市民类族的一个标本，是一个自由的市民。

在革命中，就世界历史的角度而言，并非是个人在行动，而是人民在行动：民族、主权民族欲图包办一切。一个想象的自我，一个观念，就像民族那样积极地登场。这就是说个人作为这一观念的工具而呈献出自己并且作为“市民”而行动。

在国家基本法规中、在宪章中、在依据“理性的法律”行动和统治的、合法的或“正当的”君主那里，即在法制中，市民阶级有着它的权力同时有着它的限制。在资产阶级阶段遵守法律的英国精神占统治地位。拿国会会议来说，就经常使人回忆起，它的权限不过如此；它只能由于恩惠被召开，由于失宠而再度被抛弃。它总是使自己也记起它的使命。我是我父亲所生，这一点当然是不能否认的；然而我一旦产生出来，显而易见他的生育目的就与我全然没有关系，而且不管他可能召唤我干什么，我只干我想干的事。因此，在革命开始时被召集的法国等级会议就完全正确地认识到：它是独立于召集人的。它存在着，如若它不行使它存在的权利，而是想象它仍是依附于譬如说父亲的，那么它就是傻瓜。被召唤者不必询问：召集人造出我来想干什么；而应向一旦我遵从了召唤之后，我想干什么？并非是据此集会的召集者、选举人、宪章对被召集者来说是神圣的，对他来说，没有什么东西是神圣的、碰不得的权力。在他的权力范围之内，他对一切就均是有权的；他不承认受限制的“职权”，他不想尽忠。如果人们所期待的议会就是这样的，这就产生了一个完全利己主义的议会，它摆脱了一切脐带并且是毫无顾忌的。然而议会总是恭顺的，因而如若在议会中有如此之多的事不过半或悬而不决，即虚伪的“利己主义”炫耀的话，这就是不值得惊奇的。

议员应限制在由宪章、由国王意志为他们所划定的范围之内。如果他们不想或不能这么做，那么他们就该“引退”。忠于职守的人有谁会另外行动，能将他的信念和他的意志作为首当其冲的原则加以贯彻？有谁能如此没有道德地意欲表现自己，而不惜团体和一切由此走向毁灭？人们小心翼翼地在其授权范围之内动作；当然，在他们的权力范围之中人们总须坚持住，因为没有人能他之所能。“我的权力或在另一种情况下我的无权是我的唯一的界限，授权只不过是束缚性的规章？我该信奉这推翻一切的观点吗？不，我是一个守法的市民！”

市民等级信奉一种与他们的本质紧相联系的道德。这一道德的第一个要求是要求人们从事一项规矩的业务、一项诚实的行业、有着一种道德的举止。对市民等级来说，骗子、娼妇、小偷、强盗、杀人凶手、赌徒、无职业无产业的人、轻率的人是不道德的。正直的市民把反对这些“不道德者”的情绪称做他的“最强烈的义愤”。上述这些人都缺乏安定、经营的根基，缺乏一种坚实、诚实的生活，固定收入等等，简言之，由于他们的生存没有建立在一个保稳的基础上，他们属于危险的“个人或零散人”，属于危险的无产阶级：他们是“孤独的号叫者”，他们是“没有保证的”，“无可损失的”，因此是毋须冒险的。譬如说家庭纽带的形成，是维系某人的，被维系者提供一种保证，他是可以把握住的；相反，卖笑妇的情况则不是如此。赌徒将一切放在赌博上、使自己和他人毁灭是没有保证可言的。可以用“流浪者”的名称把对于市民来说是可疑、敌意和危险的所有人总括起来；市民厌恶一切流浪的生活方式。此外，还存在着精神的流浪者，对他们来说，他们祖先传下的居所太窄小和使人感到压抑，以至他们不想继续满足于受限制的空间：他们，这些狂放不羁的流浪者不是把自己限制在稳健的思想方式之中并接受能保证千万人欣慰和稳定的被看作碰不得的真理，却反而越过了一切传统的界限并激烈地从事他们放肆的批判和起劲地煽起疯狂的怀疑情绪。他们构成了最底层者、动荡不宁者、变化无定者即无产者的阶级，而且如果听任他们把他们不定居的性质公之于众，那么他们就叫做“不安分的人”。

所谓无产阶级或赤贫现象就有这样广泛的意义。有谁要求市民等级竭尽全力消灭贫困，他就大错而特错了。善良市民反其道而行之，以无与伦比的令人安慰的信念自我排解：“幸福的财富一旦不平等地予以分配，按照神的智慧的命令，那就将永远如此继续下去。”在每一胡同里充斥着的真正市民的贫困并不能打扰他，充其量也不过是使他扔出一些布施或者为一个“诚实和有用的”小伙子找到工作和生计，而后他就对贫困麻木不仁了。然而使市民愈益感到打扰了他安静的享受却是：**欲求改革与不满**的贫困，穷人们不再默**不作声地**忍耐和克制自己，而是开始**暴乱**和动荡起来。将流浪者关起来！将骚扰者投入最阴暗的地牢！他图谋在国家中“挑起不满，煽动反对现行法令”——用石头砸死他、砸死他！

然而恰恰是在这些不满者中产生了这样的说法：对于“善良的市民”来说，谁在保护他们和他们的原则，不管是专制君主、立宪君主也好、共和国也好，只要他们得到保护就都是一样的。而何谓他们的原则？他们总是"爱戴"这些原则的保护者吗？并非是劳动的原则，也并非是世袭的原则，而是中庸的原则，美好的、中间的原则：有一点世袭和有一点劳动，亦即一项带来利息的财产。财产在这里是固定、给予的东西、继承的东西（世袭），生息在此是努力（劳动），即劳动资本。只要不是乖张、极端，不要激进主义！当然，世袭权利只是世袭财产，无论如何它甚少或根本不是自己的劳动，而是资本的劳动和唯命是从的工人的劳动。

假如在一个时代充斥着谬误，那么就总是一部分人从中获利，另一部分人由此而遭损失。在中世纪，谬误是在基督教徒中普遍的谬误，因而教会必然掌握地上的一切权力或最高统治权；教士并不比俗人更少地相信这个"真理"。两者着迷于同样的谬误。教士就自身而言，由于他这种谬误而得到权力的利益；而俗人则得到唯命是从的损失。如同"吃一堑长一智"所表明的那样，俗人最终变得聪明起来并不再相信中世纪的"真理"。在市民等级与工人等级之间也有着这一同样的关系。市民与工人同样相信金钱的"真理"；恰如俗人与教士那样，并不占有金钱的工人不比占有金钱的市民更少相信这一真理。

"金钱统治着世界"是市民时代的主音。一个无财产的贵族和一个无财产的工人作为"挨饿者"在政治上均是不起作用的：出生与劳动与此无关，而是金钱万能。拥有财产者进行统治，而国家则从无产业者中训练出它的"仆人"。国家按照以国家的名义进行统治（治理）的情况，给予他们金钱（薪俸）。

我从国家那里得到一切。我有什么没有得到国家批准的东西吗？我所拥有的没经它批准的东西，只要它发现缺乏"法律名义”，就从我处取走。我所拥有的一切不都是因为国家的恩惠和它的批准吗？

市民等级本身完全依靠法律名义。市民无论他是什么职业，都是通过国家保护、通过国家的恩惠而存在的。如果国家的权力被摧毁，他就要害怕会丧失一切。

然而这对于没有什么可损失的人、对于无产者来说情况又是怎样的呢？因为他是没有什么可损失的，他的“一无所有”并不需要国家保护。当被保护者的国家保护被剥夺的时候，无产者相反却能获利。

因此，无产业者就把国家视为有产者的保护力量，国家使有产者特权化，相反只是榨取无产业者的膏血。国家是一个市民国家，是市民等级的状况。国家保护人并非是按照他的劳动，而是按照他的顺从（“忠诚”），亦即按照他是否依据国家的意志即国家法律享受和管理国家所交托的权利。

在市民等级的统治之下，劳动者经常落入有产者的手中，即落入那些掌握任何国家财产的人的手中（一切可以占有的均是国家财产，属于国家，而且只是个人的采邑），特别是落入掌握货币和财产者，即资本家的手中。工人不能按照他的劳动对于享受者所占价值的程度来取得等价报酬。“对劳动的支付极低！”资本家得到了其中的最大赢利。只有那些提高国家的光辉和加强国家统治的人的工作、高级国家仆人的工作才得到优惠和大大多于优惠的支付。国家慷慨地支付，为的是它的“善良的市民”、有产者能少付钱而没有危险；国家通过多支付来保障自己得到仆人，正是由于这些仆人，国家为“善良市民”组成了一种保护力量：警察（属于警察的有士兵、一切种类的官吏，如司法、教育的官吏等，简言之，整个“国家机器”），而“善良市民”为了更其低价地偿付他们的工人，他们乐意向国家缴纳高额税款。

然而工人阶级却保留为一种与这一国家、这一有产者、市民等级的国家相敌对的一种力量；因为就根本上而言，他们没有得到保护（因为并非是作为工人他们享受国家保护，而是作为国家的臣民他们分享到警察保护、分享到所谓法律保护）。他们的原则——劳动没有按照它的价值得到承认：有产者、敌人的战争掠夺物在受剥削。

工人手中有着极大的力量，而且如若他们一旦真正觉察到它并运用它，那么他们就是所向披靡的：他们只要停止劳动并把他们劳动所创造的东西作为他们自己的东西并享用之。这就是这里或那里出现工人骚动的意义之所在。

国家建立在对劳动的奴役基础之上。如若劳动自由了，那么，国家就将消失。

二、社会自由主义

我们是生而自由的人，然而不管朝哪里看，我们看到自己已成为利己主义者的仆人！我们由此就应当使自己也成为利己主义者吗？绝不，我们宁愿使利己主义者成为不可能！我们愿使他们大家都成为“游民”，让大家什么也不占有，因而“大家”都占有。

社会主义者就是这样。

你们称为“大家”的那个人究竟是谁？——那就是“社会”！然而它会是有形体的吗？——我们是它的形体！——你们？你们

自己就是没有形体的；——你尽管是有形体的，你也是，你也是，然而你们一起却只有各种形体，而没有一种形体。因此一个统一的社会尽管有为它效劳的诸形体，然而却并非是一个统一的、本身的形体。如同政治家的“民族”不外是一种“精神”那样，在精神那里的形体只是假象，社会也恰恰如此。

在政治自由主义那里人的自由是摆脱个人，摆脱个人统治，摆脱主子的自由；保障每一个人对其他个人而言的个人自由。

没有人可以下什么命令，只有法律下命令。

然而，如果说个人纵然变成平等的，却并非是就他们的财产而言。当然穷人需要富人，富人需要穷人。穷人需要富人的金钱，富人需要穷人的劳动。也就是说没有人需要作为个人的他人，却需要作为给予者的他，即能给出什么东西者，或作为拥有者、所有者的他。他所拥有的东西造就了人。而在拥有之中或就“财产”而言，人们是不平等的。

由此，社会自由主义得出结论：如同根据政治自由主义任何人不该发命令那样，任何人均不许拥有什么；亦即如同在此只有国家保持命令权那样，只有社会保持财产。

国家由于针对他人保护每一个人和财产，它就将他们彼此分开：每人均是他特殊的部分和拥有他的特殊部分。谁满足于他是什么和拥有什么，他就在事物的这一情况下获得他的利益；然而谁欲图身份更高些和拥有更多些，他就寻觅这两者并在其他个人的权力中找到了它们。在这里他陷入了一种矛盾：作为个人没有人逊于他人，然而一个人却拥有其他个人所没有的，然而却想拥有的东西。这样由此就得出：一个人要高于另一人，因为前者拥有他所需要的东西,后者则没有,前者是个富人,后者是个穷人。

于是他进一步自问道:我们应该让那些我们理应加以埋葬的东西再度死灰复燃吗?我们应当让这种通过曲折道路复苏的各个人之间的不平等畅行无阻吗?不,正相反,我们必须把做了一半的事完全进行到底。摆脱了其他个人的我们的自由还缺少摆脱受其他个人命令的自由,缺少摆脱其他个人在他的个人权力中所拥有的东西即缺乏摆脱"个人财产"的自由。故而让我们消灭"个人的财产"。任何人都不拥有任何东西,每个人都应是一个游民。财产应当是非个人的,它属于社会。

在至高无上的统治者、唯一的统帅面前,我们所有人均变为平等的,平等的个人,即变成了零。

在最高的所有者面前,我们所有人都是平等的游民。现今在他人的估价中,一个人尚可是一个"游民","一无所有者";而后这种估价就告终了,我们均是游民,作为共产主义社会的集体我们能够把自己称为"浪荡游民"。

如果无产者真正建立了他所希望的消灭了贫富差距的"社会",那么他就成了游民,因为他知道自己因此要成为游民、他还能把"游民"抬高为一个荣誉的称呼,恰如革命将"市民"这一词变为荣誉的称呼那样。游民是他的理想。我们大家都应成为游民。

这就是为了"人性"的利益对"个性"的第二次掳掠。既不给个人命令权,也不给个人财产;前者归国家,后者属社会。

由于在社会中出现了最令人压抑的弊病,故而尤其是受压迫者,即来自社会下层范围的成员,想到去寻找在社会中的过失,并给自己提出了任务:发现真正的社会。人们首先不是在自身而是在所有第三者中寻找过失，这是司空见惯的；就是说在国家中、在富人的自私之中寻找过失。然而富人之所以得以存在，恰恰要感谢我们的过失。

共产主义的反思与结论看起来是非常简单的。如同现今的事情那样，即如同在现今的国家关系之下那样，都是一方反对另一方，然而却是多数反对处于不利状况下的少数。在事物的这一状况下，前者处于富裕状况，后者处于贫困状况。故而事物的现今状况，即国家必须被消灭。代替它的又是什么？代替个别人的富裕是一种普遍的富裕，一切人的富裕。

通过革命，资产阶级变为万能，一切不平等也被消灭：每个人均被尊奉或贬降拥有市民的尊严：平民被尊奉，贵族被贬降；第三等级变成了唯一的等级，即公民的等级。于是共产主义回答道：我们的尊严、我们的本质并不在于我们大家都是国家——我们母亲的平等的孩子，全体生来都有要求她的爱、她的保护的权利，而是在于我们大家生来就彼此照顾。这些就是我们的平等或者说我们的平等在于：我与你、你们所有人同样地为他人干事或“劳动”；在于：我们中的每个人均是劳动者。就我们而言，问题不在于我们对国家来说是什么，即市民，即不在于我们的市民性质；而在于我们彼此照顾，也就是说在于：我们中的每个人由于他人而存在；其他人照料我的需要，同时他自己也由我而满足了他的需要。譬如他为我的衣着而劳动（裁缝），我则为他的娱乐需要而忙碌（喜剧作家、走钢丝演员等），他为我的食物（农夫等），我为他的教育（学者等工作）。这就是说劳动是我们的尊严和我们的平等。

市民资格给我们带来了什么好处？负担！而人们以什么样的

高度估价我们的劳动呢？能够压多低就压多低！然而劳动仍然是我们的唯一价值；我们是劳动者，这就是在我们这里最好的东西，这就是我们在世界上的意义之所在，因此这必将成为我们的影响，必须成为影响。你们能用什么与我们相抗衡？仍然也只有劳动。我们必须给予你们报偿的只能是由于你们的劳动或工作，而不能是因为你们单单的存在；而且也不能是由于你们照顾自己，而只能是由于你们照顾我们使然。你们凭什么能对我们提出要求？就是凭着你们高贵的出生之类吗？不，只能是凭着你们对我们所做的称心和有益的事。同样：我们也只愿你们依据我们为你们所做的事来评价我们；你们从我们那里得到的也将只是相同的做法。劳动，即对于我们有价值的那种劳动、互相照顾的劳动、对大家有益的劳动决定价值。在他人的眼中任何人均应是一个劳动者。谁做了有益的事，他就不应该比任何人低一头，或者说所有劳动者（自然是在“对大家有益的”，即共产主义劳动者意义上的劳动者）是平等的。由于劳动者的工资是符合其价值的，因而工资也应当是平等的。

如果说只要信仰就足够维持人的荣誉和尊严了，那么，只要劳动在信仰上不妨碍人，就根本不能反对任何劳动，即使是如此紧张的劳动。现在的情况则与此相反，每个人本应发展成为人，然而人却被束缚于机器般的劳动上，与此相伴随的是奴隶制。如若一个工厂工人要累死累活干上十二小时甚至更多，那么他就被剥夺了人的发展过程。任何劳动都应有人得到满足的目标，因此他必定在劳动中成为能手，就是说劳动能作为一个整体来进行。在一个别针厂，谁只装针头、只拔铁丝……，那么他就是机械地劳动，像机器那样地劳动：他始终是一个低能者，而成不了能手；他的劳动不能使他自己满足，而只是使他疲乏。他的劳动并非为自己所进行，在其自身中没有目的，对自己来说没有完成的东西：他把自己做成的一部分交到他人手中，并为这个他人所利用（剥削）。对于这个为他人效劳的工人来说不存在一种有教养的精神的享受，充其量只有粗俗的快乐：他与教养是隔绝的。为了成为一个善的基督教徒，人们只需要信仰，而这在最受压抑的情况下也可能发生。因此执著于基督教的人只是为受压迫的劳动者的虔诚、他们的忍耐、顺从等操心。只要受压迫的阶级是基督教徒，他们就能忍受他们的一切贫困：因为基督教不允许他们发泄牢骚和愤懑。现今平息贪欲已不够了，而是要求满足欲望。资产阶级公开宣布了尘世享受、物质享受的福音，现今使它感到奇怪的是这种教义竟在我们穷人中找到了拥护者；它指出了：并非是信仰和贫穷而是教育与财产带来了幸福，这一点我们无产者也是懂得的。

资产阶级把我们从个别人的命令和专横中解放出来。只有一种专横保留了下来，它是从各种关系的发展趋势中产生的并可称之为各种情况的偶然性；留下的是受偏袒的幸运和“幸运者”。

如若一个产业部门破产了，成千的工人没有面包吃，那么人们有充分的理由考虑承认：并非是个别人承担过失，而是在于“种种关系中的罪过”。

如若我们改变各种关系，而且是彻底地改变它，那么就将使它的偶然性不起作用并产生法律！愿我们不再是偶然事件的奴隶！让我们建立一个结束摇摆的新秩序，愿这一秩序以后就成为神圣的！

以前人们为了做什么事必须请求主子，在革命之后则叫做：捕捉幸运！捕猎幸运或阿察尔赌博[①]，市民的生活就是致力于此道。在这之外是要求：谁已经得着些什么，就不要再轻率地拿它去赌博。

这是奇怪的，然而却是极其自然的矛盾。凡是市民的或政治生活卷入其间的竞争就完全是一种运气赌博，从交易所投机到谋求官职，争夺顾客、寻求工作、钻营擢升和勋章，一直到牟取暴利的犹太人的旧货交易等等。假如成功地排挤和超过了竞争者，那么这就是"手气好"；因为对于一种幸运来说，必要的事情是：胜利者自视有着其他人不知道如何对付的才能，亦即自认为不存在一个更有才能的人；当然就胜利者的才能本身而言，不过看来像是通过最精细的努力而获得的。他们在这一幸运变换之中，从事着他们日常营生，在此并没有什么异乎寻常的；然而当他们自己的原则以赤裸裸的形式出现并作为阿察尔赌博"酿成不幸"，那么他们就陷入最讲道德的震惊之中。是的，阿察尔赌博是一种太明显的、太没有掩盖的竞争，明白而露骨地损伤了循规蹈矩的羞耻感。

社会主义者欲图阻止这一碰运气的活动，并建立一个社会，在这个社会里，人们不再为幸运所束缚，而是从中解放出来。

这一努力最初以最自然的方式表现出来的是"不幸者"对"幸运者"的憎恨，即与幸运极少或完全没有关系者对总是与幸运相关者的憎恨。

然而，本来这一不平情绪并非是针对幸运者，而是针对幸运这

① 一种碰运气的赌博，如掷骰子之类的玩意。——译者

一市民制度的腐朽的污点。

由于共产主义者最先宣布自由活动是人的本质,所以他们就像日常劳动者的想法那样需要一个星期日;就像一切物质努力那样,在他们无精神的“劳动”之外,他们需要一个神,一种振奋和启发。

共产主义者在你那里看到了人,看到了兄弟,这只是共产主义的星期日方面。就工作日方面而论,他绝不会把你当作单纯的人,而是当作人的劳动者或劳动着的人。自由主义的原则存在于第一个观点中;而在第二个观点里则隐藏着不自由性。假若你是个“游手好闲者”,那么尽管它不会忽视你是人,然而是把你当作一个“懒惰的人”,力图把人从懒惰中净化出来,并努力使你皈依于这样的信仰:劳动是人的“命定与天职”。

因此它显示了双重的面貌:以一种面貌出现,它重视精神的人的被满足;以另一种面貌出现,它就专注于为物质的或肉体的人服务的财产。它给予人双重的职位:一个是获取物质的职务,另一个则是获取精神的职务。

市民社会将精神和物质财富自由地放在那里,谁要求什么就给予每个人什么。

共产主义则真正为每个人创造这两者,迫使每个人接受它们,强制每个人去获取两者。共产主义要我们没有任何异议地去获取精神和物质财富以便成为人,因为只有这两者才使我们成为人,它是严肃地对待这件事的。市民制度对这种获取则采取听任自由的态度,而共产主义则强制去进行这种获取,并且只承认获取者、从事经营者。经营自由是不够的,而是你必须掌握它。

这样批判所能做的就仅仅要证明:获取这些财富还绝不会使我们成为人。

每个人应由于自己而成为人或者每个人自己应成为人,这是自由主义的戒律。由于这一命令而产生了下述的必要性:每个人必须为这一成为人的工作赢得时间,亦即使每个人有可能为自己而工作。

市民社会相信,如若把一切人性的东西交给了竞争,而又使个人对每一人性的东西拥有权利,那么就能做到上述这一点。"每个人都允许为争取一切而努力。"

社会自由主义感到,不能用"允许"就算解决了问题,因为允许只意味着不禁止任何人,然而却并不是使每个人有一种能力。因此社会自由主义声称:市民社会只是在口头上和字面上是自由主义的,而在实际上则是高度非自由主义的。社会自由主义欲图从它的方面给我们所有的人以能够为自己劳动的手段。

由于劳动的原则,无疑,幸运或竞争的原则就要被禁止。然而与此同时,劳动者在意识到在他那里本质的东西就是"劳动者"时,他就远远离开了利己主义并使自己屈从于一个劳动者社会的至高权威之下,就像市民以献身精神依附于"竞争的国家"那样。关于"社会义务"的美好梦想将继续进行下去。人们再次认为,社会给予了我们所需要的一切,因此我们对它负有义务,一切均是有负于它的。[①] 人们停留在:必须要为所有财物的"最高的授予者"

① 蒲鲁东就曾呼吁过:"如同在科学中那样,在产业中,每一发明的公开是首要和最神圣的义务!"(《论人类秩序之创造或政治组织的原理》,巴黎、贝桑松 1843 年,第 414 页。)

效劳。然而，社会并非是能够给予、授予或允诺的自我，而是一种工具或手段，从中我们能够得到益处；我们没有社会义务，只有利益，为了追求这些利益我们必须为社会效劳；我们对社会没有作出牺牲的义务，如果说我们牺牲了什么，那是我们为自己所牺牲：对这一切社会主义者都不予考虑，因为他们——作为自由主义者——束缚于宗教的原则，并如同国家迄今所做的那样，起劲地追求一个神圣的社会！

我们能从中拥有一切的社会，是一个新的主子，一个新的幽灵，一个新的"最高本质"，它把我们置于"效劳与义务之中"！

以后还将对政治与社会的自由主义作出进一步的评论。现在我们首先要把它们提交给人道自由主义或批判自由主义的法庭。

三、人道自由主义

由于自由主义在进行自我批判，即"批判的"自由主义正进行着自我完善，而且批判者仍然保持为一个自由主义者同时也不超出自由主义的原则，不超出人，这样他就可以首先依据人来命名，并称之为"人道主义者"。

工人是最注重物质利益的和最利己主义的人。他根本不为人类做什么，他所做的一切都是为自己，为他的福利。

由于市民社会把人说成只就其出生而言是自由的，因此在其他方面，它就必然将其置于非人（利己主义者）的魔爪之下。这样，利己主义在政治自由主义的统治下，有着极为广阔的用武之地。

如同市民利用国家那样，工人将为了他的利己主义目标而利用社会。你当然只有一个利己主义的目标，你的福利！你如若维护一种纯粹的人的利益，那么我也定将成为你的伙伴，人道主义者这样指责社会主义者。“为此却需要一种比工人意识更强大、更广泛的意识。”“工人什么也没有做，因此他什么也没有；但是他什么也没有做，因为他的劳动总是一种个人的劳动，斤斤计较他自己需要的、日常的劳动。”[①]人们也可以作出与此相反的如下设想：古滕贝格[②]的劳动并非是个别的劳动，他的劳动取得了无数成果，而且这种劳动在今天还有着它的意义，它适应人类的需要，并且是一种永恒的、永不消逝的劳动。

人道意识既轻视市民意识也轻视工人意识：因为市民只是对游民、没有固定职业的一切和他的“不道德”表示愤怒，而工人则对懒汉（“无所事事者”）和他的寄生的和非社会的因而是“不道德的”原则表示愤怒。对此人道主义者反驳道：众人的无所事事恰恰就是你的产物，市侩！然而你，无产者，指望一切人都会拼命刻苦，并欲图使苦干成为一条普遍的原则，这一切均属于你的现今的苦役任务之一。你无疑试图通过所有人必须同样地服苦役而减轻苦役自身，当然不外是基于下述理由：由此所有人能赢得同样多的余暇。然而他们该用他们的余暇开始做什么呢？为了人道地度过这一余暇，你的社会该做些什么呢？它又再次不得不听任利己主义的爱好来处置所赢得的余暇，而且恰恰是社会所促成的这种利益落到了利己主义的手中，如同市民社会的利益、人的无依附性，

① 埃德加尔·鲍威尔（匿名）（书评）：弗洛拉·特里斯坦：《劳动者联盟》通俗版，巴黎，1843 年，载《文学总汇报》第 5 期，第 18 页，编者：布鲁诺·鲍威尔（1844 年 4 月），夏洛滕堡。

② 古滕贝格（1399—1468）：德国人，在西方被认为是印刷术的发明者。——译者

由于国家不能用人性的内容加以充实而拱手让给了任意妄为那样。

人应该没有主子，然而这并不意味着利己主义者可以凌驾于人之上，而倒应该是人凌驾于利己主义者之上成为主子，这无疑是完全必要的。当然人应该找到余暇，然而当利己主义者从中捞取好处时，那么余暇就离开了人；这样看来你们应该给予余暇以人的意义。然而，你们，工人也是出于利己主义的动机从事你们的劳动，因为你们要吃，要喝，要生活，在余暇中你们怎能够不是利己主义者呢？你们劳动，只是为了在劳动之后要好好地休息（闲散），当然你们如何度过你们的余暇时间，是偶然性在起作用。

如果说该对利己主义关上每扇门户，那么就必将致力于一个完全“无私利的”行动，追求完全的无私利性。这才是人性的，因为只有人才是无私利的；利己主义者永远是有偏私的。

我们不妨暂且设想无私利性在起作用，那么我们就要问：你想对一切都兴趣索然，毫不为任何事物所动，不为自由、人类等所动吗？“噢，对了，这一切都并非是利己主义的利益，并非是私利性，而是一种人的、即一种理论的利益，即一种并非是为某个人或所有个人（全体）的利益，而是为观念、为人的利益！”

然而你没有察觉到：你充其量也只不过受到你的观念、你的自由观念所鼓舞吗？

可是你没进一步察觉到：你的无私利性又再度如宗教的无私利性那样是一种天上的私利性吗？当然你对有利于个人的利益极为冷淡，而且你可以抽象地呼喊：听任自由发展，不管世界由此而毁灭。你也不为来日操心，而且根本没有为个人的需要、为你自己的舒适生活、没有为他人的舒适生活认真地加以操心；然而基于这一切从你这儿什么也发生不了，因为你是一个空想者。

能否设想人道自由主义者的自由主义已达到这样的程度：他把一切对人来说是可能的东西均宣布为是人道的？恰恰相反！关于娼妓的问题，人道自由主义者尽管与市侩的道德偏见有所不同，然而“这种女人将她的肉体变成挣钱机器”。[①] 对作为人的他来说，这种行为使她们变得卑贱。人道自由主义者判断道：娼妓并非是人，或者说妇女中有谁是娼妓，那么她就并非是人，她就被剥夺了做人的资格。此外：犹太人，基督教徒、特权者、神学家等均并非是人；只要你是犹太人之类，你就并非是人。至上命令是：抛弃一切你的特点，批判它并摒弃之！不该是犹太人，不该是基督教徒等等，而应该是人，仅仅是人！让你的**人性**在反对每一限制性的规定中发挥作用，通过它使你自己造就为人并摆脱那些限制而**自由**，把你自己造就为“自由人”，即认识到人性是你的决定一切的**本质**。

如果我说：你尽管高于犹太人，高于基督教徒等等，然而你也高于人。这一切均是观念，你却是有形体的。你会认为，你总是能成为“如此这般的人”吗？你会认为，我们的后代将找不到要消除现今我们力量所达不到的任何偏见与限制吗？或者你相信约在你四十岁或五十岁时已能做到：今后的日子不再会使你失去什么东西，相信你是人吗？后世的人们将还要争取我们从不缺少的若干自由。你需要那种未来的自由干什么？假若你在成为人之前毫不

① 埃德加尔·鲍威尔（匿名）：《贝罗德论妓女》（对 F. F. A. 贝罗德：《巴黎的妓女与管辖的警察》第 1—2 卷，巴黎与莱比锡 1839 年），载《文学总汇报》第 5 期，第 26 页。

看重自己，那么你就必须一直等到最后审判，一直等到人或人类该当达到完善地步的日子。然而由于你肯定会在这之前死去，你的得胜者的奖赏又在哪里呢？

所以你倒不如把事情倒过来并对你自己说：我是人！我毋须在我之中才制造出人来，因为他已经属于我，如同我的一切特点那样。

批判者问道，人们如何能同时成为犹太人和人？我答复道：首先，如若人们、犹太人、人意味着同样东西的话，人们根本就不能成为犹太人也不能成为人；“人们”所达到的均超出那些规定之外，而施穆尔尚是如此之犹太腔，他不能成为犹太人，不能成为纯粹犹太人；恰恰因为他是这个犹太人。第二，如若成为人意味着不成为特殊的东西，那么人们作为犹太人就根本不能成为人。第三却取决于我作为犹太人能成为我恰好能成为的一切。你们很难期待萨穆埃尔或莫泽斯[①]以及其他人，会超出犹太教，尽管他们不得不说，他们尚不是“人”。他们恰成为他们所能成为的东西。今日的犹太人又两样了吗？由于他们发现了人类的观念，就导致每个犹太人该当改宗于这一观念吗？如果他能够做到此点，他不会不做，而他所以不做，正是他所做不到的。你们的要求与他有何干系？何谓你们赋予他的天职：成为人？

在人道主义者所许诺的“人道的社会”中，根本找不到对这个人或那个人所拥有的“特殊的东西”的承认，“私人的东西”所拥有的性质没有任何价值。用这一方式，自由主义的圆圈就自己全部

① 施穆尔、萨穆埃尔、莫泽斯均是典型的犹太人名字。——译者

完成了:自由主义在人和人的自由上有着它的善的原则;在利己主义与一切私人的东西上有着它的恶的原则,在前者那里有着它的神;在后者那里则有它的魔鬼。如果说在“国家”中特殊的人或私人失去了他们的价值(没有个人的特权);在“工人或游民社会”中,特殊的(私人的)财产丧失了对它的承认;那么在“人道的社会”中,一切特殊的东西或私人的东西就均不在考虑之列。而如若“纯粹批判”完成了它的艰巨的工作,那么人们就会知道,什么是私人的东西,什么是人们在他们的为虚无所渗透的感情中必须听之任之的东西。

因为对人道自由主义来说,国家与社会是不够的,故而它否定了这两者而同时又保持了这两者。曾经就有这样一种说法:当今的任务“并非是政治任务,而是一项社会任务”,而且在这之后再次为未来许诺了“自由国家”。然而在实际上,“人道的社会”恰恰是这两者:最普通的国家与最普通的社会。只有反对受局限的国家才会说:国家过高估价了精神上的私人利益(如人们的宗教信仰);只有反对受局限的社会才会声称:社会过高估价了私人的物质利益。两者应当将私人利益让给私人,并作为人道的社会只为普通人的利益操心。

政治家们设想废除个人意志、自己意志或专横,他们就没有觉察到:由于财产而使自己意志得到了一个安全的避难所。

社会主义者也废除财产,因此他们也没有注意到:正是在独自性中保障了这种财产的持续。那么就仅仅金钱或地产是一种财产吗?或者说每一意见是我的一种我自己的东西吗?

这样就必须取消每一意见或使之非个人化,就如同自己意志被转移给国家、财产被转移给社会那样。意见不应归于个人而必须转移给一个普遍者，转移给“人”，而且由此变为普遍人的意见。

如若意见保留存在着，那么我就有我的神（神则只是作为“我的神”，才是一种意见或我的“信仰”），即有了我的信仰、我的宗教、我的思想、我的理想。为此就必须产生一个普遍人的信仰，“自由的狂热”。这就是与“人的本质”一致的一种信仰，而且由于只有“人”是理性的（我与你极可能是非理性的！），这就是一种理性的信仰。

就像自己意志与财产变得无力量那样，独自性或利己主义在总体上就必然同样变得如此。

在“自由人”这种最高度的发展中，将与利己主义、独自性作原则的斗争，故而这些次要目标，如社会主义者的社会“福利”等等在高尚的“人类理想”面前就消失了。一切不是普遍人性的东西即是某种特殊的东西，只是满足若干人或一个人的东西；或者如果说它满足了一切人，那么它也只是针对作为个人的而并非作为人的他们，因而它就被叫做“利己主义的东西”。

对于社会主义者来说，福利仍然是最高目标。这正如同对于政治自由主义者来说，自由竞争是适宜的东西那样。福利当然也是自由的，它所需要的东西，它可以自己创造。这如同谁想投入竞争之中，就可以选择竞争那样。

如果只想参加竞争，那么你们就只需成为市民；而欲享受福利，则只需成为工人。这两者当然尚不能与“人”相提并论。人只有在“精神上也是自由的”这一情况下，他方才是“真正幸福的”！因为人是精神，所以一切对他、对精神来说是异己的力量、一切超人的、天国的、非人的力量均需被摧垮，而“人”的名称务须超越于一切名称之上。

这样在近代（近代人的时代）结束时，作为主要事物再度回归的即是该时代开始时的主要事物：“精神自由”。

人道自由主义者特别对共产主义者说道：即使社会给你规定了你的行动，这样尽管这种行动摆脱了个人，即利己主义者的影响，然而为此它并不需要成为纯粹人的行动，你也还不需要成为人类的一个完全的机体。无论社会要求你怎样行动，这总是偶然的：它可能在一个庙宇建筑或诸如此类的工作中任用你；如若不是如此，那么你就可能自发地去做一件蠢事，即非人性的动作；甚至还会发生这样的情况：你工作确实只不过是为了养活自己，总之只是为了生活、为了可爱生活的缘故，而并非是为了使人类辉煌化。因此，自由行动只有满足下述条件后才能达到：如果你使自己摆脱一切蠢行，摆脱一切非人的东西，即利己主义的东西（属于这一范围的只是个人，而不是在个别状态中的人），摆脱一切使人或人类观念暗淡的、不真实的思想，简言之，如若你不仅仅在你的行动之中没有了障碍，而且你行动的内容只是人的东西，而且你只是为人道而活着，而发挥作用。一旦你奋斗的目标只是你的或一切人的福利，那么，情况就完全不同了：你为游民社会所做的，这对于“人道的社会”来说是毫无意义的。

仅仅是劳动并不能使你成为人，因为它是形式的东西，并且它的对象也是偶然的；问题取决于：你，劳动者是谁。你劳动完全可以出自利己主义的（物质的）动力，仅仅是为你创造出食物等东西；劳动必须是一种促进人类前进的劳动、考虑到人类福利、为历史即人类发展服务的劳动，总而言之，是一种人的劳动。这包括两方面的内容：一方面，劳动为人类谋福利；另一方面劳动从一个“人”出发。如果仅仅是第一方面，那么任何劳动的情况都可以是这样，因为，即使是自然的劳动如动物的劳动也被人类利用来促进科学的发展；第二方面则要求，劳动者要意识到他的劳动的人的目标。由于只有在他意识到自己是人时，才能具有这样的意识，因此决定性的条件是——自我意识。

如果你不再是“计件工人”的话，那么，肯定就能多做，然而由此你也只是通观了你的全部劳动并获得这样一种意识与自我意识，与你真正的“自我”或“本质”，与人的意识相去甚远的意识。对于工人仍然还有“更高意识”的要求，由于从事劳动不能平息这种要求，他就得在休息时间使其满足。因此休息就得对他的劳动有所帮助。他因此被迫认识到，要同时把劳动和闲散看成是符合人性的，是的，要真正高度评价闲散者、休息者。他劳动只是为了摆脱劳动，他欲图使劳动成为自由的，只是为了从劳动中摆脱出来。

够了，他的劳动不具备使之满足的内容，因为劳动只是社会所托付的，只是一种作业、一项任务、一种职业；从另一方面看，他的社会也得不到满足，因为社会只是让劳动。

劳动本应把他作为人使其满足：它却满足社会而并非是人；社会本应像对待人那样来对待他，然而却把他当作——游民劳动者，劳动者游民。

对他来说，劳动与社会之所以有用，并非是由于他作为人，而是由于他作为“利己主义者”有求于劳动与社会。

这些就是针对劳动的批判所采取的态度。它强调了“精神”，展开了“精神与群众”的斗争[①]并把共产主义劳动宣布为无精神的群众劳动。正如这种批判厌恶劳动那样，群众喜欢为自己减轻劳动。在当今大规模出版的著作中那种对劳动的厌恶产生了众所周知的、由研究的辛劳自行表现的肤浅性。[②]

为此人道自由主义讲道：你们愿意要劳动，好的，对此我们同样愿意要，不过我们所愿意要的劳动是在最充分的程度上。我们要劳动不是为了赢得闲暇，而是在劳动之中找到一切满足。我们欲图劳动，因为它是我们的自我发展。

那么劳动而后也必须与此相适应！只有自觉的人的劳动，只有没有“利己主义”企图，而将人作为目标的劳动，只有人的自我启示的劳动才能使人获得尊敬。这样就必须说：我劳动，因此我是人。人道主义者要求对一切材料进行加工的精神劳动。他要求这样一种精神，这种精神不让任何事物处在安静之中或处在其现状中，这种精神在任何情况下都安宁不下来，它分解一切，对赢得的每一结果重新加以批判。这一不安宁的精神是真正的劳动者，他消除了偏见、摧毁了局限与狭隘性，并把人提高到超越于企图控制他的一切东西之上。然而共产主义者却只是为了自己劳动，从来不是自由地而是由于不得已而劳动，简言之他代表了一种强制的劳动者。

① 布鲁诺·鲍威尔(匿名)(书评)：《H. F. W. 欣里希斯：〈政治课程〉第2卷，哈勒，1843》，载《文学总汇报》第5期，第24页(1844年4月5日)，编者：布鲁诺·鲍威尔〔鲍威尔的原文是“群众与精神的斗争”〕。

② 同上书。

这一种类型的劳动者并非是“利己主义”的，因为他并非是为个人，既不为自己也不为其他个人，即不为私人劳动，而是为人类及其进步劳动：他并不减轻个人的痛苦，不关心个人的需要，而是取消使人类受压抑的局限，驱散统治整个时代的偏见，克服在一切人的道路上的障碍，消除束缚人们的误解，发现由他为所有人和一切时代找到的真理，简言之他生活和劳动就是为了人类。

第一，伟大真理的发现者当然知道，真理对于他人是会有用的，由于嫉妒性的沉默不言对他来说绝不会带来任何乐趣，故而他就说出了真理；然而如若他意识到：他的奉告对于其他人来说有最高价值，那么他绝不会由于他人的缘故，而是为了他自己的缘故去探索和寻求出真理，因为他自己这样要求，因为直到他尽其全力为自己获得光明和澄清之前，黑暗与妄想一刻也不让他安宁。

这就是说，他为了自己的原因和为了满足他的需要而劳动。由此尽管他也会有利于他人，甚至会有利于后代，然而这并不能使他的劳动不带有利己主义的性质。

第二，即使他只是为他自己的原因而劳动，那么，为什么他的行动是人的行动，其他人的行动则是非人的，即利己主义的行动呢？其理由约略如此：因为这本书、这张绘画、交响乐等是他整个本质的劳动，因为在此他是尽其所能，把自己全部倾注到其中去，而且完全可以从中辨认出来；而一个手工业者的制作不就是只反映了手工业者，即手工业者的技巧而并不反映出“人”吗？在席勒的诗中我们看到了整个的席勒；相反，在千百只炉子中，我们所看到的只是我们面前的修炉匠，而并非是“人”。

这岂不是说：在一种创作中你们看到了尽可能完整的我，而在另一种创作中只看到我的技巧？由行动所表现出来的岂不又是我吗？在一种创造中向世界表现、显现、构成自己不比隐藏留在他的劳动后面更为利己主义吗？你无疑会说，你表现的是人。然而你所表现的人恰恰是你自己。你只是表现你自己，你与手工业者的不同在于：后者不懂得将自己压缩在一项劳动中；为了把他当作他自己来认识，必须在他的其他生活关系中来考察他；由于要满足你的需要方产生了这一创作，你的需要是一种理论的需要。

然而你会回答道：你表现的是一个完全不同的人，一个更尊严、高尚、伟大的人，与他人相比更成其为人的人。我愿意设想：人之所能你无不能；人所不能你皆能之。那么你的伟大在哪里呢？恰恰是在于你高于其他的人们（“群众”）、高于属于普通的人们、高于“普通的人们”，恰恰是在于你的崇高凌驾于人之上。在他人的面前，并非是由于你是人，而是由于你是一个“唯一的”人方使你出类拔萃。无疑，你是表明了，一个人究竟能胜任什么，然而因为你是一个人能胜任这件事，其他人也是人，却绝不能胜任这件事：你只是作为唯一的人完成了此事，而你的唯一性恰恰就在于此。

并非是人成就了你的伟大，而是你创造了你的伟大，因为你高于人，比其他的人们强大。

人们不相信能够高于人。充其量他们不过能相信做到不差于人而已！

人们还相信，凡是他们的成就总是对人有益的。只要我在任何时候都保持为人，就如席勒保持为一个施瓦本人，康德保持为一个普鲁士人，古斯塔夫·阿道尔夫保持为一个近视眼那样，那么，我将由于我的优秀品质而肯定变为一个出类拔萃的人，一个施瓦本人、普鲁士人或近视眼。然而这些情况并不比弗里德里希大帝的手杖更为美妙，我们知道这一手杖是由于弗里德里希的缘故而出了名。

现代的东西与“给神以荣誉”相适应所产生的是：“给人以荣誉”。然而我则想为我自己保持荣誉。

批判通过它要求人应是“人道的”，表明了社会性的必要条件；因为只有作为众人之中的人，人们才是互相交往的。这里批判表明了它的社会目标：建立“人道的社会”。

在社会理论之中，无可争辩，批判是最完善的理论，因为它摒弃、贬斥一切使人与人相分离的东西：包括直至信仰的特权的一切特权。在这种理论那里，基督教的爱的原则、真正的社会原则均达到了最完全的贯彻，而且还进行一切可能的试验：剥夺人的独一性与排他性：以其最简单的，因而是最严峻的形式，以唯一性、独一性本身的形式进行反对利己主义的斗争。

“只要在你们之中还存在着独一性，你们如何能真正过社会的生活？”

我反过来问道：在你们之中哪怕只还存在着一种联系，你们又怎能真正是唯一的呢？假如你们是互相联系的，那么你们就不能彼此分开。假如有一种“纽带”维系着你们，那你们就只是与他人相联系的某种事物，你们十二个就构成一打，你们千万人就构成一个民族，你们亿万人就构成人类。

“只要你们是符合人的性质的，你们就作为人彼此交往，正像如果你们是爱国的，你们就能把自己当作爱国者那样！”

好吧，那我就答复道：只要你们是唯一的，你们就能如你们所自认的那样彼此交往。

恰恰是最尖锐的批判家将被他的原则的诅咒最沉重地击中。他从他自己那里制造了一件又一件的独一的东西，脱却了教会主义、爱国主义等等，通过这种方式他一次又一次地消除了联系纽带并且与教会人士与爱国者相分离，在一切联系纽带破除之后，直至他最终孤零零地站着。他恰巧必须排除带有独一的或私人性质的一切，而究竟有什么能比独一的、唯一的人本身更独一些呢！

或者他大概是认为：如果全体变成"人"并且放弃唯一性，情况或许会好些？因为"全体"意味着"每一个人"，这恰恰是为什么长期存在着最尖锐的矛盾，因为"个人"即独一性本身。如果说人道主义者不让任何私人的东西或独一的东西，不让任何私人思想、私人痴呆对个人发生作用的话，如果说他把一切在个人的鼻尖底下批判掉的话，那是因为他对私人东西的憎恨是一种绝对的、狂热的憎恨；如果说他对私人的东西不知道任何宽容，那是因为一切私人的东西是非人的：然而他却不能批评掉私人本身，因为个人的顽强能抵御他的批判，而且他必须不得不满足于把个人说成是"私人"，并对他的一切私人的东西听之任之。

对私人的东西毫不关心的社会将做些什么呢？使私人的东西的存在成为不可能？不，社会应该将其"隶属于社会利益，只要私人意志不与普遍利益相冲突，就允许它如其所愿那样多地确定休息日"。① 要摆脱一切私人的，即对社会不感兴趣的东西。

① 布鲁诺·鲍威尔：《犹太人问题》，第166页，不伦瑞克，1843年〔鲍威尔在此谈到了"国家利益"与"国家的普遍利益"〕。

“教会与宗教虔诚阻碍科学的发展。这表明了，与以往通常的情况那样，它们是纯粹的私人事宜。即使它们掩盖在一个其他外表之下，被说成是国家的基础和必要根柢也是纯粹的私人事宜。甚至在它们与国家联系在一起，并使国家成为基督教国家的情况下，它们也不过是表明国家尚没有发展它的普遍的政治思想，表明国家只确立了私人权利的一个证据。而私人权利则是国家是一项私人事宜的最高表现，是国家只与私人事宜有关的最高表现。如果国家最终有勇气并有力量完成它的普遍的使命，并成为自由的国家；如果它也有能力给予特殊利益与私人事务以它的真正地位；那么，宗教与教会将前所未有地变成为自由的。作为最纯粹的私人事务与纯粹的个人需要，宗教与教会将听任其自身发展，而每一个人、每一教区与每一教会团体将会如其所愿、如其认为必要的那样为灵魂的救济操心。每个人将为他灵魂的救济操心，只要对他来说这是个人的需要，而作为操心灵魂者他将会接受并付酬给那些看来能最好地保证满足他的需要的那些人。科学最终将被置于这种游戏之外。”①

然而情况应变成怎样呢？社会生活应当有个终结吗？一切交往、一切友爱，总之通过爱或社会原则所创造的一切应当消失吗？

这就仿佛即使某人需要他人，前者也不总是寻找另一个似的；就仿佛在某人需要他人的情况下，前者却不必服从后者似的。然而区别却在于：以前个人为某个纽带所束缚而被联系在一起；现今

① 布鲁诺·鲍威尔：《自由的善事及我自己的事务》，第62—63页，苏黎世与温特图尔，1842年。

则真正是个人与个人自己相联系:在成年前,儿子与父亲被联系在一起;而在成年之后,他们能够独立地结合起来。在成年之前作为家庭的一员他们是一体的(是家庭的"成员");而在成年之后,作为利己主义者他们相互联系起来。儿子还是儿子,父亲还是父亲,然而儿子与父亲不再把自己束缚在这一家庭之中。

最后的特权在实际上即是"人";有了他全体就被特权化或被封赏。因为如布鲁诺·鲍威尔自己所说的那样:"即使特权扩展到所有人那里,特权还保持着。"①

因而自由主义的发展有下述变化:

第一,个人并非是人,因而他的个性不起作用:没有个人的意志、没有专横、没有命令或敕令!

第二,个人不拥有人的东西,因而我的东西与你的东西或财产均不发挥作用。

第三,因为个人既不是人又不拥有人的东西,这样他就根本不应存在,他作为利己主义者随同他的利己主义的东西将通过批判而被消灭,以便为人、为"而今刚刚发现的人"腾出地方。

尽管个人并非是人,然而人却在个人之中存在着,就如每一幽灵和一切神的东西在他那里有着它们的存在那样。故此,政治自由主义把作为"生来的人",作为天生的人的个人所固有的一切都归诸个人,属于这中间的就有信仰自由、财产的占有,简言之即"人权";社会主义归于个人的则是他作为工作的人、作为"劳动

---

① 布鲁诺·鲍威尔:《犹太人问题》,第60页。〔在鲍威尔那里指的是犹太人"如若他们的解放以他们变为基督教徒为条件,那么对于他们来说只不过是一种特权与另一种特权相交换。"〕

的"人而属于他的一切；最后人道自由主义则将作为"人"的个人所有的一切，即属于人类的一切归给了他。然而个人却根本不拥有什么，一切均属于人类，因而没有异议地和在最充分的程度上要求在基督教中所鼓吹的"再生"的必要性。变为新的创造物，变为"人"！

人们甚至能够回忆记起主的祈祷文的终结部分。统治("力量"或动力)属于人；因此没有一个个人可以成为主人，人却是个人的主人；王国即世界为人所有，因此个人不应是所有者，而是人"全体"统治着作为所有物的世界；归于人的是一切人的荣誉、称颂或"光荣"；因为人或人类是个人的目标。为这一目标他劳动、思想、生活并为了对人的称颂他必须变成人。

人们迄今一直在努力发现一个共同体，在那里共同体通常的那些不平等成了"非本质的东西"；他们努力追求均衡，也就是说追求平等，并欲图协调一切人，这恰恰意味着，他们寻找一个君主、一种联系、一种信仰("我们信仰神的一切！")。对于人们来说，除了人自身外没有更亲密或更平等的东西，而在这一共同体中，爱的要求获得了满足；直到爱的要求导致这最后的均衡、铲除一切不平等、人人推心置腹之前，它是不会罢休的。然而恰恰在这共同体之中，衰败与没落表现得最为触目惊心。在一个受局限的共同体中就存在着法国人反对德国人，基督教徒反对伊斯兰教徒等情况。现今的情况则反了过来，是人反对人们，或者说由于人们并非是人，这样人就反对非人。

紧跟着"神已变成人"这一命题的另一个命题是："人变成了自我"。这是人的自我。我们把它反过来说：只要我寻找作为人的我自己，我就不能找到我自己。然而这却表明了：人致力于成为我并且在我之中赢得一种形体性；我注意到：甚至一切都取决于我，况且没有我，人就早已消失。我却不欲为了这一最神圣的圣物柜而牺牲我自己，而且不再继续问：我在我的行动中是人还是非人。我已受够了这一精神！

人道自由主义彻底地发挥作用。如若你哪怕在一点上是有些特殊的或想有些特殊的东西，如若你哪怕在他人面前只为自己保持一种特权，你只想运用一种并非是“普遍人权”的权利，那么你就是一个利己主义者。

很好！我不想在他人之前拥有或者就是特殊的事物，我不想要求针对他们的特权，然而我也并不依据他人来衡量自己，而且根本不想有什么权利。我只想是，我所能是有我所能有的一切。他人是否是或者有同样的事物这与我有何关系？他们既不能是也不能有同样的事物。我对于他们并无损害，正好像我并不由于“优先于”岩石能够动作而对它有丝毫损害那样。如果他们能有那同样的事物，他们就可以有。

不拥有特权的要求的关键是不损害其他人。放弃一切“优势”是最严格的放弃的理论。人们不应把自己看成“某种特殊的事物”，譬如说犹太人或基督教徒。于是我不把自己看成“某种特殊的东西”，而是把自己看成是唯一的。我诚然与他人有类似性，然而这只适用于比较或反思。在实际上我是无可比较的、唯一的。我的肉体并非是他们的肉体，我的精神并非是他们的精神。如若你们将两者归于普遍的“肉体、精神”之中，那么这就是你们的思想，这种思想用我的肉体、我的精神做不出什么来，而且最少有可能向我自身颁发“召集令”。

我不想承认或尊敬在你那里的什么东西，既非所有者又非游民，甚至还并非是人。我只想使用你。我感到盐使菜有滋味，我就将其撒入；我知道鱼是一种食品，因此我吃它；我发现你有使我生活快活的才能，因而我选择你为伙伴。或者我用盐研究结晶，用鱼研究动物，用你来研究人等等。就我而言，你只是为我所用的那种东西，即我的对象，因为是我的对象，因而是我的所有物。

在人道自由主义中，完成了游民状态。如果我想达到独自性，那么我们首先必须降至极端的游民状态，最贫困状态，因为我们必须脱去一切外来的东西。而游民只不过表现为赤裸裸的人。

然而更甚于游民状态的情况是：当我连人也抛弃了的时候，这是因为我感到，就我而言，即使是人也是外来的，我不可以此而自负。这不再仅仅是游民状态：因为即使是最后一个游民也倒下了，这样就呈现了真正的赤裸裸状态，从一切外来的东西之中摆脱出来。游民脱却了游民状态自身，并由此停止不再成为他曾经成为的东西，一个游民。

我不再是游民，而是我曾经是游民。

一直至此时所以尚没有暴发分裂，因为本来只存在着新自由主义者与老自由主义者的一项争吵：一个从狭义上来理解“自由”，另一个则要求“充分意义”上的自由，即温和派与激进派的争吵。一切均围绕着这样一个问题转：怎样的人才是自由的？所有人都相信：人必须是自由的，故而所有人也都是自由主义者。然而人们如何阻止在每一个人之中均有的非人的东西？人们在使人自由的同时要不让非人获得自由，该如何安排？

整个自由主义有一个死敌，一个不可克服的对立面，如同神以鬼为死敌那样；与人相对立的，处在另一边的总是非人、个人、利己主义者。国家、社会、人类制服不了这个魔鬼。

人道自由主义要完成的任务是：向其他自由主义者指出：他们并不想要“自由”。

如果说在其他自由主义者眼前只有孤立的利己主义，而且他们对于最大部分是盲目的；那么在激进的自由主义眼前的就是与自己相敌对的“群众状态”的利己主义，将一切不像他那样把自由的事业作为自己事业者投入群众之中。这样，现今人与非人就严格分开、彼此敌对，即“群众”与“批判”[①]；而且是与粗糙的如宗教的批判相对的称之为“自由的、人的批判”（《犹太人问题》第 114 页）[②]。

批判道出了希望：它将战胜整个群众并向其“展示一个普遍贫困的证明”。[③] 它亦即欲图最终保持权利并把一切“胆怯者和畏缩者”的争吵说成是利己主义的**权利谋术**，是琐碎、微不足道的。一切争吵失去了意义而琐碎的不和将被放弃，因为在批判中一个共同的敌人投入战场。“你们全部是利己主义者，一个不比一个逊色！”于是利己主义者共同反对批判。

他们真正是利己主义者吗？不，他们恰恰因为批判把他们指

---

① 布鲁诺·鲍威尔（匿名）（书评）：《H. F. W. 欣里希斯：〈政治课程〉第 2 卷，哈勒，1843》，载《文学总汇报》第 5 期，第 23—25 页。与此相关的尚有康拉德·梅尔希奥·希策尔的报道：《苏黎世通讯》，载《文学总汇报》第 5 期，第 15 页。

② 〔布鲁诺·鲍威尔：《犹太人问题》，不伦瑞克，1843 年。〕

③ 康拉德·梅尔希奥·希策尔：《苏黎世通讯》，载《文学总汇报》第 5 期，第 15 页。

责为利己主义而反对批判；他们不承认自己是利己主义的。因此批判与群众就在同一基础上：两者均与利己主义作斗争，两者均从自己出发拒绝利己主义，并互相把它推给对方。

批判与群众追求同一目标：摆脱利己主义的自由，并为他们中谁最接近目标或谁根本达不到此点而争吵。

犹太人、基督教徒、专制主义者、反蒙昧主义者与启蒙主义者、政治家、共产主义者，简言之，一切人都把利己主义的指责远远地抛在他们之外，而现在批判不加掩饰地在最广泛的意义上对他们作出这种指责，因此全体为反对利己主义的指控而进行辩护，并与利己主义——批判与之开战的同一敌人——斗争。

利己主义的敌人是批判与群众这两者。他们或者通过他们自我净化或洗涤，或者通过他们将利己主义归之于对方，而从利己主义之中解放出来。

批判家是真正的“群众代言人”，他给予了群众利己主义的“简单的概念与讲话方式”；与此相反，在《文学总汇报》第 5 期第 24 页上被否定了其胜利的那种代言人就只不过是文抄公而已。[①] 批判家是群众在反对利己主义的自由战争之中的君主与统帅；他与什么作斗争，他们也与之斗争。他同时却也是他们的敌人，只是并非是他们面前的敌人，而是在争吵者背后挥动皮鞭以便逼出他们的勇气的这样友好的敌人。

这样，批判与群众的对立就归结为下述相反的说法：“你们是

① 〔布鲁诺·鲍威尔（匿名）（书评）：《H. F. W. 欣里希斯：〈政治课程〉》，载《文学总汇报》第 5 期，第 24 页。〕

利己主义者！”“不，我们不是！”“我要向你们证明此点！”“你就将看到我们的辩护！”

那么，我们就将这两者看成如他们自己所标榜的那样是非利己主义者，或如他们互相所认为的那样看成是利己主义者。他们既是利己主义者又不是利己主义者。

批判本来是说：你务须如此整个地把你的自我从一切局限性中解放出来，变成一个人的自我。我说：尽你所能地解放你自己，那么你就做了你自身的事。因为并非要每一个都去冲破一切局限，或者说得更明确一点：对一个人来说是一种局限性，并非对于另一个人来说也是局限性。因而不必为他人的局限伤脑筋；你摧毁了你的部分也就够了。谁能够有那么一次，哪怕仅仅摧毁一种对于所有人来说的局限？不是今天与任何时间一样有无数人背负一切“人类的局限”东奔西走吗？谁推倒了他的局限中的一种，他就能向他人指出道路与手段；推翻他们的局限依然是他们的事业。没有谁会做旁的事情的。指望人们完全成为人，就意味着要求推翻一切人的局限。这是不可能的，因为人是没有局限的。尽管我有若干局限，然而与我有关的只是我的事，只有它们是我所能制服的。我不能成为人的自我，因为我只是我，而不仅仅是人。

且让我们看一看：批判究竟有没有给予我们值得记取的教诲！如果我并非是脱却了利害的，我就不是自由的？如果我并不是无私的，我就并非是人？然而如果自由了或成为人，对于我来说没有什么意义，那么我就不愿白白地放过实现我自己使我自己发挥作用的机会。而批判则给我提供了这样的机会；因为批判有这样一种学说：如果在我之中有什么固执着和有什么不可解脱的东西，那么我就变成了它的俘虏和奴隶，即一个中迷者。一种利益，不管它是怎么样的利益，如果我没有摆脱了它的话，那么它就从我那里捕获了一个奴隶，并且不再是我的所有物，我倒反而成了它所有的东西。因此让我们接受批判的指示吧：不让我们的所有物的任何部分固定起来，让我们只有在解脱我们的所有物的过程之中方才感到快慰！

故而如果批判说：只有你在毫不间歇地批判和解脱时，你才是人！那么我们就说：我不那样本来也就是人，而且同样我就是我；因此我只为自己保障我的所有物而操心；而为了保障它，我时时刻刻都把它放在我心上，消灭在它那里每一要求独立的冲动，并在它固定下来和变为一个“固定观念”或一种“痼疾”之前，把它消耗竭尽。

我这样做并非是为了我的“人的天职”，而是因为这是我的天职。我不自夸，我能解脱人所能解脱的一切，而且只要譬如说尚不到十岁，我就不批判戒律的无意义。然而尽管如此，我仍然是人，而且恰恰由此我的行动是人的行动：我无批判地放过了戒律。简言之，我没有天职，而且不遵循任何事物哪怕是成为人的什么事物。

我拒绝了自由主义在它的各种努力之中所获得的东西吗？在这里远谈不上失去已获得的东西！在由于自由主义而使“人”变得自由之后，我将我的目光又投回到我自己身上，并且要向自己公开地承认：只有我才赢得了看来是人所赢得的一切。

当“人对于人来说是最高本质时”，人就是自由的。这就是说，粉碎所有其他最高本质，用人类学来推翻神学，嘲笑神与它的恩惠，使“无神论”普遍化就都属于自由主义的完善。

当“我的神”甚至也变得没有意义的时候，所有物的利己主义就丧失了它最后的东西。因为如同个人在神那里寻找他的幸福那样，只有神把个人的幸福放在心上的时候，神才存在。

政治自由主义取消了主人与仆人的不平等，这导致了无主人、无政府的状态。于是主人就被个人、“利己主义者”所抛弃，成了一个精灵——法律或国家。社会自由主义废除了财产的不平等、废除了穷人与富人的不平等并造成了无财产或无所有物的状况。个人被剥夺了财产，并将财产委托给了精灵的社会。人道自由主义使人们没有神，信仰无神论。因此个人的神、“我的神”必须予以消灭。现今，无主人同时即是摆脱了效劳，无财产同时即是摆脱了操劳，而无神同时即是摆脱了先入之见；因为随着主人的消失，仆人也消失了；随着财产的消失，围绕它的操劳也消失了；随着根深蒂固的神的消失，先入之见也消失了。然而，由于主人又作为国家重新出现，故而仆人作为臣民又再度出场；由于财产作为社会的财产而出现，操劳重又作为劳动而产生；由于神作为人被当作先入之见，于是重又产生一种新的信仰，对人类或自由的信仰。对于个人的神来说，于是一切人的神，即“人”被提高：“我们一切最高的东西是人”。然而由于没有人能成为“人”这一观念所意味的东西，这样，人对于个人来说保持为一个崇高的彼岸世界，一个达不到的最高本质，一个神。同时这却是“真正的神”，因为它与我们是完全等同的，亦即是我们真正的“自我”：我们自身，然而与我们分离并高居于我们之上。

附　　注

上文对"自由、人道的批判"所作评论以及在他处涉及这一派别著作的文字，是在有关书籍出版后随即零星地写下来的，现在我所做的只不过是将这些片段收聚在一起而已。然而批判不间断地向前推进着，这就有必要在我的书写至结束时，再一次回到这种批判上来并插进这一结语评注。

我手头有布鲁诺·鲍威尔主编的最新1期、第8期的《文学总汇报》。[①]

在这上面又再度出现了"社会的普遍利益"。看来只有批判对此进行思考并给予这个"社会"以一种规定性，从而使这一社会与一种从前还与此相混淆的形式区别开来："国家"在前面一些地方还被当作"自由国家"加以欢呼，现在则被完全摒弃了，因为国家不能以任何方式完成"人类社会"的任务。批判只是在1842年才"被迫认识到，在一个时刻人的与政治的本质相符一致"；而今批判却感到：国家即使是作为"自由国家"也并非是人类社会，这正如批判同样能够说人民并非是"人"那样。我们看到，批判如何征服了神学并清楚地证明：在人的面前，神沉没了。我们还看到它如何以同样方式把政治弄清楚了并指出，在人面前，人民与民族沦落了。我们看到，批判如何剖析教会和国家，把它们两者说成是非人的；而且我们也将看到——因为它已经向我们披露了——批判

① 布鲁诺·鲍威尔（匿名）：《当前批判的对象是什么》，载《文学总汇报》第8期，第18—26页，夏洛滕堡，1844年7月。本节中出自该文的引文均不再注明出处。

如何也能提出证明：在人面前，“群众”纵然其自称为一种“精神本质”，它的出现仍然是无价值的。在最高本质面前，较小的“精神本质”该如何维持自己！“人”抛却了错误的偶像。

那么批判者而今意欲何为呢？这就是要对“群众”进行考察，他将群众置于“人”的面前，以便从人出发与之作斗争。“现在什么是批判的对象呢？”——“群众，一种精神的本质！”批判者将“初次认识”群众并感到：群众与人处在矛盾之中。他将指出：群众是非人的；他也将与以前的证明同样成功地证明：神的东西、民族的东西或教会的东西和国家的东西均是非人的东西。

群众是被这样定义的：“意义最重大的革命产物，作为失望的一群，他们对政治启蒙以至整个十八世纪的启蒙运动的幻想将变为无边无际的恼怒”。革命通过它的结果使一部分人满意而使另一部分人不满意。满意的部分是市民阶级（资产阶级、市侩等等），不满意的部分是群众。批判者不就像如此安排的那样自己就属于“群众”？

然而不满者尚处在极大的朦胧状态之中，他们的不满只在“无边无际的恼怒”中表现出来。而同样不满的批判者却欲成为如此恼怒的领导者：他只不过想使那一“精神本质”——群众从他们的恼怒中摆脱出来，这就是说“提高”恼怒者，就是说使他们对有待于克服的革命后果有正确态度，他能够成为群众的首脑，他们坚定的代言人。为此他也欲图“消除把他与群众分开的鸿沟”。批判者与那些“意欲提高低层民众者”之所以有区别，在于批判者不仅提高他们，也欲图把自己从“恼怒”中解脱出来。

然而如若批判者把群众看作是“理论的天然的反对者”并预

见到"理论越是发展,理论就愈益将群众造成一个紧密的集团",他的意识也无论如何欺骗不了他自己。这是因为,批判者用他的前提——人,既不能使群众启蒙也不能使其满足。如果对于市民阶级来说,群众只是"下层民众",在政治上是没有意义的一帮;那么对于"人"他们就更其是光秃秃的"一帮",在人的方面是没有意义的,甚至是非人的一帮或者是一堆非人。

批判者消除了一切人的东西;而且从人的东西是真的东西这一前提出发,与自己对着干,即他到处与找到的一切人的东西斗争。他充其量不过是证明了人的东西只在他的头脑中,而非人的东西则到处可以找到。非人的东西是现实的东西、到处存在的东西,而批判者通过不存在人的东西这一证明只是清楚地道出了同义反复的判断:只存在着非人的东西。

当非人的东西决意背离自己,那么它如何又与引起不安的批判者相背离并让自己不为批判者的抗议所触动而存在下去呢?可能会对他说:"你称我为非人的东西,对于你来说,我之所以确实如此,恰恰是因为你使我与人的东西背道而驰;而只有我被禁锢于这一对立面上的时候,我才能自己蔑视自己,因为我在我之外寻找我的'更善的自我';我是非人的东西,因为我梦想着'人的东西';我与虔诚者相仿,他们渴求他们'真正的自我'然而却总是保留为'可怜的罪人';我只是与一个第三者相比较的情况下才想到自己;总而言之,我是不够的,不是唯一的。然而现在我要停止把自己当作非人的东西出现;停止以人为尺度衡量自己或让第三者来如此衡量;停止承认超越于我之上的东西诸如神、人道主义的批判者!我只不过曾经是非人的东西,现在已不再是它了,而是唯一的东西，是的，是你所害怕的利己主义的东西，然而并非是用人的东西、人道的东西或非利己的东西来加以衡量的利己主义的东西，而是作为唯一东西的利己主义的东西。”

我们还注意到同一期上的另一句话：“批判绝不提出独断论并不欲认识事物之外的什么东西。”[①]

批判者害怕自己成为“独断的”或害怕提出独断论。当然，这样他就成为批判者的对立面、成为独断论者，如同他作为批判者是善那样，他将变为恶；或者从一个非利己主义者变成一个利己主义者等等。“绝不要独断论！”这就是他的独断论。因为批判者与独断论者有着同一基础、思想的基础。同后者那样他总是从一种思想出发。然而他的不同之处在于：他在思维过程中保持着原则思想，即不让它变得僵硬。他只是用思维过程反对思维信仰，用思维中的进步反对思维中的静止状态。在批判面前，没有什么思想是安全的，因为批判是思维或思维精神本身。

因此我重复说道：宗教世界——而这恰恰是思想世界——在批判中达到了它的终结，在这中间思维已经执掌每一思想，在这之中谁都不允许“利己主义地”确立自己。如果哪怕只有一种思想摆脱思维过程，那么“批判的纯洁性”、思维的纯洁性又保持在哪里呢？这表明：批判者在这里、那里甚至已经轻微地嘲笑人、人类和人的思想，因为他预感到一种思想在这里已与独断的固定相接近。然而批判者在找到一种把这前一思想在其中消融的“更高”的思想之前，他是消灭不了这一思想的；因为他同样只在思想中运

① 埃德加尔·鲍威尔（匿名）：1842年，载《文学总汇报》第8期，第8页。

动。这一更高思想能够作为思维运动或思维过程的思想本身,即作为思维或批判的思想。

思想自由由此在实际上完成了,精神自由欢呼它的胜利:因为各别的"利己主义"思想丧失了它的独断论的横暴行动。剩下的只是自由思想或批判的独断。

批判有权利也就是说有权力反对属于思想世界的一切:它保持为胜利者。批判,而且仅仅是批判"居于时代的顶峰"。从思想的立场出发,不存在欲图超越于批判之上的权力,有意思的倒是看看这一巨龙如何轻易地和像玩似地吞噬一切其他思想的蛆虫。无疑每一蛆虫在扭动,龙却在每一"盘旋"中将其压碎。

我并非是批判的反对者,就是说我并非是个独断论者。我并没有感到批判者用以撕碎独断论者的牙齿咬到了我。假若我是一个"独断论者",那么我就首先提出一个独断,即一个思想、一个观念、一个原则,并作为一个"体系论者"通过我将其拼凑成一个体系,即用一个思想筑起大厦来结束这种连篇的废话。反过来,如若我是一个批判者,即独断论者的一个对手,那么我就进行自由思想反对奴役思想的斗争、保卫思维反对所思维的东西。我却既不是一个思想的斗士,也不是一个思维的斗士;因为从我出发的这个"我"既不是一种思想,也不是由思维所构成。在我那里,在无以名之者那里,思想的王国、思维的王国、精神的王国一概崩溃了。

批判是中迷者反对中迷、反对一切中迷的斗争,是建立在认为到处存在着中迷的这样一种意识之上的斗争,或如批判者所称的那样到处存在着宗教和神学的关系。他知道人们不仅对于神,而且对于其他观念,如权利、国家、法等等均采取宗教的或信仰的态度，就是说他到处看出了中迷。如果说他欲图通过思维消融思想，我却说，只有无思想性真正能拯救我于思想之前。并非是思维，而是我的无思想性或我、不可思维者、不可理解者把我从中迷之中解救出来。

一念之冲动，使我效劳于最操心的思维，肢体的一次伸展摆脱了思想的痛苦，一次跳跃从胸中抛去了宗教世界的梦魔，一场欢呼喧闹解脱了往年的重负。然而无思想欢呼的非凡意义在思维和信仰的长夜中却尚未被认识。

通过一次决裂就欲图解决最困难的问题和完成最广泛的任务，"这是多么拙劣与轻率啊！"

然而如果你不给你自己提出任务，你会有这些任务吗？只要你提出任务，你就不会放弃它，而我也不反对：你思维着并在思维中创造千万种思想。但是提出任务的你就不能再度推翻这些任务吗？你必定要束缚于这些任务？它就一定要变为绝对任务吗？

只要举出一件事就够了：政府由于用暴力来对付思想，用书报检查的警察暴力来对付出版物并将文字斗争搞成人身斗争，而遭到蔑视。就仿佛事情仅仅涉及思想，就仿佛对于思想务须大公无私、自我否定和自我牺牲的举措似的！试问，那些思想不就是攻击了统治者自身并如此促进了利己主义吗？思想家不是向被攻击者提出了这样的宗教的要求：要尊重思想和观念的力量吗？他们本该心甘情愿地和恭顺地服从，因为思想和神的权力、密涅瓦[①]站在他们的敌人一边进行着斗争。这必定是一种中迷的行动、一种宗

① 密涅瓦：罗马神话中的智慧女神。——译者

教的牺牲。当然,统治者自身也处在宗教的束缚之中并遵循一种观念或一种信仰的领导权力;然而他们同时是自己不承认的利己主义者,而且恰恰是在反对这个敌人的过程中突然暴发了抑制着的利己主义:他们是在他们信仰之中的中迷者同时又是敌人信仰的非中迷者,即他们是反对此种利己主义者的。人们如若指责他们,那么就只能从相反方面进行指责说,他们中迷于他们的观念。

不应用利己主义的暴力、警察暴力之类来对付思想。思想的信仰者是相信这一套的。然而思维和它的思想对于我来说并非是神圣的,对于它们我也自卫到底,这可能是一种非理性的防御;如若我对理性是负有义务的,那么我就要如同阿伯拉罕那样为理性牺牲最可爱的东西!

与信仰的王国相仿佛的思想的王国是天国,在那里凡运用无思想的暴力者当然均是不正当的,这正如同每一位在爱的王国中无爱地行事是不正当的那样;或者说,尽管他是一个基督教徒因而是在爱的王国中生活,然而却是非基督教徒般地行事:他认为他在所属的这些王国中,却同时要摆脱它们的法律,在那里,他就是一个"罪人"或利己主义者。然而只有在他变成反对这些王国的罪犯之时,他方能摆脱它们的统治。

因此这里的结果不外是:当思想家的斗争是针对政府而且不超出反对政府的思想时(政府保持沉默并知道在字面上提不出什么重大异议),就是正当的、有效的;反之,当斗争仅仅作为思想,只知反对个人权力时就是不正当的、无效的(利己主义的权力堵住了思想家的嘴)。理论斗争不能以胜利告终,而思想的神圣权力败给了利己主义的力量。只有利己主义的斗争、双方均是利己主义者的斗争解决了一切事情。

这种利己主义者之间的斗争把思维自身变成了利己主义爱好的事、唯一者的事，同时又把思维变成单单的消遣或爱好并剥夺了它的“具有最后决定权”这样的作用；这种对思想的贬低和非神圣化；这种对无思想的自我和充满思想的自我的相提并论；这一笨拙的、然而是真正的“平等”不能产生出批判，因为批判自身只是思想的僧侣，而超出思想的范围看到的就只是罪恶的洪水。

譬如批判就曾声称过，自由的批判可以战胜国家；然而同时批判为了护卫自己却反对国家政府对它作出它是“任性与放肆”的这样的指责；故而批判是认为“任性与放肆”不能获胜，只有它方能得胜。然而情况恰恰相反：只有放肆的任性方能战胜国家。

为了在这里使论述告一段落，要说明的是：批判者在他的新的转折中自己本身却反倒没有变化过来，而只是“订正了谬误”，“弄清了一个专题”，当他说起“批判自己进行批判”，那么要说的就太多了；批判或者毋宁说他只是批判批判的谬误和批判澄清它的“前后矛盾”。如若他想批判批判，那么他就必须留神：在批判的前提上有些什么内容。

从我这方面而言，我是从这样一个前提出发的：他把我作为前提；然而我的前提并不像“努力于他的完成的人”那样致力于自己的完成，而是为我服务：享用它和消受它。我恰恰只消耗我的前提，我仅仅存在于：我享用它。然而这样一来，那个前提恰恰就不是什么前提；因为这样我就是唯一者，这样我就根本不知何谓提出前提和作为前提的我（一个“不完全”和“完全的”自我或人）的二元性，而是只知我享用我自己，只意味着我存在。我并不以我为前提,因为我每一时刻均在首先确立和创造自己,而只是由于我并非是被作为前提而被确立,而且只是我在确立我自己的那一刻被确立,我才存在着,这就是说我集创作者和被造者于一身。

如果说现有的诸前提在一个完全的分解过程中消失;那么它们就不能被消溶为一个更高的前提,这就是说不能消融为一种思想或思维自身、批判。而这后一消融对我是有好处的,不然它就要属于拥有无数消融的一个系列,它们将在有利于第三者,如恰好是有利于人、神、国家、纯粹道德等等的情况下,把古老的真理说成是非真理,并将取消长期培育的前提。

第二部分

我

在近代的入口处站着“神人”。在它的出口处唯有神人中的神才会消逝吗？一旦神人之中的神死去，神人也真正会死掉吗？当人们将启蒙的著作、神的克服在我们的时日导向胜利的终结之时，他们没有想到这些问题并认为这些问题已经解决；他们没有注意到：人杀死了神，为的是成为“高高在上的唯一的神”。在我们之外的彼岸世界，当然已廓清，启蒙主义者的创举已经完成；只不过在我们之中的彼岸世界变成了一个新的天国并召唤我们成为旋转乾坤者：神必须让出位置，当然并非是为我们，而是为人。你们如何能够相信：神人之中的、神之外的人死亡以前，神人已经死去？

第一章　独自性

“精神渴望自由吗?”——啊,不单是我的精神,我的肉体也无时无刻不渴望着它!如果我的鼻子在香味洋溢的宫廷厨房前告诉我的嘴巴,那里面正在烹调十分可口的菜肴,那么嘴巴在碰到它的干面包时就会感到一种可怕的渴望;如果我的眼睛向胼胝的后背谈起柔软的绒毛,与压得挺硬的稻草比起来在这上面可以惬意地躺下,那么,一种狂怒就勃然而生,如果——我们再也不甘愿受苦了——而你就称这些为一种对自由的渴望?你想摆脱什么而变为自由呢?要摆脱你的军用面包和你的稻草铺位吗?把这一切都抛掉好啦!然而,这样看来对你并没有什么用处。你所想要拥有的自由是享受佳肴盛馔和松软卧榻,人们会给予你这种“自由”,他们能允诺你吗?对此你并不寄希望于他们对人的爱,因为你知道,他们之所思犹如你一样:每个人对他来说总是自己最亲近者!那么,你如何使自己能享受那些菜肴和床铺?你除了使它们成为你的所有物,岂有他哉!

如果你对此经过相当考虑的话,你就对这一能拥有这些美好事物的自由无所欲求,因为即使有了此种自由,你还并没有掌握这些美好事物;你想的就是真正拥有它们,想把它们称之为**你的**并作为**你的财产**而占有。如果自由不能带来什么东西,那么这种自由对你又有何用？况且你若摆脱一切而自由，那么你就是什么都不拥有；因为自由是毫无内容的。谁不知道利用自由，那么对他来说，自由，这一无用的允诺就是毫无价值的；至于我如何来利用自由，这就取决于我的独自性。

我对自由毋须提出什么异议，然而我希望你高于自由；你不仅要**摆脱**你所不欲的东西，你也要**拥有**你所意欲的东西，你不仅要是个“自由者”，你也应是个“所有者”。

从什么之中摆脱出来而自由？噢，有什么是不能摆脱的！农奴制、至上权、贵族和王侯等等的桎梏；欲望与情欲的统治；是的，甚至是我的意志、自己意志的统治：最充分的自我否定就是自由，就是从自我规定中、从自我中摆脱出来的自由。而不惜任何代价地把对自由的热望当作是对某种绝对东西的热望，这就使我们失去了独自性：它造成自我否定。然而我愈是自由，更多的强制就愈益在我眼前堆积起来，我就愈益感到我的无力。任何拘束文明人的那些限制，不自由的野人的儿子是感觉不到的：他以为自己比前者还自由。我在多大程度上为自己争取自由，我也在多大程度上为自己制造新的限制和任务；假如我发明了铁路，那么我就会再度感到自己是软弱无力的，因为我还不能像鸟一样在空中飞翔；再如假定我解决了一个使我精神不安的疑惑问题，那么无数其他问题就接踵而来，这些问题之谜阻碍了我的前进，使我的自由目光暗淡，使我痛苦地感到我的自由的局限。“你们既从罪里得了**自由**，就做了正义的**奴仆**。”[1]共和主义者在他们广阔的自由之中，不就

① 《罗马书》，第6章，第18节。

变成法律的奴隶吗？真正的基督教徒的心是怎样在任何时间渴望着“变得自由”，他们是怎样渴求看到自己解脱“这一地球生活的纽带”；他们注视着自由之国（“但那在上的耶路撒冷是自由的，他是我们的母亲。”《加拉太书》第4章第26节）。

自由于某物只意味着：是不受约束或是超脱的。“他自由于头痛”同时亦即：他摆脱了头痛。“他自由于这一偏见”同时亦即：他从未囿于这一偏见或者说已摆脱了它。在“摆脱”之中我们完成了由基督教所祈求的自由，诸如脱离罪孽、脱离神、脱离道德等等。

自由是基督教的教义。“你们，亲爱的兄弟们是自由的。”① “你们既然要按使人自由的律法受审判，就该照这个律法说话行事。”②

因为自由自身表现基督教的理想，我们就一定要将其废弃吗？不，没有什么应当失去，自由也不应失去；然而它应成为我们自己的东西，而它在自由的形式中是做不到此点的。

在自由与独自性这两者之间存在着怎样一种差别啊！人们能**摆脱**许多东西，然而却摆脱不了一切；人们能自由于许多东西，却不能自由于一切。尽管在奴隶制状况下人们就内心而言可以是自由的，尽管又只是自由于许多东西而不是自由于一切；然而作为奴隶，他们并不会有摆脱主人的鞭子、专横脾气等的**自由**。“自由只存在于梦幻的王国”！相反，独自性就是我的全部本质和存在，就是我自己。我自由于我所**摆脱的**东西，我是在我的**权力**之中拥有

① 《彼得前书》，第2章，第16节。〔？〕

② 《雅各书》，第2章，第12节。

的或掌握的东西的所有者。在任何时间和任何情况下，如果我懂得要拥有自己并不把自己抛给他人的话，我就是我自己。我不能真正地欲图自由，因为我不能做到创造它：我只能想望它、追求它，因为它始终是一种理想，一种幽灵。现实的镣铐每时每刻在我的肉体上留下最明显的伤痕。然而我还是我自己。虽然作为奴隶我被迫服从主人，然而我所想的只是我自己和我的利益。尽管他仍然鞭笞我：我并未由此而自由；然而我这样容忍只是为了我的利益，这不外乎是为了用容忍的外表来欺骗他，使其安心或为了不致由于抗命而招致对我的恼怒。因为我在我的眼中保持着我和我的利益，故而一旦有好机会我随即就会去消灭奴隶占有者。如果这样我就摆脱了他和他的鞭子而自由，那么这只是我以往的利己主义的结果。在这里也许有人会说：我即使在身为奴隶的状况下也是"自由的"，也就是说"本来"或"在内心上"是自由的。然而仅仅"本来"的自由并非是"真正的自由"，而"在内心上"并不等于"外部的"。相反，我整个地无论是内心或外部均是自己的，我自己的。在残酷的主子的统治下，我的肉体并未摆脱拷打、折磨和鞭笞而"自由"。然而我的骨头在酷刑下呻吟，我的筋肉在抽打下战栗，我呻吟，因为我的肉体呻吟。我叹息与颤抖证明我仍在我这里，我仍是我自己。我的腿并未摆脱主人的棍棒而"自由"，然而这是我的腿并且是不可予夺的。他打折我的腿并要看看，它还是我的腿不！他在手中拿着的只是我的腿的残骸，它极少与我的腿相仿，就好像一只死狗与狗那样：一只狗有跳动的心脏，一只所谓死狗则没有，故而就不再是一只狗。

如果人们认为一个奴隶在内心上倒是自由的，那么人们在实际上只是说了最无可争辩和最平凡的事。因为谁会声称，某个人是没有一切自由的呢？如果我是个看颜色行事的仆人，那么我就会因此摆脱不了无数事物诸如摆脱对宙斯的信仰、摆脱对荣誉的欲望等等而自由吗？一个被鞭笞的奴隶为什么也就不能哪怕在内心上摆脱非基督教的心情、摆脱敌对的憎恨而自由呢？在这之后他正好拥有"基督教的自由"，并摆脱了非基督教的东西；然而这样他就是绝对自由、摆脱一切如摆脱基督教的妄想、摆脱肉体的痛苦等等而自由了吗？

在此看来，这个一切所表明的与其说是对事物倒不如说是对名称。然而名称不是无所谓的吗？一个词、一个暗号不是鼓舞着或打扰着人们吗？然而在自由与独自性之间除了单单字面上的差别外，还存在着一种更深的鸿沟。

全世界均要求自由，一切人均渴望他们的自由王国的降临。噢，令人神往的有关繁荣的"自由王国"、关于自由人类的美妙的梦！谁没有梦到它呢？因而人就该变成是自由的，完全自由，摆脱一切强制的自由！摆脱一切强制，真正是摆脱一切吗？他们就不再施强制于自身吗？"噢对了，这不是，根本不是强制！"对了，他们应该摆脱宗教信仰、摆脱道德的严格义务、摆脱法律的不容情、摆脱"可怕的误解！"而自由。那么，他们到底应摆脱什么而自由，不应摆脱什么呢？

可爱的梦境已经消失，人们醒来擦擦半开的睡眼并凝视着平庸的提问者。"人应当摆脱什么而自由？"——"摆脱盲目的信仰，"一个呼喊道。另一个则嚷道："什么？一切信仰均是盲目的信仰；他们必须摆脱一切信仰而自由。""不，不，为了神的缘故，别抛弃你们的一切信仰，否则的话血腥的权力就要闯入。”第一个又叫道。第三个开腔道：“我们需要有一个共和国并摆脱一切发号施令的主子。”第四个说道：“这是无济于事的。这样做之后，我们无非得到一个新主子，一个‘进行统治的多数’，倒不如让我们自己把自己从可怕的不平等中解放出来。噢，不祥的平等，我又再次听到你那暴徒般的吼叫！我刚才还如此美妙地梦到一个自由的天堂，而现今多么大胆，放肆提高你们的狂叫！”第一个如此叫苦并站起来要拔剑对待“无节制的自由”。不久我们听到的无非是意见不一致梦幻自由者的击剑声。

对自由的热望在任何时代均归结为要求某种特定的自由：如信仰自由，即信教的人欲图自由和独立；摆脱什么？是信仰吗？否！而是摆脱宗教裁判所的法官。现在“政治或市民的”自由亦复如是。市民欲图自由，并不是摆脱市民等级，而是摆脱官僚统治、贵族的专横等等。梅特涅侯爵就曾说过，他“找到了一条道路，它对将来任何时代都适合于通往真正自由的路径”。普罗旺斯伯爵恰好在这个“自由王国”创建在望的时刻离开法国，而且说道：“我不能忍受对我的监禁，我只有一种激情：对自由的热望，我只想着自由。”

对某种特定的自由的热望总包含有对新的统治的向往，如革命尽管能够“给予它的捍卫者以崇高的感情：他们为自由而奋斗”，然而在实际上却只因为人们的目的在于某种特定的自由，因而是寻求一种新的统治，“法律的统治”。

自由为你们全体所欲图，你们欲图自由。你们为什么还要争多论少呢？自由只能是完全的自由；一小块自由并非是自由。你们怀疑能够赢得完全自由、摆脱一切事物的自由，是的，你们不是把对它的希望也看作是疯狂吗？好吧，那就放弃对这幻影的追逐吧，与其把你们的努力用于达不到的事物上，倒不如用于那些比较好一点的事物上。

“然而没有比自由更美好的事物！”

如果你们有了自由，即完全的自由——因为我在此根本不想谈你们的零碎的自由片段——那么，你们就拥有了什么呢？这样你们就摆脱了一切使你们烦恼的事物，摆脱了一切，而在你们的生活中，从未使你们烦恼和感到不舒服的事物恐怕是没有的。你们又为了谁的缘故欲图摆脱它们呢？当然是为了你们的缘故，情况所以如此是因为这一切是在你们的路上的绊脚石！如果有什么东西并不使你们不舒服，而是恰好相反完全相投，如你们的情人虽则温柔然而却有着无可违抗的命令的眼光，那么你们就不想摆脱这种眼光而自由。为什么不呢？又是为了你们的缘故！就是说你们把你们自己作为超越一切的标准和法官，你们很乐意放走自由，假如非自由，“甜蜜的爱情的劳役”使你们舒适的话；而假如自由开始使你们更其舒适的话，你们就相应重新捡起自由，前提是，这里关键不在于：你们不害怕由于其他的（如宗教的）理由而这样废除联邦。

为什么你们没有鼓起勇气，使你们真正完全与整个地成为中心和主要事物呢？为什么攫取自由——你们的梦幻？你们是你们的梦吗？你们不是首先向你们的梦、你们的概念、你们的思想讯问吗？因为这一切均是“空洞的理论”。讯问你们自己和向你们讯问——这是实际的，而你们本来想要“实际的”。但是这，一个人却在那里注意倾听，他的神（当然他在神这一名称下所想象到的即是他的神）对此将说些什么；而第二个人则倾听，他的道德感情、他的良心、他的义务感对此有什么规定；而第三个人则计算，人们对此将想些什么，而当每一位都如此讯问了他的神（人们是一个同样地道的，甚至与彼岸的和想象的神相比更为坚实的神：民众的声音、神的声音），而后他就顺应他主子的意志并根本不再听他自己喜欢说什么和决定什么。

为此你们与其求助你们的神或偶像倒不如求助你们自己。将隐藏在你们之中的一切公之于众、大白于天下，公开显示他们自己。

如同一个人只任己之所为，毫不顾及其他一样，基督教徒想象中的神就是这样。“他随其所愿”而行动。但蠢笨的人，尽管完全能照样做，却代之以“唯神之愿”而行动。如果人们说，即使是神也按照永恒的法则行事，那么这也适用于我，这对我来说也是不足为怪的，在我的整个天性之中，就是说，我有我的法则。

然而人们之所以需要使你们只注意你们自己，仅仅是为了使你们立即处于绝望之中。“我是什么？”你们中的每一个人均要如此问自己。一个深渊，一个没有规则、没有法则的冲动、欲求、愿望、情欲的深渊，没有光明和北极星的一片混沌状态！如果我毫不顾及神的命令或为道德所规定的义务，毫不顾及理性，在历史的过程中经历了痛苦的经验之后，将最善和最合理的东西成为法则而发出的声音，我该如何仅仅讯问自己，得到一个正确的答案呢？我的情欲恰恰是劝告我做最无意义的事。这样每一个人都将自己视为魔鬼；因为只要他对宗教等等是毫不顾及的，他就会把自己只看成是一只野兽。这样他就会感到轻松:只遵循它的冲动(亦即它的劝告)的野兽并不劝告、鼓动自己做最无意义的事,而是迈出了很正确的步子。仅仅宗教思维方式的习惯就如此恶劣地束缚我们的精神,使我们在赤裸状态和自然状态中的我们面前发生惶恐,如此地贬低我们,以至于我们把自己看成是犯有原罪的,是天生的恶魔。当然你们立即会想到:你们的天职要求做"善事"、道德的事、正义的事。当你们问自己该做什么时,指出善、正义、真理等等道路的正确的声音,怎么可能出于你们呢?神和魔王又如何表示意旨呢?

当某人答复你们道:说人们应听从神、良心、义务、法律之类全是胡言乱语,人们用这些把你们的头脑和心脏塞得满满的并使你们发疯,你们作什么感想呢?而当他讯问你们,你们从哪里确切地知道,自然的声音是诱惑者呢?当他甚至要求你们,将事情颠倒过来,把神与良心的声音完全看作是魔鬼的行为,你们又当如何考虑呢?确实存在着这样无可救药的人;你们又如何对付他们呢?你们不能援引你们的教士、双亲和善人为证,因为他们同样被那些人说成是你们的诱惑者,说成是真正的诱惑青年者和败坏青年者,他们起劲地播种自我轻视和尊崇神的杂草,他们淤塞青年的心窍、愚化青年的头脑。

那些人还进一步问道:为了谁的缘故你们记挂着神的和其他的戒律?你们总不会认为这一切仅仅是由于对神的亲密使然吧?不,你们一再这样做是为了你们的缘故。这就是说纵使在这里你们也是主要事物,而且每个人必定对自己说:对我来说,我是一切,而我所做的一切均是为我自己。你们总还会明白:神、戒律之类只会损伤你们，它们侵害、败坏你们：毫无疑义，你们会从你们处抛弃它们；这正如基督教徒曾经诅咒阿波罗、密涅瓦和异教徒的道德那样。他们无疑会在此代之以基督，而后是玛利亚以及一种基督教的道德；然而他们所做的一切也是为了他们的灵魂的超度，亦即由于利己主义或独自性。

而这种利己主义、这个独自性的作用在于：通过它使他们摆脱老的诸神世界而自由。独自性创造出一种新的自由；因为独自性是一切的创造者，这犹如早就把永恒是独创性的天才（某种特定的独自性）看作是新世界历史生产的创造者那样。

一旦随着你们的努力，“自由”通行有效，那么自由的要求就枯竭了。然而谁应当成为自由？你，我，我们。从什么之中自由？摆脱非你、非我、非我们的一切。我即是核，它应从一切包裹中解脱出来，从一切束缚着的外壳中解放而自由。如果我从非我的一切之中摆脱出来，还留下什么呢？只有我，仅仅是我。然而自由不能向这个我自身提供什么。在我自由之后，还会发生什么情况呢？自由对此保持沉默，这正如我们的政府在刑期满后仅仅将囚犯释放，弃之不顾那样。

如果说是出于对我的爱而追求自由，那为什么就不选择我自身作为开始、中间与终结？我没有比自由更高的价值吗？不是我使自己自由、我不是第一个吗？即使没有自由、即使被加上千万个镣铐，我仍存在着，我不像自由那样只存在于将来和希望之中；即便我作为奴隶中的最卑劣者也存在于现世。

你们考虑一下并作出决定，你们是否愿意在你们的旗帜上放上“自由”的梦幻或“利己主义”、“独自性”的决心。“自由”唤醒了你们对并非是你们的一切的愤怒;“利己主义”唤起你们对自己的喜悦,唤起你们的自我享受;“自由”是而且保持为一种渴望,一种浪漫主义的悲叹之声,一种对彼岸和将来的基督教的希望;“独自性”是一种现实,这种现实因自身的原因就能消灭封锁你们自己道路的一切不自由。你们不欲与并不打扰你们的那些东西相脱离,而如若它开始打扰你们,那么你们就知道:“你们务须更多地听从自己要甚于人!”

自由只是教导:摆脱你们自己,你们要抛却一切困扰,它并不教导你们,你们自身是谁。挣脱出来,挣脱出来!自由的口号如此鸣响着,而你们,热切地响应它的呼唤,你们甚至要脱却自身“否定你们自己”。而独自性却召唤你们回到你们自己来,它说道:“返回到你自身来吧!”在自由的保护之下,你们摆脱了许多东西,而新的东西又再度困逼着你们:“你们摆脱了恶魔,而恶事则仍留了下来。”作为具有独自性的人你们真正摆脱了一切,依附于你们的,则是你们所接受的东西,这是你们的选择与你们的喜好。具有独自性的人是天生的自由人,向来如此的自由人;与此相反,自由人则仅仅是自由病患者、梦幻者和狂热者。

前者本来就是自由的,因为他除了承认自己外别无他物,他毋须解放他自己,因为他向来就是抛却除自己之外的一切,因为他估价、评价任何东西都不会大于、高于其自身,简言之,因为他从自身出发并“返回自身”。他早在拘泥于天真的尊敬之中的时候就已着手将自己从这一束缚中“解放出来”。独自性在小利己主义者中施展本领并为他们搞到渴望的自由。

数千年的文明使你们对于你们是什么这一点模糊起来,使你们相信：你们并非是利己主义者，命中注定是理想主义者（“善人”）。摆脱这一切吧！你们不要寻求恰恰在“自我否定”中使你们失去你们自己的自由；而是要寻求你们自身，你们要成为利己主义者，你们中的每一个人要成为全能的自我。或说得更明白些：你们只需重新认识你们自己，只需认识你们真正是什么；你们还应摒弃你们的虚伪的努力、摒弃你们要成为不同于你们的什么愚蠢的尝试。我将那些事称之为伪善的，因为你们所有人在这数千年中均保持为利己主义者，然而是沉睡的、进行自我欺骗的、疯狂的利己主义者，折磨你们自己者。没有一种宗教能够缺少允诺和“许愿”，不管它将其推至彼岸世界也罢、此岸世界也罢（“长寿”之类）；因为人是要索取报酬的，他不会徒劳地去干什么。然而那种“为善而行善的”就没有期待着有所报酬？这就仿佛在由此所提供的满足之中就不包含报酬似的。故而宗教也建立在我们的利己主义基础之上；这就是说，宗教利用利己主义。考虑到我们的欲望，宗教为了一种欲望而窒息许多其他的欲望。当我不是满足我自己，而是满足我的欲望中的一种，譬如说渴望幸福的时候，受骗的利己主义的现象就表现出这一点。宗教所允诺给我的是“至善”；为了赢得这一切，我不再注意我的任何其他欲望并不再满足它们。——一切我们的所作所为是未予承认的、秘密的、掩盖的和隐瞒的利己主义。但因为你们不愿向自己承认的，并向自己隐蔽的利己主义亦即不是公开的、大肆宣扬的，就是不自觉的利己主义，因而它并非是利己主义，而是奴隶状态、效劳、自我否认。你们既是利己主义者又不是利己主义者，因为你们否认利己主义。你们在哪里给“利己主义”招来厌恶与鄙视，你们就在那里最显得是利己主义者。

我保证我对世界的自由达到这样的程度：无论是通过怎样的力量，通过劝说、请求、至上命令的力量，甚至是通过虚伪和欺骗，我使世界成为我自己之所有，也就是说为自己“赢得和取得”它。因为我为此所使用的手段是取决于我是什么而定。如果我是弱的，那么我就有弱的手段，如上所述，它对于世界的相当一部分来说是足够好的。当然，欺骗、虚伪、谎言说的要比它实际上更坏。谁没有欺骗过警察与法律呢？谁不在碰到法警时，在他面前立即装出一副规矩的忠诚面孔，以便掩盖所犯的不法行为呢？谁不如此做，就是让强力施之于己身：他是出自良心的弱者。我知道我的自由因为我的意志不能贯彻于其他事物（不管其他事物是如同石头那样的一种无意志的东西或是如政府、个人等等那样的有意志者）而受到损害。如若我在其他事物面前放弃我自己，即屈从、顺从、屈服了，（由于忠诚和降服而使然）那么我就否定了我的独自性。我之所以放弃我迄今的方法，是因为这种方法达不到目的，就是从走不通的路上拦了回来，是由于一个其他事物的缘故，我之所以束手就缚，也是由于一个其他事物。我围着挡在我路上的一块岩石打转，一直到我有了足够的炸药来炸开它；我围着一国人民的法律打转，一直到我聚集到推翻它的力量。因为我不能抓住月亮，故而它对于我来说就是“神圣的”，是一个阿斯塔尔塔[①]？只要我能抓住你，我就会真正抓住你；只要我能找到一种往上走通往你那里的手段，你吓唬不了我！你不可理解者，在我获得理解的力量，

① 阿斯塔尔塔：腓尼基神话中的农神与爱神。——译者

称你为我的所有之前，对于我来说这段时间内你保持为不可理解的。对于你，我并不放弃我自己，而是静候我的时机。尽管现在我奈何不了你，然而我却如此这般地琢磨着你！

强有力的人从来都是如此做的。假若"顺从者"将一种未予征服的权力提高并尊崇为他们的主人，假若他们要求一切人都崇拜；那么此后就会产生一个这样的自然的儿子，他不愿意顺从并将被崇拜的权力从它的不可企及的奥林匹斯山逐出去。他喝令转动的太阳"停住"，并令地球转动，而顺从者必须容忍这种情况。他用斧子砍神圣的橡树，"顺从者"则惊异没有天火来吃掉他。他把教皇从彼得的椅子上推下来，"顺从者"却不知如何来加以阻止。他破坏神的恩惠——家庭，而"顺从者"呻吟着，最后则是毫无成果地沉默。

只有在我的自由即是我的权力的情况下，我的自由方会变得完全。由于这种权力我就不再仅仅是一个自由者，而变成了一个所有者。为什么人民的自由是一个"空洞的词"？因为人民没有权力！我用活生生的我的一口呵气就能将人民吹翻，这也许是一个尼禄、一个中国皇帝的呵气或是一个穷作家的呵气。为什么德……的[①]国会议员要徒劳地渴求自由，并为此而受大臣们的教训呢？因为他们不是"强者"！权力是一种美好的事物，而且对许多事情有用；因为"有了一把权力要比一口袋权利还更顶事"。你们渴望自由吗？你们傻瓜！你们抓到了权力，自由就随之而来。你们看，谁有权力，他就"站在法律之上"。这一展望配你们的胃

① 指德意志，作了缩略是由于书报检查之故。——译者

口吗,你们“守法的”人们?但是你们是毫不知味的!

要求“自由”的呼声在周围高喊着。然而人们是否感觉到:一种赠送的或特许的自由意味着什么?一切自由的本质是自我解放,亦即我通过我的独自性为我创造多少,我就能有多少自由,然而人们没有认清自由这个词所蕴藏的全部丰富的内容。没有人削减绵羊的言论自由,这对于绵羊又有什么用处?它们仍是咩咩地叫。如若允许一个内向的伊斯兰教徒、犹太人或基督教徒讲他爱讲的话,那么他就只会说出些浅见的东西。反之,某些人之所以剥夺你们的言论和听的自由,那是因为他们很正确地懂得他们当前的利益:你们或许想说和听些什么,而这是要使“某些人”丧失他们的信誉的。

尽管如此,如若他们却仍然给予你们自由,那么他们是要无赖,他们给的比他们所拥有的还多。他们这样所给予你们的并非是他们自己的东西而是偷来的东西,给予你们的是你们自己的自由,是你们应该自己拿到的自由,而他们将它给予你们,只是为了使你们自己不去拿它,并直接要对小偷与诈骗者负起责任。他们狡黠地知道得很清楚:给予的(特许的)自由并非是自由,因为只有自取的自由,即利己主义者的自由方张着满帆航行。只要有暴风或风平浪静时,赠与的自由就会马上收起风帆:它必须永远只经受得住轻微的风吹。

这里存在着自我解放和释放(开释、释放)之间的差别。谁今日处于反对派的地位,他就渴望和呼唤“释放”。君侯们应当宣布他们的臣民“业已成年”,即应解放他们!然而只要你们的举止像成年人,那么你们就是成年了而毋须此种成年宣告;如若你们的举止并非如此，那么你们就不配当成年人，即使是通过成年宣告也是枉然。成年的希腊人赶走了他们的暴君，而成年的儿子用自己的行动来不依附于他的父亲。假若希腊人坐待他们的暴君们恩准他们的成年：那么他们就长久地等待吧。一个明智的父亲把不想成人的儿子赶出家庭而自己单独操持家务，这样对待纨袴子弟是有道理的。

被给予自由者，恰恰不过是一个予以开释者、被释放者，一只还拖着半截链条的狗。他这个在自由装束之下的非自由者，就像一匹披着狮子皮的驴子。被解放的犹太人就其自身而言毫无改善，而只是作为犹太人他们的境遇得到放松了，放松其境遇者尽管要高于教会的基督教徒，因为后者要这样做是不会没有矛盾的。然而不管是被解放的犹太人还是未被解放的，犹太人总归是犹太人。非自我解放者恰好是一个被解放者。新教国家当然能够给天主教徒自由（解放），因为他们不能自己使自己自由，他们依然是天主教徒。

上面已经谈到了自私与无私。自由的朋友激愤地反对自私，因为他们在他们宗教性的为自由努力之中并不能使自己摆脱高尚的"自我否定"。自由主义者对利己主义感到很恼火，因为利己主义者从不是为事业而事业，而是为了自己方才为事业而奋斗：事业必须为他服务。利己主义就在于：不认为事业有其固有的或"绝对的"价值，而是在我之中寻找事业的价值。常常听说，司空见惯的为谋生而求学就是利己主义行为中的最讨厌的特性之一；因为它表明了对科学最可耻的亵渎。然而除此之外科学能被用来干什么呢？如果某个人只知道将科学利用来挣饭吃，那么他的利己主义确实是一种微小的利己主义，因为这个利己主义者的力量是一种受限制的力量；然而只有中迷者方能指责此中的利己主义的因素和对科学的亵渎。

因为基督教没有能力将个人当作唯一者，只是将其设想为是从属者，而且它本来就只不过是一种社会理论，一种共同生活的教义，这种共同生活既包括人与神、也包括人与人的共同生活；因此在它那里一切“独自的东西”都是声名狼藉的：自私、自以为是、坚持己见、特殊性、自爱等等。基督教的观察方法总是逐渐地把褒词变为贬词，为什么人们就不能为上述的词重新恢复名誉呢？如“侮辱”，原义即是诙谐，对于基督教的严肃来说，玩笑就变成了一种亵渎，因为基督教的严肃不懂任何玩笑；“放肆”，以前只意味着勇敢、大胆；“罪行”，以前只意味着敢作敢为。众所周知，如“嫉妒”就被长久当作“理性”一词来用。

我们的语言就如此这般地在相当大的程度上被安置在基督教的立场上。而一般的意识还是太基督教化，即使不在一切非基督教的东西面前被吓退，也要在某种不完善的东西或恶的东西面前被吓退。因此，“自私”的处境也是险恶的。

在基督教的意义上，自私即意味着：我只注意着某物对于作为肉体的人的我是否有用？然而，情欲就是我整个的独自性吗？如果我已沉湎于情欲，我是在我自己那里吗？如果我紧随着情欲，那么我就是紧跟着我自己、我自己的本性吗？只要并非是情欲，同样并非是一个他物（神、人、当局、法律、国家、教会等等）支配我，而是我支配我自己，那么我就是我自己。有什么东西是有利于我、有利于我自己或有利于从属自我者，那么它就是追求我的私利的。

再有，人们每时每刻都必须如同相信一种征服一切的力量那样来相信总是遭诽谤的自私。在1844年2月10日的议会上，韦尔克尔阐述了有关法官依附性的一项动议，并在一次详尽的演说中指出：可以罢免、可以遣散、可以调动的和可以退职的法官，简言之，单单在行政途径上可以精简和贬谪的一个法院里的这样的成员缺少任何可靠性，是的，他们丧失了人民中的一切尊重和信任。韦尔克尔惊呼：全体法官阶层由于这种依附性而道德堕落下去！用率直的话来说这不外是表明：法官的利益之所在，与其说是他们按照行政的意义作出判决，毋宁说是他们依据法律的意义来作出判决。那么如何做才能对此有所帮助呢？想办法使法官能对他们受贿的耻辱铭记在心，而后就信赖他们能悔悟而且把正义估价得高于他们的私欲吗？不，人民并不会夸张地具有这种浪漫主义式的信赖，因为人民感到，利己心要比任何其他动机都强大。尽管人们坚信，那些当法官的人像利己主义者那样地行事，然而他们仍可以继续当下去，只要他们的利己心不因为法律的出卖而被促进，只要他们就这样地独立于政府之外：他们并不因为根据事实作出的判决，而把他们自己的事情，他们"容易理解的利益"置于等而下之的地位，而是将丰厚的薪俸与在市民中的尊敬很适意地彼此结合起来。

故而韦尔克尔与巴登的市民们只有在能够指望于利己的情况下，他们才是感到有保障的。既然如此，人们对平时一直挂在他们嘴边的、数不胜数的大公无私的夸夸其谈有何感想？

有我自私地从事的事和我非自私地效劳的事，我对两者的关系是不同的。对此可以举出下述的识别标志：对于前者我可能犯罪或犯下罪孽；而我只能轻易地丧失后者，将其从我处推开，我使我自己失去它，就是说我做出一项愚蠢的事。贸易自由可以用两种方式加以考察：一种是把它看作是在某种情况下给予或予以剥夺的自由；另一种是把它看作在任何情况下均需神圣地对待的自由。

假若我关心一项事物并非是在其自身、就其自身，而且我欲望得到它并非是由于它自身的话，那么我要得到它仅仅是由于它能为达到目标服务，是由于它的效用，就是说为一个其他目标的缘故，就像牡蛎之美味那样。不是每一事物都要作为手段来为利己主义者效劳吗（这种手段的最终目标是他自己）？而他就应该保护对其毫无用处的事物吗？譬如，无产者应该保护国家吗？

独自性将每一独特的东西结合在其自身之中并给一切为基督教语言所污蔑的东西恢复了名誉。独自性故而也没有外来的标准，就像它与自由、道德、人性等相仿，根本不是观念那样：它只不过是对所有者的描述。

第二章　所有者

我，由于自由主义就会回到我自己和我自身吗？

自由主义者把谁看作他的同类？人！假若你只是人——而你当然是人——那么自由主义者就称你是他的兄弟。如果他只能在你那里见到“人”，那么他就极少会讯问你的个人观点和个人愚行。

他在严格遵循他的原则时对你个人方面是根本不屑一顾的，故而他极少注意你个人方面是什么。这样，他在你那里就只看到你在普遍方面是什么。换言之，他在你那里并非是看到**你**，而是看到**类**；并非是汉斯或孔茨，而是人；并非是现实的人或唯一者，而是你的本质或你的概念；并非是肉体的人，而是**精神**。

你是汉斯，你就是与他不同的，因为他是孔茨，即并非是汉斯；作为人你与他就是相同的了。只要他是那么一个自由主义者和并非是没有意识到的利己主义者，那么对于他来说，作为汉斯的你就等于完全不存在，因此，他确实非常容易地为自己造出了“兄弟之爱”：他在你那里所爱的并非是他一无所知和不欲知晓的汉斯，而是人。

在你和我那里只看到“人”，这就是将基督教的考察方式推到了极端。据此，一个人对于另一个人来说，无非只是一个**概念**（如以超度极乐为其天职者等等）。

原先的基督教尚且将我们集合在一个较少普遍性的概念之下：我们即是"上帝的儿女"以及"上帝的灵引导着我们"。[1] 然而，并非是所有人能够自夸是上帝的儿女，而是"圣灵与我们的心同证我们是上帝的儿女；从此就显出谁是魔鬼的儿女"。[2] 因此，为了成为上帝的儿女，一个人就必须不是魔鬼的儿女。与此相反，为了成为人的儿女即成为人，我们需要的只不过是归属于人的类，只需成为同一类的复本。我作为这样的我究竟是什么，这对作为自由主义者的你来说是没有关系的，而仅仅是我的个人事宜；我们两者是同一母亲，即人的类的儿女，这就够了：作为"人的儿女"我与你是相同的。

对于你来说，我是什么？就是这个有肉体的我、走动和站立着的我？绝非如此。这一有肉体的我连同其思想、决心和情欲在你的眼中均是个人事宜，与你是毫不相干的，是一种"自为之物"。作为一种"为你之物"只有我的概念、我的类概念存在着，人存在着，他既可以叫汉斯也同样可以是彼得或米歇尔。你在我那里看到的并非是我、有形体者，而是看到了一种非现实的东西、幽灵，这就叫做人。

在基督教的数世纪的进程中，我们曾把各式各样的人们宣布为"我们的平等者"。然而每次均依据我们期待于他们的那种精神的尺度来这样做：例如，凡以需要赎罪的精神为前提的每个人；而后则是凡拥有正直精神的每个人；最后则是凡显现出人的精神、

① 《罗马书》，第 8 章，第 14 节。

② 《罗马书》，第 8 章，第 16 节；《约翰一书》，第 3 章，第 10 节。

人的面貌的每个人。“平等”的原则就是这样大相径庭的。

人们只要把平等理解为人的精神的平等，那么他们就无疑发现了一种包括一切人的平等；因为谁能否认，我们人有着一种人的精神，即没有一种不同于人的、其他的精神！

然而这样我们不就又重新处于基督教的开端了吗？彼一时我们应当有一种神的精神，此一时则是一种人的精神；但如果说神的精神尚没有对我们作出详尽的阐述，那么人的精神又当如何完全表达出我们是什么呢？譬如费尔巴哈就认为：如果他把神的东西人化了，他就找到了真理。不，如果说神折磨了我们，那么“人”就能更加残酷地压榨我们。总而言之，我们是人这一点与我们甚少相关，只有在它成了我们的特性之一，亦即我们的所有物时，这一点才有意义。在众人之中尽管我也是一个人，正像我譬如说是一个生物，即动物或兽类，或是一个欧洲人、一个柏林人等等那样；然而谁要把我只当作人或当作柏林人来尊重，他对我表示的只是一种我毫无所谓的尊重。为什么？因为他只是尊重我的一种特性，而并非是尊重我。

与精神的关系也正好是如此。一种基督教的精神、正直的精神或诸如此类的精神诚然可以是我所赢得的特性，即我的所有物，我却并非就是这一精神：它是我的，我却并非是它的。

因而就自由主义而言我们无非只是继承了对我、对有血有肉的汉斯的老的基督教式的轻蔑。并非是把我如同我实际是那样地来对待，人们仅仅只注意我的所有物、我的特性，所以要与我联姻，仅仅是为了我的财产的缘故；也就是说人们与之结婚的是我拥有的什么，而并非是我是什么。基督教徒注重的是我的精神，而自由主义者注重的则是我的人性。

然而由于人们并不把精神看作是肉体的我的所有物，而是看作原来的自我本身，所以精神是一种精灵；同样，人不被看作我的特性而是被当作原来的自我，故而人也不外只是一个幽灵、一个思想、一个概念。

因此，自由主义者就像基督教徒那样，在同一个圈圈里打转转。由于人类的精神，即人栖居在你那里，因此你是一个人。这就与基督的精神栖居在你那里，你因而是一个基督教徒的说法有异曲同工之妙。但是尽管它被当作你的原本的或"更善"的自我，它仍只是作为在你那里栖居的第二个自我；这样它对于你来说仍保持着彼岸性。你就必须努力，完全成为人。与基督教徒努力于完全成为幸福的精神那样，这同样是一种一无所获的努力！

在自由主义鼓吹了人之后，现在人们就可以声称：由此基督教的最终结果已经实现；基督教在实际上一开始就除了给自己提出实现"人"、"真正的人"的任务外，别无其他。因此说基督教譬如在永生的教义、在灵魂救济诸方面赋予自我以无穷尽的价值这样的欺骗就大白于天下了。否，这一价值仅仅给予人。只有人是不死的，而只因为我是人，我也是不死的。在实际上，基督教就要教训道：即使自由主义使一切人作为人而互相平等，没有人会因此而消失。然而此一永生，如同这个平等那样只有关于我之中的人，而无关于我。只有作为人的担负者和寄宿者的我是不死的。如同众所周知的那样"国王不死"。路德维希死了，然而国王存留着；我死了，然而我的精神，这个人存留着。为了把我完全与人等同起来，有人发明和提出了要求：我必须成为一个“真正类的存在”。[1]

人的宗教只是基督教宗教的最后的变形。所以说自由主义是宗教，这是因为它把我的本质与我割裂开来并将前者置于我之上；因为它以同样的程度抬高“人”，如同任何一种其他的宗教抬高它的神或偶像那样；因为它使我自身的事成为某种彼岸的事，因为它完全使我自身的事、我的特性和我的所有物成为一种外来疏远的东西，即一种“本质”，简言之，这是因为它把我置于人之下，并由此为我完成了一种“使命”。如果自由主义为了这一最高本质——人，要求一种信仰的热情，“一种信仰，它最终亦将证明它的火一样的热情，一种永不能遏制的热情”；[2]那么，按照其形式自由主义也自我标榜为宗教。然而由于自由主义是人的宗教，因此它的信奉者对于任何其他宗教（天主教、犹太教等等）的信仰者持宽容态度；这正如弗里德里希大帝对于完成他的臣仆职责者就不管其爱好何种祝福的形式那样。而今，这一宗教应尊奉为普遍的、时行的宗教，并且要与仅仅作为“个人愚行”的其他宗教区分开来。由于后者的不重要性，人们对其采取了极其自由的态度。

人们可以把前者称之为国家宗教，“自由国家”的宗教，而且不是在历来的意义上：由于它为国家所优选或颁给特权的宗教，而是作为这样的宗教：“自由国家”不仅有权利，而且有必要要求它的人民中的每一个人，不论其在个人方面是犹太人、基督教徒或其他什么，都信仰这一宗教。它为国家效劳，恰如孝顺为家族效劳那

① 如卡尔·马克思：《论犹太人问题》，载《德法年鉴》，编者：阿·卢格，合刊号，第197页，巴黎，1844年。

② 布鲁诺·鲍威尔：《犹太人问题》，第62页，不伦瑞克，1843年。

样。如果说在其现有状况下，家族应为其成员中的每个人所承认和维系，那么对于它来说，血缘的纽带就必然是神圣的，他在这方面的感情必定是对血缘纽带孝顺、尊敬的感情，这样对他来说每个有血缘关系者均变为神圣者。同样，对于国家共同体的每一成员来说，这个共同体必定是神圣的；国家概念对国家来说是最高的，对他来说也同样是最高的。

那么对于国家来说，什么概念是最高概念呢？当然是成为一个真正人的社会这样的概念。在一个真正人的社会中，每一个真正的人，也就是说不是非人均能得到作为成员的待遇。尽管国家宽容的范围是如此之广，然而非人和非人的东西却不包括在内。尽管这个“非人”仍然是一个人，“非人的东西”自身仍然是某种人的东西；是的，只有对于人来说，而并非是对于兽类来说才有可能拥有某种“人所可能的东西”。但尽管每一非人是人，国家却摒弃了他，就是说国家把他监禁起来，或把他从一个国家的伙伴变成监狱的伙伴（根据共产主义的说法是疯人院或病院伙伴）。

直截了当地说，回答何谓非人正好是不困难的：与人的概念不相符的人即是非人；这正如非人的东西是与人的东西的概念不相符的人的东西那样。逻辑学称这是“自相矛盾的判断”。如果不假设能够将人的概念与存在割裂开来，将本质与现象割裂开来，那又怎能说出诸如此类的判断：在某甲并非是人的同时，他能成为人吗？人们说：他尽管表现为人，却并非是人。

人们在多少世纪长的过程中让这些“自相矛盾的判断”通行无阻！是的，更有甚者，在这长时期内，只存在非人。有哪一个个人能与他的概念相符合呢？基督教只承认一个人，而这一个——

基督——在相反的意义上同时又是一个非人,即一个超人的人,一个"神"。现实的人只是非人。

并非是人的人,除了是精灵之外岂有他哉?每一个现实的人,因为他与"人"的概念不相符,或因为他并非是"类的人",故而是一个幽灵。然而即使我把作为我的理想、我的任务、我的本质或概念超越于我之上和对我来说是在彼岸的人贬降为我所独有和固有的我的特性,我仍然还是一个非人;这样就使人不外只是我的人性、我是人,并且我所做的一切,恰恰是人的事,因为是我所做的,而并非是因为其符合"人"这一概念方才是人性的?我确实既是人又是非人,两者集于一身;因为我是人而且同时又是高于人的;这就是说我是我的这个纯粹的特性的我。

最终必然会导致:人们不仅仅指望我们成为基督教徒,而且要成为人。尽管我们甚至连真正成为基督教徒也做不到,而始终是"可怜的罪人"(基督教徒恰恰也是一个达不到的理想);然而在这种情况下还没有像现在那样意识到荒谬和迷妄:现在,向是人和人地行动的我们,是的只能向成为此和如此行动的我们提出了要求:我们应该成为人,"真正的人"。

我们当今的国家,尽管由于它们在各方面尚没有脱离它们的教会的母亲,因而还要使它们的人民负担若干义务(如教会的宗教),本来,国家对此是没有什么关系的,然而国家在总体上并没有否定它们自己的意义;为此它们希望被看成是人的社会,在这些社会中,一个人即使他的特权要少于其他成员均被当作人而成为它的一个成员,大多数成员都能容忍各宗教教派的信徒,而且没有种族和民族差别地接受他们:犹太人、土耳其人、莫尔人等等均能成为法国公民。国家在接受国民时只注重某人是否是一个人。教会作为一个信徒的社会当然不可能接受任何人进它的团体；而国家作为一个人的社会则能够做到此点。然而如果国家对它的成员只是以他们是人为前提这一原则，纯粹地予以施行的话（迄今即使是北美人对他们成员的前提也不过是：他们信仰宗教，至少他们信仰正义、忠诚的宗教），那么它就是自掘坟墓。当国家空想它的人民是纯粹的人时，后者在此却变成了纯粹的利己主义者。他们中的各个人依据他们的利己主义力量和目标来利用国家。面对着利己主义者，“人的社会”就走向灭亡；因为他们不再是作为人互相发生关系，而是利己主义地作为一个自我出现。它反对与我截然不同和敌对的你和你们。

如果说国家必定要指望我们的人性的话，那么这就无疑等于说：国家必定要指望我们的道德性。互相在对方那里看到人和彼此以人相待，人们把这种表现称之为道德的行为。这就完全和整个地等于基督教的“精神爱”。这就是说我在你那里看到了人，正如我在我自己那里看到了人而且仅仅看到了人那样；这样我照顾你就如同我照顾自己那样；因为我们两人只是提出了数学公式：A = C 和 B = C，故 A = B；我仅仅只是人，你也仅仅只是人，因而我和你是相同的。道德与利己主义是不相容的；因为道德不是让我起作用，而只是让我之中的人起作用。然而如果国家是一个人的社会，而并非是眼中只有自己的自我的联合；那么没有道德国家就是不能存在的，故而它必定坚持道德性。

这样，我们两者，国家与我就是敌人。我、利己主义者根本不把这一“人的社会”的福利放在心上，我根本不为其牺牲什么，而只是利用它；而为了能够充分地利用这一社会，我就将其变为我的所有物和我的创造物，这就是说我消灭国家并代之以利己主义者的联合。

国家所暴露的对于我的敌意是它要求我应该成为人；以此为前提如若我不能成为人，就被国家视为“非人”：国家作为一项义务加在我身上的是要成为人的存在。此外国家还要求：我不干任何使国家不能存在的事，国家的存在对我来说应该是神圣的。这样我就不应成为利己主义者，而应成为一个“令人尊敬的、正直的”即有道德的人。好了，对国家和国家的存在我应是无能为力的和充满尊敬的等等。

这种国家无疑并非是一个现存的国家，而是尚需创造的，是进步的自由主义的理想。应当产生一个真正“人的社会”，在这个社会中，每个“人”都能找到他的位置。自由主义欲图实现“人”，即为他创造一个世界，而这就该是人的世界或普遍的（共产主义的）人的社会。有人说：“教会所顾及的只能是精神，而国家则应顾及整个的人。”[①]然而“人”就不是“精神”吗？国家的核心恰恰就是“人的社会”。为信仰者（信仰的精神）所创造的世界就叫做教会；为人（人的或人道的精神）所创造的世界则叫做国家。然而，这并非是我的世界。我从不在抽象中从事人的事情，而总是从事独特的事情，这就是说我的人的行为是不同于任何其他人的行为并且仅仅由于这一差别而是一个现实的、属于我的行为。在它那里的人的东西是一种抽象，作为这样的精神就叫做抽象的本质。

① 莫泽斯·赫斯（匿名）：《欧洲的三头政治》，第76页，莱比锡，1841年。

譬如布鲁诺·鲍威尔就在《犹太人问题》第84页上声称：批判的真理是最终真理，而且是为基督教自身所探求的真理，亦即是"人"。他谈道："基督教世界的历史是最高的真理斗争的历史；因为在它之中而且只有在它之中！才涉及发现最终的或最初的真理——人和自由。"①

好，让我们承认这一收获吧，而且我们姑把人当作在基督教历史中甚至就是人在宗教的或理想的努力中最终所寻求到的成果而加以接受。那么谁是人？我就是人！人是基督教的结局和成果，而作为自我的人是新的历史的开端和利用的材料。新的历史是在牺牲的历史之后的享受的历史；它并非是人的或人类的历史，而是我的历史。人被当作是普遍的东西。然而，我和利己主义的东西才是真正普遍的东西；因为每个人均是利己主义者，对他来说自己是最重要的。犹太人的东西并非是纯粹利己主义的东西，因为犹太人还把自己呈献给耶和华；基督教的东西也并非是如此，因为基督教徒靠神的恩惠生活而且自己屈从于它。作为犹太人或基督教徒，一个人只在某种程度上满足了他的需要、他的渴求，而没有满足他自身：一种半利己主义，因为一个半人的利己主义，半是他、半是犹太人，或者半是他的所有者、半是奴隶。因而犹太人与基督教徒在一半处彼此互相排斥，这就是说：作为人，他们彼此互相承认：而作为奴隶，他们则彼此互相排斥，因为他们是两个不同主人的奴仆。如若他们能成为完全的利己主义者，那么他们彼此就整个地互相排斥和愈益牢固地结合起来。他们的耻辱不在于他们互相排

① 《犹太人问题》，不伦瑞克，1843年。

斥,而在于只做了一半。与此相反,布鲁诺·鲍威尔则认为,只有当犹太人和基督教徒放弃将他们分开和对永远隔绝负有义务的特殊本质、承认"人的"普遍本质并将其看作他们的"真正本质"的时候,他们才能互相看作是"人"并互相以人相待。

按照他的说法,犹太人和基督教徒的错误均在于:他们都欲图成为和拥有某种"特殊的东西",而不是只成为人和追求人的东西,即"普遍的人权"。他认为,他们的根本谬误在于信仰:他们是"享有特权的"、拥有"特权"的,亦即对于特权的信仰。与此相对,他就向他们推荐普遍的人权。人权!——

人即是一般的人和凡人中的每一个人。因而每一个都应该拥有永恒的人权并在完全的民主政体中,或按照共产主义者的观点更确切地说,他们在人类政体中,享受永恒的人权。然而只有我,拥有我为我自己所获得的一切;作为人,我是一无所有的。人们企图把一切财富均归诸每个人,仅仅因为他拥有"人"的称号。我却着重强调我自己;而并不强调我是人。

人不过是诸如作为我的特性(所有物):如男性或女性那样的事物。古代人的理想在于:人们在充分的意义上是男子,他们的道德是英姿勃勃和强悍,即是男性的。人们该对只欲成为完全的"女性"的女子作何设想呢?这一点并没有加在每个人身上,故而有些人就给自己提出了一个不可企及的目标。然而,女性她生来就是如此的;女性是她的特性,故而她不需要"真正的女性"。我是人,这就等于说地球是星辰那样,故而要向地球提出成为"真正的星辰"那样的任务就是可笑的了。因此,作为天职向我提出的成为"真正的人",就同样是可笑的。

当费希特说："自我是一切"时，看来这与我的主张完全协调的。不仅仅自我是一切，而且自我是摧毁一切的；只有处在自身解体之中的自我，从未存在的自我——有限的自我才真正是自我。费希特谈到了"绝对的"自我，而我则说我自己、消逝的自我。

认为人与自我意味着同一东西这样的观点是多么自然啊！然而有人譬如说费尔巴哈却主张："人"这一说法应表现绝对的自我、类，而不应表现消逝的、个别的自我。利己主义和人性（人道）必须是意味着相同的东西，然而根据费尔巴哈，个人"只能超越于他的个性的局限，却不能超越他的类的法则和绝对的本质规定。"[①]可是类即是无，如若个人超越他的个性的局限，那么这毋宁说是他自己表现为个人；他超越，他才存在；他不保持他所是的什么，他才存在；否则的话他就完蛋、死掉。人只是一种理想，类只是一种思想。成为一个人并不等于完成人的理想，而是表现自己、个人。需要成为我的任务的并非是我如何实现普遍人性的东西，而是我如何满足我自己。我是我的类，我存在着而又没有准则、没有法则、没有模式等等。从我自己出发我所能做的事是很少的，这种情况是可能的；然而这些很少的事却是一切，比为他人的权势所允许、为道德、宗教、法律、国家等的训练所允许我从我自己出发所做的更好。更好——如果有一回该当说到更好的话——一个没有教养的孩子要比少年老成的孩子要更好；一个刚愎的人要比凡事唯唯诺诺的人要更好。无教养者和刚愎者尚处在按照他们自己的意

① 费尔巴哈：《基督教的本质》第 401 页（见《费尔巴哈哲学著作选集》下卷第 315 页）。——译者

志构成自己的道路上;少年老成者和唯唯诺诺者则为"类"、普遍要求等东西所规定,这些东西就是他们的法则。他是这样被规定的:对他来说,类除了是他的"命运"、他的"天职"之外岂有他哉?不管我为了努力追求这一理想,而注视着"人类"、注视着类也好,或者以同样的努力注视着神、基督也罢:在这里到底有什么实质性的差别呢?充其量不过是前者比后者模糊一些而已。如同个人是整个的自然那样,他也是整个的类。

我所做所想的一切,简言之,我的表现或表示,无疑均是为我是什么这一点所决定的。犹太人譬如就只能有如此这般的欲图,只能如此地"举措";基督教徒只能基督教徒地举止和表现自己等等。假定你成为犹太人或基督教徒这一点是可能的,那么你无疑就只表露出犹太人或基督教徒的东西,当然这一点在实际上是不可能的:你在最严格的操行之中却仍保持为一个利己主义者,反对此一概念的罪人;这就是说你并不等于犹太人。因为利己主义的东西总是不断地看透事物,人们曾经这样地探寻一个更完全的概念,它要确实完全表达出你是什么,而由于这一概念是你的真正的本性,因此它包含有你的行为的一切法则。在"人"那里达到了种的最完善的东西。作为犹太人你是太渺小了,并且犹太人的事并非是你的任务;成为一个希腊人、一个德国人是不够的。而成为一个人,然后你就有了一切;要把人的天职成为你的天职。

于是我知道了,期待于我的是什么,这样就可以撰写新的教义问答了。又再度是主语从属于谓语,个人从属于一般;又再度确保了观念的统治权并为一个新的宗教奠定了基础。这是在宗教范围内,特别是基督教范围内的一种进步,然而并非是超越它的一步。

超越它的步伐导致不可言喻的东西。对于我来说,贫乏的语言没有词汇,而“词汇”,逻各斯对我来说是一个“单单的词”。

人们寻求我的本质。它并非是犹太人、德国人等,而却是人。“人是我的本质”。

我与我是相对立和相对抗的;我令我自己恐惧和厌恶,我对我自己来说是一种恐怖,或我对我自己来说从未是足够的,我为我自己所做的从未是足够的。从这样的感情出发就产生了自我解脱或自我批判。宗教虔诚始于自我否定,而以完成了的批判告终。

我是中迷的并欲图摆脱“恶灵”。我如何着手呢?我无所顾忌地犯下对于基督教徒来说是显得最可怕的罪孽,与圣灵相对抗的罪孽和亵渎。“凡亵渎圣灵的,永不得赦免,要担当永远的惩罚。”①我不想得到赦免因而对惩罚并不害怕。

人是最终的恶的精神或幽灵,是有着诚实表情的最靠不住的、最熟谙此道的和最狡猾的说谎者;是谎言之父。

利己主义者毫不容情地进行最无节制的亵渎,这是通过他反对当前的各种要求和概念而得以实现的。对他来说,没有什么东西是神圣的!

要声称不存在超越于我自身的事之上的力量,这诚然是愚蠢的。只不过我对其所采取的态度将完全不同于宗教时代的态度:我将成为每一更高力量的敌人;而宗教则训示道:要使它成为我们的朋友并须恭敬地对待它。

亵渎者奋起他的力量反对每一种对神的敬畏,因为否则的话,

① 《马可福音》,第3章,第29节。

畏神就将在各方面对他作出规定:什么是要当作神圣的而让其存在的。究竟是神还是人对神人施以有神圣作用的力量;究竟某物是由于神的缘故还是人(人道)的缘故而被视作神圣的,这都改变不了对神的敬畏。因为人被尊奉为“最高本质”,这正如同在特殊的宗教的立场上被奉为“最高本质”而要求我们的恐惧和敬畏那样:两者均威镇着我们。

原先的对神的敬畏早就经历了一场震撼,一个外表上以广泛传播的“非教会倾向”为标志的、或多或少自觉的“无神论”已并非有意地变成了时尚。只不过从神那里夺去的东西已加给了人。人道的威力在多大程度上增长;虔诚的力量也就在多大程度上丧失了它的重要性。“人”是今天的神,而对人的敬畏已经取代了老的对神的敬畏。

然而由于人只是表现了一个其他的最高本质,所以实际上在最高本质方面所发生的只不过是一种变形而已,对人的敬畏就仅仅是对神的敬畏的一种变化了的形态。

我们的无神论者是信神的人们。

如果说我们在所谓封建时代把一切都当作神赐的采邑,那么在自由时代同样存在着与人的封建关系。过去神是主人,现今的主人则是人;过去神是中介人,现今当中介人的是人;过去神是精神,现今则是人是精神。在这种三重的关系中,封建关系经历了一种变化。现今我们作为采邑首先从全能的人那里得到的是我们的权力。这种权力由于它是来自一个更高者,因此不是权力或暴力而是“权利”这就叫做“人权”。此外,我们作为采邑从他那里取得的是我们的世界地位,因为是他——中介人所联系的我们与他人的交往,故而这种交往只能是“人的”交往。最后,我们从他那里作为采邑取得的是我们自己,亦即我们本身的价值或一切对我们有价值的东西;因为如若他不在我们之中或当我们并非是“人”时,我们就是毫无价值的。权力是人的权力,世界是人的世界,我是人的我。

当我被禁止把自己宣布为赋予权力者、中介人、我自身之时,情况又如何呢?那么,这就是说:

我的权力是我的所有物。

我的权力给予我所有物。

我的权力是我自己,由于这种权力我因而是我的所有物。

第一节　我的权力

权利是社会的精神。如果说社会有一种意志的话,那么这种意志就是权利:社会只是由于权利而存在。这是因为社会之所以存在,是由于它对个人实行着一种统治,这样权利就是社会的统治者意志。亚里士多德曾讲过,正义是社会的利益。

一切现存的权利是他人的权利,是人们“给予”我的权利,是“施之于”我身的。假定全世界的人都给我权利,那么因此我就有了权利了吗?而我在国家中、在社会里所获得的权利除了是他人的权利外,岂有他哉?如果一个蠢人给予我权利,那么我将不信任我的权利;我不喜欢他的权利给予。然而即使是一个智者给予我权利,我也并不因此而拥有权利。究竟我是否有权利这完全不取决于蠢人或智者的权利授予。

尽管如此,至今我们还努力于追求这种权利。我们寻求权利并为此目标而诉诸法庭:诉诸怎样的法庭?诉诸国王的法庭、教皇的法庭、人民的法庭等等。一个苏丹的法庭除了宣布苏丹所规定的权利外,还能有其他什么吗?如果我寻求一种与苏丹的法律不相一致的权利,法庭就能将它给予我吗?法庭能把按照苏丹的意愿并非是权利的谋叛作为权利允诺给我吗?法庭作为书刊检查当局能将言论自由作为权利给予我吗?因为对我的这一权利苏丹是深恶痛绝的。在这个法庭里,你还能寻求什么呢?我寻求苏丹的权利,而并非是我的权利;我寻求他人的权利。只要这一他人的权利与我自己的权利一致,我无疑将在前者那里找到我的权利。

国家不允许人与人互相殴打;国家反对决斗。即使打架者没有为此去叫警察,打架也都将遭到惩罚,只有家长打孩子而并非是我打你这样的情况例外:家庭是有权利的,父亲以家庭的名义是有权利的,而作为个人,我则没有这种权利。

《福斯报》为我们倡导了“权利国家”。在那里,一切都应由法官和一个法庭来决定。最高书刊检查法庭对这家报纸来说是“宣告权利”的法庭。怎样的权利?书刊检查的权利。为了承认这一法庭的判决是正当的,人们就必须把书刊检查看作是正当的。然而,人们同时还认为,这样的法庭提供了一种保护,是的,针对个别检查官谬误的一种保护:仅仅保护书刊检查法的立法者防止对他的意志的错误解释;对著作者来说,前者的法规由于“权利的神圣威力”而愈益巩固。

究竟我是有权利还是没有权利,这,除了我自己外没有其他的法官。其他人所能判断和裁定的只是他们究竟是否同意我的权利，以及这个权利是否对他们来说也同样作为权利而存在。

在此我们不妨从另一方面来考察事情。在苏丹统治的国家内，我应尊重苏丹的法律，在共和国内，应尊重人民的法律；在天主教的教区内，应尊重教会的法律等等。我应服从于这些法律并应把它们看作是神圣的。此种形式的“权利观念”和“尊奉法律的精神”在人们的头脑中如此之牢固，甚至当今最革命的人们也欲图使我们服从新的“神圣的法律”、社会的法律、人类的法律、“全体的权利”等诸如此类。“全体”的权利应该先于我的权利。作为一种全体的权利，它本当也是我的权利，因为我是全体中的一员；然而它同时又是一种他人的或全体他人的权利，这就推动不了我去维护这同一权利。我之所以要捍卫它并非是把它当作一种全体的权利，而是当作我的权利。而每一个第三者以后就能看到，他如何同样为了自己而保护它。全体的权利（例如吃东西）是每一个人的一种权利。如果每个人不懈地为自己维持这一权利，那么全体就不言而喻地行使这一权利；然而如若他并不为全体操心，那么他为此振奋起来就并非是把它当作全体的权利。

然而，社会改革家却向我们鼓吹一种“社会的法律”。在那种情况下，个人变为社会的奴隶，而且只有当社会给予他权利的时候，这就是说他遵循社会的法规，即他忠诚时，他才有权利。不管我在一个专制政体中或在魏特林的“社会”中是忠诚的，只要我在这两种情况下没有我的而只有他人的权利，那么这就是同样的无权利状态。

在权利方面人们总是问：“什么或谁给予我这方面的权利？”答曰：神、爱、理性、自然、人道等等。不，只有你的威力、你的权力给予你权利(譬如你的理性就能给予你权利)。

共产主义既然认为“所有的人都有天赋的平等权利”,那么它就反驳了自己的这样的观点:人没有任何天赋的权利。因为,它譬如就不愿承认:双亲对孩子有天赋的权利或孩子对双亲有这样的权利:共产主义取消了家庭。天性根本不给予双亲、兄弟姊妹等以任何权利。这一完全革命的或巴贝夫的原则[①]在根本上就建立在一种宗教的,即错误的观点上。谁能不站在宗教的立场上来探询“权利”?“权利”不就是一个宗教的概念,即某种神圣的东西?这就如同革命所提出的“权利的平等”那样,它只不过是“基督教平等”、“兄弟、神之子、基督教徒等等的平等”,简言之博爱的另一种形式。所有的、每一个探询权利的问题都该当用席勒的诗句加以鞭笞:

“我长年累月用鼻子来闻嗅,
但我是否有使用鼻子的明确权利?”

当革命把平等当作一种“权利”,它就逃遁到宗教的领域、逃遁到神圣的东西和理想的领域中去了。因而从那时起就进行着争取“神圣的、不可剥夺的人权的”斗争。用来针对“永恒的人的权利”是“现有制度的既得权利”。这是完全自然而然和有同等权利的事:权利反对权利。在此,一个当然要被另一个诽谤为“不正当”。这是自革命以来的权利之争。

相对于他人,你们希望自己是“有道理的”。这一点你们是做

① 参见(约翰·卡斯巴尔·布伦奇里:)《在瑞士的共产主义者》,据在魏特林处发现的文件,第2—3页,苏黎世,1843年。

不到的。对于他们来说,你们永远是“没有道理的”;因为如若他们不同样是“有道理的”,那么他们就不成其为你们的对手:他们总是要说你们“没有道理”。而相对于他人的权利你们的权利就是一种更高、更大、更有力的权利吗?绝不!如果你们并不是更强有力的话,你们的权利就不是更有力的。中国的臣民有一种对自由的权利吗?如若你们赐给他们自由,那么你们就会看到,你们的尝试何等错误:由于他们不知道运用自由,故而他们对此没有权利;或说得更明白些:因为他们不享有自由,故而他们就没有这方面的权利。儿童没有成年人的权利,因为他们尚未成年,也就是说他们是孩子。被人视为尚未成年的人民没有成年的权利;而如若他们不再是未成年的,那么他们就有了成年的权利。这只不过意味着:你有权力成为什么,对此你也就拥有权利。我从我自己那里引申出一切权利和一切资格;我对我所控制的一切都是有权利的。如果我能够做到,我就有权利推翻宙斯、耶和华和神等等;如果我做不到,那么这些神对我来说就总是有权利和有权力的,而我则将处在无能为力的“对神的恐惧”之中,对他们的权利和他们的权力抱有恐惧之心。我将遵奉他们的命令并相信我按照他们的权利所做的一切都是正当的;这正如俄国的边防军兵士射击偷越的可疑者是“依据上级命令”即“有权利”予以杀戮的那样。如果我并不禁止自己去杀人,如果我自己并不像害怕“不法行为”那样害怕杀人的话,那么我就是由于我自己而有杀人的权利的。这一观点是以夏米索的诗《杀人的山谷》为基础的。在这首诗中,白发苍苍的印第安杀人者由于杀害了自己的同胞而获得白人的尊重。我没有权利做的事情,只是我并非以自由的勇气所做的,即对此我并没有给自己以权利去做的那些事情。

我决定，一件事在我之中是否是有其权利的，在我之外就不存在什么权利。什么对我来说是正当的，那么它就是正当的。可能这对于其他人来说并非是正当的，这就是他们操心的事，与我无关了：让他们保卫他们自己吧。而如若某物对于整个世界来说是不正当的，对我来说却可能是正当的，这就叫做我喜好某物，而根本不管整个世界。故而每个知道如何估价自己者、每个处在他是利己主义者这一程度上的人都这样做，因为权力先于权利，而且这是有着充分的权利的。

巴贝夫说：因为我"生来"就是人，故而我有享受一切财富的平等权利。他岂不是还可以说：因为我"生来"就是太子，我就有继承王位的权利？人权和"既得权利"归结为同样的东西，归结为给予我权利的自然，也就是归结于出生（再如继承权之类）。我作为人诞生和我作为王子诞生是相同的。自然的人由于只有自然的力量，故而只有一种自然的权利和自然的要求：他有生的权利和生的要求。即使我有能力和有力量，自然仍不能在只有我的行为才能赋予我权利的方面给予我权利。如果王子使自己处于比其他儿童高贵的地位上，这就是他保障其优越地位的行为，至于其他儿童对这一行为的同意与承认即是他们的行为。他们的行为使他们有幸成为臣民。

不管是自然或神、人民选举等等所给予我的权利，都是他人的权利，一种我既不能给予自己又不能从自己处取出的权利。

共产主义者就如此声称道：同等的劳动使人们有权利获得相同的享受。而以往人们是这样提出问题的：在地上"有德行者"是否必定并非是“幸福的”。犹太人确实也是如此推断的：“在地上你过得不错。”不，同等的劳动并没有使你有这方面的权利，而只是同等的享受赋予你同等享受的权利。享受吧，如此这般你被赋予享受的权利。但如若你劳动了，却让被剥夺了你的享受，那么这叫做“你自作自受”。

如果你们去取得享受，那么它就是你们的权利；反之你们如若只是想望而不伸手抓取，那么它仍一如既往是对享受有特权的那些人的“既得权利”。它是他们的权利，正如你们攫取它，它就变成你们的权利那样。

围绕“所有权”的斗争在激烈的运动中展开。共产主义者声称：“土地理应属于耕者，土地的产物理应属于生产者。”[①]我认为，土地是属于那些知道去取得它的人或那些不让从他那里夺走它的人、不让自己失去它的人，如若他将土地归为己有，那么属于他的就不仅仅是土地，而且还有这方面的权利。这是利己主义的权利，这就是说对于我是合适的，它也即是权利。

否则的话，权利就只有“一只蜡制的鼻子”。扑袭我的老虎有权利；将其击倒的我也有权利。我从老虎那里所保全的并非是我的权利，而是我自己。

由于人的权利总是一种既成的东西，因而在实际上它总是要归结为人们互相给予即“让予”的权利。如若人们让予新生婴儿生存的权利，那么婴儿就有此种权利；如若人们不让予他们的此种权利，如同在斯巴达人或古罗马人那里的情况那样，那么婴儿就没

① A. 贝克尔：《当代大众哲学》，第22页。

有此种权利。因为给予或"让予"他们权利的只能是社会，而不是他们自己能够取得和给予自己以权利。有人会抗议道：儿童"生来"就有生存的权利，只有斯巴达人拒绝承认这一权利。这样婴儿们恰恰就没有要求承认的权利；这正如他们被扔到猛兽面前时，没有权利要求野兽承认他们的生命那样。

人们说了许多关于"天赋权利"的话却还诉苦：

随着我们一起诞生的权利，
却遗憾地从未成为话题。

那么，随着我一起诞生的是怎样一种权利呢？成为遗产继承者的权利、继承王位、享受王子或贵族教育的权利；或者因为生我的双亲贫穷，有上贫民学校的权利、有从慈善布施中得到衣物，和最终在煤矿或织机旁为自己挣得我的面包和鲱鱼的权利？这不就是天赋权利：从我父母处而来，通过出生而落到我的头上的权利？你们认为情况并非如此；你们认为，这只不过是对所谓权利的滥用，这些权利正是你们力图通过真正的天赋权利要予以废除的。为了对此作出阐述，你们就回到最简单的东西中并声称：每个人由于出生而与他人是相同的，即同样是一个人。我可以同意你们这一意见：每一个均作为人而诞生，故而新出生者彼此相同亦在于此。为什么他们是相同的？恰恰因为他们除了仅仅是人之子、光溜溜的宁馨儿之外什么也没表明，什么也没做。然而正由于此，他们随即就不同于那些已经从自身出发做了些什么和不再仅仅是"人之子"而是——自己的创造活动的产儿。后者所掌握的要高于天赋权利：他们挣得了权利。怎样的一种对立、怎样的一个战场！天赋人权与既得权利之间的由来已久的斗争。如若你们总是诉诸你们的天赋权利，那么人家就不会不以既得权利与你们相对抗。双方均立足于“权利的基础”之上；因为两者中的任一方均有反对对方的一种“权利”，其中之一是天赋的或自然的权利，另一个则是争得的或“既得”权利。

如果你们停留在权利的基础之上，那么你们就围绕着权利问题打转转。[①] 他人不能够把你们的权利给予你们，他不能“赏赐权利”给你们。谁有强力，谁就有权利；你们没有强力，那么你们也就没有权利。达到这一智慧是如此之难吗？你们且看一下掌握权力者和他们的所作所为吧！在这里我们自然只说中国和日本。且试一下吧你们中国人和日本人，假若你们把掌权者说成是不正当的，那么你们就将尝到他们的铁窗风味（不要把前一种行为与“好意的劝谏”相混淆，后者在中国和日本是允许的，因为这些劝谏不但不妨碍掌权者，而且还尽可能地对其有所裨益）。谁欲图把他们说成是不正当的，那么为此在他面前只有一条道路是畅通的：强力的道路。如若他使他们失去他们的权力，而后他就真正使他们处于不正当的状况之中，并使他们失去了他们的权利；在其他情况下，他就只能在口袋中捏紧拳头，或作为一个乖张的傻子而遭到牺牲。

简言之，你们中国人和日本人不能要求权利，特别是不能要求“随同你们一起诞生的权利”，随后你们也毋须要求既得权利。

① “我请求你，把我的肺宽饶！谁想得到权利且只有一根舌头，就准能得到！”（浮士德对靡菲斯特说的话。——译者）

你们在他人面前吓退了回来，因为你们相信在他们一旁看到了权利的精灵，就像在荷马时代的战斗中，它似乎是作为女神站在他们一旁为他们助战那样。你们做什么呢？扔掉你们的矛枪吗？不，你们为了赢得幽灵站在你们一边参战而四出寻求；你们竭力博取精灵的欢心。他人则会简单地问道：我欲对手之所为吗？"不！"不管成千魔鬼或神为他助威，我照旧要向他扑去。

《福斯报》所主张的"权利国家"譬如就要求：只有通过法官而不是行政当局方能罢免官吏。一厢情愿的幻想！如若法律规定：凡官吏酗酒者一经发现即予免职，那么法官就须依据证人的证言对其进行判决等等。简言之，立法者必须把一切导致官职丧失的可能根据一一详细罗列出来，而不论它们可能是怎样的可笑（诸如凡嘲笑上司者、星期日不去教堂者、每隔四星期不去领圣餐者、负债者、交往不规者、办事优柔寡断者等等均应予以免职）。立法者譬如可以将这些事情提给一个荣誉法庭考虑作出规定，在这之后，法官就只要调查被告的这些"过失"是否"构成犯罪"，并根据所得到的不利于他的证据，"依法"对被告宣判撤职。

如果法官不再是机械的，如果他"违反了证据的规定"，那么法官就徒劳了。这样他就像任何其他人那样只有那么一种意见。假如他依据这一意见作出判决，那么这就不再是履行职责。而作为法官他就只能依据法律判决。为此我要赞赏一下旧时的法国议会。它自己考查什么是有关权利的事并在自己批准之后方肯记录在案。至少，它是根据自己的权利作出裁决而且不肯屈从使自己成为立法者的机器，尽管它作为法官当然必定是它自己的机器。

有人说，受惩罚是犯罪者的权利。然而免予惩罚同样是他的权利。他的活动成功了，这对他来说是理所当然的；失败了，对他来说同样如此。你如何上床躺着，你就如何睡着。假如有人鲁莽地去冒险并为此而丢了命，那么你们会说：对他来说这是理当如此的，他活得不耐烦了。然而如若他战胜了危险，也就是说他的力量得胜了，那么他也是对的。如果一个孩子要刀子又碰伤了自己，那么对他来说是该当如此的；然而如若没有碰伤自己，那么对他来说也是该当如此的。如果一个犯罪者因铤而走险而遭受苦难，那么对于他来说也是该当如此的，既然他对可能的后果是清楚的，他干吗还冒这样的风险！然而我们加给他的刑罚仅仅是我们的权利，而不是他的权利。我们的权利在反对他的权利时起作用，而他"最终是不法的"，因为我们赢得了优势。

然而何谓权利，在一个社会中何谓关于权利的事情，这就轮到在法律中发言了。

不管法律如何，它总须得到忠诚市民的尊敬。故而英国的尊奉法律的传统精神被大大赞扬。欧里庇得斯说(《奥列斯特》，412行)："我们为诸神效劳，而总是毋论诸神是什么。"这句话就完全与上述精神相一致。一般的法律也好，一般的神也好，这就看我们今天进展得有多远了。

人们努力将法律与专断的命令、训令区别开来：法律是出自一个有资格的权威。然而关于人的行为的法律(伦理法、国家法等等)总是一种意志的告示，因而是命令。是的，假如我自己也给自己颁布法律，那么它就不过是我的命令，对它我是可以随时拒绝服从的。当然，谁都可以宣布他所能容忍的东西，因此也能用法律禁止他所不能容忍的东西，否则的话他就将像对待他的敌人那样来对待违法者；然而没有任何人能制约我的行为，没有人能给我规定我的活动，并在此给我立法。我必须容忍他像对待他的敌人那样来对待我，只是从不能容忍他像对待他的创造物那样来对待我，不能容忍他把他的理性以至非理性搞成我的准则。

只要存在着统治意志，而且这种统治意志被视作与自己的意志有同样意义的时候，国家就会持续存在下去。统治者的意志即是法律。假如你的法律无人遵守，它对你又有什么用处？假如无人服从你的命令，你的命令又有什么用处？国家不能摒弃规定个人意志的要求、对其进行考察和计算的要求。对于国家来说绝对必要的是：不允许任何人有自己的意志；如若某人有了自己的意志，那么国家就必须将他排斥在外（通过监禁、流放等）；如若所有人都有自己的意志，那么他们就会取消国家。没有统治和奴役（臣服），国家就是不可想象的：因为国家必须是一切它所包容的人的主人，所以人们就称这种意志为“国家意志”。

谁为了自己的存在而必须指望别人的无意志，那么他就是这些别人的所造之物；这正如同主人是仆人的所造之物那样。如若服从停止了，那么统治也就没有了。

我自己的意志是国家的破坏者，它因此被国家宣判为“自我意志”。自己的意志与国家是势不两立的两种力量，在两者之间不可能有“永恒的和平”。只要国家维护自己，它就会把这种自己的意志——它的永远的仇敌说成是不合理的、邪恶的；而自己的意志听从这种劝说，它之所以如此在实际上只不过是因为它尚听这样的劝说而相信：它自己尚没有意识到它自己的尊严，因此尚是不完全的，尚是可以规劝的。

凡是国家即是专制政体，不管独裁者是一个或许多个，或者所有人均是主子，就是说人与人之间互相压制，可以设想一下共和政体的情况。如果每一次所制定的法律，总不外国民议会所表明的意向，而对于个人来说即应是法律，对此他应服从，或者说对于法律他有义务服从的话，于是就会出现上述的情况。即使有人设想：在民众中的每一个人竟然都表达出相同的意志，并因此产生出一个完善的“普遍意志”：事情仍旧依然如故。难道今天或以后我就不束缚于我昨天的意志了？在这种情况下，我的意志就将是凝固的。讨厌的固定！我的创造物，即某种意志的表现就成了我的统治者。然而我在我的意志之中，我、创造者将在我的溶解和我的分析中受阻。因为我昨天是傻子，故而我在有生之年都必须是傻子。这样我在国家生活里就处于最好的情况——我可以同样说：处于最坏的情况之中——我自己的奴仆。因为我昨天是一个有意志者，故而今天就是个无意志者；昨天我有自由意志，今天我就没有自由意志了。

如何改变这种情况？只有通过我不承认任何义务，即不自我束缚也不让人束缚才行。如若我不承担任何义务，那么我也就不承认任何法律。

“然而有人会束缚我！”没有人能束缚我的意志，我的反抗意志总是自由的。

“如果每个人都想干什么就干什么，那么一切就将杂乱无章！”谁说过：每个人都可以为所欲为？你毋须忍受一切，那么你在此又为了什么？保护你自己吧，没有人想为你干什么！谁想破坏你的意志,他必定是与你有关系者而且是你的敌人。把他当作敌人来反对吧。如若尚有数百万人作你的后盾,那么你们就是一种显赫的势力而且轻而易举地就能取得胜利。即便你们作为一种势力能够威镇对手,对他来说你们尚不是神圣的权威,除非他是蠢人。他没有义务要尊重和尊敬你们,尽管他将慎重对待你们的强力。

我们习惯于按照分配"最高权力"的不同方式来对国家作出分类。最高权力属于个人的话即是君主政体,属于全体的话即是民主政体,余依次类推。这里说的是最高权力!针对谁的权力?针对个人和他的"自我意志"。国家行使"权力",而个人则不可以。国家的行为即是暴行,而且它把它的暴力称之为"法律",而将个人的暴力说成是"犯罪"。亦即犯罪就叫做个人的暴力。如果个人认为,并非是国家超越于他,而是他超越于国家的话,那么他就只有通过犯罪才会摧毁国家的权力。

假如我作为好心肠的人劝告你们不要制订有碍于我的自我发展、自我活动、自我创造的法律,那么我的做法就要贻笑大方。我不作这样的劝告。因为如若你们听从了这个劝告,那么你们就是不明智的,而我则要因此被骗掉我的全部赢利。对你们我根本没有什么要求,因为即使我要求什么,你们仍然是而且必定是专横的立法者,这正如乌鸦永不会歌唱,强盗不掠夺就无法活下去那样。我倒宁愿讯问那些欲成为利己主义者的人,他们把什么看作是更利己主义的:是容忍你们给他们立法并对所立法律加以尊重呢,还是违抗、完全的不顺从?好心肠的人们认为,法律只应规定在人民的感情中所认可的当作合理和公平的东西。然而在人民中认可和人民所认可的东西与我有何关系?人民也许要反对亵神者,因而要有一个反对亵神的法律。为此我就不该去冒犯了吗？这种法律对我来说就该高于一个"命令"吗？我讯问道！

一切政府的形式充其量也不过是出自这样的原则：一切权利和一切权力属于人民的整体。因为没有任何一种政府会缺少诉诸整体的依据，专制君主也好、总统也好，或任何一种贵族政体也好均是以"国家的名义"行事、发号施令。他们掌握着"国家权力"。究竟是人民作为整体，一切个人来行使这一国家权力；还仅仅是这一整体的代表（不管在贵族政体中是若干人，或在君主政体中是一个人）行使这一国家权力，就完全是无所谓的了。整体总是高于个人，而前者拥有被称之为合法的权力，即权利。

相对于国家的神圣性来说，个人只是不名誉的容器。只要个人认为不值得承认这一圣物——国家，那么在那个容器中就保留下"狂妄、恶意、嘲笑和诽谤癖、轻薄等等"。对非精神的"狂妄"，国家的仆人和臣下的那种精神的高傲准备了妙不可言的惩罚。

政府把一切反对国家的精神的游戏说成是应予惩罚的，在这种情况下，温和的自由主义者就出现并认为：情绪、讽刺、诙谐、幽默等是扼制不住的，而天才必须享受自由。这就是说尽管并不是每个人，然而天才却应是自由的。国家，或在它的名义之下的政府在这里完全有权利说：谁不赞成我，就是反对我。情绪、机智之类简言之对国家事业的戏弄，向来就是用来颠覆国家的：它并非是"无辜的"。再说，在有罪的和无辜的诙谐类别之间该划出怎样的界限呢？在这个问题上，温和派诚惶诚恐不知所措，一切也无非是归结于希望国家（政府）不要如此敏感，如此一触即发这样的请求：国家不必在"无害的"事情上，立即嗅出恶意，而且至少总要

"宽大为怀些"。过分的敏感无疑是一个弱点,避免过分敏感应当是值得称道的德行,当然在战争期间应当严厉。在安定的情况下所允许的东西,一旦宣布戒严,就不再是允许的了。由于善良的自由主义者也感到了这一点,所以他们赶紧解释:在"人民忠诚"的情况下,确系没有什么危险可忧虑的。而政府却变得聪明起来,根本听不进这一套的任何东西。它清楚地知道,人们如何用漂亮的言词来搪塞他人,而他们是不会以画饼充饥为满足的。

他们欲图有他们的游乐场,因为他们是孩子并且不能像对待老年人那样来对待他们:青年无道德。

他们固执地只是为这个游乐场、只为几个小时的欢快的旋转跳跃而争执。他们只是要求,国家不要像一个乖张的爸爸那样怨天尤人永不间歇。如同中世纪的教会允许驴子进行队列表演或允许愚人游戏那样,国家也应当允许这样做。然而国家能够没有危险地允许这样做的时代已经过去了。现在孩子们一旦去过户外,在没有教鞭的情况下度过一小时,就不再愿意进入斗室。因为户外现在不再是斗室的一个补充,不是使精神振奋的休憩,而是它的对立面,一种非此即彼状况。简言之,国家既可以什么也不允许,或者它不得不容忍一切并走向灭亡;国家必然或者是极其敏感的,或如死人那样是麻木的,宽容消失了。如若国家伸出一个手指头,他们马上就要去拿整个的手。由于一切都"玩忽"不得,所以一切玩笑,如情绪、机智、幽默之类就变成了无情的严厉。

"自由思想家"为出版自由所作的呼吁是与他们自己的原则、他们本来的意志背道而驰的。他们欲为他们所不欲为之的事情,这就叫做他们希望他们会喜欢的。因此他们也会轻而易举地改弦易辙,如若果真存在所谓出版自由的话,那么他们就会要求书报检查。这完全是自然而然的。即使对于他们来说,国家也是神圣的,道德等也是如此。他们对于国家的举止只不过像企图利用父母弱点的无教养的小家伙、狡黠的孩童。国家,即父亲应允许他们说出若干他们感到不称心的事情,然而父亲有权利通过严厉的一瞥在他们放肆地饶舌时划上一条书报检查的道道。如若他们把国家视为他们的父亲,那么他们就务须如同孩子那样在国家面前忍受言论的审查。

如果你容许其他人认为你是对的,那么你就必须同样容许他认为你是不对的;如果你从他那里得到辩护和酬报,那么你就得期待他的告发和惩罚。在正义之旁的是不义,与合法性结伴而行的是犯罪。你是什么?你是一个罪犯!

"罪犯是国家的根深蒂固的犯罪!"蓓蒂娜这样说道。[①] 人们可以认为这句话是对的,即使蓓蒂娜自己恰恰并不如此理解。在国家中,譬如说无拘束的自我,即我仅仅属于我自己的这样的自我不能够达到我的完成和我的实现。每一自我从诞生之时起,对于人民和国家来说,就已经是一个罪犯。因此,国家也就确实监视着一切人。国家把每个人均看作利己主义者,而它在利己主义者面前是胆战心惊的。国家把每个人都假定为最坏的人,国家警戒着,警察般地警戒着"国家不要遭到损害"。我们本来就是如此,并在我们秘密的内心中我们总是保持如此的——无拘束的自我在国家中是没完没了的犯罪者。人,为他的勇敢、他的意志、他的毫无顾

① 蓓蒂娜·冯·阿尼姆(匿名):《呈献给国王的书》,第376页,柏林版1843年。

忌和无畏所指引的人被国家和人民用探子包围着。在这里我说的是人民！人民——你们好心肠的人们惊异地想着:你们与人民有何关系？——人民整个地弥漫着警察的意识。谁只有否认了他的自我,进行了“自我否定”,谁才使人民感到欣喜。

蓓蒂娜在该书中还十足好心肠地认为国家是患了病并希望它痊愈。她想通过“民众领袖”[①]来使国家痊愈。然而国家并没有病,当国家拒绝那些欲图为每个个人、为“全体”谋得些什么东西的民众领袖的时候,它是劲头十足的。国家为它的信徒配备了最优秀的民众领袖、民众导师。按照蓓蒂娜的说法,“国家应该发展人类的自由萌芽,否则的话国家就是母乌鸦并只为觅食而操心!”[②]国家不能是其他样子,恰恰是因为它要为“人类”操心(再说人类必将成为“人道”或“自由”的国家),“个人”对于它来说就是乌鸦食。而在另一方面,那个市长说得又是何等正确啊:“什么？国家没有其他的义务,仅仅是患不治之症的病人的看护者？这是不行的。历来健全的国家都摒弃有病的成分,而且从不把自己与其混杂起来。国家大可不必吝啬它的树液。毫不犹豫地剪掉多余枝杈,为的是使留下的枝条花朵盛开。——不要为国家的严峻而战栗,国家的道德、政策和宗教要求国家这样做。不要指控国家没有感情,国家的同情心是反对这么做的,然而它的经验感到唯有这种严厉方有出路可言。有些疾病只能用烈性药方可奏效。医生如果对一种病作出这样的诊断,却胆怯地用上治表的药,那就绝

① 蓓蒂娜,《呈献给国王的书》,第 376 页。

② 同上书,第 374 页。

不会治好这种病，也许在或短或长的挣扎之后，久病的人就要死去！”[①]妇女的见识！“如果你把死作为烈性药来使用，那么又如何进行治疗呢？”那是不对的。国家运用死并非是针对自己，而是针对有害部分；国家挖去了一个对它有害的眼睛等等。

“拯救有病的国家的唯一出路是让人在它那里繁荣起来。”[②]如果人们在此像蓓蒂娜那样把人理解为“人”的概念，那么她就是对的：“有病的”国家将通过“人”的繁荣而得以痊愈，因为每个人越是迷恋于“人”，国家在此的状况就越好。然而若将人理解为个人、理解为“全体”（作者尚是游离不定的，有时会如此做，因为她对于“人”的理解还是不明确的），那么听起来就像是说：对于一个有病的强盗集团来说，拯救的唯一道路是让忠诚市民在它那里繁荣起来！然而在这里，强盗集团恰恰是作为强盗集团而走向灭亡，由于它已感到了此点，故而它宁愿射死每个有成为“正派汉子”倾向的人。

在这本书中，蓓蒂娜是一个爱国者，而且还是博爱者、社会改良主义者。她，该书标题的精灵，一切希望挽回古代的善良信仰和与此相关东西的人都以同样态度对现存制度表示不满。只不过当政治家、国家公职人员和外交官把毁坏国家这一过失推给居心不良者、“诱惑人民者”时，她的想法正相反，认为恰恰是前者才毁坏了国家。

普通的罪犯是什么呢？这不就是那种不去追求属于自己的东

---

① 蓓蒂娜，《呈献给国王的书》，第 381—382 页。

② 同上书，第 385 页。

西而竟去追求属于人民的东西,犯下致命的错误者吗? 他寻求他人的可鄙的财产,他做了信徒们追求属于神的东西所做的事。向罪犯提出规劝的神甫做的是什么呢? 神甫向罪犯指出他犯了大罪,他的行为亵渎了国家奉为神圣的东西,亵渎了国家的财产(国家臣民的生命也包括在内);对此,神甫也许毋宁这样指责罪犯:他之所以玷污了自己,是因为他没有鄙视别人的东西,竟认为是值得偷盗的。如果他不是神甫,他也许能做到这一点。如若你们与所谓罪犯讲话就像与利己主义者讲话那样,那么他就感到惭愧:并非为他犯了反对你们的法律和财产的罪而惭愧,而是为他认为值得规避你们的法律、值得向你们的财产提出要求而惭愧;他会感到惭愧,如若他没有鄙视你们和所有你们的人,如若他在很少的程度上是利己主义者。但是你们不能以利己主义的方式与他谈话,因为你们没有如罪犯那样伟大,你们犯不了什么罪! 你们不知道,本来的自我不会放弃成为一个罪犯;犯罪即是他的生命。虽说你们相信:"我们皆是罪人",却尚须知道此点。你们还考虑摆脱罪孽,因为你们害怕魔鬼,这就是说你们不懂得:犯罪即是一个人的价值! 啊,但愿你们是有罪的! 这样你们就是"公正的人"。好吧,让你们的主子能漂亮地胜任一切事情!

如果基督教意识或基督教的人们制订一个刑法法典,在此犯罪的概念除了恰恰是——缺乏心意外还有其他什么吗? 任何对诚挚的关系的叛离与侮辱,任何对圣物的无心意的态度均是犯罪。关系愈是诚挚,那么对它的嘲讽就愈是引人注目,犯罪就愈要受到惩罚。每个臣服于君主者均要爱他:否认这种爱是死有应得的大逆不道。私通是一种应予惩罚的无心意的表现,有人对于婚姻的神圣性没有心意，没有热情，没有激情。只要心意或情感决定法律，那么就只是有心意或注重情感的人享受法律的保护。注重情感的人立法本来只不过是意味着道德家立法：有什么东西是违反这些人的“道德感情”的，他们就严禁什么。在这些人的眼中，诸如不贞、叛离、违反誓约，简言之对古来所尊敬的联系的一切彻底决裂和一切破裂怎么会不是卑劣和犯罪的呢？谁与情感的这些要求决裂，他就与一切道德家、一切注重情感的人为敌。如同某法律草案充分地证明了的那样，只有克鲁马赫尔及其一伙才是首尾一致地提出一部心意的刑法法典适当的人选。基督教国家的首尾一致的立法工作必须完全放在神甫的手中。然而一旦立法只为神甫的仆人（他们往往只是半个神甫）所掌握，那么立法就变得不纯粹和前后不相一致了。在这之后每种无情感状况、无心意状况才能作为一种不可饶恕的罪行予以确认；而后每一情感的激动才遭到诅咒；批判和怀疑的每一异议才遭到强烈谴责；而后本来的人在基督教意识面前才生来就是一个确凿的罪犯。

革命的人们经常将人民“正义的复仇”说成为它的“权利”。复仇与权利在这里同时出现了。这是自我对自我的态度吗？人民呼喊道：反对党对人民犯下了“罪行”。如果不假定一个人必须以我所称赞的方式行动，我能否假定他是对我犯了罪呢？我将这一行动称之为正义的、善的行为等等，而将与此不一致的行为称之为犯罪的行为。因此我认为：其他人务须随着我向同一目标前进。这就是说我并不像对待唯一者（唯一者在自身中带着他们的法律并据此生活）那样来对待他们，而是当作应该服从某种“合理的”法律的存在来对待之。我规定：“人”应当是什么，怎样才算“真正像人一样地”行动；我还要求每个人：这一法律应成为他的准则和理想；不然他就自己表明自己是“罪孽者和犯罪者”。“法律的惩罚”必降于“有罪者”头上！

人们在这里看到：又如何再度是“人”，他使犯罪、罪孽的概念以及权利的概念存在下去。一个人，如若我在他身上认不出“人”来，那么他就是“罪人、有罪者”。

只有反对圣物者方是罪犯。你反对我就从不能成为一个罪犯，而只是一个反对者。然而对损伤圣物者不予憎恨就已经是一种犯罪，如同圣茹斯特针对丹东所呼吁的那样：“你对祖国的敌人不憎恨，你不就是一个罪犯并要对此负责吗？”①

如果像在革命时期那样，把“人”理解为“善良市民”；那么从这“人”的概念中就产生了众所周知的“政治过失和罪行”。

总之，个人、个别的人被当作渣滓；反之，一般的人则被尊奉为“人”。这种精灵各如其分地被称为基督教徒、犹太人、伊斯兰教徒、善良市民、忠诚的臣民、自由者、爱国者等等，同样地，那些想把关于人的离经叛道的概念推行下去的，以及想把自己贯彻到底的人们，就各如其分地在胜利的“人”面前倒毙。

不管用怎样的临终涂油式，这里在法律、至上的人民、神等名义下进行着屠杀！

如果受迫害者在严酷的、僧侣式的法官前狡猾地隐蔽自己和维护自己，那么就有人骂他们是“伪善者”，如同圣茹斯特在弹劾

① 圣茹斯特：《弹劾丹东的演说》，1791 年 3 月 31 日于国民代表大会。载《十八、十九世纪政治讲演录》，编者：阿道夫·鲁滕贝格，第 3 卷，第 166 页，柏林，1844 年。

丹东的演说中对那些人作出指控那样。[①] 人们就该是个蠢人并将自己奉献给他们的摩洛克神。[②]

从固定观念中产生了犯罪。婚姻的神圣性是一个固定观念。从神圣性中可以得出：私通就是犯罪，因此某种婚姻法就对此给予一种或短或长的刑罚。然而这种刑罚必定被呼喊"自由是神圣的"那些人看作是反对自由的一种犯罪，而且也只有在这一意义上，舆论才谴责婚姻法。

尽管社会欲图使每个人达到他的权利，然而只能达到社会所认可的权利，社会权利，而并非真正达到他的权利。我却由于自己力量的完整性而自己给予自己权利或从我自己处取来权利，并且对于任何优势的力量来说，我都是一个最不思悔改的罪犯。我的权利的所有者和创造者——我，不承认除我之外的任何其他权利源泉——既不承认神、国家、自然，甚至也不承认有着他的"永恒的人权"的人，不承认神的或人的权利。

这是"自在自为的"权利，因而与我没有关系！这是"绝对的权利"，因而与我相分离！一个自在自为地存在的东西！一个绝对的东西！一种永恒的权利，如同一种永恒的真理那样！

按照自由主义的思维方式，权利对于我来说是有约束力的，因为权利是由人的理性所确定，由于我的理性反对这一理性，故而就成为"非理性"。过去，人们以神的理性的名义起劲地反对虚弱的人的理性；现在，则以强大的人的理性的名义反对当作"非理性"予

① 《政治讲演录》，第153页。

② 古代腓尼基人所信奉的火神，以人体为祭品。——译者

以抛弃的利己主义的理性。既非神的也非人的理性，而只有你的和我的各异的理性才是现实的，正好像因为你与我是现实的那样。

权利的思想原来即是我的思想或者说在我那里它有着它的起源。但如果思想挣脱了我，如果“话”已出口，那么它就“变成了肉”、变成一个固定观念。现今我无法与思想脱离，无论我转身到哪里，它总是站在我的面前。这样，自己创造出“权利”思想的人们就不再是“权利”思想的主人：他们的创造物却携带着他们逃走了。这就是从我这里分离与解脱出去的绝对权利。当我们将其作为绝对的东西来尊敬，我们就不再能把它吸收回来；而它则夺走了我们的创造力量；被创造者高于创造者，是“自在自为的”。

一旦不让权利再自由地逍遥，一旦将其拉回到它的起源、你那里去，那么它就是你的权利，而且是与你相适合的权利。

权利在其自身亦即从权利的立场出发必定要遭到一场进攻：自由主义一方反对“特权”的宣战。

特权与平等的权利，围绕着这两个概念进行着一场顽强的斗争。拒绝或容许说的该是相同的东西。哪里有那么一种力量，无论它是一种虚幻的力量如神、法律也好，或一种现实的力量，如我、你也罢，在它面前不是一切人都是平等的？即在它面前个人的威望是不起作用的吗？神对每个人都是同样地爱，如若他崇拜神的话；每个人对于法律来说都是同样合意的，只要他是守法的。无论神或法律的爱慕者是驼背或瘸子，无论他是穷的或富的等等，这一切对神和法律来说都是无所谓的；同样，当你快要淹死之际，那么，你爱援救者不管他是黑人还是最优秀的高加索人，是的，在这种情况下，你敬重狗不亚于敬重一个人。然而，从另一个角度看，对人谁不都有个好恶之分吗？神以它的盛怒惩罚恶人，法律严惩不法之徒，你欢迎某人在任何时候来访问你而对另一人则指着门让他走。

"权利的平等"完全是一个幻象，因为权利不多不少恰恰是一种许可，即一种恩惠事宜，而且它也是人们通过他们的功劳就能赢得的；因为功劳与恩惠彼此是并不矛盾的，故而恩惠也欲望"立下功劳"，而我们恩惠的微笑也只是归于那种知道如何逼取我们这样微笑的人。

这样，人们就梦想着："一切国家公民应权利平等地肩并肩地站着"。作为国家公民，他们对于国家来说确乎全体是平等的，只是依据国家的特定目的，国家把他们区分开来，或者偏爱，或者冷遇，更有甚者，国家还把他们分为好公民或坏公民。

布鲁诺·鲍威尔解决犹太人问题是从这样的立场出发的：他认为，"特权"是不正当的。因为犹太人和基督教徒彼此都有比对方优越的若干长处，而拥有这些长处的他们是排他性的，因此在批判者的目光前，他们就化为乌有。对他们的指责也同样适用于国家。这是国家认可了他们的长处因而赋予"特权"或优先权，这样国家就自己侵犯了成为"自由国家"的天职。

但是每个人总要有优于其他人的若干长处，即他自己或他的独自性：每个人之所以保持为唯一的或排他的，其原因正在于此。

每个人又同样在一个第三者面前使他的特性尽可能好地发挥作用。如果他欲再次赢得后者的话，他还试图在后者面前使这种独自性表现出魅力。

第三者应对一个人与另一个人之间的差异毫无感觉吗？人们

对自由国家或人类的要求就是这一点吗？这样的话，他们就必定全然是没有自己利益的，而且没有能力对任何人寄予同情。人们就将毫无所谓地既不考虑神把它的信徒与恶人区分开来，也不考虑国家知道把善良市民与恶劣市民作出区别。

然而人们所寻求的恰恰是不再授予“特权”的第三者。它就叫做自由国家、人类或诸如此类的什么。

由于基督教徒和犹太人维护特权，因而他们被布鲁诺·鲍威尔压在很低的位置上，这样，他们就必须能够而且应该通过自我否定或大公无私把自己从他们的狭隘的立场中解放出来。如若他们摆脱了他们的“利己主义”，那么他们双方的不公道就没有了，整个基督教和犹太教的宗教性也就随之消失了：他们中的任何人均不必欲图成为某种特殊的东西。

然而即使他们放弃了这种排他性，导致他们的敌对行为的基础却确实没有由此而被抛弃掉。充其量他们找到一个在那里他们能够彼此结合的第三者，找到一个“普遍的宗教”，一个“人类的宗教”，即一种平等化。然而，如果一切犹太人均变成了基督教徒，这样一方对另一方的“特权”就结束了，就毋须并不是更好的上述做法了。尽管紧张已消除了，然而在这之中存在的不是两者的本质，而只是意味着他们的相邻。作为彼此相异的存在，他们必然是紧张的，而不同性则总是保留着。这确实不是你的错误：你要对付我，就要自己紧张起来并保持你的特性和独自性，你不能让步或否定你自己。

如果人们只想“消除”对立，以便为第三者，“互相结合者”腾出空间的话，那么，人们对于对立意义的理解就是太形式和浅薄的了。相反，对立会变得更尖锐。作为犹太人和基督教徒，你们处在一种微弱的对立之中而且你们只因宗教而争辩，一如为皇帝的须髯、为琐事争辩那样。在宗教上尽管是敌人，在别的方面你们仍是好朋友，而且譬如说作为人彼此是一样的，虽则其余方面在每个人那里都是不一样的。如果你们完全承认自己的对立，而且每个人又都要从头到脚肯定自己是唯一者的话，那么你们就不再会仅仅掩饰你们的对立了。而后先前的对立无疑就消融了，然而，这仅仅是因为一个更尖锐的对立替代了前者。

我们的弱点并不在于我们与他人是在对立之中，而在于：我们的对立并非是完全的，也就是说，我们没有完全与他们相分离。换言之，我们的弱点在于我们寻求一个"共同体"，一种联系，在于我们对于共同体有一种理想。一种信仰、一个神、一个观念、一顶为一切人的帽子！如果把一切人置于一顶帽子底下，那么当然不会有人需要在他人面前脱下帽子了。

最终和最有决定性的对立、唯一者对唯一者的对立从根本上说是超出了可以称之为对立的那种东西的范围，而且没有沉浸在"统一"和"一致"之中。你作为唯一者没有与其他人相同的东西因而也没有相分离和相敌对的东西；你在一个第三者面前并不试图寻找反对他的权利，与他在一起你既没有站在"权利的基础"上，也没有站在一个其他的共同基础上。对立消失在完全的分离或唯一性之中。这尽管能够被看作新的共同的东西或一种新的平等，然而平等在这里恰恰由不平等所构成，而且自身也只不过是不平等：一种平等的不平等，而且只是对于提供一种"比较"的人是那样。

反对特权的论战是自由主义的一个特征，它怒气冲冲地反对特权，因为它自己诉诸“权利”。然而自由主义充其量也不过只带来了怒气冲冲而已。因为特权不会在权利消失前消失，特权只不过是权利的一种形式而已，如若权利为权力所吞噬的话，也就是说，如若人们懂得：权力先于权利意味着什么的话，权利就分解为虚无。一切权利而后都宣布自己是特权，而特权自身则作为力量，作为优势力量。

与在最初的法官前，在“权利”之前按照法官的意图进行反对特权的温和的斗争相比，反对优势力量的激烈斗争不就必定显示出一种完全不同的面貌吗？

最后，我必须收回这种不彻底的表达方法，只有当我在权利的内脏中挖掘因而至少还须保留这个词时，才欲图继续使用这种方法。然而在实际上，与它的概念一起，这个词也失去了它的意义。我所称的“我的权利”就根本不再是“权利”了，因为权利只能为一种精神所授予，不管它是自然的精神或类的精神、人类的精神、神的精神或陛下、殿下的精神等等。我在没有赋予权利的精神情况之下所拥有的一切，都是我没有权利拥有的，我之所以拥有这一切，唯一和仅仅在于我的力量。

我不要求权利，因此我也不需要承认任何权利。我能给我自己夺取什么，我就给自己夺取什么，而我所夺取不了的，对此我也没有权利。我还以我的未失效的权利炫耀自己和聊以自慰。

与绝对权利一起，权利本身也消失了，“权利概念”的统治同时也被消灭。因为不能忘记的是：迄今概念、观念或原则统治着我们，而在这些统治者之中，权利概念或公正的概念起着一种最重要的作用。

给予权利或不给予权利,这与我毫无关系;只要我是强大的,那么我就可被自己授予权力并不需要任何其他人来授予权力或给予权利。

权利是一种怪想,是幽灵所授予;而权力它就是我自己,我是权力的强者和唯一者。权利超越于我之上,是绝对的,它存在于比它的恩惠流向我处更高的地方:权利是法官的一种恩惠赠与;而力量和权力则只存在于我——权力者和强者这里。

第二节　我的交往

在社会中,人的要求能最大限度地得到满足;而对利己主义的要求则诸多限制。

因为现代除了对“社会问题”外,没有对任何其他问题表现出一种如此活生生的兴趣,这对每个人来说几乎都是如此的,故而人们就必定特别注意社会。是的,如果对此所抱的兴趣较少激情和困惑,那么在观察社会时,就不会从眼中如此多地丧失个人而且将会认识到:只要构成和组成社会的人依然是旧人,社会就不能变成新的社会。如果说在犹太民族中产生一个传播关于世界的新信仰的新社会,那么这些使徒就不能依然是法利赛人。

你是什么,你就如何举措,你就如何来对待人们:伪善者就是伪善者,基督教徒就是基督教徒。因此社会成员的性质决定了社会的性质:他们是社会的创造者。如果人们连“社会”这一概念本身也不欲考察的话,那么人们至少要承认这一些。

人们离开让自己达到充分的发展和发挥作用这一点甚远,他们迄今没有将他们的社会建立在自己的基础之上，或更确切地说：他们只是建立了“社会”且能在社会中生活。各种社会亦即总是人物，强大的人物，所谓“有道德的人物”，即精灵。在精灵的面前，个人有着相应的怪想、有着对精灵的恐惧。作为这样的精灵他们可以最贴切地冠之以“人民”以及令人尊敬的“小人民”的名称：祖先人民、希腊人民等等，最终则是人的人民、人类（阿纳夏尔西斯·克洛茨[①]醉心于人类的“民族”），而后对人民，这一能够和必然拥有它的特殊的各种社会的“人民”作出区分：西班牙人民、法兰西人民等，在这之中又可划分为各等级，等级简言之即各种团体，最后在最极端的细分中又可划为家庭的小小人民。如若不把至今各社会中的幽灵出没的人物说成是人民，在此也许能称之为两个极端：这就是不是“人类”即是“家庭”，两者都是“最自然的统一”。我们之所以选择“人民”一词，是因为人们把它的词源说成是希腊词“多数”或“大众”的意思，然而更多的原因是因为“人民的努力”今天已提到议事日程上，也因为晚近的叛逆者尚没有动摇这一不可靠的人物，尽管另一方面后一考虑必然优先采用“人类”这一表述，因为他们在一切方面均是醉心于“人类”的。

故而人民——人类或家庭——自此以来如同所表明的那样，演出了历史：在这些社会中，不应出现利己主义的利益，而仅仅出现普遍的、民族的或人民的利益、等级利益、家庭利益和“普遍的人的利益”。是谁使民众（历史叙述了他们的消亡）垮台？除了寻求他的满足的利己主义者还有谁！一旦某种利己主义利益偷偷滋

① 克洛茨（1755—1794）：法国（普鲁士血统）空想理论家。——译者

长起来，那么社会就“败坏”并走向它的崩溃；一如罗马帝国以它的发达的私权所证明的那样，或如同基督教用不可阻止侵入的“理性的自我规定”、“自我意识”、“精神的自治”等等所表明的那样。

基督教民族产生了两个社会，它们的持续时间与那一民族的存在时间是一致的。这两个社会即是国家与教会。能把它们称为利己主义者的联盟吗？在它们那里，我们追求的是一种利己主义的、个人的、自己的利益，或者我们追求的是一种大众的（民族的，亦即一种基督教民族的利益）也就是说一种国家的和教会的利益？在它们那里，我能够而且可以是我自己吗？我可以思想和行动如我之所欲？我可以表现自己、发展自己和为自己经营吗？我一定不能触动国家的尊严、教会的神圣吗？

对了，我不可以如我所希望那样地去做。然而我将在任何一种社会中找到一种得到允诺的漫无节制的自由吗？绝不！因此我们尚能够是满意的吗？绝不！究竟我是在自我那里，或是在人民、普遍者那里被撞回，这是一种不同的事。在前一场合，我是我对手的出身平等的对手；在后一场合，我是一个遭蔑视、遭束缚和遭监视的对手。在前一场合，我从事着汉子对汉子的斗争；在后一场合，我是一个对我的同学束手无策的小学生，因为他求助于父亲与母亲并躲藏在围裙之下，而我作为粗鲁的孩子遭训斥而且不可以“申辩”。在前一场合，我与一个有形体的敌人斗争；在后一场合则是反对人类，反对某种普遍的东西，反对“尊严”，反对幽灵。但是对我来说，没有尊严的东西、没有神圣的东西是一种受限制的东西，是我知道如何征服的东西。只有我所不能征服的东西才限制我的力量，而由于力量有限，我就暂时是受限制的我，之所以受限制并非是由于在我之外的力量，而是由于缺少自己的力量，由于自己的无力。然而，“近卫兵宁死不屈！”总而言之，只有一个肉体的对手！

> 我所能见到的和盯着的每个敌手，
> 我都敢与其拼搏，
> 充满勇气的他激励起我斗争的勇气……

无疑，许多特权者会随着时间的消逝而消灭，然而仅仅是为了公众的幸福，为了国家和国家的福利，而绝不是为了增强我的福利。譬如世袭诸侯制度之所以被取消，只是为了使唯一的君主、人民的君主、君主的权力得以增强：在一人之下的诸侯制由此而变得更加严酷。取消特权只是有利于君主，这个君主就叫做：“王侯”或“法律”。在法国尽管市民不是国王的家臣，然而由此却成了“法律”（宪章）的家臣。从属被保存了下来，基督教国家只是承认：人不能服务于两个主子（领主与君侯等）；这样，一个人就得到一切特权；于是他又能将一人置于他人之上，能够造就“居于高位的人”。

然而，公众的幸福又为我操了什么心呢？作为这样一种公众的幸福并非是我的幸福，而只是自我否认的极端。当我不得不“卑躬屈膝”之时，公众的幸福就能大声欢呼；当我饥肠辘辘之时，国家却是容光焕发。还有什么比政治上的自由主义者将人民与政府对立起来，谈论人民的权利更愚蠢的呢？因为这样人民就该是成年了。就仿佛谁没有嘴却能成年似的。[1] 只有个人能够成年。如果出版自由作为一种“人民权利”提出的话，那么整个这一问题就被头足倒置了。它只是个人的一种权利或毋宁说是个人的力量。如果人民有了出版自由，那么尽管我在这一人民之中却没有这种自由：人民的自由并非是我的自由，而作为人民的自由的出版自由一旁必定有矛头指向我的出版法。

这一切言论必须对当今种种追求自由的努力通行有效：

人民的自由并非是我的自由！

让我们使这个范畴适用于人民的自由和人民的权利，譬如每个人可以服兵役是人民的权利。那个人不就丧失了这样的权利吗？个人不会丧失他自己的权利，然而却会丧失不属于自我，而是属于人民的权利。我为了人民的自由的缘故可以被监禁，可以作为囚犯失去服兵役的权利。

自由主义作为创造人民自由、联合体的自由、“社会”的自由、普遍的自由、人类的自由的最后尝试而出现，作为一个成年的人类、成年的人民的梦幻、一个成年的联合体、成年的“社会”的梦幻而出现。

一国人民只有以牺牲个人为代价方能是自由的；因为在这一自由之中，不是个人而是人民才是主要关键。人民愈是自由，个人就愈是受束缚：雅典人民恰恰在最自由的时期创立了贝壳放逐法[2]，放逐无神论者、毒杀最正直的思想家。

---

① 德语中“成年”一词是“Mund”（嘴）加后缀“ig”构成的（mündig）。——译者

② 纪元前496年开始在古希腊实行的一种法令，由公民将他认为对国家有危害的人的名字记在贝壳上进行投票，逾半数者，则被放逐国外十年。——译者

人们不是为苏格拉底的良心所感动吗？由于这种良心使他拒绝越狱的建议。他是一个傻子：他使雅典人有权利对他进行审判。就好像这样他仅仅是实现了权利。为什么他还与雅典人站在同一的基础上！为什么他不和他们决裂？如果他知悉和能够知道，他是何许人，他就不会给予这些审判官以任何权限、任何权利。他没有脱逃，这恰恰是他的弱点，他的妄想：他与雅典人有着共同的东西；或者是认为：他是人民中的一个成员、一个单单的成员。然而恰恰相反，他是在个人形态之中的人民自身，而且只有他才能是他自己的审判官。他确实对自己作出一个公开判决而且还自我评定有进入元老院的价值，在这种情况下，超越于他之上的审判官是没有的。他必须坚持住这点，而且要如同他没有对自己宣布死刑那样，他应该蔑视雅典人的死刑判决并逃脱之。然而他使自己服从了并在人民之中认出了他的审判官，在人民的尊严前把自己想得很卑微。他唯一能够屈从的权力却把它当作一种“权利”来服从，这是对他自己的一种背叛：这是道德。据称放弃了对他天国军团的权力的基督，由此为叙述者加以同样的疑惑。路德做得非常好和聪明：让用书面保证来确保他的沃尔姆之行的安全；而苏格拉底本应知道：雅典人是他的敌人，只有他自己才是他的审判官。有关“法治、法律”之类的自我欺骗必定让位于这样的观点：关系均是一种强力的关系。

希腊的自由以讼棍的伎俩和阴谋诡计而告终。为什么？因为普通的希腊人达不到即使是他们的思想英雄苏格拉底也未能得出的结论。讼棍的伎俩除了是利用现存的东西，而不将其消灭的一种方式外，还有什么呢？我也许能够添加上“为了自己的利益”，然而事情在于"利用"。这样的讼棍就是把神的言论"曲解和牵强附会"的神学家；而如果"现存的"神的言论根本不是的话，还有什么要他们来歪曲的呢？这些动摇和歪曲"现存制度"的自由主义者就是如此。如同那些法律曲解者那样，他们全都是曲解者。苏格拉底承认权利和法律；希腊人继续保留着法律和权利的权威。如果他们想在这一承认之中同时寻求他们的利益，如果每个人都主张自身的权利，那么他们就必须在对权利的歪曲和阴谋中来寻求它。天才的阴谋家阿尔西拜阿底斯使希腊进入了"衰落"时期；斯巴达克人吕桑德和其他人指出：阴谋一般变成了地道的希腊的东西。希腊法（希腊诸城邦就以其为基础）必然遭到这些城邦内部的利己主义者的歪曲和颠覆。为了个人变得自由，城邦就走向灭亡。希腊人民消亡，因为个人关心自己要甚于关心人民。总而言之，一切国家、宪法、教会等等由于个人的退出而灭亡，因为个人是任何普遍性、任何束缚，即任何桎梏的不可调和的敌人。尽管如此，直到如今仍有人妄想：人，每一束缚的死敌，需要"神圣的束缚"。世界历史表明，还没有一种束缚会不可摧毁地保留着；还表明人不知疲倦地反抗着每种形式的束缚，然而有人却头晕目眩地一而再、再而三地想搞新的束缚，并且认为如果他们为人添上一个所谓自由宪章的束缚，一个美好的、立宪的束缚，他们就达到了正确的束缚：勋章的绶带，在"某人与某人"之间的信任的纽带，尽管看来已变得非常不结实，然而他们没有比从提携幼儿学步之带到裤带和领带更前进一步。

一切神圣的东西均是一种束缚和桎梏。

一切神圣的东西必将为法的歪曲者所歪曲；因此，在我们当今的一切领域中有众多的这样的曲解者。他们准备破坏法，为无法状态作准备。

可怜的被斥为拥有讼棍伎俩和诡辩术的雅典人，可怜的被斥为搞阴谋的阿尔西拜阿底斯。这恰恰是你们的精华、你们最初的自由步伐。你们的埃希路斯、希罗多德等人只欲拥有自由的希腊人民，你们最先预感到你们的某些自由。

人民压迫那些超出于它自己的尊严之上者：通过贝壳放逐法反对有势力的市民；通过宗教裁判反对异教徒；通过审问反对叛国者等等。

因为对于人民来说，事情取决于它的自我维系；人民要求每个人有"爱国的自我牺牲精神"。因此，对于人民来说，每个人就其自身而言同样是一个无。人民不能做，更不能忍受个人而且仅仅是个人必须要做的事情，即他的作用。每一人民、每一国家对于利己主义者均是不公正的。

只要还有个人所不准取消的制度存在，我的独自性和自我归附性就还很遥远。譬如当我必须宣誓要将自己束缚于一种宪章、敕令、法律并发誓将"肉体与灵魂"呈献给我的人民之时，我怎能是自由的呢？我如何能够是自己的，当我的能力发展只能以"不妨碍社会的和谐"（魏特林）[①]为度。

人民与人类的没落使我走向繁荣。

听吧，当我写到这里时，大钟开始鸣响，为明天欢庆我们亲爱

① 引文不确切；见威廉·魏特林：《和谐与自由的保证》，1842 年版，第 113 页。——德文版编者

的德国诞生千年而轰鸣。鸣响吧，鸣响吧，德国的丧钟！你们鸣响得足够庄严，就仿佛你们的舌头在移动中感觉到：这是给死者送葬。德意志人民、德意志民族已经度过了千年的历史：多么长的寿命！噢，去安息吧，长眠吧，这样受你如此长期束缚的所有人就将自由。——人民死啦。——我享安康！

噢你，我的受了许多折磨的德意志人民，什么是你的痛苦？那是一种思想的痛苦，思想不能为自己创造肉体；那是一种作祟的精灵的痛苦，这种精灵在每一声鸡鸣中化为乌有并且渴望着超度和完成。你在我之中也居住了很久，你，亲爱的思想，你，亲爱的幽灵。我几乎已经梦想到，我找到了你的超度的言词，为迷途的精神发现了肉与骨：在此，我听到把你带往永久安息的钟在鸣响；在此，最后的希望渐次消失；在此，最后的爱哼唱完毕；在此，我退出死者的空寂的屋子并回到生者之中：

因为唯有生者享有权利。

告别了，你这数百万人的梦幻；告别了，你这你的孩子的千年暴君！

明天人们要把你抬进坟墓，而后你的姊妹、人民将跟随着你。如果你们全体都如此随着去了，那么人类就要被埋葬，然而我仍是我自己，我是笑哈哈的继承人。

社会一词的词源是大厅。如果说一个大厅容纳许多人，那么这个大厅就使这些人在社会之中。他们在社会之中，他们充其量也不过形成一个沙龙社会，而且他们以沙龙的传统谈话方式进行交谈。如果产生了真正的交往,那么要把这种交往看作是与社会无关:交往能够进行或不能进行,不会改变称之为社会的性质。在大厅里的人即构成了一个社会,而不管有沉默不言的人,或者他们仅仅在空洞的客套中互相应付。交往是双方相互的关系,是行动、个人之间的交易;社会只是大厅的共同性,而在社会中,已经存在着一个博物馆大厅的雕像,他们是“被组合起来的”。人们大概会习惯地说:“人们共同掌握这个大厅”,然而情况倒是这样:大厅掌握我们或在自身中拥有我们。这就是社会一词的自然意义。在此表明了社会并非是通过我和你创造出来的,而是通过一个把我们组成两个社会成员的第三个因素。还表明了正是这第三个因素是创造者、社会的创造者。

一个监狱社会或监狱集体(享有同一监狱者)恰恰也是如此。在这里我们已经陷入了比仅仅以地点为第三个因素的大厅内容更丰富的第三个因素之中。监狱不再仅仅意味着一个空间,而是与它的居民有着明确关系的空间:其所以是监狱仅仅因为它是为监禁者准备的,而不在于它恰恰仅仅是一个建筑物。是谁给予在监狱中的聚集者一个共同的印记?显然是监狱,因为他们仅仅由于监狱而是囚犯。那么谁规定监狱社会的生活方式?监狱!谁规定他们的交往?是否还是监狱吗?当然他们只能作为囚犯而互相交往,亦即只是在监狱法规所允许的交往范围内,然而他们自身,我与你交往,监狱对此是不能施加影响的,相反,它必须注意防止这种利己主义的、纯粹个人的交往(而只有这样的交往才真正是你和我之间的交往)。一个监狱当然要为我们共同从事一项劳动而操心,开动机器,以至做任何一件事。然而我忘记了,我是一个囚犯，并与同样忽略了此点的你交往，这就要给监狱带来危险，它非但从不能这么干，而且从不允许此事。基于这一理由，神圣的和注重道德的法国议会决定实行“单独监禁”，而其他的圣者也做出相同的事情，以便铲除“败坏道德的交往”。监狱制度是现存的而且是神圣的制度，绝不容许破坏它的任何尝试。对这种性质的最轻微的攻击都是应予惩罚的，如同反抗神圣的东西那样，人本应为神圣的东西所约束和束缚。

如同大厅那样，监狱看来就形成了一个社会，一个集体，一个共同体（如劳动的共同体），然而没有交往、相互关系和团结。相反，在监狱中的每一团结在自身中带来了一种“阴谋”的最危险的种子，这种子在最有利的条件下就能够发芽成长和结果。

当然，通常人们并非是自愿进入监狱的，而且极少自愿留在那里，而是抱着对自由的利己主义要求。故而在此更确切地说是表明了：个人的交往是敌意地对待监狱社会的而且旨在寻求恰恰是这种社会、共同拘禁的消灭。

因此我们就寻求这样的共同体，如同所表现的那样，我们愿意和自愿留在那里，而没有想通过我们利己主义的欲求来危及这一共同体。

作为所要求性质的一个共同体首先出现家庭。双亲、夫妇、子女、兄弟姊妹等形成了一个整体或构成了一个家庭，能够为家庭的扩大效劳的尚有吸收进来的旁系亲族。家庭只有而后才成为真正的共同体，如果家庭的法规、孝道、家庭爱为它的成员所遵守的话。一个儿子如果把双亲和兄弟姊妹看得无关紧要的话，那么他不过过去是儿子；因为在此儿子之道不再表明自己是起作用的，故而它不再有比早就过去了的通过脐带表明的母子关系有更大的意义。他曾经在这一肉体的联系中生活，这一既成事实是取消不了的，而在这方面他无可否认地仍然是这一母亲的儿子和她的其他孩子的兄弟。然而，对于一个持续的关系来说只有通过持续的孝道，这一家庭的精神方能产生。个人只有把家庭的存在作为他们的任务，他们才在完全的意义上是家庭的成员；只有作为保守的他们才不怀疑他们的基础——家庭。有一件事情对于每一家庭成员来说必须是确定和神圣的：即家庭自身，或说得更明白些：孝道。家庭应该生存，只要家庭成员没有感染上与家庭为敌的利己主义，对于他们来说，这就是一个不可触犯的真理。一言以蔽之：如果说家庭是神圣的，那么它的成员就不能摆脱它，否则的话他就成了家庭的“罪人”。他从不许追求一种与家庭为敌的利益，如不缔结门户不当的婚姻。谁这样做，谁就“有伤家庭体面”，使家庭蒙受耻辱。

如若在某一个人那里利己主义的欲求没有足够的力量，那么他就顺从，缔结一个与家庭的要求相适应的婚姻，获得一个与家庭地位相协调的职衔等，简言之他“使家庭体面”。

反之，如若在他的血管里，利己主义的血液火热地沸腾，那么他宁愿成为家庭的“罪人”，回避家庭的法规。

两者中什么更扣动我的心弦：家庭的幸福抑或是我的幸福？在无数的情况下，两者彼此和平相处，家庭的利益同时也是我的利益，反之亦然。因此很难判定，我究竟是为自己还是为公共利益作出考虑，而我也许乐意用我的大公无私来谄媚我自己。总有那么一天，那时一个非此即彼的抉择使我颤抖不已，那时我正着手玷污我的族谱、双亲和兄弟姊妹。而后如何？于是将表明：我在我的良心的基础上是如何考虑的，于是将真相大白，对于我来说是否在任何时候孝道要高于利己主义，于是自私者将不会在大公无私的外表之前躲藏起来。在我的心灵中升起一个愿望，它每时每刻发展成长为激情。谁随即就想到会导致反对家庭精神、孝道的即使是最轻微的想法在自身中就带着反对此种精神的过错，谁在最初时刻马上就完全意识到这种事！《罗密欧与朱丽叶》中的朱丽叶，她的情况就是如此。不受拘束的激情最终变为无法驯服并搞垮孝道的大厦。你们无疑会说，家庭由于固执而抛弃了把他们的激情看得重于孝道的执著于自己意志的人。善良的新教徒卓有成效地运用这一口实反对天主教徒而且自己也相信此点。然而这恰恰是一种遁词，除了为自己推诿过失，岂有他哉。天主教徒重视共同的教会联盟，并从自己那里逐出异教徒，因为后者对教会联盟没有如此重视，不能为联盟牺牲他们的信念。前者坚持联盟，因为联盟，天主教的，即共同的和单一的教会对于他们来说是神圣的；相反，后者则轻视联盟。不孝者的情况也是如此。他们并不是被逐出，而是自我放逐：他们看他们的激情、他们自己的意志要比家庭的维系还重。

然而有时在一个比朱丽叶少些激情和自己意志的心中会闪现出另一种愿望。顺从的姑娘为家族的和平作出了**牺牲**。人们也许会说，即使在这里也是自私占优势，因为决定产生于感情：顺从的姑娘由于家族的统一要比完成她的愿望更感到满足方才这样做。情况可能如此。然而如若利己主义为孝道作出牺牲，确实证据存留着，情况又将如何？如若反对家族和平的一个愿望，在它被牺牲之后，至少作为一种牺牲（为神圣的联系所作出的牺牲）的记忆保留下来,情况又将如何? 如若顺从的姑娘知道她自己的意志没有被满足地搁在一边,而又必须恭顺地屈服于更高的势力,又将如何? 屈服和作出牺牲,因为孝道的迷信向她进行着它的统治!

前一种情况利己主义胜利了,后一种情况则是孝道得胜,利己的心脏流血。在前一种情况下,利己主义是强大的,而在后一种情况下它是弱小的。我们早就知道,弱者是无私者。家族照料他们这些家族的弱小成员,因为他们属于家族,是家族成员,他们并非是属于自己和能够自己照料自己。例如,当黑格尔欲把选择孩子配偶的事交给双亲时,他就赞扬了这种弱点。

作为神圣的共同体(个人有义务服从它),家族也有司法的职能,维利巴尔德·亚历克西斯[①]在《卡巴尼斯》中就描述过一个这样的"家族法庭"。在那里父亲以"家族会议"的名义将不顺从的儿子发配从军,并把他逐出家庭,以便用这一惩罚的行动洗刷清遭玷污的家庭。在中国的法律中有着家庭责任最彻底的发展,据此,全家要为个人的罪过连坐。

就严厉地惩罚背叛者而言,今天家族权力的手臂尚不够长(在大多数情况下,国家甚至防止剥夺继承权)。对于家族犯有罪行者(家族的犯罪者)只要逃遁到国家的领域内就能因此而自由;这就像国家的罪犯只要逃到美洲,他的国家就不能惩罚他那样。损害他的家庭者、不规矩的儿子将被保护起来不受家族的惩罚,因为国家这个庇护者从家族的惩罚中夺走了它的"神圣性"而且污辱它:国家宣布这种惩罚仅仅是"复仇":国家阻止这种惩罚,这神

① 维利巴尔德·亚历克西斯(1798—1871):德国作家。——译者

圣的家族权利，因为在它的，即国家的“神圣性”之前这种家族的从属的神圣性，只要它与这一更高的神圣性相冲突就要黯然失色而不神圣了。没有这种冲突，国家就容忍这种较小的家族的神圣；在相反的情况下，国家甚至指示对家庭采取反抗行动，例如，一旦父母嗾使儿子对国家进行犯罪，国家就鼓励儿子拒绝服从他们。

这样，利己主义者就摧毁了家族的羁绊并在国家那里找到了反对已遭到很大污辱的家族精神的保护者。而今他又陷入何处呢？恰恰陷入一个新的社会之中，在那里等着他的利己主义恰恰是他刚刚摆脱的、同样的陷阱和罗网。因为国家同样是一个社会，而不是一个联盟，它是一个扩大了的家庭（“国父—国母—国家的儿女”）。

人们称之为国家的东西是依附和依恋的织物和网状物，是一个复合物，一个结合物。在那里共同的附属物互相适应，简言之，彼此互相依赖：国家是这一依附性的秩序。假若国王消失了，然而他的权威给予了一直到差役的一切人，那么这一切有着秩序意识的人将维持秩序、反对野蛮的无秩序。如果无秩序胜利了，那么国家就消灭了。

但是，这一互相适应、互相依附、互相依赖的爱的思想果真有能力赢得我们吗？这样，国家就是已实现了的爱、一切人的互相关心的存在、互相关心的生活。当我们注意秩序的精神，自己意志就会消失吗？如果秩序是由强权所维护的，也就是说注意没有人“伤害”其他人，亦即当芸芸众生被适当地予以分配和安置的时候，人们会不满意吗？这样而后一切就在“最佳的秩序”之中，而这最佳的秩序就正是叫做国家！

我们的那些社会和国家并非由我们所制造的存在，它们是不经我们的结合而结合的。它们是命定的，它们存在着或者说它们有着一种固有的、独立的存在，它们是反对我们利己主义者的永不消失的现存制度。当今世界的斗争，如人们所说的那样是针对"现存制度的"。然而，人们习惯于对此作出误解，就仿佛现存的制度应当为其他更好的制度所替换似的。但人们倒不如向现存制度本身宣战，亦即向国家（status 状况）宣战，而不是向某个特定的国家宣战，不仅仅是向国家的当前状况宣战。人们的目的不在于一个其他的国家（诸如"人民国家"），而是人民的联合、结合，这个一切制度不断流动的结合。一个国家即使没有我的协助它也存在着：我在国家之中诞生，受教育，对国家负有义务并必须"服从"国家。国家将我置于它的"宠爱"之下，而我则生活在国家的"恩惠"之下。这样，国家的独立存在奠定了我的非独立性。国家的"自然成长"，国家的组织要求我的天性不要自由发展，为了与国家相适应要加以修剪。为了国家能够自然成长发展，国家将"文明"的剪刀放在我身上，国家给予我的是与它相适应而不是与我相适应的教育与修养，还教训我诸如要尊重法律、不损害国家财产（即私人财产）、尊敬神的与地上的贵人等等，简言之，国家教我如何不受惩罚：我要为"神圣性"（一切东西都可能是神圣的，如财产、他人的生命等等）而"牺牲"我的独自性。国家所能给予我的文明和教养的形式就在于：国家把我教育成一种"有用的工具"，"社会的一个有用的成员"。

每个国家都必定如此做的，人民国家、专制国家和立宪国家均无不如此。只要我们拘泥于这样的错误:国家是一个自我,作为这样一个事物它给自己添上了一个“道德的、神秘的或国家的人格”的名称,国家就必定如此做。我,真实的自我必须把自我的狮皮从趾高气扬的食草动物那里剥下。在世界历史之中,我忍受了多种掠夺。在那里我让太阳、月亮、星辰、猫儿与鳄鱼如我所允许的那样重新领略荣誉;在那里出现了耶和华、阿拉和我们的父亲并得到了自我这一赠品;在那里出现了家庭、种族、民族以及最后甚至是人类,并作为自我予以尊敬;在那里出现了国家、教会并自称已成为自我,而我则静观一切。如若而后总有一个真正的自我在此出现并在我面前声称:这并非是我的你,而是我的真正的自我,这又有什么可奇怪的呢。如果说人之子杰出地做出了同样的事,那么为什么一个人之子就不能如此做呢?这样我看我的自我总是超越和在我之外并且不能达到真正的我。

我从不相信我自己,从不相信我的现在,而只在将来方看到我自己。孩子相信,如果他变成了成人,他才变为一个真正的自我,一个真正的汉子。成人考虑到:只有在彼岸他才变为某种真正的东西。而我们随即更近地接近现实,即使是最优秀者也彼此游说:人们务须把国家、他的人民、人类以及我所知道的一切置入自身之中,以便成为一个真正的自我、一个“自由的市民”、一个“国家的公民”、一个“自由的或真正的人”;他们也在假设的外来的自我中看到我的真理和真实及对其所作的献身。而自我的类型究竟是什么?一个自我既不是一个我,也不是一个你,而是一个幻想的自我,一个幽灵。

如果说在中世纪,教会尚且能够容忍众多类型的国家在它那里合一起来生存;那么在宗教改革之后,特别是三十年战争之后,国家就学会大度包容,让各种教会(各宗派)聚集在一个皇冠之下。然而一切国家均是带宗教性质的,如“基督教的国家”之类,并且它们均提出它们的任务:迫使不肯就范者、“利己主义者”处于非自然的羁绊之下,就是说要使他们基督教化。基督教国家的一切设施都旨在使人民基督教化。故而法庭的目的即是强制人们遵守法律,学校的目的是强制进行精神教养,总之,目标是:反对非基督教式的行为者保护基督教式的行为者,把基督教的行为提到支配的地位,使之形成一种势力。属于这种强制手段的既有国家,也包括教会。国家要求每一个人信仰特定的宗教。迪潘[1]最近驳斥僧侣说道:“授课与教育是国家的事。”

一切涉及道德原则的事情均是国家的事情。因此,中华民族的国家是深深地渗入到家庭事务中的。如果谁不首先是他的父母的好孩子,那么他就一无是处。在我们这里,家庭事务也完全是国家事务,只是我们的国家给予家庭的并非是胆战心惊的监视,它所给予的是信任;通过婚姻的缔结,国家对家庭加以束缚,而没有国家,这种联姻就不能解除。

然而国家使我对我的原则负有责任并对我提出一定的要求,这就使我能够讯问:我的“怪想”(原则)与国家又有什么关系?有很大的关系,因为国家是统治的原则。通常认为,在离婚问题上,以至在整个婚姻法方面,涉及的是教会与国家之间权利的分配尺

① 迪潘,安德列·玛丽·让·雅克(1783—1865):法国法学家和政治活动家。——译者

度。然而在此毋宁说是涉及是否应该有一种超越于人之上的神圣的东西实行统治,这种东西就叫做信仰或伦理法则(道德)。国家像教会同样作为它的统治者行事。教会建立在信仰的基础之上,而国家则建立在道德的基础之上。

人们谈论宽容和对反对派采取自由放任的态度等事表明是文明国家的特征。一些国家甚至连最放肆的集会也听之任之,这说明它们是足够强大的;同时其他国家则委派它们的警察搜查烟斗,然而如同对于其他国家那样,对于一个国家来说,在他们之中个人的游戏此起彼伏,他们这里那里的喧嚣、他们日常的生活,是一种偶然性,国家不得不听其自然,因为国家对此不能做什么。当然许多国家会挑出蚊子而吞下骆驼;而其他国家则比较聪明。在后一情况下,个人由于少些苦恼而“比较自由”。但是在任何国家中我都并不自由。美名远扬的国家的宽容恰恰只是对“无害的东西”、“无危险的东西”的一种宽容,只是对琐碎事务的自高自大,只是一个更值得尊重的、更伟大的和更骄傲的专制主义。国家在一个时期内似乎欲图超越于文字斗争之上,准许极其狂热地进行;而英国则超越于大众的喧嚣和抽烟之上。然而如若这些文字涉及国家的存亡,那么它就要倒霉;“危害”国家的大众谋叛则更没有好下场。在这某一国家中,人们梦想着“自由的科学”;而在英国,人们则梦想着一种“自由的民众生活”。

国家当然让个人尽可能自由地游戏,只是他们不可以当真,不能忘记国家。人不可以无所担心地与人打交道,不能没有“更高的监督和中介”。我不可以去做一切我有能力做的事,而只能做国家所允许的事。我不可以运用我的思想、我的劳动,根本不能运用我自己的东西。

国家总是只把限制个人、束缚个人和使其服从、使个人臣服于任何一种普遍的东西作为它的目标。只有个人并非是一切中的一切时，国家才存在，并且只是明确地是我作出的限制、我的局限、我的隶属。国家从来不会是旨在使个人自由行动，而是把这种行动与国家的目标联系起来，通过国家从没有共同的东西产生出来，就像人们不能称一个织物为一部机器的所有个别部分的共同劳动那样：它毋宁是作为一个整体的整个机器的劳动，是机器劳动。所有一切也以同样的方式通过国家机器而动作，因为国家机器推动各种精神的传动装置，没有任何精神遵循它自己的冲动。国家试图通过它的书刊检查、它的监视、它的警察来阻止任何自由行动，并且把这种阻挡看作是国家的义务，因为这在实际上是自我维持的义务。国家欲图从人之中搞出些东西，因此在国家之中，只生活着造出的人，想成为他自己的每个人都是国家的敌人。"他是无"就只不过是意味着：国家不用他，不给予他任何地位、官职、职业等等。

埃·鲍威尔[①]在《在德国的自由主义诸运动》第二册，第 50 页尚憧憬着"一个从人民中产生的、从不会站在人民的对立面的政府"。[②] 在第 69 页上，他却写道："在共和政体，不会有什么政府起作用，而是只有一种行政权发挥作用。这是一种纯粹从人民中产生的权力。它缺乏一种与人民相对立的独立的力量、独立的原则

① 在论述人道自由主义之后在附注中所说的，亦即在这里所引的书出版后随即写出的部分，与下面所述的是相关联的。

② 埃德加尔·鲍威尔：《在德国的自由主义诸运动》，1—2 册，苏黎世与温特图尔。

和独立的官吏，而是在唯一的、最高的国家权力之中，在人民之中有着它的基础、它的力量和它的原则的源泉。政府的概念故而根本不适用于人民国家。”在这里鲍威尔虽然把“政府”一词收回了，然而事情仍然是依旧故我。“产生出来、创立出来和涌现出来的东西”变为一种“独立的东西”并如同一个婴孩从母胎中分娩出来那样，马上就走到对立面。如若政府缺乏独立的东西和对立的东西，那么它就什么也不是。

“在自由的国家之中不存在政府云云。”（第 94 页）在此无非是想表明：如果人民是至高无上者，那么它就不受更高权力的驾驭。在君主专制中，情况会两样吗？存在一个对于至高无上者来说是在他之上的政府吗？在至高无上者之上，即在君主或人民之上，从没有一个政府，这是不言而喻的。然而在我之上，在任何“国家”中，均有一个政府，这在专制国家、共和制国家或“自由”国家内均是如此。我在一国家之中如同在另一国家中那样在这方面都是同样地糟。

共和国与专制王朝毫无二致：因为把国王叫做君主还是人民，反正都一样，因为两者都是“至尊”。恰恰是立宪政体表明了，没有人能够和可以仅仅是工具。大臣们支配他们的主人——君主；议员们则支配他们的主子——人民。在这里至少党派是自由的，就是说官僚党派（所谓民众党派）。君主不得不适应大臣们的意志，而人民则任凭议会的摆布。比起共和政体来立宪制度前进了一步，因为它是处于消融过程之中的国家。

埃·鲍威尔否认人民在立宪国家中是一种“人格”（第 56 页）；反之，那么在共和国内呢？是的，在立宪国家中人民是党派，而当人们要说起一般的"国家的"(第76页)道德的个人的话,那么党派就是一种人格。事实是:道德人,不管他被称为民众党派或人民或"主人",他绝不会是一个人,而是一个幽灵。

埃·鲍威尔继续阐述道:"监护是政府的特征。"(第69页)也许这更多是人民和"人民国家"的特征;监护是一切统治的特征。一个"将一切绝对的权力在自身中统一起来的"人民国家这一"绝对的主人"不会让我变得强大起来。"人民官吏"不要再称为"仆人、工具",因为他们"执行着人民的、自由、合理的法律意志"(第73页)。这是怎样的妄想啊！他认为"只有整个官僚阶级服从政府的观点,才会给国家带来统一"(第74页),他的人民国家倒也应该有"统一";在这里怎么可以缺少服从,对人民意志的服从呢?

"在立宪的国家中,整个政府大厦最终是建立在摄政者和他的意志的基础之上的。"(同上书,第130页)在"人民国家"中,情况会不同吗?在那里我不也是为人民的意志所统治吗?对于我来说,差别仅仅在于:我看到自己究竟是依附于君主的意志还是人民意志,即所谓"舆论"?如果说依附性即"宗教的关系",像埃·鲍威尔所正确指出的那样,那么对于我来说在人民国家中,人民就保留为一种更高的权力,"至尊"(因为在"至尊"之中,神和君主有着他们自己的本质),我与这种"至尊"就处于一种宗教的关系之中。——如同至尊的摄政者那样,至尊的人民任何法律也是达不到的。可以把埃·鲍威尔的整个尝试归结为主人的变换。看来他似应为唯一可以实现的自由、他自身的自由而操心,而不必为人民的自由而操心。

在立宪的国家中,最终专制主义自己与自己陷入斗争之中,因为它被炸裂为二：政府欲图成为绝对的，而人民也欲图成为绝对的。这两个绝对者彼此抵消。

埃·鲍威尔起劲地反对统治者决定于血统和机遇。如果"人民将变为在国家之中唯一的权力"（第132页），那么而后我们在人民那里就不会有一个因机遇而产生的主人？何谓人民呢？人民总不过是政府的躯体：许多人在一顶帽子之下（君主的帽子）或许多人在一个宪章之下。宪章即是君主。只要君主和人民两者不共同崩溃，他们两者就将继续存在。如果说在一个宪章之下有若干"人民"，如在古代波斯帝国，和在今天的情况下，那么，这些"人民"就只能作为"邦国"。对于我来说，人民在任何情况下均是一个偶然的力量，一种自然力是我必须征服的一个敌人。

对"有组织的人民"人们又作何设想呢（同上，第132页）？"不再拥有政府"的人民，它对自己实行统治。在那里没有自我突出出来由贝壳放逐法组织起来的人民。对自我的放逐，贝壳放逐法使人民成为独裁者。

如果你们说到了人民，那么你们也必定要谈到君主。因为如若人民应该成为臣民并创造历史，那么它就像一切行动者那样必须有一个头目，一个"最高首脑"。魏特林在《特利奥》中描述了这一切[①]，而蒲鲁东则认为：因此可以说，一个社会没有首领就不能生存。[②]

人民的声音现今总是被置于我们的前面，"舆论"则应当统治

① 威廉·魏特林：《和谐与自由的保证》，1842年版，第151页。

② 《论人类秩序的建立或政治组织的原则》，巴黎，贝桑松，1843年，第485页。

君主。当然,人民的声音同时是神的声音,然而它们两者都有什么用处? 至于原则的声音不就是神的声音?

在这里不禁使人回忆起“民族主义者”。要求德意志的三十八个邦国应该像一个国家那样行动,这就无异于要求由三十八只蜂王率领的三十八群蜜蜂应该合并为一个蜂群。这样无意义的要求必然被搁置一旁,全体蜜蜂都保持为蜜蜂。然而并非是蜜蜂作为蜜蜂集合在一起和能够互相合作,而只是驯服的蜜蜂与进行统治的蜂王相联系。蜜蜂与人民是没有意志的,引导他们的是他们的蜂王的本能。

如若有人向蜜蜂指出它们彼此都是平等的这样的蜜蜂性质,那么他就做了今人蜂拥地去做的相同的事:向德意志人指出他们的德意志风格。德意志风格在此恰恰与蜜蜂性质相仿佛:在自身中包含着分裂和分离的必然性,同时却没有一直推进到最终的分裂。我指的最终的分裂是随着分裂过程的充分进行而产生的这样的结局:人与人的分裂。整个德意志人尽管分成许多民族和种族,也就是说分在各蜂房,然而有成为德意志人的特性的个人如同个别的蜜蜂那样的无力。至于个人彼此则只能结合起来,一切民族的同盟与联盟是并且保持着机械的组合,因为只要至少在“民族”被看作是被结合物的情况下,联合者就是无意志的。分裂自身以最后的分裂而告终并转化为合并。

于是民族主义者就努力于建立起抽象的、无生命的蜜蜂性质的统一。可是有特性者却为自己所欲图的统一——联合而奋斗。一切反动愿望的特征是:它欲图建立某种普遍的抽象的东西,一种空洞的、无生命的概念;与此相反,有特性者努力于使强健的、有生命力的个别的东西摆脱普遍性的混乱。反动分子喜欢从地里造出一个人民、一个民族；有特性者眼前则只有自己。就主要方面而言，放在今天日程上的两种努力，即复兴地方权利、古代种族的区分（法兰克、巴伐利亚、鲁席察等）和整个民族性的复兴是重叠在一起的。德意志人只有在推倒他们的蜜蜂性质以及一切蜂房之后，换言之，只有在他们高于德意志人之后，他们才能一致，自己统一起来。只有在这一切之后，他们才能建立一个“德意志联盟”。为了再生，他们毋庸回到他们的民族性，回到他们的母胎中去，每一个倒是要回到自己中去。如果一个德意志人向另一位伸出手来并以一种神圣的畏惧握他的手，因为“他也是一个德意志人”，这是多么可笑的感情用事啊！对此他多么合情理啊！然而只要人们尚憧憬着“友爱”，亦即保持着“家庭的情义”那么这种做法就必定会被看作是激动人心的。欲图建立一个德意志人的大家庭的民族主义者摆脱不了对“孝顺”的迷信，摆脱不了“友爱”、“天真”，摆脱不了软心肠的孝顺说教即通常所说的家庭的精神。

此外，所谓民族主义者为了自己超脱同温厚的德意志风尚者的联系，他们必须对自己本身有相当的理解。他们对德意志人所要求的，为了物质目的和利益所进行的合并总归要成为一种自愿的联合。卡利埃尔激情地呼吁：“对于目光远大的人来说，铁路是在以往从未出现过的意义上通往人民生活的道路。”[①]完全正确，这将是一种从未出现过的人民生活，因为这并非是一种人民生活。

① 摩里茨·卡利埃尔：《作为自由德国教会的科伦大教堂重建之际对民族性、艺术和宗教的考虑》，斯图加特，1843年，第3—4页。

卡利埃尔在第10页上就自己批驳了自己:“只有在完成着使命的人民那里才最好地体现出纯粹的人性或人道。”由此只表现出了民族性。“模糊的普遍性低于在自身完整的、自身是一个整体的形象,后者则作为真正的普遍者、组织起来的东西的活生生的成员而生活着。”是的,人民恰恰是一种“模糊的普遍性”;而一个人方才是“在自身完整的形象”。

由于尽其所能欲图表现它自我的人民将无意志的统治者放在它的头顶,这样被称之为“人民、民族”的非个性的东西就表现得很清楚了。事实上,人民面临着选择:或者服从于一个只实现自己、实现他个人的意向的君主,那么人民在“专制君主”那里就看不到自己的,即所谓人民的意志;或者将一个无所作为没有自己意志的贵族扶上王位,那么人民就有了一个无意志的君主,在他的位置上代之以一只精巧的时钟也许是最合适不过的。因此只要往前前进一步,不言而喻就自动得出:人民的自我是一种非个性的、“精神的”力量、法律。因此,人民的自我是一个幽灵,而不是一个自我。我之所以为我,仅仅是由于我创造我自身,也就是说并非是他人创造出我,而是我必须是我自己所创造的。然而,这个人民的自我的情况又将是怎样的呢?偶然性与人民游于掌上;偶然性给了人民这种自我;偶然性给予人民这个或那个世袭的君主;偶然事件使人民得到选举的君主,他并非是“至上的”人民的产物,如同我是我的产物那样。你设想一下吧,人民欲图向你劝说,你并非是你的自我,而汉斯或孔茨倒是你的自我!人民的情况也必然如此。因为人民至少如同十一个行星(尽管它们围绕着一个共同的中心旋转)共同有一个自我那样有一个自我。

贝利认为，人们在至上的人民面前，一如在君主面前那样有着一种奴隶意识。这种见解是很有特色的。他说："凡是普遍的理性已表明了自己，我就不再有特殊的理性。我的第一法则是国民的意志：每当国民集会，除了国民的至上意志外就不知还有何物。"①他不欲有"特殊的理性"，然而恰恰只有这一特殊的理性引导着一切。米拉波同样起劲地诉诸言词："在地球上没有任何权力有权利对国民代表说：我欲如此！"②

如同在希腊人那里一样，现在人们希望把人变成一种政治动物、一个公民或政治人。因而人在很长的时间里被当作"天国的公民"。希腊人却随着他的国家同时受到屈辱，天国的公民也随着天国而受到屈辱。与此相反，我们却不愿与人民、国民和国民性共同灭亡，不欲仅仅成为政治人或政治家。自从大革命以来，人们努力追求"人民的幸福"，他们是用使人民幸福和伟大等的方法来使我们不幸：人民的幸福是我的不幸。

人们可以从瑙韦尔克的《论参政》之中看出，政治的自由主义者如何用夸张的姿态作出空洞的饶舌。在这本著作中，作者抱怨对参政抱无所谓态度者和冷漠者，这些并非是充分意义上的公民，而且作者这样说，就等于假如像谁不有力地参与国家事业，就是说，假如谁不是政治家的话，谁就不能是人。在这里，他这样说是有其道理的。因为如果国家对于保护者来说是一切"人的东西"，

---

① 埃德加尔·鲍威尔：《贝利和法国革命的最初日子》，夏洛滕堡，1843年，第25页。（载《法国革命以来当代史纪念文集》——资料文章汇编，布鲁诺·鲍威尔与埃德加尔·鲍威尔主编。）

② 同上书，第99页。

那么我们不参与到国家之中去,我们就不能拥有任何人的东西。在这里说了什么反对利己主义者的话?根本没有,因为利己主义者本身就是人的东西的保护者,至于对国家则只需说这样的话:别挡住我的阳光。只有在国家与利己主义者的独自性相接触的情况下,利己主义者对国家才有能动的兴趣。在国家的状况并没有压迫书斋的学者的情况下,试问学者会因为他的"最神圣的义务"而与国家打交道吗?只要国家按照他的愿望去做,他又何须离开他的研究而抬起头来看呢?只有那些由于自己的利益而希望有不同状况的人才乐意张罗国家的事情。"神圣的义务"从不会使人们去思考有关国家的事;这就仿佛"神圣的义务"绝少可能使他们变成科学的使徒、艺术家等等那样。只有利己主义才能促使他们如此做,而只有在情况非常恶化的时候,它才欲如此做。如果你们向人们指出,你们的利己主义要求从事国家的事业,那么你们就不再能向他们作出呼吁。反之,如果你们呼吁他们的对祖国之爱之类,那么你们将长久地为这一"爱的效劳"而向听不到声音的心说教。当然,在你们的意义上,利己主义者根本就不会参与国家的事业。

瑙韦尔克在第 16 页上作了一个地道的自由主义式的空谈:"只有在人自己感觉到是人类的成员并知道作为这样的成员而发挥作用时,他才会因此充分地完成了他的使命。如果个人不扎根在整个人类的基础之上,不如同安泰那样从人类那里汲取他的力量,那么他就不能实现人的观念。"

在同一处还写道:"在神学的观点看来,人与公众事情的关系已被贬降为纯粹私人的事情,因此将予以直截了当的否认。"[1]就仿佛政治的观点会用不同的方式来处置宗教似的!因为宗教是一种"私人的事情"。

如果不用"神圣的义务"、"人的命运"、"通往完人的使命"等诸如此类的诫命而是指责人们:当他们听任国家中的一切自流时,他们的私利也遭到损失,这样,对他们就毋须用长篇大论来说明,这正如谁欲图达到他的目的,在决定性的瞬间要向他们说明的那样。以神学为敌的作者却不是这样做,他说道:"如果有那么一个时代,国家主张一切是它的,那么这个时代就是我们的时代。思想家把参与到国家的理论和实践中去看成是赋予他的一种义务,一种最神圣的义务。"然而又转移到更深入地考察:"每个人自己参与到国家之中的绝对必要性。"[2]

谁的头脑或心房或这两者均为国家所占据,谁是为国家所中迷者或信仰国家者,谁就是并永远保持为政治家。

"对于人类的充分发展来说,国家是最必要的手段。"[3]只要我们欲图使人类发展,国家就总归是这样一种手段。然而如果我们欲图使自身得以发展,那么,国家就只能是一个起障碍作用的手段。

现今人们尚能改革和改善国家和人民吗?就像对贵族、僧侣、教会等那样极少可能。人们能够废除、消灭、根绝他们,却不能对他们进行改革。那么,我是否能够通过改革将无意义变为有意义,

① 卡尔·瑙韦尔克:《论参政》,莱比锡,1844 年。

② 同上书,第 5 页。

③ 此句并非是引自瑙韦尔克的著作。

或者〔我〕必须弃之不顾?

这样从此就不再与国家(国家制度等)打交道,而是与我打交道。那么一切关于王权、立宪政体等的问题就坠落至它们的真正的深渊、它们的真正虚无之中。我,这一虚无将从我那里产生出我的多种创造性。

属于社会一章的也有“党派”,最近人们才唱过它的颂歌。

在国家之中盛行着党派。“党派、党派,谁不参加党派!”个人却是唯一的,并非是党派的成员。他自由地结合,他又自由地分离。党派不外是国中之国,而在这一小的蜂房的国家之中,如同在大的国家之中那样,也同样又是“和平”统治着。恰恰是那些最响亮地呼吁在国家中必须有反对派的人们热心于反对党派的任何不统一性。这就表明了,他们也是多么只想要单一的国家。并非是在国家那里,而是在个人那里一切政党都粉碎了。

人们而今所听到的没有比忠于他的党派这样的劝告更多的了;党派中人是最为蔑视单独行动的拥护者的。他们必须与他们的党同甘共苦并无条件地同意和代表党的基本原则。在这里,情况并没有如同封闭的社会那么坏,因为后者将它的成员束缚在固定的规则和规章之上(如教团、耶稣会等)。然而,只要党派一旦使某些原则具有束缚力并欲图在攻击前保全这些原则,那么党派就随之不再是一种联合,而这一时刻恰恰就是党派的诞生时刻。它作为党派已经是一个已诞生的社会、一个死去的联合、一个变得固定的观念。作为专制主义的党派,它不会希望它的成员怀疑这一原则是不可推翻的真理。而只有在他们是极为利己主义的,尚欲成为在他们的政党之外的某种东西，即非党派人士的情况下，他们才会有这样的怀疑。非党派性使他们不再作为党派成员，而只成为利己主义者。如果你是新教徒而且属于这一党派，那么你就只可以为之辩护，充其量也只能“净化”它，而不能抛弃它。如果你是基督教徒并在人们之中属于基督教的党派，那么只有在你的利己主义，即非党派性促使你不作为这一党派的成员，使你超越它以上时，你才能如此。为了使他们的党派强大，一直到黑格尔和共产主义者的基督教徒作了怎样的努力啊！他们坚守这样的信念：基督教必定包含永恒的真理，人们只需去发现、确立、证实它。

简言之，党派不容忍非党派性，而在后者那里出现的恰恰是利己主义。党派与我有何关系？我将充分地找到，与我相结合，却毋须向我的旗帜宣誓的人。

谁从一个党派转向另一个党派，人们就马上骂他是一个“变节者”。无疑，道德要求人们忠于他们的党派，而背弃它就叫做自己染上“背叛”的污点。然而，独自性不懂什么叫“忠诚、依从等”的戒律，独自性允许一切，甚至包括背叛与变节。在对一个改入他们的党派者作出判断的情况下，即使是道德人也不知不觉使自己为上述原则所引导。是的，他们确实是在制造改宗者。他们只不过同时自己对此造出一种意识：人们为了独立地行动，就必须不道德地行动，这就是说在这里人们为了自己规定自己，而不是为道德的考虑所规定，就必须背信弃义，甚至背弃他们的誓言。在进行严格道德判断的人们的眼中，一个叛逆者不断闪烁着暧昧的色彩，而且不能轻易地赢得他们的信任：在他那里有着“背信”亦即不道德的污点。在低层人那里，人们几乎普遍地持有这种观点。受过启蒙教育者在这里也照常陷入没有把握和混乱之中，而必然产生在道德原则上的矛盾，由于他们概念的混乱就不能使他们达到明确的意识。他们没有胆量直截了当地说叛逆者是不道德的，因为他们引诱本身叛逆、从一个宗教改宗另一宗教等等，然而他们也不能够放弃道德的立场。尽管在这里可以利用机会来摆脱道德。

如果自我或唯一者们是一个党呢？他们是一个党的成员，他们又怎么能是善自为之的！

或者人们不应参加一个党派？只有在党派和我追求同一个目标时，联盟才继续存在着：人们通过与他们相结合和进入他们的圈子，与他们结成一个联盟。然而，今天我与党有着相同的倾向，明天我则没有了这种倾向并变成“背弃”了它。对于我来说，党派没有束缚力（不负担任何义务），而且我并不尊重党派；如若党派不称我的心，那么我就与它为敌。

在每一个为自己、为自己的存在而操心的党派内，党派的成员在多大程度上为党派的欲望效劳，他们就在多大程度上是不自由的或说得好一些是身不由己的，在多大程度上是缺少利己主义的。党派的独立性是以党派成员的非独立性为条件的。

不管是什么形式的党派，任何党派从来不能缺少一个信条。因为它的成员必须信仰党派的纲领，绝不允许对纲领有所怀疑或提出问题。对于党派成员来说，纲领必定是确定无疑的事物。这就叫做：人们的整个身心都必须属于党，否则的话，他们就不是真正的党人，而或多或少是利己主义者。你如若对基督教存有怀疑，你就不再是真正的基督教徒，你就放肆地提出超出界限的问题并把基督教置于你的利己主义的审判官的椅子前。你自己对基督教,这一党派事宜(因为它并非是犹太人,一个其他党派的事宜)犯下了罪孽。然而对于你来说,如若你自己不被吓退的话:你的放肆就使自己获取了独自性。

那么一个利己主义者就永不能组成和加入党派吗?当然是可以的,只是他自己不让党派所左右、控制。对于他来说,党派在任何时候都不外是一种聚会:他在聚会之中,他参加其间。

最好的国家无疑是这样的国家:它拥有最忠诚的市民。而对法制的依从精神愈是消失,国家,这一道德的体制,这一道德生活自身的力量和品质也就愈益削弱。随着“善良市民”的消亡,善良国家也就消亡并瓦解为无政府、无法律的状态。“尊重法律!”通过这一黏合剂国家整体得以维系。“法律是神圣的,谁冒犯了法律,谁就是罪犯。”没有犯罪就没有国家:道德世界——此即是国家——充斥着无赖、骗子、说谎者、小偷等。由于国家是“法律的统治”、法律的教阶制,因而一旦利己主义者在他的利益与国家的利益相冲突时,就只有通过犯罪的方式使自己得以满足。

国家不能放弃它的要求:国家的法律和命令应是神圣的。相对于国家,在此个人就恰恰被看作不神圣者(野蛮人、自然人、“利己主义者”),如同他曾经被教会如此看待那样。在个人面前,国家具有一种圣者的威望。故而国家就颁布了禁止决斗令。如果两个人协商好了,为了某一事情(不管它是什么)以他们的生命相赌,那么他们就要遭到禁止,因为国家不允许有这样的事情,国家对此要加以惩罚。在这种情况下,自己决定的自由何在?譬如在北美情况就完全不同了:社会规定,让决斗者承担他们行动的某种不良后果,如剥夺迄今享受的信贷。拒绝贷款,这是每一个人的事情，而如果社会由于这样、那样的理由而不给信贷，那么当事者就不能抱怨侵犯了他的自由：社会只不过是行使它自己的自由。这并非是一种罪恶惩罚、惩罚犯罪。由于决斗并不是犯罪，而只是一种行动，对此社会采取了对策，并决定某种防卫。相反，国家表明决斗是犯罪，亦即对国家的神圣法律的触犯：国家使其成为一种刑事案件。如果说这一社会听任个人自己作出决定：他是否欲图由于他的行动方式而给自己招致恶果和麻烦，社会承认个人的自由决定的话；那么国家的做法则恰恰与此相反：国家否认个人进行决定的一切权利，并且为此只赋予自己的决定，国家法律，以独一无二的权利。这样所导致的后果是：谁违犯了国家的命令，就要被看作是他违犯了神的命令；这是一个与教会所竭力主张的同样的观点。神自身在此是神圣者，而教会的命令如同国家的命令那样是这个神圣者的命令。神圣者的命令则是通过他的涂膏的王侯[①]、神所宠爱的君主传达到世界的。如果说教会那里有死有余辜之罪的话，那么国家那里就有该判极刑之罪。教会有异端，国家则有叛国者；前者有教会刑罚，后者则有刑事惩罚；前者进行宗教裁判，后者那里则是国家诉讼。简言之，那里有罪孽，这里有犯罪；那里有罪孽者，这里有犯罪者；那里有审问，而这里也有审问。试问，国家的神圣性不也会如同教会的神圣性那样灭亡？对国家的法律的畏惧、对国家的至尊的敬畏、国家的“臣民”的恭顺，这一切都会持续下去吗？“圣者的尊容”会变为丑陋吗？

在国家与个人进行斗争时，要求国家权力正大光明，一如人们

① 古代犹太人拥立新王时，要用油膏涂抹其首。——译者

在涉及出版言论自由所表明的那样:应当平等共享太阳与风。这样的要求是多么愚蠢啊! 如若国家,这一思想应当是一个起作用的权力,那么相对于个人它就必须是一个更高的权力。国家是“神圣的”因而绝不允许遭受个人的“放肆进攻”。如果说国家是神圣的,那么就必须有书报检查。政治的自由主义者承认了前一点却对结论提出异议。然而他们总还是容忍了国家所采取的压制措施,因为他们还坚持认为:国家高于个人,而进行正当的报复就叫做惩罚。

只有在刑罚为一个圣物的毁损赎罪时,刑罚才有意义。如果对于某人来说,某物是神圣的,那么当他与其相敌对时,他就无疑该受惩罚。一个人,他让某个人的生命继续存在,因为这一生命对他来说是神圣的,而且他在触摸这一生命时怀着一种敬畏,那么这个人恰恰就是一个宗教人。

魏特林把犯罪归之于“社会的无秩序”,他期待着在共产主义制度下,犯罪将成为不可能,因为对诸如金钱等东西所产生的诱惑已不复存在。而在此由于他的组织起来的社会已被尊奉为神圣的和不可触犯的,故而他的这种一片好心的观点就错了。这种口头上信奉共产主义社会,而在行动上则相反造成共产主义崩溃者是不乏其人的。毋庸赘言,魏特林必定仍停留在“救治人类疾病和弱点的自然残余的方法”上。[1] 而“救治方法”总是一再表明了:个人总被看作是“注定要对其救治者”,因而他们就被按照这一“人的使命”的标准而对待之。救治方法或治疗只不过是惩罚的背

① 威廉·魏特林:《和谐与自由的保证》,1842 年版,第 191 页。

面,救治理论与惩罚理论是相辅相成的。如果说后者把某项行为看成是反对权利的一种过失,那么前者就把它看成是一种人反对自己的过失,当作他健康的一种衰落。正确的做法是:我既不把它看成是对于我来说合适或不合适的行为,也不把它看成是对我敌对或友好的行为,这就是说我把它当作我能予以保护和摧毁的我的财产。“犯罪”与“疾病”两者并非是事物的利己主义观点,这就是说并非是从我出发的,而是从另一个人出发的判断,而毋论它是否是或者损害权利、普遍的权利或者损害部分是个人(病人)部分是普遍者(社会)的健康。“犯罪”将毫不容情地予以对待,而“疾病”则以“温存”、同情之类相待。

紧随着犯罪的是惩罚。如果由于神圣的东西消失而犯罪也烟消云散的话,那么惩罚也绝不会与这种情况无关。因为即使是惩罚也只有在与某种神圣的东西相对时才有意义。教会惩罚被废止。为什么?因为每个人对“神圣的神”采取什么态度是他自己的事情。然而,如果说这样一种惩罚——教会惩罚业已取消的话,那么一切惩罚就必定消失。如同针对所谓神的罪孽是人自己的事情那样,反对任何形式的所谓神圣东西的罪孽就亦应如此。按照我们的刑法理论(人们以其“与时代相适应的改善”徒劳地折磨着自己),人们将为了这种或那种的“非人道”而被惩罚,在此这一理论的愚蠢通过它的结论而愈益清楚:小偷被绞死而让大盗逃之夭夭。对于侵犯财产处以监禁,而对于“思想迫害”、压制“天然人权”,则只有抗议和请求。

刑法只是由于圣物而继续存在并由于自身而灭亡,如若人们废弃惩罚的话。现在他们欲图在各处制定一个新的刑法,而毫不对惩罚本身有所考虑。然而，恰恰是惩罚必须让位于满足，这一满足却又不能满足权利和正义，而是为我们创造了一种满足。如果有谁对我们做了我们不欲容忍的什么，那么我们就摧毁他的权力并使我们的权力发挥作用：我们在他那里使我们自己得以满足而且并不想愚蠢地去满足权利（幽灵）。并非是圣物应当与人相抗衡而是人与人相抗衡，这就正如不再是神与人抗衡那样。而在以前，甚至部分地也在今天，所有"神的奴仆"为了惩罚渎神者，都要将手伸给神，一如他们恰恰在今天要向圣物递上手去那样。这样对圣物的奉献也包括：人们在本身没有积极参加的情况下，只要把犯人送交到警察和法官的手中就可以了：一种不加干涉的向当局的送交，"当局当然将最好地管理圣物"。人民完全疯狂地唆使警察反对它感到不道德的、经常只不过看来是不体面的一切。这种为维护道德所引起的人民的愤怒要比政府所采取的任何方式都要强地保护着警察机构。

自此以来，利己主义者在犯罪之中是坚定的并且嘲笑圣物：与圣物决裂或更确切地说，圣物可以变成普遍的事情。一次革命不可复回，而凶暴的、肆无忌惮的、无耻的、没有良心的、傲慢的——犯罪，它不是在远处的雷声中鸣响吗？你没有看到，天空如何充满不祥预感地沉默着和阴沉着吗？

谁拒绝把他的力量用之于诸如家庭、党派、民族等受限制的社会，那么他就总是渴望着一个更有价值的社会并总认为在"人的社会"或"人类"之中必能找到"真正爱的对象"，为它作出自我牺牲就是他的荣誉之所在：从现在起"他为人类而生活和效劳"。

一向压迫我的统治者的肉体就叫做人民,他的精神就叫做国家。人们欲图通过把人民和国家扩张成“人类”和“普遍理性”来美化它们。只是奴役在这一扩张中只会更为变本加厉,慈善家和人道主义者就像政治家和外交家那样都是专制的统治者。

近代的批判者起劲地反对宗教,因为宗教使神、神的东西、道德的东西等成为人的身外物或者搞成某种客体的东西。与此相反,批判者恰恰更要把这些主体放到人之中去。然而那些批判者并不亚于宗教重新陷入宗教的固有谬误之中:给人加上一个“使命”,即使是他们也欲图从神的方面和人的方面等来了解人:道德、自由和人道等等是人的本质。如同宗教那样,政治也欲图“教育”人,使人实现他的“本质”、他的“使命”。从人那里造就出什么呢? 即一个“真正的人”,一种是在“真正信仰者”的形式之下,另一种是在“真正的市民或臣民”的形式之下。然而不管人们把“使命”称之为神的也好,或人的也好在实际上得出的只是同一结果。

在宗教和政治方面,人处在当为的立场上:他应当成为这个、那个;他应当是如此。不仅每个人在他人面前出现时有这一要求、这一命令相随,而且在自己面前也是如此。这些批判者说:你应当是一个完全的人、一个自由的人。然而他们也正在尝试宣告一个新的宗教,树立一个新的绝对的东西,一个理想——自由。人应当变得自由。在此甚至能够产生自由的传道者;如同基督教确信:人人原本的使命均在于成为基督教徒,并派遣信仰的传道者那样。如同向来信仰之于教会、道德之于国家那样,自由而后就将自我构成为一个新的共同体,并由此出发进行同样的“宣传”。当然对于一种会合是提不出什么异议的,然而人们却必须更加与之相对抗的是对我们旧的照料教育养成的每一翻新，简言之，要反对把我们造就成什么（不管是造就成基督教徒、臣民或自由者和人）的原则。

大概人们可以对费尔巴哈及其他人说：宗教从人那里推出了人的东西并把它移到彼岸世界去。在那里它做不到作为其自身是一种个性的东西，作为一个“神”而继续它自己的存在，然而宗教的谬误由此绝不会绝迹。人们可能乐意放弃已移至他处的人性东西的个性，也许能够把神变为神性的东西，而人们却仍然保持为宗教性的。因为宗教的东西存在于对现在的人的不满，亦即存在于提出追求一种“完全性”之中，存在于“为追求自己的完成而奋斗的人”[①]之中。（“所以你们要完全，像你们的天父完全一样。”《马太福音》，第 5 章，第 48 节。）它存在于对一个理想、一个绝对者进行固定之中。完全性是“最高的善”、终极的善；任何人的理想均是完全的人、真正的人、自由的人等等。

近代的努力旨在树立“自由人”的理想。如若能够找到这样的理想，那么就会有一个新的宗教，因为一个新的理想，就会产生一个新的憧憬、新的苦恼、新的虔诚、新的神性、新的悔悟。

用“绝对自由”的理想，如同用一切绝对东西那样，要引起同样的混乱。譬如说依据赫斯，绝对自由应当“在绝对的人的社会中实现”。[②] 是的，这种实现而后随即就被称之为一种“天职”；同

---

① 布鲁诺 · 鲍威尔（匿名）：《什么是当今批判的对象？》，载《文学总汇报》第 8 期，第 22 页，夏洛滕堡，1844 年 7 月。

② 莫泽斯 · 赫斯（匿名）：《社会主义与共产主义》，载《来自瑞士的二十一印张》，编者：格奥尔格 · 海尔维格，第 89—90 页，苏黎世与温特图尔，1843 年。〔赫斯：《行动的哲学》，第 329—331 页。〕

样他随后就可以规定自由是"道德"："正义"（即平等）的王国行将开始建立。

可笑的是这样一种人：当他的种族、他的家庭、他的民族等的伙伴们大有作为之时，他却只不过为伙伴们的功绩而洋洋得意，忘乎所以的，也有那些只想成为"人"的那些人。他们中没有人把他们的价值放在独一性之上，而是放在连系结合之上，或放在将其与他人相结合的"纽带"之上，放在血缘纽带、民族纽带、人类纽带之上。

由于当今的"民族主义者"而使在下述两者之间的争吵重又变得活跃起来：一方是认为他们仅仅只有人的血统和人的血缘纽带；而另一方则坚持他们的特殊血统和特殊血缘纽带。

如果我们忽视骄傲可以意味着自大这一事实，并仅仅把它当作一种意识的话，那么在为"属于"一个民族，即成为它的所有物而骄傲和为称呼一个民族性是他的所有物而骄傲之间是存在着巨大的差异的。民族性是我的特性，民族则是我的所有者和主人。如果你拥有强大的体力的话，那么你就能在适当的地方运用它并对它拥有一种自我感觉或骄傲；相反，如若你的强壮的身体拥有了你，那么它就到处刺激你而且在最不适当的地方显示它的力量：不与它拉手，你就休想与任何人握手。

认为人们是高于家庭成员、高于种族成员、高于人民中的个人等等这样的认识最终会被引导说：人们高于这一切，因为他们是人，或者说，人要高于犹太人、德国人。"因此，每个人都应完全和仅仅是人！"人们不就可以宁愿说：因为我们高于所列举的事物，因而我们欲图既"高于"这些，又"高于"那些？即人与德国人，人和韦尔弗人[①]？民族主义者是对的，人们不能否认自己的民族性；人道主义者也是对的：人们一定不能停留在民族的狭隘性上。在唯一性那里，矛盾自己得以解决：民族的东西是我的特性。我却不在我的特性之中消融；如同人的东西也是我的特性，我却通过我的唯一性给人以生存那样。

历史探寻着人：然而人即是我、你、我们。如若把人当做神秘的本质，当做神的东西，首先是当做神，而后才是当做人（人性、人道和人类）来寻求的话，他就被发现是作为个人、最终者、唯一者。

我是人类的所有者，我是人类而且不为一个其他人类的幸福做什么。你是唯一的人类，你却跃跃欲试地欲图为一个其他的人类而生活，如同你自身那样，这真是愚蠢啊！

迄今考察的我与人的世界的关系呈现了丰富的现象，对此在有其他机会时还会再度作出阐述，不过在这里，在弄清楚主要轮廓后就要告一段落，以便为理解随之而来的其他两方面让出篇幅。只要人们在自身中表现出"人"这一概念或者他们是人之子（就像谈到神之子那样的人的孩子），那么我就不仅仅与人有关系，而且与他们从人那里所得来的、称之为他们的固有东西的事物有关系，这就是说我不仅仅与因为人而使他们成为的什么有关系，而且与他们的人的财产有关系。因而，在此除了论述人的世界外，还将论述物质世界和观念世界，此外，对人们称之为他们的固有东西的物质财富和精神财富也将略作叙述。

① 韦尔弗人：韦尔弗是德国中世纪的一王朝名，后灭亡。韦尔弗人通常是指拥护该王室复辟的人。——译者

人们各按他们所阐发和说明的人的概念给了我们作为这样那样应予尊敬的人物的人的概念，而且从对这一概念最宽泛的理解之中，最终产生了这样的命令："要尊敬每个人之中的人"。然而，如若我尊敬人，那么我的尊敬就必须同样地扩展到人的东西或与人相关的东西中去。

人们拥有固有的东西，而我应该承认这些固有的东西并把它看作是神圣的。他们的固有的东西部分地存在于外部的、部分地存在于内部的所有物之中。前者是物质，后者是精神、思想、信念、崇高的感情等等。我应该永远尊敬的是正当的或人的所有物，而对不正当的和非人的所有物则不需慎重待之。这是因为只有人的固有的东西才是真正的人们的固有的东西。这种形式的内部的所有物譬如说有宗教，因为宗教是自由的，即是属于人的，故而我不可以触动它。同样，名誉也是一种内部的所有物。它是自由的而且不允许遭到我的触动（诬告、漫画等）。宗教和名誉是"精神的所有物"。在物质的所有物之中，置于最前面的是人身：我的人身是我的首要的所有物。故而：人身的自由。然而只有正当的或人的人身是自由的，其他的人身则是遭禁锢的。你的生命是你的所有物。生命只有在并非是一个非人的生命时，它对于人们来说才是神圣的。

作为这样人所保不住的、有形体的财富，我们可以从他那里夺取过来：这就是竞争、经营自由的意义。他所保不住的精神财富同样也归给了我们：只要在辩论、科学和批判的自由所达到的范围内。

然而被神圣化的财富是不可触犯的。由谁来神圣化和作出保障呢？首先由国家、社会，然而在根本上却是由人，由“概念”、“事物的概念”作出：因为被神圣化的财富的概念在于财富是真正人的财富，或更确切地说，所有者是作为人而不是作为非人来占有财富的。

在精神方面，这样的财产是人的信仰，他的名誉，他的道德感，即他的礼仪、羞耻感等。触动名誉的行为（讲演、文章）是应予惩处的，“对一切宗教的基础”的攻击，对政治信仰的攻击，简言之，即对于一个人“有权利”所拥有的一切的攻击等等，也应如此。

批判的自由主义将会把财产的神圣性扩充到多远，对此它虽尚未发表意见，却已想着憎恶一切神圣性。然而由于它与利己主义作斗争，故而它必须给利己主义设置限制并且不能让非人袭击人的东西。如果批判的自由主义有了势力，那么一种实践上的拒绝就须与它在理论上对“群众”的蔑视相适应。

“人”这一概念有了多大的扩展？个别的人由于这个概念得到了什么？什么是人和人的东西？在这一点上，自由主义的各个阶段是有所不同的，政治人、社会人和人道人对“人”的要求一个比一个高。谁最好地把握住这个概念，他就最好地知道，什么是“属于人的”。国家尚在政治的局限性上把握这个概念，而社会则在社会的局限性上把握这个概念，据说人类方才完全把握住了这个概念，或者说是“人类的历史发展了这个概念”。然而，如果说“人被发现了”，那么，我们而后也就认识了对于人来说是固有的东西、人的所有物、人的东西。

不过能让个人对如此之多的权利提出要求，因为人或人的概念“赋予权利”使他如此做，就是因为他的人的存在“赋与权利”使他如此做的:对他的权利和他的要求我要操什么心?如若他只是从人那里而不是从我那里有了他的权利,那么对于我来说他是没有权利的。譬如他的生命只有对于我来说是有价值的,我才予以承认。我既不尊重他的所谓所有权,不尊重他对物质财富的权利,也不尊重他对“他的内心深处神圣性”的权利,或者说不尊重他要求精神财富、神的威严、他的神永不受侵犯的权利。他的财富,不管是物质的还是精神的均是我的,这样,我就作为所有者按照我的力量的范围来处置这些财富。

当受限制的问题的提法允许突破时,财产问题在自身中就隐藏着一种更广泛的意义。仅仅涉及人们称之为我们的财产的一切东西,问题是没法解决的;“从他那里我们能拥有一切”,在他那里才能得出决定。财产依附于所有者。

革命把它的武器对准了“从神的恩惠”那里得来的一切,例如反对神权,在神权的地方确立起人的权利。用“从人的本质”所导出的东西与神所授予的东西相对抗。

宗教教条要求“为了神的缘故你们要彼此相爱”。如同与宗教的教条相对立的人与人的相互关系由于“为了人的缘故你们要彼此相爱”而必定得到人的立场那样,革命的学说总要对涉及人与这个世界的事物的关系作出安排:迄今按照神的秩序予以安排的世界,今后归属于“人”。

世界属于“人”,作为他的财产还应受到我的尊敬。

财产是我的东西!

在市民的意义上,财产意味着神圣的财产,亦即我必须尊重你的财产。“要尊重财产!”因此政治家希望:每个人占有他的一小笔财产，他们通过这样的努力部分地实现了难以置信的财产划分。每个人都必定有他的骨头，在那里他会找到可以啃的什么东西。

在利己主义的意义上，情况就不同了。在你的和你们的财产前我并不畏惧地后退，而总是把它看作我的财产，对此我是毋需予以尊重的。你们对你们称之为我的财产的东西也如法炮制吧！

只有抱着这种看法，我们将最容易地彼此互相了解。

政治自由主义者切望：假若一切地役权被解除是可能的，那么每个人均应是在他的土地上的自由的主人，即使这一土地只有施用一个人的粪肥就足够的窄小土壤量也罢（故事中所讲的那个农夫到了老年还要再结婚“以便从他有了老婆后，多一个人的粪肥上获利”）。不管这块土地多么小，人们只要有自己的东西，那一份值得尊重的财产就行！这样的所有者，这样的小农愈多，国家就有更多的“自由人和优秀的爱国者”。

如同一切宗教那样，政治自由主义指望着尊敬、人道、爱的品德。因此它也生活在无休止的恼怒之中。因为在实践中，人们恰恰无所尊敬，而且每日小的产业一再地为较大的所有者收买，“自由人”则变为雇佣短工。

反之，如果“小所有者”考虑到：纵然是巨大的财产也是他们的东西，那么他们就不会恭恭敬敬地把自己排除在这之外，而且也不让别人把自己排除在外了。

如市民自由主义者所理解的财产，遭到共产主义者和蒲鲁东的攻击：财产是不能维持的，因为市民的所有者不过是无财产者，到处是除外者。除非世界属于他，他向来是身无立锥之地的。

蒲鲁东不欲有所有者，而是希望有占有者或受益者。[①] 这意味着什么？他主张，土地不属于某个人；然而土地的利益——即使只允许他享用这利益，果实的百分之一——这亦即是他的财产，他可以任意支配之。谁只享有耕地的利益，当然就不是它的所有者；更不用说如蒲鲁东所主张的那样，那些必须交出对他们的需要来说并不一定要求的那部分利益的人了。但是他们是剩留给他们的那部分的所有者。故而蒲鲁东只是否定了这一或那一财产，而没有否定财产本身。如果我们不想让土地所有者再占有土地，而是想据为我们所有，那么为此目的我们彼此结合起来，组成一个联盟、一个社会，它使自己成为所有者。如果我们成功了，那么前者就不再是土地所有者了。而如同从土地上逐出那样，我们也能将他们从其他若干财产中逐出，以使其成为我们的财产，成为占领者的财产。占领者组成了一个社会，人们可以往大里设想这个社会：这个社会逐渐将包括整个人类。而如此这般的所谓人类只是一个思想（幽灵），它的现实即是个人。这些个人作为一个集合体任意对待土地则并不比一个单独的个人或所谓所有者要逊色。这样，财产就依然存在着，而且甚至作为“唯一的”形式而存在：人类，这一伟大的社会把个人排除在它的财产之外（或许只把财产的一部分租赁给他，或作为采邑赏给他），如同它直截了当地将并非是人类的东西排除在外那样，如不允许动物世界拥有财产。这种情况现在是如此，将来也是如此。大家都希望占有一份的那种东西，将从企图为自己独自占有的那种个人手里夺取过来，它将变为公共

① 比埃尔·约瑟夫·蒲鲁东：《什么是财产？》，第 83 页，巴黎，1841 年。

财产。每个人在公共财产中都有他的一份，而这一份就是他的财产。在我们的旧有关系中也是这样，譬如说为五个继承人所共有的房屋就是他们的公共财产；其中五分之一的收入就是每一个人的财产。如果蒲鲁东说：有那么若干种东西，它们只是属于少数人，而对此我们其他人从现在起欲图提出要求或追求之，那么他就能够节省他的冗长的慷慨陈词。让我们夺取这些东西吧，因为人们通过夺取就得到财产；而现今我们被剥夺了的财产，也只有通过夺取才到达所有者那里。如果财产在我们一切人的手中，财产就比只为少数人所掌握要得到更好的利用。因此为了这一掠夺的目的我们彼此联合起来。为此他欺骗我们说：社会是不从时效权利的最初占有者和唯一所有者；对于社会说来，所谓所有者就变成了窃贼（财产即偷盗）。如果社会因而剥夺现在的所有者的财产，那么并非是社会对他进行掠夺，因为社会只是使它的不从时效的权利生效而已。人们就如此与作为道德人的社会的幽灵打交道。与此相反，人所能获得的东西均属于人：世界属于我。难道你们能用与此相反的、其他的词句说："世界属于一切人"吗？一切人亦即是我，而且就是我。然而你们从一切人之中造出了一个幽灵，而且使它成为神圣的，这样而后就使"一切人"变成个人的令人畏惧的主人。在他们身边而后就出现了权利的"精灵"。

蒲鲁东如同共产主义者那样与利己主义作斗争。故而他们是基督教原则、爱的原则或为普遍的东西、外来的东西作出自我牺牲的继续和彻底贯彻。譬如在财产方面，他们只是完成了按照事实早就存在的东西，即个人的无财产。在法律上这就叫做：一切事物的权力属于国王，这些事物的所有属于个人。国王由于权力而拥有,个人则通过主权而拥有,也就是说国王是所有者,因为他一个人能够拥有和支配"一切",对此他拥有权力和支配权。共产主义者使这一切更加明确了:他们把前者的支配权转移给了"一切人的社会"。这就是说:因为是利己主义的敌人,因而他们是基督教徒,或更普遍些:信仰宗教的人们、精灵的信仰者、任何一个普遍者(神、社会等)的依附者或奴隶。在这方面,甚至蒲鲁东也与基督教徒相仿佛:他把他否认人所有的东西赋予了神。他把神称之为(如在第90页上)地上的所有者。[①] 在此他就表明了,他是不能无视这样的所有者的,最后他归结为一个所有者,还把他迁移到彼岸世界。

所有者既不是神,也不是人("人的社会"),而是个人。

蒲鲁东(魏特林亦是如此)相信,当他说财产是偷盗时,他就说出了财产的最恶劣的性质。且完全不说这样的棘手问题:什么是反对偷盗的充分根据?我们只问:除了人们让"财产"这一概念起作用外,还有什么能使"偷盗"概念成为可能?如果财产根本就不存在,人们怎能偷盗呢?不属于任何人的东西是不会被偷盗的:水,从海里汲取,毋庸偷盗。因此并非财产是偷盗,而是由于财产,偷盗才变为可能。当魏特林把所有事物都看作是一切人的财产时,他就必然得到同样的结论:如若某物是"一切人的财产",那么当然将此物归为己有的个人就进行了偷盗。

私有财产靠法的恩惠而生存。只有在法中,它才有所保

① 《什么是财产?》(1841年),蒲鲁东在此称神为"生产者"而不是"所有者"。

证——占有物还并非是财产，前者只有通过法的同意才变为“我的东西”；如蒲鲁东所认为的那样就不是事实，而是一种虚构、一种思想。这是法的财产，合法的财产，受保障的财产。它之所以是我的，并非是由于我，而是由于法。

然而财产却是对于某物（事物、动物、人）无限制的控制的表示，以此“我能够按我的心意处置和支配之”。按照罗马法当然使用和滥用的权利，是一种独一无二的和不受限制的权利。然而财产是以通过强力为条件的。我在强力中所拥有的即是我自己的。只要我自己坚持为占有者，我就是事物的所有者；如若它又从我手中消失，不管通过什么力量，譬如通过我承认他人对事物的要求权利，那么财产就消失了。这样，财产与占有物就合二为一了。并非是一个在我的强力之外的权利使我合法，而仅仅是我的强力使然。如果我不再拥有强力，那么事物就在我手中消失了。当罗马人不再有反对日耳曼人的强力，罗马的世界帝国就属于后者。如若有人还要坚持：罗马人仍然保持为原来的所有者，这听起来就是非常可笑的了。谁知道夺取并保持这件事物，这件事物就属于他，直到事物又被从他那里夺走，这就如同自由属于取得自由者那样。

只有权力决定财产，不管国家是市民的国家、游民的国家或人的国家，既然只有国家是掌权者，那么只有国家才是所有者。我这个唯一者是一无所有的，并只被授以采邑，我是臣下、仆从。在国家的统治之下，没有我的财产。

我想把我自己的价值、独自性的价值提高，就该贬低财产吗？不，如同我一向未受到尊重，是因为人民、人类和其他成千的其他普遍性的事物被抬高在我之上那样，至今，财产尚没有在其充分的价值上被承认。财产也只是精灵的财产，如人民的财产。我整个的存在“属于祖国”。我属于祖国、人民、国家，故而我把一切称之为我自己的所有。人们对国家提出要求：它们应当消灭贫穷状态。而我则以为，这无非是意味着要求国家该当把自己的首级割下来并置于脚下。因为只要国家是自我，单个的自我就必然是一个穷鬼、一个非我。国家只对自己变富感兴趣：抑或是米歇尔富、彼得穷，这对它来说都是一样；情况也可能是彼得富、米歇尔穷。国家毫无所谓地注视着一个如何变穷，另一个怎样变富，漠不关心这一变动。作为个人他们在国家面前确实是平等的，在这上面国家是公正的：他们两人在国家面前均是无，如同我们“在神面前皆是罪人”那样。与此相反，国家对那些使国家成为他们的自我的、共同享有它的财产的个人抱有极大的关切：国家使他们成为国家的财产的共享者。国家用财产来褒奖个人，通过财产，国家使他们就范。然而国家的财产仍然保持着。每个人只有在自身中带有国家的自我，或是个“社会的忠顺成员”之时，他才能享用之；在相反的情况下，财产将被没收或通过难堪的程序予以毁灭。因此，财产是并保持为国家财产，而不是自我的财产。如果说国家不任意地从个人的手里夺去他得自国家的东西，那么这不过等于说：国家不掠夺自己本身。谁是一个国家的自我，即一个好市民或臣民，他就作为如此的自我，而不是作为自己的自我不受干扰地保持着采邑。法典就把这叫做：财产是“由于神和法的缘故”而叫做我的东西。而只有在国家对此不反对的情况下，由于神和法的缘故财产方才是我的。

在征用、武装解除和类似的情况下（譬如在继承人没有及时地报到的情况下，国库就没收遗产)，日常被隐蔽的原则就清楚地显现出来：只有人民、“国家”是所有者，与此相反，个人则是采邑领受者。

我想说，国家并不能有意使某人由于他自己的缘故而拥有财产，或甚至成为富翁，抑或只是富裕起来；国家不能对作为我的我允诺、提供、授予什么东西。国家不能阻止贫穷状态，因为占有的贫穷即是我的贫穷。谁只不过是偶然事件或一个第三者即国家把他搞成的什么，那么他就完全有权利拥有第三者给予他的什么。而这个第三者只给予他所挣得的东西，即他的效劳所值的东西。并非是他自己实现他的价值，而是国家使他的价值得以实现。

国民经济学就经常与这一题目打交道。这一题目故而远远超出了“国民的”范围并超过国家的诸概念及其水平线，而国家只知道并只能分配国家财产。因此，国家把财产的占有与种种条件相联系，正如它使一切，例如婚姻，与之相联系那样：国家只批准它所认可的婚姻，并从我的势力中夺走了婚姻。财产却只是我的财产，如若我无条件地将其掌握在手。只是我，作为无条件的自我方拥有财产，能缔结一种爱的关系和进行自由贸易。

国家并不为我和我的东西而操心，而是为国家自己和国家的东西而操心。我对于国家来说只是作为国家的孩子，作为“国家之子”，作为自我，我对于国家来说即是无。碰到我作为自我的东西对于国家的智力来说是某种偶然性的东西：我的财产如同我的贫穷。如果对于国家来说，我与所有我的东西是一个偶然事件，那么这就证明了：国家不能理解我：我超越于国家的概念之上，或者说为了理解我，国家的智力太弱了。因此，国家也不能为我们做什么。

贫穷状况即是我的无价值、是一种我不能实现我的价值的现象。因此，国家和贫穷状况是一回事。国家不让我达到我的价值，而且仅仅由于我的无价值而存在着：在任何时候国家的出发点都是旨在从我那里得到好处，亦即利用我、剥削我、使用我，纵然这种使用仅仅在于我为后代无产阶级而操心。[①] 国家希望，我应成为国家的创造物。

只有在我作为自我从我那里实现价值，只有我给自己以本身的价值和为自己定出价格，而后贫穷状态才能被消灭。为了向上发展，我必须起来造反。

我所创造的面粉、亚麻布或我辛劳地从地里挖掘的铁与煤等等均是我欲图实现价值的我的劳动。在此我却要长久地抱怨：我的劳动没有按照它们的价值给我付酬。付款者不听我的，而国家同样长久地漠然置之，一直到国家相信，必须“抚慰”我，以免我诉诸我的可怕的暴力。在这“抚慰”之中，事情就算了结，如若我想提出更多的要求，那么国家就要用它的狮足鹰爪的一切力量扑向我：因为国家是兽王，是狮与鹰。如果我不满意国家为我的商品和劳动所确定的价格，那么我就努力于使我自己规定我的商品的价格，即“使自己得到付款”，这样我就首先与商品的主顾陷入冲突之中。如果这一冲突通过双方的协定得以解决，那么国家就难以提出异议，因为在各个人彼此之间如何相处，国家对此是很少关心

---

① 无产阶级一词起源于拉丁词，意为最底层的市民阶级，他们只以培育后代为国家效劳。而这个拉丁词又是从后代这一基本词演变而来的。施蒂纳利用词义的演变，搞了这里的文字游戏。——译者

的，只要他们在此不与国家相对抗。只有他们彼此不能安然相处（由于没有进行协调，）而在互相抓头的情况下，国家的损害和危险方才开始。国家不能容忍人与人处在一种直接的关系之中，国家必然插在中间，作为中介人必然要进行干涉。以往是基督、神圣者、教会而今则变为国家，即中介人。国家把人与人分开，以便将自己作为“精神”插在中间。一旦要求更高工资的工人们逼迫国家，他们就要被当作罪犯对待。他们该做些什么呢？没有强迫他们得不到较高的工资，而在强迫之中国家则看到了一种自助，一种由自我所作出的价格规定，他的所有物真正的、自由的价值实现。所有这一切国家是不会容许的。那么工人该怎么办呢？好自为之不理会国家吗？

然而我的物质劳动的情况如何，那么我的精神劳动的情况亦是如此。只要我的思想在国家的思想范围之内，国家就允许我实现我的一切思想的价值并介绍给主顾（我为了使其实现价值，譬如说就采取这样的方法：这些思想为我带来了听众的崇敬等等）。相反，如若我抱有国家所不允许的思想，即不能使之成为国家的思想的思想，那么国家就绝不会允许我，使其价值得以实现，不允许其进行交流、交往。只有我的思想是我通过国家的恩惠所赢得的，即我的思想就是国家的思想，那么我的思想方才是自由的。只有在我自己表明是“国家的哲学家”时，国家才能让我自由地搞哲学；我不可以用哲学来反对国家，而国家也乐意看到：我帮助国家弥补“缺陷”，“促进国家的发展”。就是说，如同我只可以作为一个由国家最仁慈地恩准的自我，作为一个有着国家的合法证书和警察的通行证的自我那样举措，我未获允许使我的东西实现价值，除非它自己表明是国家自身的东西,是我作为采邑从它那里所接受的。我的道路必须是国家的道路,否则国家就扣押我;我的思想必须是国家的思想,否则国家就堵住我的嘴巴。

除了害怕我的价值外,国家毋须再害怕什么东西,除了防止每一个我所遇到的、使我得以实现自己的价值的机会外,国家毋须试图小心地提防发生什么。我是国家的死敌,总是在国家和我这两者的抉择之中摇摆。为此,国家不仅严格地坚持不让我获得承认,而且抑止我自身的东西。在国家之中,没有财产,这就是说没有个人的财产,而只有国家的财产。只有通过国家我才有我所拥有的东西,恰如我之所以成为我只是由于国家那样。我的私有财产只是国家从它自身的东西中让与我的东西,这只不过是国家为此而压缩(剥夺)其他国家成员的东西:它是国家财产。

然而与国家相对,我愈益清楚地感到:在我这里尚留下了一种伟大的力量,君临在我自身之上,即君临一切属于我的、只有我自身中存在的东西之上的力量。

如若我的道路不再是国家的道路,我的思想不再是国家的思想,我该如何着手呢?我善自为之,并根本不理会国家!在我的并非由规定、许可或恩惠所认可的思想中有着我的真正的财产,一种我能用来做生意的财产。因为作为我的东西它们是我的创造物,我放弃它们并可以此交换来其他思想,后者就成了我新购得的财产。

那么,什么是我的财产?除了在我的权力之内的东西外岂有他哉!对怎样的财产我享有权利?对每一我自己授予权力享有的财产。我通过下述方式给予自己所有权:我夺取财产或我给予我自己所有者的权力、全权、权柄。

如若人们不能夺走我对某物的权力，那么它就保持为我的财产，这样，权力故而就决定财产，而我则想从我的权力那里期待着一切！外来的权力，我让予他人的权力使我成为农奴。而自己的权力则使我成为所有者。我就收回由于不知我自己的权力的强大而让给他人的权力！让我对我自己说，我的权力所及的东西，这就是我的财产，我把我感到自己足够强大而能达到的一切作为财产而加以占有，我还让我的真正的财产扩大到我给自己以权利、以资格去夺取的范围。

在这里作决定的必定是利己主义、私利，而不是爱的原则，不是诸如仁慈、温和、善良等爱的动机，或甚至不是正义和公平（因为即使是正义也是爱的一种现象，一种爱的产物）：爱只知道牺牲并要求"自我牺牲"。

利己主义并不考虑作出什么牺牲，给出什么东西，他只简单地决定：我需要什么，就得有什么，并且就得给我拿来什么。

一切制定有关财产的合理法律的尝试，总是从爱的深处出发而进入一片条款的海洋。甚至社会主义和共产主义也不能例外。应给予每个人足够的物资，而毋论究竟是以社会主义方式在个人财产中寻求这些物资，还是以共产主义方式从财产共有制中去创造。在这方面，个人的意义保持为同一东西，个人的意义仍然是从属的。从事分配的公平官署只是给予我公平精神，它对于一切人的充满爱的关心所规定好的东西。对于我个人来说，在全体财产中并不比在其他个人的财产中会少些障碍。无论是前者或后者均不是我自己的东西：不管是属于全体，我也有一份的财产，或者属于个人的财产对于我来说同样都是强制的，因为我对两者均不能作出决定。相反，共产主义通过消灭一切个人财产使我更其被推回到对一个第三者即普遍性或整体性的依附中去。尽管共产主义如同它打算的那样总是大声喧哗地攻击“国家”，它自己却仍然是一个国家、一种状况、一种阻碍我自由运动的状态、一个在我之上的统治权。共产主义反对个人的所有者对我的压迫，这当然是正当的，然而共产主义交付给整体的权力却更为残暴。

为了根除无产业的庶民，利己主义开辟了一条其他的道路。利己主义不说：耐心等待公平官署以全体的名义将赠给你的什么（因为这样的赠与历来发生在“国家”之中：“依据功绩”，亦即依据各人在效劳中所能挣得和赢得赠与的大小，而给予每个人）；利己主义却说：你需要什么，你就去攫取什么吧！这样就宣告了一切人反对一切人的战争。我一个人决定，我想拥有什么。

“对了，这确实并不是新的智慧，因为自私自利的人们在任何时候都是如此做的！”如果仅仅有关的意识存在着，那么事物应当是新的就根本没有必要。如果人们不把埃及的和斯巴达的法律计算在这里的话，这一意识就不能自命有久长的历史。因为这一意识是怎样的不通行，已经表现在前述轻蔑地说到“自私自利者”的指责中。人们恰恰应当知道不该蔑视这一攫取过程，而应把这一过程宣告为与他自己相一致的利己主义者的纯粹行动。

只有在我对我能够给予我自己的东西既不期待于个人又不期待于一个整体之时，我方才逃脱爱的圈套。只有庶民进行攫取的话，而后庶民方才停止成为庶民。只有对攫取的畏惧和对此的相应惩罚才使他成为庶民。只有相信攫取是罪恶、犯罪的这种教义才造成了庶民。如果说因为庶民承认这种教义，庶民尚保持他的现状,因而他是有过失的话,那么更其有过失的是那么一些人:他们“自私自利地”(用他们最爱用的词来回敬他们)要求:教义应予以尊敬。简言之,缺乏关于那种“新智慧”的**意识**,只有这种旧的罪恶意识才承担过失。

如果人们对财产丧失了敬意,只要做到这一点,每个人就将拥有财产,如同奴隶一旦不再把主人当作主人来尊敬就变成自由人那样。**联盟**而后也将在这一事情上使个人的资财倍增并使他的受攻击的财产得到保证。

按照共产主义者的意见,共同体应当是所有者。与此相反,**我**是所有者,我只与他人就我的财产达成协议。如果共同体不做适合我的事,那么我就要奋起反对它并保卫我的财产。我是所有者,然而财产**并不是神圣的**。我仅仅是占有者吗?不,迄今人们都只是占有者,他们都是通过让其他人占有一小块土地的办法来保证自己占有一小块土地;然而现在**一**切都属于我,我是**我需要**和将能拥有的**一切**的所有者。社会主义者说:我需要什么,社会就给我什么;而利己主义者则说:我需要什么,我就为自己拿什么。如果说共产主义者举止态度如同游民,那么利己主义者的行为就像所有者。

一切从爱的原则出发的济贫尝试和天鹅结义联盟必定失败。只有从利己主义出发才能帮助庶民,而这一帮助必须由庶民自己为自己进行并且帮助将自行展开。如果他不因被逼迫而恐惧,那么,他就是一种势力。在《穿长靴的牡猫》这一童话中,鬼怪法律说:“如果不迫使人们恐惧,尊敬就会丧失罄尽。”

因此财产不应当和不能够废除,而是必须从精灵的手中夺过来并成为**我的**财产,这样我需要多少,我却不能有权利使我拥有多少的错误意识将烟消云散。

“然而什么是人所不能一切都需要的!”是的,怎么,谁需要得多并知道得到它,那么他在任何时候都为自己取得它,如同拿破仑夺取大陆和法国人夺取阿尔及利亚那样。故而事情恰恰只取决于:必恭必敬的“庶民”最终学会,他需要什么他就为自己取得它。如果庶民对于你们来说太过分的话,那么你们就自己保护自己吧。你们根本没有必要,好心好意地赠给他什么东西,而如果他认识了自己,或者不确切地说谁从庶民之中认识了自己,通过他对你们的施舍敬谢璧还,他就脱却了庶民性。如果庶民不欲依靠你们的善行生活,因为他自己能够为善行做些什么,你们就可笑地把庶民宣布为“罪恶的和犯罪的”。你们的赠与欺骗了他并且束缚了他。如若你们保卫了你们的财产,那么你们将变得强大;另一方面,如若你们想保持你们的赠与能力,甚而想通过更多的施舍(济贫税)而有更多的权力,那么这只能限于受赠者允许你们活动的范围。[①]

够了,财产问题不会像社会主义者,以至共产主义者所梦想的那样美好、和平地解决。只有通过一切人对一切人的战争方能解决这一问题。穷人只有反抗、奋起、揭竿而起,他们方能自由和变成所有者。你们赠给他们的越多,他们想拥有的一定就更多;因为他们在你们达到不再有什么可赠送的地步前是不会罢休的。

人们将问道:如果无产业者振作起来,情况将会是怎样的?调停将采取怎样的形式?这就犹如要求我为儿童算命。一旦奴隶摧

① 在一项有关爱尔兰的注册法案中,政府提出一个只给予那些付出五镑济贫税的人以选举权的动议。因此,谁施舍,谁就能获得政治权利或者变成天鹅骑士团的骑士。

毁了锁链，他们就做些什么，对此人们必须等待。

凯泽在他的从形式到内容均是不足取的小册子(《关于当今法国在社会主义、共产主义等方面的所有制的特性》)中向国家提出了希望：国家应实现财产平均。[1] 总是国家！父亲先生！如同教会被冒充和看作信徒的"母亲"那样，国家则有着一副有先见之明的父亲的面孔。

竞争最确切地表明了与市民性原则的联系。竞争有些与平等不同吗？而平等不恰恰就是由市民阶级或中等阶级所惹起的同一革命吗？因为对任何人都不阻止他与国家中的一切人竞争(只有君主例外，因为他代表国家本身)而登上他们的最高位置，甚至为了他自己的利益而推倒他们或剥削他们，榨取他们并通过极大的努力夺取他们的幸福。这一切有助于清楚地证明：在国家的法官面前，每个人只有一个"单单的个人"的价值，而且不允许期待有什么偏袒。竭尽你们所好所能地互相角逐、互相赶超吧，对此我、国家根本毫不关心！在竞争之中，你们彼此之间是自由的，你们是竞争者；这是你们的社会的地位。在我的面前、在国家的面前，你们却只不过是"单单的个人"！[2]

① 海因里希·威廉·凯泽：《关于当今法国在社会主义、共产主义等方面的所有制的特性》，不来梅，1843年，第63—64页。

② 施泰因大臣关于赖扎赫伯爵事件用了这种说法。他把后者冷酷地引渡给巴伐利亚政府，因为对于他来说，恰如他自己所说的那样"一个像巴伐利亚那样的政府必定要比一个单单的个人更有价值"。赖扎赫受施泰因之命著书反对蒙特格拉斯，而在这之后施泰因同意了蒙特格拉斯正是由于该书要引渡赖扎赫的请求。见赫尔曼·弗里德里希·威廉·欣里希斯：《政治讲演录、我们的时代及其变化：政治、教会和科学状况(着重德国、特别是普鲁士)》，第一卷，哈雷，1843年，第280页。

在原则的或理论的形式上作为一切人平等所提出的东西恰恰在竞争之中得到实现和实行，因为平等就是自由竞争。在国家面前，一切人均是单单的个人；而在社会中或在彼此的关系中则是竞争者。

为了能与除君主和他的家属外的其他任何人竞争，我只需要是一个单单的个人，这样一种自由过去是不可能的，因为过去人们只能通过他们的集团和在它内部享有某种活动的自由。

由于国家享有特权，故而国家在行会和封建政体中所采取的态度是偏执和挑剔的；而在竞争和自由主义之中，国家则持宽容和放任的态度：国家只做特许或"许可"这样的事（用文件批准申请者开业〈特许〉）。然而在此由于国家一切都听任申请者，国家就必定与一切人相冲突，因为一切人、每个人都有申请的权利。国家将被"袭击"，而在这一袭击之中国家将走向灭亡。

那么，"自由竞争"真正是"自由的"吗？再说，竞争之所以冒充是竞争，只是因为它在这一名义下建立了它的权利，这样的竞争真正是竞争，就是说人的竞争吗？人是在反对一切个人的统治过程中变为自由的。竞争，在国家这一按市民的原则办事的统治者万千限制束缚之下的竞争是"自由的"吗？如果一个富有的工厂主在经营，而我则想与他竞争。国家说道："在任何情况下，我对你个人作为竞争者没有异议。"我答道："好吧，为此我需要造房子的场所，需要钱！""这就糟了，如果你没有钱，你就不能竞争。你不能从任何人那里拿取什么东西，因为我保护财产并给予其特权。"自由竞争并不是"自由的"，因为我没有进行竞争的实物。对我个人提不出什么异议，然而因为我没有实物，故而我个人也必须退避三舍。而谁拥有必要的物呢？是那个工厂主吗？我不就能从他那里把物夺过来！不，国家拥有物作为财产，而工厂主拥有物只是作为采邑、作为占有物。

因为与工厂主竞争的事行不通，故而我就想与那个法学教授竞争，此人是个笨伯，我所知道的要比他多百倍，我将使他的讲堂上空无一人。“朋友，你上过大学，得过博士学位吗？”没有，但这有什么关系呢？关于这门学科所必需的一切我都懂得很多。“我很遗憾，然而在这里竞争并非是‘自由的’。没有什么可反对你个人的，然而却缺少物：博士证书。而我，即国家就要求这种证书。首先恭恭敬敬地请我出示证书，而后我们要仔细看看，还有什么好做的。”

这些就是竞争的“自由性”。只有国家，我的主人，才使我有能力竞争。

然而真的是人在竞争吗？不，仍然不过是物！首先是金钱之类。

在竞争中，必定是一个人落后于另一个人（如杜撰诗歌者落在诗人之后）。区别仅仅在于不幸的竞争者所缺少的究竟是人的手段还是物的手段，区别恰恰在于究竟是否能通过人的力量赢得物的手段或者只有通过恩赐，只作为礼物来获得，而且譬如说是以这样的方式：穷人不得不把他的财产留给，也就是送给富人。如果说为了得到和运用手段（如在授予学位的场合），我总需等着国家的批准，那么我就是通过国家的恩惠拥有手段。①

① 在中学和大学里，贫者与富者竞争。然而前者在大多数情况下只是通过助学金才能如此做。助学金其主要方面几乎全部远在自由竞争作为原则起作用前的一个时代就产生了。竞争的原则并不捐赠助学金，而是认为：你应自助，即你应为自己筹措款项。为这一目的国家投资，它所感兴趣的是造就出“仆从”。

故而，自由竞争只有下述意义：国家把所有人看成是它的平等的孩子，为了挣得国家的财物和恩赐，他们每一个人都可以东奔西走地张罗。故而每个人都追逐财产、拥有占有物（不管它是金钱、官职、荣誉称号等），追逐“物”。

按照市民阶级的意识，每个人都应该是占有者或“所有者”。然而大多数人却等于一无所有，这种情况是从何而来的呢？这是因为，大多数人乐意于只要当上占有者，而不管仅仅是占有几块破布，如同孩子们为一条小裤子或甚而为第一次赠送的芬尼而高兴那样。下面将对事情作更详尽的解释。自由主义一开始就以人的本质之一是不要成为财产而要成为所有者这样的宣言登场的。由于在这里涉及的是人而不是个人，因此直接牵涉到个人的特殊利益的数量多少就留给了个人。这样，个人的利己主义在多少这一方面就保持了最自由的活动场所，并进行着孜孜不倦的竞争。

然而幸运的利己主义必定变为比较不幸的利己主义的障碍，而后者总还是在人道的原则基础上，提出占有多少的问题并对此作了这样的回答：“人需要多少他就必需拥有多少。”

这样，我的利己主义就能得到满足了吗？“人”所需要的东西对于我和我的需要来说绝不是提供了一个标准，因为我的需要可能是少的也可能是多的。更确切地说我能够占为己有多少，我就必定会拥有多少。

并非每个人都掌握竞争的手段，竞争遭到了不利情况，因为这些手段不是得自人性，而是得自偶然性。大多数人缺乏手段故而就没有产业。

为此社会主义者为一切人要求手段并达到以建立一个提供手

段的社会为目的。他们说，我们承认你的金钱的价值是你的资力，你还必须表明你的另一种资力，即你的劳动力。人在占有财产或作为“占有者”的情况下，无疑表明了自己是人，因而在此情况下我们承认我们称之为“所有者”的占有者。然而只有在你没有“被追回财产”之时，你才占有这些东西。

占有者只有在其他人无资产的情况下才是有资产的。因为只有在你能掌握那些货物的情况下，那些货物才构成你的资产，这就是说，当我们丝毫没有把这些货物当作资产的时候，你就为自己到处巡视别人的资产，因为我们现在通过我们的力量过多地提供了你的所谓资产。

有谁做到被他人承认是占有者，这当然是很大的收获。农奴制就此被废除，而迄今为主人服役的并或多或少成了他的财产的每个人于是变成了“主人”。但是在这之后你的财物、你的所有既不充分又不被承认，与此相反，你的工作和你的劳动的价值却上升了。现今我们尊敬你对物的征服，如同以前你对物的占有那样。你的劳动是你的资产！你只是劳动所得的主人或占有者，而不是遗产的主人或占有者。然而当一切东西是继承的东西时，当你所占有的每一个铜板并不带有劳动的印记却带有继承的印记时，那么一切就必须改铸。

然而真的如共产主义者所认为的那样：我的劳动即是我唯一的资产，或者确切些说，我的资产存在于我所能做的一切之中？工人社会自身不是必须承认：它要扶养病人、儿童、老人等没有劳动能力者吗？只要他们不自杀，他们就总还能维持若干东西如他们的生命。假如他们有能力使你们希望他们继续存在下去，那么他们就有驾驭你们的一种力量。谁完全没有驾驭你们的力量，你们就不会给予他什么东西，他就只能死去。

这就是说你能够做什么，什么就是你的资产！如果你能使千万人欢乐，那么千万人将为此给你报酬；而是不是这样做则取决于你的力量，因此他们必须为你的行动付出报酬。如果你不能为你自己吸引什么人，那么你也只能饿死。

我——能力强者在能力弱者面前就不该占先吗？

我们全体均置身在富足之中，现在我就不该尽我之所能为我自己去获取，却只坐等在一个平等的分配中给我留下多少吗？

游民社会的原则——分配是旨在反对竞争的。

个人是忍受不了被看成单单的一部分、社会的一部分的，因为他高于这样的一部分，他的唯一性拒绝这种受局限的观点。

因此，他并不从其他人的分配中期待着他的资产。他即便在工人社会中就产生了这样的疑虑：在平等的分配中，强者将受到弱者的剥削，他宁愿从自己那里期待他的资产，并且说：我能够拥有什么，什么就是我的资产。孩子占有的什么样的资产不在他的微笑、嬉戏、呼喊，只在他单单的存在之中？你能抵御孩子的要求？或者你作为母亲能不给他喂奶，作为父亲能不尽你的全部所有给予他所需要的吗？孩子逼迫着你们，为此他要占有你们称之为你们的东西。

如果说你个人对我是重要的，那么你已经用你的生存偿付了我；如果说在你的特性中只有一种与我有关系，那么诸如你的顺从或你的协助对于我有一种价值（货币价值），我则购买这一价值。

如果你不知道如何在我的估价之中给与你自己在货币价值之

外的任何东西,那么就可能发生历史所告诉我们的情况:德国的子弟被出售到美洲去。被人买卖的他们对于出售者来说有更高的价值吗?与这些不懂得如何使自己对他有价值的商品比起来,他更喜欢现钱。出售者在他们之中没有发现更有价值的东西,这无疑是他的能力的一种缺陷。然而一个无赖付出的要比他所拥有的为多。他该如何显示出尊敬,当他不拥有尊敬之时,对于这样的无赖很难有这样的尊敬。

如果你们彼此既不作为占有者也不作为游民或工人加以尊敬,而是看成你们的资产的一部分,看成"有用的主体",那么你们就是利己主义地行事。到那个时候你们既不会由于他有产业而给与占有者("所有者")什么,也不会由于他是劳动者给予他什么,而仅仅是给予那个人,他对你们有用。我们需要一个国王吗?北美洲人自问道。答复是:国王和他的工作对于我们来说都是一文不值的。

如若有人说,竞争使一切物对于一切人都是开放的,那么这一说法是不确切的。人们不如作这样的概括:竞争使一切物都是可以购买的。竞争通过把一切物的评价都委之于他们,使一切物都取决于他们给予的价格或他们的估价并为此要求一个价格。

但是喜好购买者大多数缺乏使自己成为购买者的资金:他们没有钱。尽管有钱就拥有可以购买的东西("有钱就有一切!"),然而恰恰缺钱。从哪里取得金钱这一通用或流通的财产呢?须知:你有多少力量,就有多少金钱;因为你值多少钱,就能弄多少钱。

人们并不用货币支付,因为可能发生缺乏货币的情况,而是用他的能力支付,只有这样我们才是"有能力的(有资产的)",因为只有我们权力的手臂达到了，我们才是所有者。

魏特林杜撰出一种新的支付手段：劳动。然而真正的支付手段一如既往仍然是能力。你用你在“能力”之中所有的东西进行支付。因此要想着扩大你的能力（资产）。

对此加以肯定，在人们手头上，立刻又再度有这样的箴言：“各尽其能！”谁应当按照我的能力来给予我？社会？那么就必须让我喜欢这种估价。与其如此，倒不如凭我自己的能力去拿来。

“一切东西属于一切人！”这一命题也是出自同一空洞的理论。属于每个人的只是他的能力所达得到的。如果我说：世界是属于我的，那么这本来不过是空话。只有在我不尊重任何他人的财产的情况下，这才有意义。属于我的只有我能力所达得到的或我在能力之中所拥有的。

人们不配拥有由于软弱而让别人取走的东西，人们之所以不配拥有，因为人们没有能力做到这一点。

人们对于富人对穷人所犯下的“千年不义”发出喧嚣，就仿佛富人招致了贫穷，而穷人并不以同样的方式招致了财富似的！在两者之间除了有资产和没有资产的差异、有能力者与没有能力者之间的差异外，还有别的什么吗？那么，富人的罪行又何在呢？“在于他们的无情冷酷。”然而当穷人不能劳动的时候，谁还抚养穷人，谁还为他们的食物操心？谁发放施舍，在施舍上甚至有着仁慈的名称吗？富人不是在任何时候都是“仁慈的”？他们不是至今都是“乐善好施的”，如济贫税、慈善医院、各种形式的捐款等所表明的那样吗？

然而这一切都不能使你们满意！他们应当与穷人在一起共同

分享吗？你们在此要求，他们应当消灭贫困。且不论在你们之中几乎没有一个人想如此去做，如果说有的话那么这个人恰好是傻子。且问：当同一行动对于穷人大有裨益之时，为什么富人该遭受损失作出自我牺牲呢？你每天挣一个塔勒要比成天靠着四个铜板过活的成千上万人要富。与这成千上万人在一起均分，究竟是对你有利，还是更确切地说对他们有利？

这种意向与竞争不相联系说是要把事情做得最好，倒不如说是使事情尽可能地有利可图、收益丰富。故而人们为谋求一个职位而学习（为混饭吃而学习），学卑躬屈节、阿谀奉承，学世故人情和"做事秘诀"。人们做事只是为了（摆样子）。因此表面看来只是为了"好成绩"，而在实际上只关心"好生意"和赚钱。人们做事情号称就是为了事情本身的缘故，而在实际上则是为了他们获得的赢利。尽管人们不喜欢当书刊检查官，可是人们都愿意被提升；人们愿意按照最好的信念审案子、管理等等，然而人们害怕调职以至撤职：当然人们首先必须活着。

故而这一切活动是为了争取可爱的生活和争取以阶梯方式增长着的或多或少的"幸福生活"的一项斗争。

然而他们的一切努力和忧虑给大多数带来的却只是"辛酸的生活"和"辛酸的贫困"。就此而言，一切是辛酸的严酷！

无尽无休的追求使得我们喘不过气来，不能从容地享受：我们将并不因为我们的占有物而感到愉快。

然而劳动组织所涉及的只是这样一些别人可以代替我们进行的劳动如屠宰和耕耘等等，其他的劳动都是利己主义的，因为譬如说，没有人能够代替你作你的乐曲，没有人能够代替你实现你的画稿等等:拉斐尔的创作那是谁也替代不了的。后一类的劳动是某个唯一者的劳动,它只有这个唯一者才能完成;而前一类劳动则只可叫做“人的”劳动,因为独特的东西在此的作用是微不足道的,几乎“每个人”都能被训练来做这些事。

由于社会只能顾及公益的或人的劳动,故而谁从事独一无二的事情就得不到社会的照顾。他倒可能由于社会的干涉而受到干扰。唯一者诚然是自己从社会之中锻炼出来的,而社会却产生不出任何唯一者。

为了使人的劳动不至于像在竞争中那样占去我们全部时间,耗尽我们全部精力,我们就人的劳动问题取得一致意见因而就总是有益的。在这一方面,共产主义将结出它的果实。在市民阶级的统治面前,甚至把人人都有能力去做的或将有能力去做的事情只与少数人相联系而不让其他人去做:这就是一种特权。在市民阶级看来,公平的做法是:对于每个“人”来说似乎是存在的东西听任一切自由。然而,因为听任自由,故而什么人都不给予,倒不如说听任每个人通过他的人的力量来攫取。由此思想就被引向去获得不断向每个人招手的人性的东西,而且产生了一种趋向,人们在“唯物主义”的名义下听到对它高声的责难。

共产主义试图阻止这样的进程。为此,它传播这样的信念:不值得为人性的东西花费那么多的辛劳。在一个明智的制度下,不必花费如同迄今看来所必需的那么多的时间和力量就能赢得它。

然而该为谁去赢得时间呢?人得到比恢复他疲惫的劳动力所必须的、更多的时间有什么用呢?在这方面,共产主义保持沉默。

为了什么?在他作为人干完他的事之后,为了他作为唯一者的愉快！

人们在被允许伸手去获取人的东西的最初的欢乐之中，他们忘掉了还有什么其他的欲求，而且他们为此而精力充沛地进行竞争，就仿佛占有人的东西就是我们一切愿望的目标似的。

然而人们却疲于奔命并渐渐地觉察到："占有并不能给人幸福"。因此人们设想轻而易举地来获得必需品，只消耗必不可少的时间和精力。富裕贬值，而知足安贫、无忧无虑的游民却成了诱惑人心的理想。

这样一种每个人都相信自己能胜任的人的活动难道应当给予高额薪俸并不惜一切生命力量的辛勤和消耗去寻求吗？在日常的口头语里"只要我是个大官或其他什么，那么情况就大不一样了"，已经表达出这样一种信心：人们认为自己有能力担当一个这样的显要职位。人们诚然感觉到属于这类事情的并不是唯一性，而只是一种纵然不是一切人却有许多人达得到的教养；这就是说，对于这样的事情只要是一个普通人就可以了。

如果我们设想：如同秩序属于国家的本质那样，服从是建立在国家的本性上的，那么我们就看到，服从别人的人或受宠者都是过分地索取和欺诈地位低下的人们。然而地位低下的人们最初从社会主义立场出发，而后却必以利己主义的意识（对此我们想因而随即给他们的言论描绘出若干色彩）振作起来面对下述问题：那么由于什么你们受宠者、你们的财产是安全的？回答是：由于我们克制住了进攻！所以是靠我们的保护！而为此你们给予我们什么？你们给予"平民"以践踏和轻蔑；给予警察的监视和包括下述箴言的教义问答："要尊重并非是你的、属于他人的东西！尊敬他人，特别是上司！”我们却回答道：“如果你们想受到我们的尊敬，那么你们就要用对我们合适的价格来购买。我们愿意让你们有你们的财产，如果你们对我们这一让与作出相应的补偿的话。那么，将军用什么来报偿在和平时期数以千计的年俸呢？一个第三者用什么来抵偿每年几十万、几百万的收入呢？要我们啃着土豆，冷静地看着你们大嚼牡蛎，你们用什么对此作出报偿呢？如果你们从我们那里购买牡蛎就只相当于我们必须从你们那里购买土豆的价钱，那么你们就可以继续吃牡蛎。或者你们认为，牡蛎属于我们不如属于你们那样好？如果我们取食牡蛎，那么你们将大呼是暴力，你们说对了。没有暴力我们是得不到牡蛎的，就如同你们通过对我们施加暴力而拥有不少牡蛎那样。

你们且拿住牡蛎吧，让我们考虑我们更亲近的财产（因为前者只是占有物），考虑劳动吧。我们满头大汗疲惫不堪地干 12 个小时，而你们为此只给我们几个铜板。那么你们为了你们的劳动领取同样的报酬吧！你们不喜欢这个吗？你们设想，这一工资就足够报偿我们的劳动。与此相反，你们的劳动却值到几千的工资？但是，如果你们不把你们的工作估计这样高，并且让我们的劳动得到较好的报酬的话，那么，在情况需要时我们会做出比你们挣几千塔勒所做的更为重要的事情；如果你们只得到像我们那样的工资，那么你们为了挣得更多马上就会变得更勤奋些。然而，如果你们做出一件在我们看来比我们自己的工作要有价值十倍甚至百倍的什么事情，好，那么你们为此应该得到百倍的钱；而在另一方面，我们也想为你们生产将值得你们付给我们钱数比通常的计日工资为多的东西。只要我们对谁也无庸再赠送给第三者什么东西取得一致意见的话，我们将会相处得很融洽。那时我们也许甚至能做到给残废者、病人和老人适当的钱，使他们不致由于饥饿和贫困而和我们永别，因为我们希望他们活下去，因此我们用付款来实现我们的愿望是合乎情理的。我所说的是“付款”，并不意味着怜悯的“施舍”。他们的生命亦即是那些不能劳动者的财产。如果我们不希望（不管是什么理由）他们从我们这里夺去这些生命，那么我们只有通过付款才做得到。大概是为了我们喜欢在我们的周围都是和颜悦色的面孔，我们也许甚至希望他们生活幸福。简言之，我们既不愿你们赠送我们什么，我们也不愿赠送你们什么。几百年来由于好心肠的愚蠢，我们给了你们施舍，施舍给穷人们一个小铜板，给予主人并非是主人的东西。好吧，打开你们的钱囊吧，因为从现在起我们的商品在价格上要大幅度地上涨。我们根本不要从你们那里取得什么，只是你们要为你们希望拥有的东西更好地予以支付。“那么你有什么呢？”“我有一千摩尔根的地产。”“而我是你的农夫，今后要按日工资一个塔勒才去为你耕地。”“要这样我就去找别人。”“你谁也找不到，因为我们不是这个条件就不干，如果谁表示可以少挣，那么就让他提防我们吧。现在女仆也要求这么多，低于这个价你就谁也找不到。”“唉，这样我就完了。”“不要如此慌张！我们拿多少你也将拿多少。如果情况不是这样，那么我们要降些价，使你能像我们那样生活。”“但是我习惯于生活得更好些。”“对此我们并不反对，然而我们并不关心此事，如若你能存余得多些，那么悉听尊便。难道我们该当低于上述价格受雇就为的是你能养尊处优？”富人总是用这样的话来搪塞穷人：“你的贫困与我何干？你走遍世界去看吧，这并非是我的，而是你的事情。”“好吧，我们就让它成为我们的事情吧，却不让富人偷窃我们所有的资力，以便我们得以增加价值。”“然而你们这些没有受过教育的人们不需要这么多呀！”“好吧，我们那么就要拿得多一些，以便用此使我们能够受对我们有些用处的教育。”“但是如果你们使富人破了产，那么今后谁去支持艺术和科学呢？”“呃，大众必须做到这一点。我们联合起来，这就有了可观的款项；你们富人现在只买最庸俗的书、哭哭啼啼的圣母像或舞蹈家的一双灵巧的腿。”“啊，不祥的平等！”“不，我的好老爷，谈不上什么平等！我们只是要求值多少就得多少，如果你们值得多一些，那么你们就总该多得些吧。我们只是要求价格相当，只是想表明你们所付的款我们是受之无愧的。”

国家确乎能够唤起家仆的如此有自信心的勇气和如此有力的自信？国家是否能够做到：人自己感觉到自己？抑或是国家可以哪怕是仅仅为自己提出这样的目标？国家能不能希望：个人认识并实现他的价值？如果我们把双重的问题分解开来，那么我们首先看到了国家究竟是否能够实现这些事情。由于要求农夫的同心协力，故而只有这种同心协力才能实现这些事情，而一项国家法律由于竞争和保密要千回百折地绕圈子。国家能够对此加以容忍吗？国家不可能容忍人们遭受在它之外的其他东西的强制，故而国家不能容许齐心协力的农夫的自助行动，他们反对欲图用较低的工资雇人的雇主。我们不妨假设：国家制定了法律，而所有农夫对此都表示同意，那么国家会容忍上述行为吗？

在个别的情况下是这样，然而个别情况是高于这种情况的，它是一种原则的情况。在此涉及自我价值实现的整个范围，也就是涉及他反对国家的自我感情的整个范围。共产主义者也走得如此之远,然而自我价值的实现就像它是针对国家那样,它也必然针对社会,因此它是超出公社的和共产主义的范围,是从利己主义出发的。

共产主义把市民社会的基本原则"每个人都是占有者('所有者')"搞成为一个颠扑不破的真理、一种现实:由于现今不再为获得操心,每个人生来就拥有他所需要的东西。在他的劳动力之中,他拥有他的资产,如若他对此不加利用的话,那么这就是他的过错。追求和角逐终止了,而且不再有现今经常出现的、劳而无功的竞争保留下来,因为随着每一劳动活动将为家中带来充分的必需品。现在人们才成了真正的占有者,因为他们在他们的劳动力中所拥有的什么不再像在竞争制度之下,每一刻都威胁着他们要从他们那里逃脱了。人们是无所忧虑和实实在在的占有者。而人们之所以是这样恰恰是因为他们不再在一种商品之中,而在自己的劳动、劳动能力之中寻求他的资产,也就是说他们是游民、只拥有观念的财富的人。故而我不能够满足于我通过我的劳动能力而挣得的少量的东西,因为我的资产不仅仅在于我的劳动。

通过劳动我能够执掌总统、大臣等的职务,担当这些职务只要求一种一般的教育。所谓一般的教育,即一般都达得到的一种教育(因为一般的教育并非仅仅是每个人均已达到的教育,而不外是每个人都能够达到的教育,即每一专业的诸如医学的、军事的、语言学的教育,对这些教育没有一个"有教养的人"相信:它会提高他的能力)或者概括地说只是所有人都可能达到的一种技巧。

虽然每个人都能担任这些职务,那也只有个人所特有的、唯一的能力才赋予这些职务以所谓的生命和意义。如果他不是像一个"普通的人"那样来执行他的职务，而是加上了他的唯一性的能力的话，那么当人们只一般地把他作为官吏或大臣给予报酬，人们就没有对此而给他报酬。如果说他做了这些而赢得了你们的感谢，而你们又欲图为自己保持住这种唯一者的值得感谢的力量，那么你们就不可以把他当作只做了某种人的事情的单单的一个人给予报酬，而应当把他当作完成了唯一的事情者那样给予报酬。你们也用你们的劳动来做同样的事情吧！

对我的唯一性不能像对我作为人所做的事情那样确定一个一般的定价。只有对后者才能订出一个定价。

故而你们总要对人的劳动规定出一般的评价，但也不要使你们的唯一性失却它们的报偿。

人的或一般的需要可以通过社会而得到满足，而对于唯一的需要你则必须首先去寻找满足。社会不能向你提供一个朋友、一种充满友情的服务，乃至一种个人的服务。然而你在任何时刻都需要这样一种服务而且在最琐碎的事情上需要帮助你的人。为此你并不指望社会，而是想方设法使自己有财产，以便用购买的方式使你的愿望得以满足。

货币是否要保持在利己主义者那里？在继承的财产上有着古老的印记。如果你们不再用货币来偿付，那么它就要消灭；如果你们不是为了这种货币做些什么，那么它的全部力量就要消失。你们勾销了遗产，你们就揭掉了遗嘱执行人的法庭的封漆。现在一切都是遗产，不管它已被继承或等待着它的继承人。如果说遗产是你们的，那么你们为何允许对你们封存遗产呢？你们为什么重视封印呢?

但是为什么你们就不应该创造新的货币呢?你们从商品那里取走了继承的印鉴,你们就算消灭了商品?可是,货币是一种商品,而且是一种重要的手段或资产。因为货币防止资产的僵化,使它保持在流动状态之中,促进它的流通。纵使你们知道一种更好的交换手段,然而它总归是一种“货币”。并非是货币使你们遭受损失,而是你们无能力去取得货币。让你们的能力发挥作用吧,你们全神贯注吧!之后将不缺货币,你们的货币,有着你们印记的货币。然而我并不把工作称为“让你们的能力发挥作用”。仅仅“寻找工作”的人和单单“欲图勤劳地工作”的人为自己准备了不可避免的失业。

祸福是由货币决定的。在市民时代,货币之所以是一种力量,只是因为人们如同追求姑娘那样来追求货币,而且没有一个人能同它结成不解的姻缘。在竞争中,追求心爱的对象的一切浪漫作风和骑士精神均再度复活了。货币,渴求的对象被大胆的“工业骑士”劫走了。

谁有福气,谁就迎娶新娘。游民有福气,他就把新娘迎娶到他的家中,到“社会”中来,并且破坏她的处女的童贞。在他的家中,她不再是姑娘而成了妻子,随着童贞的丧失,同时也失去娘家的姓。作为家庭主妇的货币少女就叫做“劳动”,因为“劳动”是丈夫的姓名。她是丈夫的财产。

为了完成这幅画,还要说明的是:劳动和货币的孩子又是一个姑娘,一个未出嫁的姑娘,即货币,然而却具有他的父亲的某种劳动血统。脸形、外貌却带有一种其他的印记。

最后，再次涉及竞争的是：竞争的存在恰恰在于并非是一切人只照顾自己的事和就此互相达成协议。譬如面包是城市全体居民的必需品，因此他们本该是很容易地商妥建立一个公共面包作坊。他们并不这样做，却把这种必需品的供应让给进行竞争的面包师。同样把肉的供应委托给了屠户，把酒的供应委托给了酒商等等。

废除竞争并不意味着等于赞助行会。区别在于：在行会中烤面包等是行会成员的事情；而在竞争中则是任何竞争者的事情；在需要面包者的团体中则是我的、你的事情，既不是行会的也不是官方许可的面包师傅的事情，而是加入团体者的事情。

如果我不关心我的事情，那么我就必须以其他人任意给予我的东西为满足。要有面包这是我的事情、我的愿望和欲求，然而人们把这事情让给了面包师们，充其量也只能希望通过他们的争吵、较量和角逐，简言之通过他们的竞争，获得在完全独占烤制面包权的行会成员那里所指望不到的好处。每个人均需要的东西，在其筹措和生产过程中，每个人也应参与其间。这是他的事情、他的所有物，而不是行会的或官方许可的师傅的所有物。

让我们再作一回溯。世界属于这个世界的孩子们、人之子，它不再是神的，而是人的世界。凡是每个人能从世界那里给自己创造出的东西，他称为他的东西。只有真正的人、国家、人类社会或人类才这样看，每个人除非是把作为人，就是说，以人的方式造成的东西归为己有，其他任何东西不能占有。非人的占有是不为人所许可的占有，也就是说它是一种“犯罪的”占有，如同反过来说，人的占有是一种“合法的”，一种按照“法律的途径”所取得的占有。

自从革命以来人们就是这样说的。

然而我的财产并非是物,因为后者有着独立于我之外的一种存在,我自身固有的只是我的权力。并非这棵树是我自身的东西,我的权力或我对这棵树的支配才是我自身的东西。

人们以如何荒谬的方式表达这种权力呢?人们说,我对这棵树拥有权利,或者说,它是我的合法的财产。亦即我是通过权力来获得这棵树的。他们忘掉了:权力必须是持久的,以便能保持住这棵树,或者说得更确切些:权力并非是一种独立的存在物,而仅仅是在强大的自我、在我这个强大有力的人之中有它的存在。权力,如果像我的其他属性如人性、尊严等被推崇为一种独立的存在物那样,以至于当权力早就不再是我的权力时,它还存在着。这样权力就变成了精灵,权力即是权利。这个永恒化了的权力不随着我的去世而消失,而是被转移或被"继承下去"。

实际上,物并不属于我,而是属于权利。

另一方面,这只不过是一种幻觉而已。因为个人的权力之所以变为永久不变的、变为一种权利,仅仅是由于其他人将他们的权力与他的权力结合起来。这种妄想存在于下述情况之中:他们相信他们的权力是不再能收回的。同样的现象又再度出现,权力与我相分离。我不再能取回我给予占有者的权力。人们"授出全权",放弃权力,拒绝想出一个更好的主意。

所有者可以通过赠送、抛弃等等办法,放弃他对这个事物的权力、权利,我们就不能同样地将借给某个人的权力放弃吗?

正义的人、正义者对于他并非"正当地"所拥有的或对此没有权利的东西并不欲图称之为他自己的东西,只有对正当的财产他才如此称呼。

现今谁可以当法官，可以把他的权利判给他呢？最终当然是人，人把人的权利给予了他：而后他能够在一种比德伦西[①]更没有限制的、扩大的意义上说：凡属于人的都是我的所有物。凡人的一切我皆有之，他可以如其所愿地对此进行调度，但只要在这一立场上他就摆脱不了一个法官，而在当代，人们所遴选的许多法官则发生了互相对立、势不两存的两种角色：神与人。一类法官诉诸神的权利，另一类则诉诸人的权利或曰人权。

在两种情况下，个人都不能赋予自己权利，这一点则是清楚的。

在今天的情况下，试给我找出一种不侵犯任何权利的行为看看！人权在任何时候都遭到一方的践踏，而他们的对手不亵渎神的权利是不能张嘴的。如果你们给与一种施舍，那么你们就嘲笑了人权，因为乞丐与施主的关系是一种不人道的关系，如若你们道出了一种怀疑，那么你们又亵渎了神的权利。如果你们满足于嚼干面包，那么你们由于你们的自甘落伍冒犯了人权。反过来，如果你们不满足于嚼干面包，那么你们由于你们的反感而污辱了神权。在你们之中，没有一个人是不在任何时刻犯下罪行的：你们的言论是犯罪，而对你们言论自由的任何阻挠则不亚于犯罪。你们总归都是犯罪者！

然而，只有你们全体均站在权利的根基上，亦即你们甚至从不知道和懂得去估价：你们是犯罪者这一事实，只有在这种情况下，你们才是犯罪者。

---

① 德伦西（公元前185—前159），罗马喜剧作家。——译者

不可侵犯或神圣的财产恰好是在这一根基上产生的:这是一种法律概念。

一只狗看到一块骨头在另一只狗的势力范围内,假如它觉得自己太弱,它就只好避而远之。人却是尊重他人对他的骨头的权利。后者是人的做法,前者则是无理性的或"利己主义"的做法。

如同在此的情况那样,一般而言,下述做法就是符合人性的:如果人们在一切中看到了某种精神的东西(这里即是权利)也就是说把一切都变为精灵而且像对待精灵那样来对待之,人们尽管可以在它显现时恐吓精灵,却不能杀掉精灵。符合人性的做法在于,把个别的不看作是个别的,而看作是一般的。

我不再尊重诸如此类的本性中的什么,我却知道自己对一切事情都有权利反对这一本性。与此相反,我却要尊重庭园中这棵树的异己性(人们单方面地说成是"财产")。我一定不能让我的手去碰它。如果我尽管把那棵树让给他人,就如我把我的手杖之类让给他人那样,却并非是一开始就把它看作对于我来说是异己的,即神圣的,那么前述情况就结束了。更确切地说,当我想望时,我并不砍树而使自己犯罪。而是不论我把它让给他人多久,它仍然是我的财产:它是并且保持为我的。在银行家的财富中,我很少看到异己的东西,如同拿破仑在国王的领土中很少看到异己的东西那样:我们不畏惧"占领"财富并且为此而寻找手段。我们从财富那里剥下曾引起我们恐惧的那种异己的精神。

因此,下述的做法就是必要的:我不再作为人向什么东西提出要求,而是作为自我,这一自我向一切东西提出要求。因此,没有要求任何人的东西,而是要求我自身的东西,亦即并非是我作为人而属于我的东西,而是我欲图要的东西和因为我欲图要的东西。

只有你愿意承认这是他人的财产,他的财产方才是合法的或正当的财产。一旦你不愿意承认,那么它对你来说就失去了合法性,你而且还嘲笑对财产的绝对权利。

除了迄今在受局限的意义上所谈论的财产之外,向我们虔诚的心提出了一种另外的财产,对这一种财产我们更其不该"犯下罪孽"。这一财产是由精神财富、"内心的深处"所组成。一旦有谁把什么看作是神圣的,他人就不应当对此加以嘲笑。因为不管它是多么不真实、不管人们是如何起劲地"以充满爱的和谦逊的方式"力图使这些固执的信仰者相信一种真正的圣物,圣物本身却在任何时候由于下述原因而值得尊敬:错误者仍然信仰圣物,即使并非是信仰一种正确的圣物,然而他对圣物的信仰是必须予以尊敬的。

在未开化的时代也罢,在我们的时代也罢,人们总是习惯于要求某一信仰和对某一圣物的归依,而对付其他的信仰则是毫不手软的。然而自从"信仰自由"逐渐传播以来,"妒忌的神和唯一的主"就逐渐地消解为一种颇为普遍的"最高本质",而且只要人人尊崇"一种圣物",人的宽容就得到了满足。

用最合乎人性的表达方式来说,这一圣物即是"人自身"和"人的东西"。在骗人的外表之下,就仿佛人的东西完全是我们自己的东西而且摆脱了依附着神性的所有彼岸性似的。是的,在这种情况下,人好像就只不过是我或你似的。这样,甚至就会产生出下述夸大的幻想:无所谓什么"圣物",我们于是自己感到到处如在家中,而且不再处在神秘之中,即处在圣物之中和神圣的恐惧之中。在对“最终发现了人”的狂喜之中，听不见利己主义的痛苦呼喊，而已成为如此亲密的幽灵则为了我们真正的自我而被弄走了。

然而“人即圣者”（歌德语），而且人的东西仅仅是最纯洁的神圣的东西。

利己主义者则说出相反的意见。恰恰是因为你把某物看作是神圣的，故而我要嘲笑你，而我之所以尊重你那里的一切，恰恰是我不尊重你的圣殿。

在这互相对立的观点之中，也必须设想一种对于精神财富互相矛盾的态度。利己主义者污辱精神财富，信仰宗教者（即将他的“本质”置于自己之上的每一个人）必然以彻底的方式保护精神财富。然而究竟保护怎样的精神财富、对怎样的精神财富不予保护这就完全取决于人们根据“最高本质”为自己所造出的概念，譬如畏惧神者要比畏惧人者（自由主义者）有更多的需要加以保护。

与物质财富不同，我们在精神财富方面遭到精神方式的损伤。针对精神财富的罪恶是直接的亵渎，而针对物质财富的则是偷窃与异化：财富本身不仅仅被剥夺，而且被夺去价值、被亵渎、圣物直接受到威胁。用“忤逆”、“放肆”这样的词就能够表达出反对精神财富的一切罪行，即反对对于我们来说是神圣的一切罪行，至于嘲笑、诽谤、轻蔑、怀疑等只是有罪的、放肆的不同色彩而已。

这里对于以各种各样方式可能犯下的亵渎行为将略而不叙，而只特别提起由于不加限制的出版而危及圣物的那种亵渎行为。

即使仅仅要求尊重一种精神本质，那么言论与出版就必定在这一本质的名义下遭到奴役。因为利己主义者能同样通过他的表态而“冒犯”这同一本质。如果当局对此宁愿不用比较正确的手段，譬如书刊检查等预防性的警察暴力的话，那么利己主义者必定同样至少由于“罪有应得”而受到遏止。

怎样一种向往出版自由的叹息啊！那么出版该摆脱什么而自由呢？当然是摆脱依附、隶属和效劳！从这里面摆脱出来而使自己自由，这恰恰是每一个人的事业，可以有把握地设想：如果你已使自己从效劳中摆脱出来，那么你著述和写作的一切就将属于你自己，而毋须设想和置于为某一权力效劳之中。试问，一个基督信徒所能说的和出版的能比他自己更远地摆脱此种基督信仰吗？如果说我不能够和不可以写些什么，那么这过失也许首先就在我自己身上。这些看来与事情甚少关系的东西，运用起来却离得很近，通过出版法我对我的出版物划出或让划出界限，越出界限就是非法，对此就要作出惩罚。我自己限制自己。

如果说出版应是自由的，那么最重要的恰恰是出版要从以一种法律的名义而施之于它的每一种强制之中摆脱出来。为了做到此点，恰恰是我自己必须从对法律的顺从之中摆脱出来。

当然，出版的绝对自由如同一切绝对自由那样是一种不可能的事。诚然出版可以摆脱许多东西，然而却总只能摆脱我所能摆脱的东西。如若我们使自己摆脱了圣物，那么我们就变成了无圣物和无法律的，我们的言论也将变得如此。

我们在世界上愈少可能从任何强制中解脱出来，我们的著作也同样愈少可能从强制中摆脱出来。然而我们有怎样的自由，我们就能使著作做到怎样的自由。

故而我们的著作必须变为我们自身，而不是一直至今那样为一个幽灵效劳。

在呼吁出版自由时，人们却仍是蒙昧无知的。看来，人们所要求的是：国家应给出版以自由。然而人们本来欲图拥有的却是：出版从国家那里摆脱出来或与国家相脱离，尽管他们自己对此也毫无所知。前者是向国家提出的请求，而后者则是反对国家的叛逆。作为一种“对权利的请求”，纵然是对出版自由权利的最认真的要求，它也是把国家作为施与者并以此为前提的，它只能期望着一种赠与、一项批准、一种特许。当然，如果一个国家行动粗忽，那么它允诺所要求的赠品，这种情况也是可能的。然而可以用一切来打赌：只要受赠者把国家看作是真理，那么他们将不知道如何去使用赠品：他们绝不亵渎这个“圣物”并且将为反对敢于如此做的每个人而呼吁制订一个进行惩罚的出版法。

一言以蔽之，出版将摆脱不了我所脱不掉的东西而自由。

由此我自己就算表明自己是出版自由的反对者吗？恰恰相反，我只是宣称：如果人们只是欲图出版自由的话，亦即如果人们只是寻求一种不受限制的许可的话，那么人们就永远得不到出版自由。你们就不断地乞求这一许可吧：你们将只能永远等待，因为在世界上没有人能够给予他们出版自由。只要你们欲图为了利用出版而通过一种许可即出版自由而得到“资格”的话，那么你们就总是在徒劳的希望和抱怨之中生活。

“无聊！你这个抱有如同在你的书中所陈述的那些思想的人，很遗憾你充其量也不过只是由于一个幸运的偶然情况或通过不正当的手段使这些思想得以发表。同时你不是又想起劲地反对人们长久地去催促和纠缠自己的国家，以便国家批准已被拒绝了的作品的发表?"一个这样被评论的作家,由于他们这种人的肆无忌惮也许会用下述话语作出回答:好好考虑一下你们的讲演吧!为了给予我的书以出版自由,那么我该做些什么?我是不是该探询批准或我该毫不顾及合法性问题去寻找一个有利的时机,并且在十足毫无顾忌地反对国家和国家的愿望的情况下去抓住这一时机?用耸人听闻的话说出来就是:我要欺骗国家,你们毫不自觉地也做着同样的事情。你们从你们的讲台上向国家倾诉:国家务须放弃它的神圣性和不可侵犯性;国家务须屈从著作家的攻击,而毋庸因此害怕有什么危险。然而你们蒙骗了国家,因为只要国家丧失了它的不可接近的性质,这就涉及它的生存。当然,国家是可以允诺你们以写作自由的,如同英国所做的那样。你们是国家信徒并且不会为反对国家而写些什么,尽管你们总是希望对国家进行改革,"消除国家的缺陷"。然而,如果国家的反对者利用自由发言权,用苛刻的理由攻击教会、国家、道德和一切"神圣的事物"情况又将如何呢?你们而后怕是在胆战心惊的恐惧之中最先复活九月法令的人。这样,你们就太晚悔悟到以往使你们甘愿议论和愚弄国家或政府的那种愚蠢。——我却通过我的行动只是证明了两点:第一点,出版自由总是与"有利的时机"相联系的,因而从不会是一种绝对的自由;第二点,谁欲图享受出版自由,就必须寻求有利时机并尽可能地创造这种有利时机:他与国家相对抗维护他自己的权益,并且把自己和自己的意志看得要高于国家和任何"更高权力"。不是在国家之中,而只有与国家相对抗,出版自由方能得以实现。如果说出版自由应被确立起来的话,那么它所达到的并不是作为一项请求的后果,而是作为一项反抗的事业。每项对于出版自由的请求和建议,不管它是有意识的或无意识的均是一种反抗,只是市侩气的不把事做绝这一点在它战栗着将清楚地和无可辩驳地看到反抗事业的成绩前,不愿和不能承认这种情况而已。而祈求的出版自由在开始时有一副亲切与和善的面孔,因为它打算在为期不远之后就定要让"出版界的狂妄"盛行起来。然而逐渐地它的心愈变愈硬了,而结论则迎合了它:如果自由是为国家、道德或法律效劳,那么自由就不是一种自由。而且,一种摆脱了书刊检查的自由尽管是自由,却不是摆脱了法律强制的自由。一旦为自由的欲望所掌握的出版希望愈益变得自由,一直到著作家最终对自己说:"只有当我向无询问之时,我而后才真正完全自由。只有当写作是我自己的东西时,只有当写作并非是我听命于任何权力或权威,听命于任何信仰和恐怖之时,写作才是自由的。出版毋庸是自由的——这太少了,出版必须是我的——出版独自性或出版自我特性,这就是我欲图取得的。"

"出版自由只是出版的许可,国家绝不会,也不能自愿允许我通过出版来摧毁国家。"

"现在让我们作一总结,我们对上面由于'出版自由'一词而引起暧昧的讲演作出修正,更确切地说:出版自由,自由主义者的高声要求当然在国家之中是可能的,是的,它只有在国家之中才是可能的,因为它是一项许可,故而准许者国家是不可缺少的。然而,作为一种许可的出版自由,它的界限的标准恰恰掌握在这一国家手中。在与国家和它的福利不相协调的情况下,国家就将理所当然地不予批准。国家给出版自由规定了这一界限来作为后者的存在和发展的法律。至于一个国家比另一个国家宽容些,这不过是一种量的差异,但是政治自由主义者恰恰对此是很计较的:他们譬如欲图在德国只存在一种‘对自由言论的扩大和进一步的许可’。人们所寻求的出版自由是一项人民的事业,故而在人民(国家)掌握它之前,我是不可以运用它的。然而从出版自我特性的观点出发,情况就不同了。我不管我的人民有没有出版自由,为了出版我为我自己寻求策略或力量——我只从自己和我的力量那里为我取得出版许可。”

“如若出版是我自身的事,那么我为了进行出版就将如同我为了擤鼻子那样同样少地需要国家的批准。从对于我来说没有超越于我之上的任何东西的那个时刻起,出版即是我的所有:因为从这一时刻起,国家、教会、人民、社会等等消失了,因为它们的存在要归功于我对我自己的轻蔑,随着这种轻蔑的消失它们自身也就灭亡了。只有它们在超越于我之上之时,它们才作为权力和掌权者存在。抑或你们能设想有这样一个国家,它的人民是全然不考虑国家的?这样的国家一定是个梦幻、一种表面的存在,就像‘统一的德国’那样。”

“只要我本身是我自己、是一个所有者,那么出版就是我自己的。世界是属于利己主义者的,因为他并不附属于世界的任何权力。”

“在此,我的出版依然可能是极不自由的,譬如说在目前。然而,世界是广大的,而人们则尽其所能地进行自助。如若我欲放弃我的出版的所有,那么我是很容易达到此点的:我可以到处让印刷如我的手所产生的那么多的著作。然而,由于我欲图保持我的所有,故而我就必定要欺骗我的敌人。”“如果给予你敌人的许可,你会接受它吗?”“必定很高兴接受,因为他们的许可对于我来说是一个证明,表明我愚弄了他们并把他们引向灭亡的道路。我不关心他们的许可,却更关心他们的蠢笨和他们的失败。我并不追求他们的许可,就像政治自由主义者那样我自己奉承自己:我们双方,他们和我彼此互相和平地共处,甚至能够互相提携、互相支持,然而我追求的是让他们由于许可而流血致死,为的是准许者最终自行灭亡。我作为自觉的敌人那样地行动:我欺骗他们而且还利用他们的不谨慎。”

“如果我在出版的使用问题上绝不承认在我之外存在任何法官,这就是说如果我的写作不再决定于道德或宗教或对于国家法律的尊重之类,而是决定于我和我的利己主义的话,那么出版就是我的!”

你们该用什么来反驳给予你们一个如此放肆的答复的他?我们也许对问题最清楚地作如下的表述:出版是谁的?是人民的(国家的)还是我的?政治家从他们那方面只是旨在把出版从掌权者个人的和专横的干涉之中解放出来,而没有考虑到:要使出版真正对于每个人均是开放的,出版也就务须摆脱法律,即摆脱人民意志(国家意志)。他们欲图把出版搞成一种“人民的事情”。

变为人民的所有的出版却仍然与成为我自身的事相距甚远。对于我来说,这种出版毋宁依然是一种在最从属的意义上的许可。人民扮演了有关我的思想的法官。我有必要或有责任向它说明我的思想。当陪审官的固定观念遭到攻击时,他们有着与最冷酷的专制君主及其奴隶般的官吏相同的铁石心肠。

在《自由主义运动在德国》[1]中埃·鲍威尔声称：在专制的国家和立宪的国家中，出版自由均是不可能的，反之，在"自由国家"中则有着它的位置。"在这里得到公认的是：个人由于他不再是作为个人，而是作为一个真正的和合理的整体的成员，他因而才有权利发表自己的意见。"就是说，并非是个人而是"成员"方才有出版自由。如若个人为了出版自由这一目的必须首先表明自己对整体、对人民的信仰，如若他并非是通过自己的力量而拥有这种自由，那么这种自由就是一种民众的自由，这是一种由于他的信仰、他的"成员资格"的缘故而给予他的自由。然而在实际上应当恰恰相反，正是作为个人，对每个人来说自己发表意见的自由才是畅通无阻的。当然他拥有的并非是"权利"，此种自由绝不是他的"神圣的权利"。他只拥有权力，只有权力方使他成为所有者。我毋需得到对出版自由的许可。对此，我毋须得到人民的准许，得到"权利"和"资格"。如同任何自由那样，出版自由也必须由我为自己去"获取"，"作为唯一的法官的"人民就是不能给予我这种自由。人民可以容忍我自己获取的自由，也可以反对之，然而人民却不能给予、赠送、允诺自由。我纯粹作为个人与人民相抗衡方才能行使自由，这就是说我同人民，我的敌人斗争而赢得自由。而且只有我真正与其斗争而赢得自由，也就是说我为自己获取之，我才能确保自由。而我之所以要获取自由，因为它是我的财产。

赞德尔把出版自由当作"在国家之中市民的权利和自由"（第

① 《自由主义运动在德国》，苏黎世与温特图尔，1843 年，第二卷，从第 91 页起〔引自第 95 页〕（参见前面的注）。

99 页）。埃·鲍威尔是反对赞德尔的，然而他所做的又有什么不同呢？对于他来说，出版自由也只是自由市民的权利。

也有在“普遍人的权利”的名义之下，才能要求出版自由。与此相对所提出的是这样的异议：并非是每个人都知道正确运用这种自由，因为并非是每一个人均真正是人。从没有一个政府会不给真正的人以出版自由：然而人恰恰什么也不写，因为他是一个精灵。政府往往只是拒绝给予个人以出版自由，而是将其给予其他事物，譬如政府的机关。如若人们欲图为了一切人而拥有出版自由，那么人们恰恰须主张，出版自由应归于个人——我，而不是属于人或一旦成为人的个人。不同于人的第三者（如动物）根本用不上出版自由。如法国政府并不对出版自由作为人权提出异议，然而为此法国政府要求个人有一项保证：他必须真正是人，因为法国政府并不是给予个人，而是给予人以出版自由。

恰恰在“这是非人的东西”的借口下，人们从我那里剥夺了我自身的东西，而人们把人的东西不受损害地留在我那里。

出版自由只能使负责任的出版付诸实施，而不负责任的出版则仅仅产生于出版的自我特性之中。

为了与人交往，在一切信仰宗教的人们中，被置于首位的是一项明确的法则。人们时而有罪地胆敢忘记遵守这一法则，却从不敢否认它的绝对价值。这就是爱的法则。那些看起来是与爱的原则相对抗、憎恨爱的名称的人们确实并没有不忠实于这一爱的法则。因为即使是他们也是具有爱的，是的，他们爱得更深沉、更崇高，他们爱“人与人类”。

如果我们对这一法则的意义作出表述的话,那么它的意义约略如下:每个人都必须具有对他来说超越于自己之上的一种东西。当涉及其他的幸福、祖国、社会的福利、公众的幸福、人类的幸福、善的事业等等之时,你就应当把你的“私利”放在一边!祖国、社会、人类等等对于你来说必须是超越于你之上的。相对于它们的利益,你的“私利”就必须往后靠,因为你不能成为利己主义者。

爱是一种广泛的宗教要求。这种要求不局限于对神和人的爱,而是在任何关系中都站在首位。不管我们做什么、想什么、希望什么,它的基础应该永远是爱。故而,尽管我们可以作出判断,然而却必须“带着爱”。《圣经》当然是可以加以批判的,而且可以批判得非常彻底,然而批判者必须首先爱《圣经》,把它看作是圣书。这除了意味着:他不可以往死里批判《圣经》,他必须让其存在,而且是作为神圣的东西、不可改变的东西之外,岂有他哉!在我们对于人的批判之中,爱也应当保持为不可更改的基调。憎恨所促成的判断当然根本不是我们自己的判断,而是支配着我们的憎恨的判断,“恶意的判断”。然而爱促使我们做出的判断还是我们自己的判断吗?它们是支配着我们的爱的判断,是“洋溢着爱的、宽容的”判断,而不是我们自己的,因而根本就不是真正的判断。谁燃烧着正义的爱之烈火,谁就呼喊:正义务须走它的路,而世界因此走向灭亡。他自然可以讯问和探索:正义本来是什么或要求什么以及它存在于什么之中,却不能讯问和探索,正义是否是什么东西。

“住在爱里面的,就是住在上帝里面,上帝也住在他里面。”(《约翰一书》第4章第16节)这是非常真实的。上帝住在他里面，他不会摆脱上帝，他不会变得心目中没有上帝；而他住在上帝里面，他没有意识到自己和没有回到他自己的故乡，他住在对上帝的爱里面并且不会变得无情无义。

“神即是爱！一切时代和一切种族在这句话之中认识到基督教的核心。”亦即爱的神是一个纠缠不休的神：他不让世界安静，他想祝福世界。“神变成了人，以便使人神化。”[①]他到处插手，没有事他不染指其间；到处都有着他的“善良的意图”、他的“不可理解的计划和决定”。理性，即他自身应该也在整个世界中得到促进和实现。他的父亲般的照顾使我们失去了一切独立性。不说这是神所做的，我们就不能做明智的事情！而在没有听到这是神所规定的这种情况之下，我们就不会遭到任何不幸！我们的一切均是从神那里得来：神“给予”一切。神如何做，人也如何做。神欲到处祝福世界，而人则欲使世界幸福、欲造福于一切人。因此每个“人”均想在一切人那里唤起他自认为具有的理性：万物皆应是理性的。神与魔鬼周旋，哲学家则穷于应付非理性和偶然性。神不让存在走它自己的路，而人则同样想让我们亦步亦趋于人的生活方式。

谁充斥着神圣的（宗教的、道德的、人的）爱，谁就只爱幽灵，“真正的人”并且以冷漠的残忍迫害个人、现实的人，在诉讼法的冷峻的法律名义下反对“非人”。他感到，在最严厉的程度上采取冷酷无情的态度，这是值得赞赏的和必不可少的，因为对幽灵或普遍者的爱命令他憎恨非精灵，即利己主义者或个人，这就是著名的、称为“正义”的爱的现象的意义。

① 阿塔纳西乌。

一个受起诉的被告期待不到任何宽容,没有人会友好地在他不幸的裸体上盖上一层外罩。严厉的法官不动声色地从可怜的被告身上剥下了原谅的最后碎片。狱吏毫不怜悯地将他拖至他的潮湿的住地。在服刑期满之后,狱吏又毫不和解地重又将盖上烙印者推至可鄙的、啐唾沫的人们之中,他的善良的、基督教徒的、忠实的同胞之中!是的,一个没有得到宽恕的、"死有余辜"的罪犯将被带上断头台,在欢呼着的人群眼前得到补偿的道德法庆祝了它崇高的复仇。两者只有一个能够生存:道德法或者罪犯。哪里罪犯不受惩罚地活着,那里道德法就灭亡;而哪里道德法行使职责,那里罪犯就要去死。他们是不共戴天的仇敌。

基督教时代恰恰是仁慈的、爱情的和关心的时代。人们所得到的,应属于他们的这一切引导他们,使之完成他们的人的(神的)使命。人们为了相互交往首先确立了:这一点和那一点是人的本质,因而是他的天职,这种天职或者是神召唤他的或者(按照今天的概念)是他的人的存在(类)召唤他的。这样就引起了传教的热诚。尽管共产主义者与人道主义者对人的期待要比基督教徒更多,这却根本不可能使他们改变立场。人应变成人的东西!如若对于虔诚者来说,得到神的东西就足够了。那么人道主义者就要求对他来说,人的东西不变得停滞不前。而对于利己主义的东西他们两者则都是反对的。当然,不能把利己主义的东西允诺或授给(采邑)他,而是他必须亲自为自己弄到它。前者给予爱,而后者只有我自己给予自己。

迄今的交往建立在爱、谨慎的行动、互助的基础上,如同人们为自己祝福或将幸福、最高本质置于自身之中和使之成为一种真理（或现实）是对自己的义务那样，人们帮助他人实现他们的本质和他们的天职就是对于他人的职责：人们在两种情况下对人的本质都有义务对它的实现作出贡献。

然而人们既不对自己又不对他人负有义务，把自己或他人搞成一个什么东西：因为人们对于他的本质和他人的本质没有什么义务。建立在本质之上的交往是一种与幽灵的交往，而不是与真实的人的交往。如若我与最高本质交往，那么我就不与自己交往。如若我与人的本质交往，那么我就不与人交往。

自然人的爱由于教养而变成一种命令。作为命令的爱属于人而不属于我。爱是我的本质（人们由此搞出许多本质），而不是我的所有物。人亦即人性向我提出此一要求，提出爱的要求，这是我的义务。并非是我真正获得爱，而是普遍者、人获得作为它的所有物或它的特性的爱："人亦即每个人均应当爱：爱是人的义务和天职。"

故而我务须再次为自己维护爱并把它从人的势力之中拯救出来。

原来是我的东西，然而却是偶尔、本能地是我的东西，它被作为人的东西而授给我，我成了爱的采邑持有者，成了人类的家臣。只不过成了这个类的一个标本，并且不是作为我而是作为人，作为人的标本带着爱行动，即人性地行动。文明的整个状况是封建制度：财产是人的财产或人类的财产，而不是我自己的财产。一个巨大的封建国家建立起来：个人被剥夺了一切，而把一切均给予了"人"。个人最终必定作为"彻头彻尾的罪人"而出现。

我不该对其他的个人有休戚与共的同情？我不该把他的喜悦

和他的幸福铭记在心？我为他所准备的享受不该比其他的自身的享受更成为我自己的？完全相反，我能够喜悦地为他牺牲无数的享受，为了提高他的乐趣我使我自己摒弃无数的东西，还有什么在他之外对于我来说是最珍贵的东西呢？我的生命、我的幸福、我的自由我都可以为了他而孤注一掷。甚至我的乐趣和我的幸福由于为他的幸福和他的乐趣而使我振奋起来。然而我并不为他牺牲自己，我自身，而仍然是利己主义者并享用他。如果说我虽然不爱他却把我所有的一切都奉献给他，那么这是非常简单的，甚至在生活中比生活所显示的更普通。然而这无非是表明了：这一在我那里的激情要比其他一切的激情都更为强大。即使是基督教也教导说要为这一激情而牺牲其他一切激情。如若我为一种激情而牺牲了其他的激情，那么为此我并没有牺牲自己，没有牺牲我之所以真正成为我自身的什么、没有牺牲我原来的价值、我的独自性。哪里出现了这一糟糕的情况，那里的爱就绝不会比我盲目地顺从的任何其他激情要显得更优越。野心家为功名心所驱迫，他对任何警告，使他心中稍作平静的瞬间都充耳不闻。他让这种激情发展成为一个专制君主，对这一君主他失去了一切解脱的力量：他自己摒弃了自己，因为他不能自我解脱，因而不能从这一激情中自我解脱出来：他中迷了。

我也爱人，不仅仅是爱个别的人，而且爱一切人。然而我是带着利己主义的意识爱他们的。我爱他们，因为爱使我幸福；我在爱，因为爱对于我来说是自然而然的，因为这使我称心如意。我不知“爱的命令”为何物。我对每一有情感的生物都同情，而他们的痛苦也使我痛苦，他们的愉快也使我愉快：我可以杀掉他们，却不会折磨他们。而在《巴黎的秘密》中高贵的、有道德的市侩君主鲁道夫则与这种想法相反，由于坏人“激怒了”他而对他们进行折磨。[①] 这种同情只是表明了有情者的感情也是我自身的感情、我的所有物。反之，对“正义的人”的没有怜悯心的诉讼程序（如对公证人费兰德）则是与那一强盗的无情感相类似的。后者按照他的床架的标准砍掉捕获者的腿或将其拉长：据以砍人的鲁道夫的床架，是“善”的概念。对于正义、道德等的情感使人变得心硬和严酷。鲁道夫并没有公证人那样的感觉，而是相反，他感到：“坏蛋是罪有应得”；这并不是同情。

你们爱人，因此你们折磨个别的人，利己主义者，你们对人的爱即是对人的折磨。

如若我看到亲爱者在受苦，那么我也随着受苦。为了使他得到安慰和愉快，我作了一切尝试，在这之前我决不会安静下来。我看到他愉快，那么我也由于他的喜悦而喜悦。由此并不能得出：是同一事情引起了我的痛苦或欢乐，如同在他那里由此而产生这样的作用那样。如同每一肉体上的痛苦已证明的那样：他牙痛，而我则是由于他的痛苦而使我痛苦。

由于我忍受不了爱人的额头上忧伤的皱纹，故而为了我自己的缘故，我吻掉这些皱纹。如若我不爱此人，那么他就总是满额皱纹，这些皱纹与我无关，我只驱赶我的忧愁。

难道我所不爱的任何人或什么事物有权利要求被我爱吗？是我的爱在先，还是它的权利在先？双亲、亲族、祖国、人民、故乡城

① 欧仁·苏：《巴黎的秘密》，巴黎，1842/43 年。

市等等最后还有一般的同胞（“兄弟、友爱”）声称有权利要求我的爱，并且直截了当地占有了我的爱。他们把我的爱看作是他们的所有物，如果我不尊重这一所有物的话就把我看作是夺走属于他们的东西，夺走他们的东西的强盗。我应当爱。如若爱是一个命令和一条法律，那么我就必须朝着这一方向受教育、受训练，并且在我冒犯了它的情况下，就要受惩罚。为了使我去爱，人们因此而将给予我尽可能强大的“道德影响”。既然能激起人们诸如仇恨那样的其他激情，那么也一定能唆使和诱导人们去爱，这是毫无疑义的。仅仅因为一个家族的祖先属于教皇的一派，而另一个家族的祖先则属于王党。两个家族之间就充满着仇恨。

然而爱并不是命令，它如同我的每一感情那样是我的所有物。如若你们获得即购得了我的所有物，那么我就将它转让给你们。教会、人民、祖国、家族等却不知如何去获得我的爱，这样我就不必去爱它们了。我则完全随我所愿地确定我的爱的出售价格。

自私的爱与无私的、神秘的或浪漫主义的爱相距甚远。人们能够爱一切可能的东西，不仅仅是人，还可以是一般的“对象”（酒、他的祖国等等）。如果必须从我的权力那里夺走了爱，那么爱就将变得盲目和疯狂（痴爱）；如果应该进入了爱之中，亦即如若“对象”对于我来说变得是神圣的，或我由于义务、良心、誓言与它束缚在一起，那么爱就变成是浪漫的。于是对象就不再是为了我而存在，而我反倒是为了它而在此存在。

如果爱并不是我的感情，不是我的所有物，我所掌握、拥有的那种东西，那么它就是一种中迷，这是由于对象的异己性而造成的。宗教的爱也就在于在亲爱者那里爱一个“神圣者”或执著于

“神圣者”的命令。对于无私的爱来说，存在着绝对的爱的对象，如同我的心为同胞，或为配偶、亲戚等而跳动那样，它也应当为此而跳动。神圣的爱热爱着亲爱者那里的神圣的东西并且总是致力于从亲爱者那里造出一个神圣者（如一个“人”）。

亲爱者是应该为我所爱的对象。正因为或由于我爱他，故而他不是我的爱的对象，而是自在和自为的爱的对象。并非是我使他成为一个爱的对象，而是他向来是一个如此这般的对象。在这里与此不相干的是：他由于我的选择而成为未婚妻、郎君等诸如此类，因为他一度作为选择者总是保持着一种自己的“要求我的爱的权利”，而由于我曾爱过他，故而我就有永远爱他的义务。因此他并非是我的爱的对象，而是一般的爱的对象：一种应该予以爱的对象。爱属于他、归于他或者说是他的权利；而我则有义务爱他。我的爱，亦即我所呈献给他的爱在实际上是他的爱，他只是作为租税从我那里征收的爱。

每一种哪怕只依附着义务的最小斑点的爱均是一种无私的爱。而在这一斑点所涉及的范围内，爱即是中迷。谁相信他对于他的爱的对象负有某种义务，那么他就是浪漫主义地或宗教地去爱。

譬如通常被理解为“孝顺”的家族的爱，即是宗教的爱；被歌颂为“爱国主义”的对祖国的爱亦是如此。我们的一切浪漫主义的爱也以同样的方式动作：到处是虚伪或更确切地说是某种“无私的爱”的自我欺骗，为了对象而不是为了我或不仅仅是为了我的在对象之中的利益。

宗教的或浪漫主义的爱与肉体的爱相区别而且这是由于对象

的不同,而不是由于对它关系的从属性。在后一关系中两者均是中迷;在前一关系中一个对象却是世俗的,另一对象则是神圣的。在两种情况下就对象支配我这一点而言均是相同的,只不过在一种场合它是肉体的对象,在另一场合则是精神的(精灵的)对象。只有如若我的爱完全由自私的和利己主义的利益所构成,因而我的爱的对象确实是我的对象或我的所有物之时,我的爱方才是我自身。我不欠我的所有物什么东西而且对它也没有什么义务,就如同我对我的眼睛没有什么义务那样。如果说我仍然极为小心地爱惜它,那么这只是因为我自己的缘故。

古代与基督教时代一样缺少爱。爱神要比爱之神来得古老。然而神秘的中迷却是属于近代人的。

爱的中迷在于对象的异化,或在于我对于它的异己性和优势的无能为力。对于利己主义者来说,无是最高贵的。他在无面前自卑自贱。无是这样独立:他为了对无的爱而生活,无是这样神圣:他为无而牺牲自己。利己主义的爱从自私之中发源,在自私这一河床中涌流,又注入自私之中。

这一切能否还称做爱?如若你们知道与此相适合的另一个词,那么悉听你们尊便把这个词选出来。然后爱这个甜蜜的词就可能与行将就木的世界一同灭亡。至少,我现在尚没有在我们的基督教的语言中找到这另一个词,因此我还保持着老的说法,而且还“爱着”我的对象和我的所有物。

把爱只作为我感情的一种,我保养它。然而却是作为一种在我之上的权力,作为一种神圣的力量(费尔巴哈),作为一种激情,它是我不应该摆脱的;作为一种宗教的和道德的义务,我则蔑视之。作为我的感情，爱是我的；作为我将我的灵魂呈献给它的和“用灵魂对其宣誓”的原则，它是命令者和神性的，如同作为原则的仇恨是魔鬼性质的那样：一个并不比另一个好。简言之，利己主义的爱，亦即我的爱既不是神圣的又不是不神圣的，既不是神性的又不是魔鬼性质的。

“一种为信仰所限制的爱，并不是一种真正的爱。唯一的与爱的本质不相矛盾的限制是由理性、智力所作出的对爱的自我限制。蔑视智力的严格和法则的爱在理论上是一种虚伪的爱，而在实践上则是导致毁灭之爱。”①故而爱按它的性质是合理的！费尔巴哈就是这样想的。而信仰者则与此相反地考虑道：爱按它的性质是属于信仰的。前者热衷于反对不合理的爱，而后者则反对非信仰的爱。对于两者来说，爱充其量只能是一种光辉的错误。两者能不让爱纵使是以不合理的、非信仰的形式存在吗？他们不敢说：不合理的或非信仰的爱是无意义的，就如同他们极不可能说：不合理的或非信仰的眼泪不是眼泪那样。如若必须把不合理之类的爱也看作是爱，如若它们对于人来说仍然是不足取的，那么紧接着就是简单地得出爱不是最高的事物，最高的事物是理性和信仰。非理性者和非信仰者也能够爱，然而只有当爱是一个理性者或信仰者的爱，它才有价值。费尔巴哈把爱的合理性称做它的“自我限制”，只不过是故弄玄虚而已。信仰者也可以用同样的权利称信仰为它的“自我限制”。不合理的爱既不是“虚伪的”又不是“毁

① 费尔巴哈：《基督教的本质》，增订第二版，莱比锡，1843年，第394页。（《费尔巴哈哲学选集》下卷，三联书店1962年版，第309页。——译者）

坏性的”,作为爱它履行它的职责。

对于世界,特别是对于人我应当采取特定的感情,并从一开始就以爱的感情、“用爱”来迎合他们。无疑,在这里所显示的任性和自我决定是很多的。当我在走过世界时被一切可能的感情所袭击,当我保留着所得到的最杂乱和最偶然的印象的情况下所显示的任性和自我决定与上述那一种也是不可同日而语的。我毋宁用一种预定的感情,不管是偏见也好,先入之见也好,走向世界。我已在预先为自己规定了我对世界的态度,而且我总是如此感受和考虑不受它的一切攻击的干扰,就像我一旦决心如此感受的那样。通过爱的原则我在世界的统治面前保护了我自己,因为不管出现什么,我是爱。譬如说,丑恶的东西给我留下了令人厌恶的印象,我仅仅是通过决心去爱方才克服了这一印象,就像克服每一种厌恶那样。

然而我为自己一开始就确定和宣告的感情恰恰是一种狭隘的感情,因为它是一种前定的感情,我自己也不能摆脱它、与其断绝关系。由于是先入为主的,故而它是一种偏见。面对世界我不显示我自己,而是我的爱显示自身。尽管世界控制不了我,然而爱的精神却更不可避免地控制着我。我克服了这一世界,以便成为这一精神的一个奴隶。

如若我先前说过,我爱这个世界,那么现在我恰恰要补充说:我不爱世界,因为正如我在消灭我自己那样,我在消灭它:我消融世界。我并不局限于对人只有一种感情,而是给予我所能做到的一切感情以自由驰骋的场所。我就不敢极其鲜明地将其挑明?是的,我利用世界与人!在此我能保持向一切印象开放,而我不会被它们中的任一个所夺走。我能爱,用整个的心灵去爱,并且能在我的心中燃起最渴望的激情的火焰。而我只为我的激情的养料去与亲爱者相会,依靠这一养料,我的激情重新又振奋起来。我对他的一切操心只因为他是我的爱的对象,我的爱需要这一对象,只有这一对象才是“热恋者”。而他有没有这种爱——我的爱,对我来说是无关紧要的。我只是用他来培养我的爱,为此我只利用他:我享用他。

让我们再举一个其他的手边的例子。我看到人们对在黑暗迷信之中的一群精灵是多么胆战心惊。如若为此我竭尽全力地把一道日光投在夜里的幽灵之上,这或许是因为对于你们的爱而使我如此做?再说我写作是因为对人们的爱吗?不,我所以写作是因为我想使我的思想在世界上存在。而且我也预见到:这些思想要夺走你们的安静与和平。我也预见到,这一思想的种子将产生血腥的战争和多少代的灭亡:尽管如此我仍散布这些思想。至于你们随你们所欲和所能运用这些思想做什么,这就是你们的事情,我就不操这个心了。从这里面也许你们将只会得到苦恼、争斗与死亡,只有极少数人从中得到喜悦。如果我把你们的幸福放在心上,那么我就要像教会般地行动:从俗人的手中夺走《圣经》,或者如基督教的政府把“保护普通人免受坏书影响”作为自己的一项神圣的义务。

然而我将我所思考的东西发表出来,不仅不是为了你们的缘故,而不是为了真理的缘故。不。

我歌唱,

像枝头小鸟那样歌唱，
从喉咙涌出的歌子，
那就是最好的报偿。

我歌唱，因为我是歌手。我之所以利用你们，不是因为我需要耳朵。

我在哪里碰到世界（我到处都能碰到世界）我就在那里吃掉世界，以解我利己主义的饥渴。你对于我来说只不过是我的食物，一如我被你吞噬和吃掉那样。我们相互之间只有一种关系：利用的关系，使用性和利用性的关系。我们互相谁也不对谁负有什么义务，因为看来似乎是我对你负有什么义务，而这充其量不过是我对我自己所负的义务。我对你作出一种愉快的表情，为的是使你马上欢快起来，故而我极关心你的欢快，而我的表情则是为我的愿望服务。对于我并不打算使之欢快的其他人，我就不露出这种表情。

人不得不为爱而受教育。这种爱或者是建立在"人的本质"基础之上，或者在教会和道德时代作为在我们之上的一种"命令"。在这里至少应借助于一个例子，用利己主义的眼光考察这样的问题：我们教育的主要组成部分——道德的感化试图以怎样的方式来规定人的交往。

教育我们的人努力于使我们极早摆脱说谎，铭记必须永远说真话这一准则。如果人们以这一规定作为自利的基础，那么每个人就很容易懂得他欲图在其他人那里唤起对他的信任将由于说谎而遭到怎样的损失并证实了下述格言：谁说过谎，那么即使他说真话，也就没有人会相信他。同时他也会感觉到他只需对他所认为可与之讲真话的人讲真话。如若一个间谍乔装走遍敌方的军营并被盘问他是谁时，盘问者无疑有权问他姓名，然而乔装者却不给他们以权利，从他那里得悉真实情况。他随口对他们说他是什么，当然不会说真实情况。然而，道德却要求："你不该说谎！"因为道德，那些人就有权利期待真话，然而从我出发他们却没有这方面的权利，我只承认我所授予的权利。警察冲进革命者的集会中，他们讯问讲演者的姓名，无人不晓警察拥有这样的权利。然而从革命者角度看，警察就无此权利，因为他们是敌人。讲演者对警察说了一个假名并诳骗他们。当然警察也不会愚蠢到这样的地步：指望他们的敌人具有说真实情况的癖好。相反，他们什么也不相信。只要他们做得到，他们就"侦查"可疑的个人。是的，国家到处都是以不信任的态度对待个人，因为国家在他们的利己主义之中看到了它的天然敌人。国家往往要求"身份证"，谁不能出示，他就要受到国家的侦查审问。国家不相信和不信任个人而且连自己也在说谎的习惯这一基础上与个人相处。而要国家信任我，则只有在国家对我陈述的真实性作出证实之后，为此国家所有的手段只不过是宣誓。即使是宣誓这一点也多么清楚地表明了：国家没有寄希望于我们对真理的热爱和我们的信用，而是指望着我们对利益的重视和我们的自私自利。国家指望着，我们绝不愿意因为一个伪誓而与神闹翻。

这就不禁使人们想起一个法国革命者 1788 年在朋友中所说的、现今已变为名言的话："在最后一个国王用最后一个僧侣的肚肠上吊之前，世界没有安宁。"其时，国王还掌握着全权。而当这一言论由于偶然情况被泄露出来时，却提不出任何证人，法官要求被告承认此点。他应当承认还是否认？如果他否认，那么他就说了谎却保持无罪；如果他承认了，那么尽管他是坦率的然而要被砍头。如果说，实情对于他来说是超越一切的，那么为此他就要去死。只有一个微不足道的诗人才会试图以他生命的终结来搞出一幕悲剧。看一个人如何由于胆怯而屈服这又有什么意思呢？如若他有勇气不做实情与坦率的奴隶，那么他会如此提出问题：法官为何需要知道我在朋友中所说的东西？如果我意欲让他们知道此事，那么我会像告诉朋友们那样告知他们。然而，我不欲让他们知道此事。他们强迫我信任他们，而我则没有为此而召唤他们并使他们获得我的信任，他们欲图知道的，正是我欲图保密的。这样就轮到你们，欲图通过你们的意志使我的意志折服，来显显你们的身手了。你们可以用拷打来折磨我，你们可以用地狱和永遭天劫来威胁我，可以使我软下来发个假誓言，然而你们从我这里却榨不出实情，由于我欲图对你们说谎，因为我并没有给与你们要求我坦率这样的权利。让"自身即是真理"的神威胁地睥睨我吧！任谎言对我来说变得如此苦恼吧！我却仍然有说谎的勇气。纵然是我对我的人生感到厌倦，纵然是对我来说最欢迎的是你们的刽子手的刀，你们却仍然没有使我成为实情的奴隶的快乐，通过你们的僧侣花招使之成为自己意志的背叛者的快乐。当我说出这些大逆不道的话语时，我就是欲图不让你们知道。现在我仍坚持这一意志而且不受对说谎诅咒的恫吓。

西吉兹蒙特[①]之所以是一个可怜的侏儒，并不是因为他背弃

① 西吉兹蒙特(1368—1437)，德国皇帝，卢森堡王朝末代皇帝。——译者

了国王的诺言，而是因为他背弃了诺言，因为他是一个侏儒，如若他遵守他的诺言，那么他也仍然是一个侏儒，一个僧侣的奴隶。路德为一种更崇高的力量所推动没有忠于他的僧侣誓约：他所以如此是因为神的缘故。作为中迷者两者均违背了他们的誓言：西吉兹蒙特是因为他欲作为神的真理的即真正的信仰，真正天主教信仰的真诚的信奉者。至于路德则是因为真诚地以全部真理，用肉体与心灵为基督新教福音提供证据。两者就对于"更高真理"是真诚的这点而言均成了发假誓者。只是僧侣赦免了前者，后者自己赦免了自己。他们所注重的不外是在下述使徒的言论中所包含的东西："你不是欺骗了人而是欺骗了神吗？"他们欺骗了人，在世界的眼前撕毁了他们的誓言，以便不去欺骗神，而是为神效劳。这样，他们就给我们指出了一条道路：在人面前如何对待真理。为了神的荣誉和为了神的缘故背弃誓言、说谎、没有履行的王侯的诺言！

如果我们将事情略微变通并描述一番，情况该是如何呢？背弃誓言与说谎是——为了我自己的缘故！这不是意味着为每一种卑劣行为辩护吗？情况当然显得是如此的，只是在这里一切都是与"为了神的缘故"相仿的。因为每一卑劣行径不是为了神的缘故而做出来的吗？不是为了神的缘故，断头台才有人满之患，所有火刑因为它而得以执行吗？不是为了神的缘故用各种方法使人愚昧无知吗？至今人们为了神的缘故不还是用宗教教育来束缚柔嫩的儿童们吗？人们不是为了神的缘故而背弃了神圣的誓言？传教士与僧侣不是无时无刻不四出游说，旨在使犹太人、异教徒、新教徒或天主教徒等背叛他们父辈的信仰——为了神的缘故？而这一切在为了我的缘故的条件下情况就会更坏些？那么试问何谓为了我的缘故？在此人们马上就想到了“可鄙的赢利”。然而谁由于对可鄙的赢利的爱好而行动，那么他就确实是为了他自己的缘故而这样做，仿佛根本就不存在着什么不是为了自己的缘故而去做的事情似的，此外，则一切都是为了神的荣誉。然而为自己寻求赢利的他是赢利的奴隶，超不出赢利的范围。他是一个属于赢利、钱袋、而不是属于自己的人，他并非是他自己。一个为贪婪的欲望所控制的人不是必定要遵循这一主子的命令吗？而如若某种些微的善良之情一度诱惑了他，这一切不是恰恰显出一种例外情况，如同在同样的方式上虔诚的信仰者有时脱离了他们的主的引导并且为“魔鬼”所蛊惑吗？故而，一个贪婪者并非是所有者而是一个奴隶。仅仅为了他自己而不同时为了他的主人，他是一事无成的。他的情况与畏惧神者的情况是相仿佛的。

弗朗茨二世背弃对卡尔五世皇帝的誓言是众所周知的。国王弗朗茨并非是在对他的诺言有所深思熟虑之后，而是在他作出誓言的即刻，随即既在思想中又在他的枢密官前秘密签署的带有文献性质的抗议书中撤回了誓言：他道出了预谋的誓言背弃。弗朗茨并没有表明自己嫌恶于购得他自己的释放，对他来说似乎是卡尔对此的要价太高。如果说，当卡尔力图尽可能多地榨取而表现出他的吝啬时，弗朗茨则通过他欲图用较低的赎身费来购得他的自由而表现出他的卑劣。而他以后第二次背弃诺言的行为清楚地表明了，他如何为商贩精神所束缚，这种精神又怎样使他成为卑劣的骗子。然而就他背弃誓言方面我们又该指责他些什么呢？首先无非是这么一些：并非是背弃誓言，而是他的吝啬使他遭到耻辱。

他并非由于背弃誓言而应遭到鄙视,而是他使自己由于背弃誓言而犯有罪过,因为他是一个可鄙的人。然而,就弗朗茨背弃誓言本身来考察,这就需要作出另外的判断了。人们可以说,弗朗茨对卡尔在释放他时所给予的信任没有作出报答。然而如若卡尔真正给予他以信任,那么卡尔应对他说出释放的要价,然后则是卡尔将他释放并期待着弗朗茨付出赎身款项。卡尔却没有抱着这样的信任,而只是寄希望于弗朗茨的无力和轻信,以为这些将使他不可能违反他的誓言而行动。故而,弗朗茨只是欺骗了轻信的打算。当卡尔由于他的敌人的誓言而相信自己得到了保证之时,恰恰是他使弗朗茨从一切束缚之中解放出来。卡尔指望国王的愚蠢、狭隘的良心。在不信任弗朗茨的情况下,他只指望着弗朗茨的愚蠢,即忠诚的良心:他只是把弗朗茨从马德里的监狱中释放出来,为的是使其更安全地监禁在忠诚良心的监狱之中,在由宗教围绕人的精神所建造的大监狱之中。卡尔把在无形锁链束缚下的弗朗茨遣回法国,而当弗朗茨力图脱逃并摧毁锁链时,该是多么不可思议啊!如若他从马德里秘密地脱逃,没有人为此而指责他,因为他是在敌人的控制之下。每个善良的基督教徒却痛苦地呼唤着他,因为他也欲图逃脱神的束缚(教皇在以后才解除了他的誓言)。

对我们自发地唤起的信任进行欺骗,这是可鄙的。然而让每个欲图通过誓言将我们置入他的权力之中的人流血致死(由于他的没有信任的诡计毫无成绩),这并不会使利己主义蒙上耻辱。如若你曾欲图束缚我,那么就会知道,我懂得挣脱你的束缚。

这取决于我是否给予信任者以信任的权利。如果追踪我朋友者问我他逃到哪里去了,那么我准定会将追踪者引到错误的路径上去。为什么他恰恰要问我，被追踪者的朋友呢？为了不当一个虚伪的、背信弃义的朋友，我宁愿对敌人是虚假的。我无疑会从勇敢的忠诚良心出发回答道：我不想说这些（费希特就是如此裁决案子的）。由此我就拯救了我对真理的爱，而如若我没有给敌人领错了路，那么我为朋友所做的许多事情就等于没有做。敌人就能偶然地走上正确的路径，我对真理的爱出卖了朋友，因为这种爱阻止了我说谎的勇气。谁把真理看作是一种偶像、一种神圣的东西，他对真理就必然是卑躬屈膝的，而且不可以违拗、对抗它的要求，总之，他必须摒弃说谎的英雄气概。因为谎言并不比真理更少需要勇气。这是这样一种勇气，年轻人大多缺少它，与通过放肆的谎言使敌人的权力蒙受耻辱相比，他们宁愿承认真理并为此而上断头台。真理对于他们来说是“神圣的”，而圣物在任何时候都要求盲目的崇拜、服从和自我牺牲。如若你们对于圣物不是放肆的、嘲讽的，那么你们就是温顺的，是它的仆从。如若人们为你们在陷阱中撒进一点真理之谷物，那么你们准定要去啄食，而人们就如此这般将傻瓜抓住了。你们不欲说谎吗？那么你们要作为真理的牺牲者而捐躯并成为殉教者！为什么的殉教者？是为了你们，为了独自性吗？不，是为了你们的神——真理。你们只知道两种效劳，两种仆从：真理的仆从和谎言的仆从。那么你们就在神的名义下为真理而效劳吧！

尽管他人也为真理效劳，然而他们是“适度地”为其效劳，况且譬如在普通的谎言和宣誓的谎言之间作出了重大的差别。然而，誓言的整个篇章却是与谎言的整个篇章相一致的，因为誓言只是一种作出重大保证的判断。如若你们对此并没有宣誓，你们是否就认为你们有权利说谎？谁对此是特别认真的，他就必定如此严厉地断定谎言并像对待伪誓那样将其诅咒。只不过在道德的范围内保留着一种古老的争论之点，人们通常在“必要的谎言”的名义下对此加以说明。敢于为此辩护的，却从没有人能前后一致地随即作出“必要的誓言”。既然我为我的谎言辩护，把它说成是必要的谎言，那么我就不该胆怯地否定被认为是正当的、得到确证的谎言。既然我已经做了，我为什么就不该完全彻底和无保留（内心的保留）地做下去呢？如若我说过一次谎，为什么而后就不能充分地、以全部意识和力量来说谎？作为间谍，我按要求必须为我的每一虚假的供词向敌人宣誓。一旦我决心欺骗敌人，面对宣誓我还会突然胆怯和迟疑不决起来吗？如果是这样的话，那么我从一开始当说谎者和间谍就变坏了，因为我会自动向敌人讲述抓住我的手段。国家也害怕必要的宣誓，因此不让被告有宣誓的机会。你们却并不认为国家的害怕是正当的，你们说谎，却并不虚假地宣誓。譬如你们在某人不知道的情况下为他做了一件好事，而他却猜出了这一点，将此事归在你们的身上，于是你们就说谎了。当他坚持己见时，你们就说：“真是没有做！”如果要让你们宣誓，那么你们会予以拒绝，因为你们由于害怕神圣的东西而经常只停留在半路之上。你们没有自己的意志来对抗神圣的东西。你们适度地说谎，如同你们“适度地”自由、“适度地”信教那样（神职人员不受“侵犯”，关于此点现在正进行着以大学为一方反对教会的最索然无味的争吵），又如同“适度地”倾向于君主政体那样（你们欲图有一个由于宪法、国家大法而予以限制的君主），一切均是相当地予以节制的、举棋不定和软弱无力的、半神半鬼的。

在某大学有这样的习惯:必须向大学法官说的每一誓言均被大学生们看得分文不值。大学生们把这样的要求只看作是一个陷阱,这种陷阱只有在剥夺其一切重要性的情况下才能摆脱。此间谁对一个同学违背了誓言,他就是可耻的;而向大学法官宣了誓的却与同学们一起聚会嘲笑,是幻想在朋友那里和在敌人那里誓言有着同样价值的受迷惑者。在这种场合与其说是正确的理论,毋宁说是实践的必要才教导学生们如此这般地举止。因为假若他们没有这样的手段的话,就将毫不容情地被迫背叛他们的同学们。然而如同这种手段在实践上确立了自己那样,它也有着它的理论价值。宣誓、誓言只有对于我授权他接受的某人方才是有效的。谁为此而强迫我,就只能得到一个强求的,即一个敌意的誓言,一个敌人的誓言,对此人们是没有权利信任它的,因为敌人不给予我们这样的权利。

此外,国家的法庭从未承认过誓言有不可破坏的性质。因为如若我曾向现在受审讯的某人宣过誓,不说不利于他的事情,那么法庭必定不管束缚我的誓言而要求我的证言。我拒绝多久我就要监禁多久,直到我下决心背弃誓言。法庭"为我解除了誓言",多么宽宏大量啊!如果说任何一种权力都能使我摆脱誓言的话,那么我自己就是可以对此提出要求的首当其冲的权力。

作为珍闻和为了记起各式各样的习惯的誓言,在这里不妨写下当保罗皇帝释放被抓获的波兰人(科丘什科、波托茨基、尼姆策维奇等人)时,命令他们立下的誓言:"我们不仅要向皇帝宣誓忠贞不贰和俯首听命,而且要担保为了皇帝的荣誉而不惜肝脑涂地;我们保证要密告所知道的任何对皇帝人身和他的帝国有危险的事情；最后，我们声明，不管我们在地球上的任何部分，只要皇帝有话，我们就抛弃一切，招之即来。”

看来，在一个领域里爱的原则早就为利己主义所超越，而且如同需要带有善心的胜利那样，似乎尚只需要有信心的意识。这一领域即是作为思维和交易双重现象而出现的投机。人们任思想驰骋，而不管由此而发生什么；人们交易着，而不管在我们的交易活动中许多人如何受苦。然而如若最终导致积极的后果，如若即使是宗教性、浪漫精神或“人道”的最后残余均被去掉了，那么宗教的良心就开始跳动，而且人们至少要信奉人道。贪婪的投机者往慈善募捐箱里丢几个铜板、“做善事”，大胆的思想家可以聊以自慰的是：他为促进人类发展而工作，他的破坏对人类是“有贡献的”，或者说，他“为观念而效劳”。就他而言，人类、观念是他必须如此说的一种东西：对于我来说，它凌驾在我之上。

到现在为止，一切均是为了神而思维着、交易着。在六天内由于他们的自私的目的而蹂躏一切的人们，在第七天却要把自己呈献给主。让他们肆无忌惮的思想摧毁成百“善事”的人们，之所以做这一切恰恰是为了效劳于另外一个“善事”而且他们——除了自己之外——还必须想到一个第三者（人民、人类等），他们的自我满足对于这第三者是有好处的。这一第三者却是超越于他们之上的一个本质、一个更高本质或最高本质，故而我说，他们是为了神的缘故而努力。

由此我也能说：他们的行为的最终根基是爱。然而不是一种自发的爱，不是他们自身的爱，而是一种附庸的爱，或属于更高本质的(即自身即是爱的神的)特有的爱,简言之并非是利己主义的爱,而是宗教的爱。这种爱出自他们的妄想:他们必须向爱缴纳贡赋,就是说他们不能是“利己主义者”。

如果说我们欲图把世界从若干不自由中解放出来,那么我们之所以想如此做并不是为了世界,而是为了我们自己。因为我们并不是职业的拯救世界者而且在并不出自“爱”的情况下,我们仅仅想从第三者那里来赢得世界。我们欲图使其归我们自己所有,世界不该继续隶属于神(教会)、法律(国家),而应是我们自己所有。为此,我们力图去“赢得”世界,为我们自己去“获取”。我们通过正面迎向世界,以及一旦它属于我们,我们就随即既把自己“奉献给”世界又“奉献给”我们自己这样的方法,使世界反对我们的力量由此告终和成为多余。如果世界是我们的,那么它就不再试图用任何力量来反对我们,它就是与我们一致的。我的利己心对世界的解放有着一种利益,这样,世界就成了我的所有物。

人的本来状态并非是孤立或独居,而是社会生活。我们的生存始于最亲密的联系之中。因为我们在呼吸之前,即已与母亲共同生息。而后一旦我们呱呱坠地,马上又躺在一个人的怀中。在她的膝上,她抚爱地晃动着我们,她用带子牵扶着我们学步并用成千的纽带把我们与她个人联系起来。社会是我们的自然状态。因此只要我们愈益感知到自己,以往最亲密的联系就愈益松散,而本来的社会的解体就愈益显著。母亲毋须把以往躺在她的心房下面的儿童从街上、从他的小伙伴中接回来,以便再度为自己获得孩子。孩子只不过是诞生在这个社会中,却并没有吸收到其中来,与这个社会相比,他宁愿与他的小伙伴们交往。

而社会的解体即是交往或联盟。当然，通过联盟也能产生出社会，然而这只是如同通过思想也能产生固定观念那样，就是说固定观念产生于从思想中消失了思想的活力（即思维自身、不间断地收回一切使自己固定化的思想）。如果一个联盟固定化为社会，那么它就不再是一种联合，因为联合是一种不间断的自我联合。联盟就变成了合并状态，达到了静止状态，蜕化为固定状态，作为联盟它已经死去，它是联盟或联合的尸体，就是说，它即社会、共同体。这种类型的明显例子是政党。

一种社会，譬如说国家社会限制我的自由，对此我是很少恼怒的。我不是还要忍受各式各样的势力、每个强者以至每个邻人来限制我的自由吗？即使我是整个罗马的独裁君主，我也还享受不到绝对的自由。然而独自性，这却是我所不想放弃的。然而每一社会恰恰都是图谋这种独自性。独自性就应从属于社会的权力。

尽管我与之相结合的社会要夺走我的若干自由，然而为此它要给予我其他的诸种自由。当然，我自己使自己失去这种或那种自由（如通过各种契约）就不必说了。相反，我却欲图热心地坚持我的独自性。每一共同体各按其势力的充实情况或强或弱地成为它的成员的权威并给他们设置限制。共同体要求而且一定得要求"受限制的臣民的理智"。它要求它的成员臣服于它，成为它的臣民。共同体只是通过服从方才存在。在此绝不需要把某种程度的宽容排除在外。相反，只要改良、矫正、责备是旨在为社会的利益，社会就欢迎这样做。然而责备必须是"善意的"，不能是"放肆和出言不逊的"。换言之，人们必须让社会的实体不受损害和保持神圣。社会要求它的成员不超越和凌驾在它之上，而是"保持在合法性的范围之内”，就是说只有社会及其法律所允许他们的，他们才能允许自己去如此做。

社会究竟是限制我的自由还是我的独自性这是有区别的。在前一种情况下，社会即是一种联合、协合、联盟；然而一旦毁灭威胁着独自性，那么社会就是一种独立的权力、在我之上的权力、我所不可企及的事物。尽管我赞叹社会，崇拜它、尊重它、敬仰它，却不能征服它、消受它，所以做不到，恰恰是因为我退让。社会之所以存在是由于我的退让、我的自我否定、我的胆怯，这就叫做谦卑。我的谦卑给予社会勇气，我的服从则给予社会以统治权。

然而在涉及自由的问题上，国家和联盟之间则没有本质的差别。如果对自由不加任何限制，联盟就极少可能产生和存在，这正如国家和无限的自由极少能够相容那样。对自由的限制到处都是难以避免的，因为人们不能摆脱一切。人们不能仅仅因为想飞就像鸟儿似地飞翔，这是因为人们并没有摆脱自身的体重。人们不能像鱼似地在任意长的时间内生存在水中，这是因为人们不能缺少空气，不能摆脱这种必需。如果说宗教（其中基督教尤甚）是用实现不自然的荒谬的事情这样的要求来折磨人们的话，那么最终把自由本身、绝对自由尊奉为理想，以至必定使没有可能的荒唐的事极尖锐地显露出来，所有这一切就只能看作是上述宗教的夸张和过分的真正后果。——当然，联盟既会提供更大范围的自由，也会被看成是“一种新的自由”，这特别是由于人们通过联盟逃脱一切国家和社会生活所固有的强制的缘故。然而，联盟同时又充分地包含有不自由和不自愿。因为联盟的目的恰恰不是自由（相反，联盟为了独自性而要牺牲自由），而只是独自性。在这一点上，国家与联盟之间的差别是够大的。国家是独自性的敌人和谋害者，联盟则是独自性的儿子和合作者；国家是欲在精神和真理中得到崇拜的精神，联盟则是我的劳作、我的产物。国家是我的精神的主人。它要求信仰，为我规定信条，合法性的信条。国家施展道德的感化，统治我的精神，它驱赶我的自我，为的是用作为"我的真正的自我"的它自己来取而代之。简言之，国家是神圣的，是反对我、反对个别的人的。国家是真正的人、精神、精灵；而联盟则是我自己的创造，我的创造物，它并不神圣，不是凌驾在我的精神之上的精神的权力，就如同任何类型的联合那样。如果说，我不欲成为我的格言的奴隶，却要在对其没有任何保证的情况下不断地批判格言，而且对它的存在不给予任何担保的话。那么，为了我的将来，我对联盟就更没有义务了，更没有必要用我的灵魂向联盟宣誓了（就像据称在魔鬼那里的情况或如在国家和一切精神权威那里的实际情况那样）。就我自己而言，我却是而且继续是高于国家、教会、神之类的，因而也是永远高于联盟的。

欲图建立共产主义的那种社会看来是与联合最接近的。该社会以"一切人的幸福"为宗旨，对了，一切人的，看魏特林呼喊了多少次一切人啊！[①] 仿佛在此确实是无人会落在后面似的。然而这种幸福究竟是什么？如果说一切人都有同样的幸福，那么一切人对于同一事物都有同样的幸福吗？如果情况是这样的话，那才谈得上"真正的幸福"。然而，在这里我们不就是到达宗教开始它的强权统治的那种场合吗？基督教说：毋庸顾及尘世的琐事，去追求

① 《和谐与自由的保证》，1842 年版，第 175 页。

你们真正的幸福,要当虔诚的基督教徒:成为基督教徒即是真正的幸福。这是"一切人的"真正幸福。因为这是人作为人的(此种幽灵的)幸福。而一切人的幸福却应当也是我的和你的幸福?然而如若你和我却不把此种幸福看作是我们的幸福,那么而后还会为我们在此感到舒适的那种幸福操心吗?与此相反,社会把一种幸福谕示为"真正的幸福",例如这种幸福被称之为诚实地劳动所获得的享乐,你却偏爱充满享乐的懒惰、没有劳动的享乐;那么为"一切人的幸福"操心的社会就将明智地避免为你所感到舒适的那种幸福操心。共产主义由于宣布了一切人的幸福,它恰恰就消灭了那些[illegible]的靠他们的利息生活者的幸福。在现今的状况下,他们也许比魏特林所展望的有着严格的劳动小时的状况要舒服。为此,魏特林声称有了千百人的幸福就没有亿万人的幸福。前者为了普遍的幸福就必须放弃他们的特殊的幸福。[1] 不!不该要求人们为了普遍的幸福而牺牲他们特殊的幸福,因为人们用这样的基督教的要求是行不通的。他们会更好地懂得与此相反的劝告:不让任何人夺去你们自己的幸福,而是要将这种幸福建立在永久的基础之上。而后他们自己将使自己了解到:当他们为了这一目的而与他人联合起来,即并非是为了一切人的幸福,而是为了他们自己的幸福而"牺牲他们一部分自由"的话,他们就是最好地为他们的幸福而操劳。要求人的牺牲精神和自我否定的爱这样的号召最终必将失去它的迷人的光辉,如若这种号召在经过千百年活动之后仅仅只留下当今的贫困的话。为什么要仅仅一无所获地期望着

① 不是引自魏特林。

自我牺牲消磨我们的大好时光呢？为什么他们不宁愿寄希望于*篡夺*呢？救助不再来自赠与者、施舍者、仁爱者，而是来自*获取者*、占有者（篡夺者）、所有者。共产主义和诽谤利己主义的人道主义自觉或不自觉地总还是依赖于*爱*。

一旦共同体成了人的需要，而人也感到在他的目标方面受到共同体的促进，那么共同体将很快地（因为它已成为他的原则）为他规定出自己的法则、社会的法则。人的原则自己抬高为超越于他们的至上权力，成了他们的最高本质、他们的神，并作为这样的立法者。共产主义给这个原则造成最严厉的后果，而基[illegible]教则是社会的宗教，因为如费尔巴哈正确地所说的那样（尽[illegible]他对此没有正确地予以考虑），爱是人的本质，即社会的本质或社会的（共产主义的）人的本质。一切宗教皆是社会的崇拜，社会的（文明的）人为这一原则所统治。神不会是唯一自我的神，却总是社会或共同体的神，不论“家族”社会的神（家宅守护神）或“人民”的神（“民族神”）或“一切人”的神（“他是一切人的父亲”）。

因此只要人们革除*社会*和从这一原则产生的一切，人们而后就能期待从根本上来消灭宗教。然而恰恰是在共产主义里，这一原则试图达到登峰造极的地步，因为在共产主义里，为了确立“平等”，一切就应变为*共同的东西*。一旦赢得了这种“平等”，那么甚至连“自由”也是不会缺乏的。然而是谁的自由？*社会的*自由！这样，社会就是一切中的一切，而人们就仅仅只是“互助互爱的”。这也许就是爱的国家的光荣。

我与其依赖人们的“爱的效劳”、他们的慈悲和怜悯，倒毋宁依赖人们的利己心。利己心要求*互惠*（投桃报李），不干“无谓”的事,允许赢得和购买。然而我能够用什么去为自己获得爱的效劳呢?这就完全取决于偶然情况,看我是否恰恰与"仁爱者"打交道了。为了仁爱者的效劳只能诉诸乞求:诸如我的寒酸的外表、我的求援、我的贫困、我的痛苦之类。对他的帮助我能报之以什么?什么也不要!我毋须把它当作赠品接受下来。爱是无法支付的,或者毋宁说:爱当然是可以支付的,不过只能用相对的爱("他对人好,人亦对他好")。就像在贫穷的按日工那里经常征收捐赠那样,年复一年地接收捐赠,却没有任何酬答效劳。这是一种怎样的低贱和乞丐行为啊!而收受者能够对他和他捐赠的芬尼(他的财富即是由这些芬尼所构成)做些什么呢?如若收受者连同他的法律、他的机构之类(按日工对此一切都是必须付款的)均不存在的话,那么日工倒真正可以有更多的享乐。然而,在上述情况下,穷汉却仍爱着他的主人。

不,作为迄今历史的"目标"的共同体是不可能的。我们倒毋宁与共同体的任何伪善一刀两断并承认:如果我们作为人是平等的话,那么我们恰恰是不平等的,因为我们并非是人。只要我们没有被设想为如同我们实际上和形体上的那样,我们就只有在思想上是平等的。我是自我,而你也是自我,然而我不是这一设想的自我。在此我们大家都是平等的这一自我,只不过是我的思想。我是人,你亦是人,然而"人"只是一种思想、一种普遍性。无论是我或者你均是不可言说的,我们是不可言说的,因为只有思想是可以言说的和存在于言说之中的。

因此我们并不追求共同体,而是追求片面性。我们并不寻求无所不包的团体、"人类社会",我们在其他人那里寻求的只是我们可以作为我们的所有物使用的手段和机构！就像我们并不把树木、野兽看成是我们的平等者那样；其他人应是我们的平等者，这一前提也是出自虚伪。没有人是我的平等者，如同一切其他存在那样，我把他看作是我的所有物。与此相反，我被告知，在“同类”中我应该是人(《犹太人问题》，[1]第60页)，我该在他们中“尊重”同类。对于我来说，没有人是值得尊重的人，即使同类的人也是如此。如同其他存在那样，他只不过是一个我所关心或不关心的对象，有用或无用的个体。

而如若我能使用他的话，那么为了通过协议增强我的力量和通过共同的势力比个人所能的完成得更多，我无疑会随即与他互相了解，取得一致。在这种共同性中，我看到的仅仅是我的力量的倍增，而只要这种共同性是我的倍增的力量，那么我就要保持它。故而它就是一种联盟。

联盟既不受自然羁绊的束缚，也不受精神羁绊的束缚，而且联盟并非是自然的团体，并非是精神的团体。并非是血统、并非是信仰(即精神)使联盟得以成立。在一个自然的团体中，如在一个家庭、一个种族、一个民族以至人类之中，个人的价值只在于他是同一种或类的标本；在一个精神的团体中，如在一个教区、一个教会之中，个人只是意味着同一精神的一个成员。在这两种场合，你之所以为唯一者的什么，必定遭到压制。作为唯一者，你只能在联盟中维持自己，因为并非是联盟占有你，而是你占有联盟或者说你利用联盟。

[1]〔布鲁诺·鲍威尔:《犹太人问题》，不伦瑞克，1843年。〕

在联盟中而且只有在联盟中，所有物才得到承认，因为人们不再能掌握从任何存在那里得来的作为采邑的他们的东西。共产主义者只不过是彻底地继续完成着在宗教发展的过程中，特别是在国家中早就存在的事物，就是无财产性，即封建制度。

国家致力于抑制欲望者，换言之，国家试图仅仅把他们的欲望引向它那里，并以国家向他们提供的东西使他们满足。国家并不考虑为了欲望者而满足欲望。与此相反，国家把沉溺于欲望的人斥为"利己主义"的人，而"利己主义的人"则是国家的敌人。国家所以如此看，因为国家没有与其相协调的能力，国家恰恰不能"理解"利己主义者。因为国家仅仅为自己做事（没有其他的可能性），故而国家不是为我的需要操心，而只是为如何扼杀我而操心，就是说把我搞成一个另外的自我——一个善良市民。国家为了"改善道德"而采取措施。——而国家用什么去为自己赢得个人呢？用自身，即用国家的事物，用国家财产。国家持续地着手于使一切人分享国家的"财产"，提供给一切人以"文化的财产"。国家给他们提供国家的教育，为他们开放国家文化设施的门户，使他们有能力用产业的方式获得财产（即采邑）。为这一切采邑，国家只要求永远感谢的正当赋税。然而"忘恩负义者"却忘记致以这样的感谢。而"社会"也做不了与国家所做的有本质上不同的事。

你向联盟倾注你的全力、你的能力，并使自己是有所作为的，而在社会中，你则由于你的劳动力而被使用。在前一种情况，你利己主义地生活着；而在后一种情况，你则是像人似地，即宗教地、作为"这一主人的躯体的构成部分"而生活着。你所拥有的什么，即是你负于社会的，而你对社会是负有义务的，为"社会责任"所中迷。你利用联盟,而一旦你知道不再能从联盟得到利益的话,你就"没有义务和不讲信义地"抛弃联盟。如果社会是高于你的话,那么对于你来说,社会就是高于你自身的,而联盟则只是使你的自然力锐利、强大的工具或武器。联盟是为你服务、由于你而存在的;而社会则相反为了它而向你提出要求并且没有你也是存在着的。简言之,社会是**神圣的**,而联盟则是你**自己**:社会使用你,而联盟则被**你**使用。

人们却仍然克制不住提出这样的异议:达成的协议可能再度成了我们的负担并限制我们的自由。他们会说,最终我们可能达到这样一点"为了整体每个人都必须牺牲自己的一部分自由"。然而根本不会为了整体作出牺牲,恰如我决不会为了整体或者哪怕为了任何其他人而缔结协议那样。相反,我之所以缔结协议,仅仅为了我自己的利益,出于**自私自利**。如果谈到牺牲的话,那么我所"牺牲"的仅仅是不在我的权力之内的东西,也就是说,我根本没有作出什么牺牲。

如果回到财产问题上,那么所有者即是主人。或者你欲成为主人,或者社会应成为主人,两者必居其一! 这取决于你究竟成为一个**所有者**还是一个**游民**:利己主义者是所有者,社会主义者是游民。而贫困状态或无产业状态即是封建制度和采邑制度的意义。这种采邑制度自上世纪以来只是变换了领主:用人代替了神,至于采邑,以往是神的恩惠的采邑,而现今则是从人那里来的采邑。前已阐述了由于人道原则而使共产主义的贫穷状态进入绝对的或最贫困的贫穷状态的情况,同时还指出了,如何只有这样的贫穷状态方能反过来变为独自性。在革命中,**旧的**封建制度已彻底地被捣碎了,此后一切反动的策略均是徒劳无益的而且永远是徒劳无益的,因为死了的已经死去。然而即使是复活也必须证明自己是基督教历史中的一个真理,并如此证明自己。因为在彼岸世界,有着光辉四射的躯体的封建制度复活了:在"人"的领主权统治之下的**新的**封建制度。

基督教并没有被消灭,而信仰者确信无疑地把迄今反对基督教的每一斗争看作是旨在纯洁和巩固基督教,他们这样看是有道理的;因为基督教在实际上只不过更容光焕发,而"被发现了的基督教"是**人的**基督教。我们尚完全生活在基督教时代,因此对基督教耿耿于怀的人恰恰最起劲地致力于"完成"基督教。封建制度愈是人性化,它对于我们来说就愈是可爱,因为我们更不会相信,它还是封建制度,我们会更有把握地把它当作是独自性。如果我们发现了"人性的东西"的话,我们就会认为找到了我们的最固有的东西。

自由主义欲图给予我自己的东西,然而却设想不在我自己的东西的名义下,而是在"人的东西"的名义下把它给予我。就仿佛只有在这假面具下才能做到这一点似的!革命最珍贵的成就——人权的意义就在于:在我那里的人**赋予**我这方面那方面的**权利**。作为个人的我,即作为这一个,我就没有被赋予权利,而作为人,我则是因此而可以被赋予权利的。如果我高于人,就是说我是一个**特殊的**人的话,那么**我**,特殊者就被拒绝赋予这样的权利。与此相反,如若你们坚持你们的赠品的**价值**,坚持它们的价格的话,如若你们不受胁迫不在价格以下出售的话,如若你们不听认为你们的商品是与价格不相称的劝说的话,如若你们不让自己由于"低廉的价格”而成为笑柄，而是学习说“我欲昂贵地出售我的生命（财产）”，敌人休想通过廉价购买得到它的勇者的话，这样你们就把共产主义的相反方面认作正确的东西。而后这就不叫：交出你们的财产！而是：利用你们的财产！

在当代的入口处铭刻着的不再是阿波罗的“认识你自己”，而是“实现你自己的价值！”

蒲鲁东把财产称之为“掠夺”。这却是他人的财产（而他专门就谈这一种财产），不少是通过放弃、转让和自卑等而存在，这是一种赠与。如若人们仅仅是愚蠢而又胆怯的赠与者，为什么要像一个贫穷的被掠者那样感伤地呼唤同情？为什么也要在这里又把罪责推给他人，就仿佛他们掠夺了我们似的。在此我们自己是有罪责的：我们对他人不加掠夺。穷人的罪责就在于存在着富人这一点。

根本没有这样的人，他所热心追求的就是他已经有的财产，而是凡所热心追求的必定是别人的财产。人们在实际上并不攻击财产，而只是攻击财产的异己性。人们欲图把更多的而不是更少的称之为自己的，人们欲图把一切都称为自己的。故而人们反对异己性，如果用一个与财产字形相仿佛的词的话就是反对他人的财产。人们在此是怎样善自为之的呢？他们并不将他人的财产变为自己的，而是扮演不偏不倚的角色，只是要求将一切财产交给一个第三者（如人类社会）。人们并不以自己的名义，而是以某个第三者的名义对他人的财产提出要求。于是“利己主义的”色彩就被抹掉了，而一切则是如此纯洁和人道！

无财产或贫穷，如同这是一切宗教性（即虔诚、道德、人道）的本质那样,这也就是“基督教的本质”。这两者只有在“绝对的宗教”之中才能最明确地宣告自己并作为愉快的消息成为有发展可能的福音。在当前反对财产的斗争中我们目睹了最显著的发展。这场斗争是将“人”引至胜利和完成无财产状态的斗争。人道的胜利即是基督教的胜利。如此这般“被发现了的基督教”却是完善的封建制度,无所不包的采邑制度,即完全的贫穷状态。

那么,还要有一次反对封建制度的“革命”吗?

不能将革命与暴动等量齐观。革命是诸状况、现存条件或状况的变革,是国家或社会的变革,因此它是政治的或社会的行为。作为不可避免的结果,暴动虽然是诸状况的改变,但它不是从这种改变,而是从人们对自身的不满出发的。暴动不是武装的反抗,而是个人的反抗,是毫不顾及由此产生怎样的安排的一种奋起。革命的目的是建立新的安排,暴动的目的则是使我们不再受别人的安排,而由我们自己安排自己,并且对“制度”不抱任何奢望。暴动不是反对现存状态的斗争,因为如果它兴旺起来,现存状态就会自行崩溃。暴动仅仅是使自己摆脱现存状态的一种努力。如果我摒弃了现存状态,那么它就死去,就会腐烂。由于我的目的却并非是推翻现存状态,而是要超越在它之上,所以我的意图和我的行为丝毫没有政治的或社会的性质,而是仅仅针对我自己和我的独自性的,因而是利己主义的意图和行为。

革命命令建立制度,而暴动则要求奋起或起事。革命的首脑们考虑选择怎样的宪法的问题。整个政治时期充斥着宪法斗争和宪法问题,就像社会的天才们在社会的机构方面(诸如法伦斯泰尔之类）有非凡的发明那样。暴动者则致力于不受宪法的束缚。[①]

为了更加清楚起见，我打算作一个对比，然而与期望相反却想起了基督教的创立。由于最初的基督教徒对于已有的异教国家的秩序顺从地加以鼓吹，命令承认异教的当局而且还心安理得地要求“把皇帝的一切归还给皇帝”，因此从自由主义方面看，人们就对此加以指责。在那个时代产生了多少反对罗马统治权的叛乱啊！犹太人以至罗马人表明自己对于他们自己的世俗政府是多么桀骜不驯啊！简言之，“政治的不满”是多么深入人心啊！对此，这些基督教徒一概不欲知晓，不欲与“自由的倾向”沆瀣一气。当时在政治上是极为动荡的，据福音书的说法，人们认为，除了指控基督教的创始人“搞政治阴谋”外，其他的控告不会有什么成效。然而同一福音书却又报告说：他恰恰极少参加政治活动。然而为什么他并不像犹太人所乐意看到的那样是革命者、煽动者和自由主义者？因为他并不期待从状况的变化而来的幸福，而这整个的营生对于他来说是无所谓的。他并非像凯撒那样是革命者，而是一个暴动者，并非是颠覆国家者，而是起事反抗者。因此对他来说只有一点是重要的：“要像蛇那样智慧”。在特殊情况下，“把皇帝的一切归还给皇帝”也表达了同样的意义。他并不进行反对当局的自由主义的或政治的斗争，而是欲图在不受当局骚扰、扰乱的情况下走他自己的路。政府的敌人对于他来说同政府一样是毫无所谓的，因为他所欲图的是什么，他们两者是不理解的。他只有用蛇

① 为了在刑事起诉前保卫自己，我在此不无多余地明确地作下述说明：我之所以选择使用“暴动”一词，是出于它的词源学的意义，故而并不是在受局限的意义上来使用它。后一种意义是为刑法法典所禁止的。

的智慧来把他们与自己隔开。如果说他不是人民的蛊惑者、煽动者和革命者,那么他和每个古代基督教徒就更是暴动者,他使自己凌驾于政府和政府的敌人认为是崇高的一切之上,并且自己从一切束缚中摆脱出来。他同时还挖断整个异教世界的生命源泉。由此,现存国家就必然枯萎。恰恰是因为他拒绝推翻现存秩序,他方成为现存秩序的仇敌和真正的灭绝者。因为他将现存秩序团团围住,毫不顾惜被围者的痛苦,无所动摇和无所顾忌地在这上面造起他的殿堂的建筑。

于是,如同异教的世界秩序所发生的情况那样,基督教的秩序也会如此这般地进行吗?如若先前暴动没有完成的话,那么革命就必定不能进行到底!

我与世界交往的目的何在呢?我欲享受世界,因此它就必须是我的财产,因此我就想赢得世界。我不欲自由、不欲人的平等。我只欲图我对他们的权力,我欲使他们成为我的财产,即成为享受的材料。如若我没有成功地做到这一点,那么我就甚至要称教会与国家为自己保持着的生杀之权是我的权力。在俄国溃退的路上,一个军官的寡妇由于炮击而丢掉了大腿,她就从这条腿上扯下吊袜带,用它把自己的孩子勒死,而后在这尸体旁流尽鲜血而死。谴责这个军官的寡妇吧!谴责对这个杀害儿童者的悼念吧。有谁知道,如果这个孩子活着的话,他"对世界有多少益处"!母亲杀害了孩子,因为她欲图满足地和平静地去死。也许这种事例仅仅投合你们的感伤情调,你们也不知道从中体会出进一步的意义。情况可能是这样的;而从我这方面出发我则要利用这种事例,把它作为我的满足决定我与人的关系的一个例子,作为我绝不由于任何谦逊的发作摒弃哪怕是对生与死的权力的一个例子。

在一般的“社会义务”方面，第三者不会给予我相对于他人的我的地位，就是说既不是神也不是人道会给我规定我与人的关系。说得更明显些即是：我对于他人不承担任何义务，正如同我也只有在由我自己区分自己的情况下（如把我尘世的存在与我的不灭的灵魂相区别等等），才对我自己承担义务那样（如自我保持的义务，即不自杀的义务）。

我不在任何权力前卑躬屈膝了，并认识到一切权力只不过是我的权力而已，一旦它威胁我，将会变成反对我或凌驾在我之上的权力，我随即可以征服它。每种权力都只能是贯彻我的意图的我的手段之一，就如同猎狗是我对野兽的权力那样。然而当狗向我们扑来时，我们就杀掉它。我将使一切统治我的权力为我效劳。各种偶像由于我而存在。我只需不再对它重新发生关系，那么它们就不复存在。各种“更高权力”的存在仅仅只由于我抬高它们并压低我自己。

因此我与世界的关系是这样的：我为世界效劳，并不是“为了神”，“为了人”，而是我所做的一切均是“为了我自己”。因此世界仅仅满足我；而宗教立场（我把道德和人道立场也包括在内）的特征是：在此基础上的一切总是一个不能实现的虔诚的愿望，即一种彼岸世界的事，一种达不到的事。诸如人的普遍的幸福、博爱的道德世界、永恒的和平、利己主义的废止之类。“在这个世界上没有什么是完善的。”用这样可怜的标语，善人们就与世界分离，逃遁到他们的献给神的斗室之中或他们傲慢的“自我意识”之中。至于我们则仍留在这个“不完善的”世界里，因为为了我们的自我享乐,我们尚需要这个世界。

我与世界的交往就在于我享受世界并因而为了我的自我享乐而消受它。交往即是世界享乐,而且从属于我的自我享乐。

第三节　我的自我享乐

我们站在一个时代的分界处。迄今的世界除了考虑生活的胜利外是无所考虑的,它为生活而操心。一切都是为了生活。因为不管是为了彼岸世界的生活,还是为了此岸世界的生活,不管是为了现世的生活还是为了永恒的生活而紧张活动;不管人们是热切地盼望“日常的口粮”(“给我们日常的口粮”)还是“神圣的口粮”(“天上的真粮”,“上帝的粮就是那从天上降下来赐生命给世界的”,《约翰福音》,第6章);不管人们是为了“可爱的生命”还是为了“永恒的生命”而操心;总之,这一切都改变不了紧张和操心的目的:在这种或那种情况下都是为了生活。现代的倾向还会有什么别的预兆吗?人们希图任何人都没有缺乏日常生活必需品之虞,而是感到在这方面有充分的保障。而在另一方面人们却教诲道:人应为尘世生活而考虑,与现实的世界相适应,而毋庸为彼岸的生活而枉费心机。

我们试从另一角度考察一下这同一事情。如果有谁由于他活着而忧心忡忡,在这种忐忑不安之中他极容易忘却生活的享乐。如若他仅仅为生命而操劳并且只是考虑:“我只要保住我的可爱的生命”,那么他就不会用他的全力去利用即享受生命。人们该如何利用生命呢?就如同燃烛取光那样,人们也同样地利用生命,同时燃尽生命,人们利用生命,因而也就是利用自己——活生生的人同时也就消耗了生命和自己。生命的享乐即是生命的消费。

于是我们寻求生命的享乐!而宗教的世界又做些什么呢?它寻求生命。"真正的生命、幸福的生活在哪里?如何达到这一点?为了成为一个真正的活生生的人,人必须做什么和成为什么?他如何完成这一使命?"这些和诸如此类的问题表明了提问者首先在寻找自己,在真正意义上的自己,在真正的活生生的意义上的自己。"现在的我是泡沫和阴影;将来的我则是我的真正的自我。"追求这一真正的自我,确立他,实现他,这就是死者的重大任务。死者之所以去死,只是为了复活;他之所以活着,只是为了去死。所以活着,只是为了发现真正的生命。

只有在我确信我自己和我不再寻找我自己的情况下,我才真正是我的所有物:我拥有了我自己,因此我使用和享受我自己。反之我从不会从自己那里得到快乐,如果我设想我尚须寻找我的真正的自我,设想必然的结果是:在我之中活着的并非是我,而是基督或任何其他的精神的,即精灵的自我,如真正的人、人的本质之类。

这两种见解有很大的差异。老的见解是,我走向我自己;新的见解则是我从我自己出发。在前一见解中,我憧憬着我自己;在后一见解中,我拥有我自己,我对我自己所做的,恰如人们对任何其他的所有物所做的那样——我按照我的喜好享受我自己。我不再为生活而惴惴不安,而是"自由发挥"它的作用。

从现在起问题就不在于人们如何获得生活,而在于人们如何能够挥霍享受它;不在于人们如何在自己那里确立真正的自我,而在于人们如何自我消化、自我复生。

理想除了是寻找着的、永远是遥远的自我之外，还会是别的什么吗？人们寻找着自己，所以，人们尚未拥有自己。人们所追求的是他应该成为的什么，因此他现在就不是所追求的什么。人们生活在憧憬之中，数千年来生活在憧憬和希望之中。要是在享乐之中，生活就会全然不同了。

这些仅仅就适用于所谓的虔诚者吗？不，这适用于开辟时代的一切人，甚至也包括这个时期的享乐者。对于他们来说，在工作日之后也是一个星期日，在尘世经营之后也憧憬着一个更美好的世界、一种普遍的人类幸福，简言之也有着一种理想。然而特别是哲学家与虔诚者形成了鲜明的对照。哲学家会考虑不同于理想的、不同于绝对的自我的其他什么东西吗？到处的憧憬与希望，都不外是这些。对于我来说，这就叫做浪漫主义。

如果说生命的享乐应战胜生命的憧憬或生命的希望的话，那么前者必须在其双重的意义上征服后者，这一点席勒在《理想与人生》一诗中已经指出了。它必须消灭僧俗两界的贫困，根除理想和口粮匮乏的现象。谁为了熬过生命而不得不使用生命，他就无法享受生命；谁还在寻求他的生命，他就没有拥有生命，因此也同样不能享受生命：两者均是贫穷的，“然而贫穷者是幸福的。”

渴求真正生活的人们，虽然不拥有对他们现今生活的权力，却必须为了赢得那种真正的生活这一目的而使用他们现今的生活，必须为了这种努力和任务而整个地作出牺牲。有这样的宗教徒，他们把希望寄托于彼岸世界的生活，把现世的生活仅仅看作是彼岸世界的生活的一种准备。借助他们的例子就相当清楚地表明了他们尘世生存的从属性（他们尘世的生存仅仅只为所希望的天国的生存而效劳）。在这种情况下，如果有人把启蒙派和光明派看作是很少作出自我牺牲的人，那么他就大错而特错了。“真正的生活”所表现的意义要远比“天国的生活”所表现的意义来得广泛。如果随即引入有关生活的自由主义概念的话，“人的生活”和“真正人的生活”不就是真正的生活吗？究竟是任何人从一开始就过着这种真正人的生活，还是必须经过艰苦的努力才能使自己提高到这一步？究竟他的当前生活就是这种真正人的生活，还是他的未来的生活是这样呢？前者他已经拥有了，至于后者他则须去争取，只有他在“摆脱了所有利己主义污点”的时候，他才能得到它。在这种观点里，生活之所以在此存在，仅仅是为了赢得生活，而人之所以活着，仅仅是使人的本质在自己那里有生气，人们活着只是为了这一本质。人们只有在借助这一本质为自己获得“真正的”、清除了一切利己主义的生活的情况下，方才设法得到自己的生活。因此人们害怕滥用他的生命：它只为“正当的使用”而效劳。

简言之，人们有着人生的使命、人生的任务。他们必须通过自己的生命来实现和确立某物。对于某物来说，我们的生命只是手段和工具。某物比这种生命更有价值。人们对某物欠下的是生命。人们拥有神，它要求活生生的牺牲。随着时间的推移，只有野蛮人的牺牲消失了；然而人的牺牲本身却原封不动地保留着。每时每刻犯人为了法纪而毙命牺牲。而我们“可怜的罪人”则自己杀自己，为“人的本质”、“人类的观念”、“人类”，为偶像或神以及叫做其他的什么而牺牲。

然而由于我们所欠的某物是我们的生命，因此这主要就意味着：我们就没有权利从我们那里取走我们的生命。

基督教的保守倾向所设想的死即是有目的地为它拔除它的刺并美好地继续生活和保持自己，其他的设想就都是不允许的。只要基督教徒——极端的犹太人——能够使自己钻营和偷越进天国，他就听任一切事、容忍一切事。他是不可以自杀的，他只可以自我维持，并参与“准备未来住所”的工作。在他心上的是保守主义或“死的征服”：“最后所毁灭的仇敌就是死。”[①]“基督已经把死废去，借着福音，将不朽的生命彰显出来。”[②]就是说显示出“不朽性”、稳定性。

道德家意欲善与正义。如果他采取了能够实现真正达到此目标手段的话，那么这些手段就不是他的手段，而是善、正义之类本身的手段。这些手段从不会是不道德的，因为善的目标本身是通过它们得以实现的：目标使手段神圣。人们把这一原则称为耶稣会的原则，它当然完全是“道德的”。道德家的行为是为一个目标或一个观念效劳。他使自己成为善这一观念的工具，就像信教者把成为神的工具或器具看作是自己的荣誉那样。静候等死这是道德的命令所提出的善的要求。自杀则是不道德的和丑恶的：在道德的法庭前自杀是得不到宽恕的。宗教徒之所以禁止自杀，因为“并不是你而是神给你自己以生命，故而只有神才能再度从你那里夺走生命。”（即使从这一观念出发，当我自杀时就如同我被瓦片或敌人的子弹击中时那样，神似乎同样地都不从我那里夺走生命：神

① 《哥林多前书》，第 15 章，第 26 节。

② 《提摩太后书》，第 1 章，第 10 节。

毋宁在我那里唤起死的决定！）这样，道德家就禁止自杀，因为我的生命是属于祖国的，“因为我不知道，我通过我的生命是否能作出善事。”当然善在我那里失去了一个工具，如同神失去一个器具那样。如果说我是不道德的，那么我就以我的改恶从善为善效劳。如果说我是“不信神的”，那么神的喜悦就在于我的忏悔。自杀既是不信神的又是邪恶的。如果某人的立场是宗教的立场，却自己结束了生命，那么他的行为就是忘掉了神的。但如若自杀者的立场是道德，那么他的行为就是忘掉了义务，是不道德的。人们自己颇为这样的问题所折磨：埃米莉亚·加洛蒂之死在道德上是否说得过去（他们把这种死当作是一种自杀，而在本质上亦是如此）？她是如此执著于贞洁这一道德的善，以至为此而舍弃了生命，这无论如何是道德的，然而她不相信她自己有力量控制住她的热血，则又是不道德的。如此这般的矛盾在道德悲剧中普遍地构成了悲剧的冲突。为了在此能引起兴味，人们必须道德地思维和感受。

适用于虔诚和道德的，也必然适用于人性，因为人们的生命同样地属于人、人类或类。只有在我对任何本质都没有义务的情况下，维持生活才是我的事。“脱离这座桥的一跳使我得到了自由！”

然而如若我们生活的维持对某个本质是负有义务的，而我们又应在我们之中使这个本质活跃起来的话，那么我们的义务就在于：并不是根据我们的喜好来度过生活，而要根据这一本质来形成我们的生活。我们的一切感情、思考和意欲，我们的一切行为和努力均属于这一本质。

符合此本质的一切均出自它的概念。然而对这一概念的理解是多么不同啊！或者说对此本质的设想是多么不同啊！看看最高本质对伊斯兰教徒提出了什么要求，而基督教徒则又想着该从最高本质那里听到什么不同的要求吧。两者的生活状态该显现出多大的差异啊！大家都坚持的只不过是：最高本质务须矫正我们的生活。

虔诚的宗教徒把神看作是他们的法官，把神的话看作是他们生活的指导。故而我在本书的各部分都只能以回忆的方式一带而过，因为他们是属于早已过去的发展时期，作为僵化的事物他们愿意永远保住他们固定的位置。在现代，夸夸其谈的，不再是虔诚的宗教徒，而是自由主义者，更何况虔诚自身也抵挡不住用自由的颜色涂红它苍白的面孔。但自由主义者并不把神尊崇为他们的法官，并不按照神的话语指导他们的生活发展，而是以人为依据对自己进行调整：他们不想成为“神”而想成为“人”，他们不想像“神那样地”生活，而想像“人那样地”生活。

人是自由主义者的最高本质，人是他的生活的法官，人性是他的指导者或教义问答。神是精神，而人则是“最完全的精神”，人是对精神长期的追求或“研究神的深邃”即精神的精邃的最终成果。

你的每一特征都应是人的；你自己从头到脚、从内心到外表都应是人的：因为人性即是你的天职。

天职—使命—任务！

一个人能成为什么，他就会成为什么。环境的不利可能阻碍一个天生的诗人登上时代的高峰，阻碍他在经过为此而不可缺少的深修苦学之后创作出完美的艺术作品。然而不管他是雇农，还是幸运地生活在魏玛宫廷中，他总是会作诗的。天生的音乐家，不管他会奏一切乐器还是只会奏牧笛，总会奏音乐。天生的哲学头脑无论作为大学哲学家或作为乡村哲学家都能够表现自己。最后，天生的蠢人，几乎像每一个上过学能够就若干同学的例子回忆自己上过学的人那样，永远是笨蛋。只是这种蠢人同时又能成为狡猾者，这两者是颇为相容的。他既可能被训练和培养为一个部门的领导人，也可能当擦皮靴者为这类领导人效劳。是的，天生的狭隘头脑无疑是为数最多的一类人。既然在每一动物的种属中存在着明确的差别，为什么在人的种属中就不该有同样的差别呢？到处存在着才能高的人和才能低的人。

然而只有少数人是极迟钝的，人们不能向他们灌输种种观念。故而人们通常认为一切人都有能力拥有宗教。在某种程度上他们也被教育拥有其他的观念，如对音乐的理解力，以至一些哲学的训练之类。在这里，宗教、道德、教育、科学等等的僧侣主义就开始了。而共产主义者譬如就欲图通过“人民学校”使一切人了解一切东西。经常听到的一种说法是：“大众”没有宗教是无法维持下去的。共产主义者将这种说法扩大为：不仅仅是“大众”，而干脆就是一切人对一切都是负有使命的。

教育大众信仰宗教这是不够的，他们甚至必须要与“一切人的东西”打交道。教育训练愈来愈变得普遍和广泛。

你们可怜的人，如若你们可以按照自己的意愿跳跃的话，你们就能够生活得幸福。你们为了表演技巧却要按照教师和要熊者的口哨而起舞。为此，你们是根本使用不着你们自己的意愿。你们直到最后也没有一次对此进行反抗：人们要使你们成为不同于你们自己要成为的样子。不，你们只是自言自语地、机械地喃喃重复默念的问题："我的使命是什么？我该做什么？"这样，为了让人告诉和命令你们，为了让人为你们指明你们的使命或为了你们依据精神的规定而在这方面自己命令和责成自己，你们就只需要问：你们该做什么？在此，就意志方面而言就叫做：我意欲我该做的事。

如同植物、动物没有什么使命那样，人也没有"天职"、"任务"和"使命"。花卉并不遵从使命而进行自我完善，它却竭尽全力尽其所能地享受和消受世界，这就是说，只要能够得到和吸收，它就尽可能多地吸取土地的汁液、上天的空气、太阳的光亮。小鸟并不按照什么使命生息，然而它却在可能的范围内运用它的力量：它捕捉甲虫、尽情歌唱。与人的力量比起来，花鸟的力量是很小的。人只要像花鸟那样使用他的力量、干预世界，他就会变得强大许多。人并没有使命，却拥有力量；这些力量在哪里存在，就在哪里显示自己；因为力量的存在仅仅就在于它们的显现，而且力量就像生命那样不能片刻无所作为，生命只要有一秒钟"静止下来"就不成其为生命了。因此或许可以向人呼吁道：使用你的力量。在这一命令中看来可以加上这样的含义：人的任务就在于使用他的力量。但是实际情况却并不是如此的。在实际上、更确切地说，每个人都使用他的力量，却不把此看成是他的使命：每个人在每一瞬间拥有多少力量就使用多少力量。人们在谈到失败者时准会说，他本该更多地施展他的力量。然而人们却忘了，如果他在失败的瞬间还有力量去施展他的力量（如体力）的话，那么他是不会坐失良机的。即使仅仅丧失勇气一分钟，这就意味着一分钟的无力状态。当然，尤其是在敌方反抗或友方援助的情况下，力量是可以自我增强和扩充的；但是，人们在没有看到力量在发挥作用的时候，也可以确信力量的不存在。从石头中可以打出火来，但是不打就没有火。同样，人也需要一种“推动力”。

由于力量表明自己总是从自身出发进行活动的，故而要求使用力量的命令就是多此一举和毫无意义的。人使用他的力量并不等于这是人的使命和任务，确切些说这是人在任何时候都实际存在的行为。力量只不过是力量显现的简称。

就如同这朵玫瑰向来就是真正的玫瑰，这只夜莺一向是真正的夜莺那样，并不是在我完成了我的使命、依据我的天职生活之后，我方才是真正的人，而是我生来就是“真正的人”。我最初的牙牙学语即是一个“真正的人”的生活标志，我的生活斗争即是他的力的表现，我的临终的呼吸即是“人”的最终的力的气息。

真正的人渴望的对象并不存在于将来，而是活生生地、现实地存在于现今。不管我是怎样的，不管我是谁：是幸福的还是不幸的，是孩子还是老人，是有信心的还是疑惑的，是睡着还是醒着的，我都是如此这般的，我是真正的人。

然而如若我是人，如若我真正在我那里发现了被宗教的人类当作遥远目标的人，那么一切“真正人的东西”就成了我自己的。人们归之于人类观念的一切属于我。譬如有待于人类达到的那种贸易自由，人们像对待使人着魔的梦幻那样把它推往它的黄金的未来。而我则把它当成我的所有物为我自己预先取之，在现今我以走私的形式来实现贸易自由。当然，只有少数走私者欲知晓为他们的行为所提出的这种理由,但利己主义的本能却代替了他们的意识。有关出版自由我已在前面指出了同样的情况。

一切均是我的所有,因此我要给我把欲图摆脱我的东西再拿回来。如若我为了某种隶属性而从我自己那里脱逃的话,那么首先我就总是要再度取得我自己。但这一切也都不是我的使命,而是我的自然的行为。

好了,究竟我把我自己当作出发点还是当作目标,这是有极大差异的。在后一情况中,我就不拥有我自己,因此对于我自己来说我是异己的,我是我的本质,我的"真正的本质"。而这一对于我来说是异己的"真正的本质"将作为有着万千名称的幽灵来嘲弄我。因为我尚不是我,故而是另一个我(如神、真正的人、真正的宗教信徒、理性主义者、自由人等等)即是我的自我。

远远地离开我自己,我将自我分成两半。其中的一个部分是尚未达到的和需要充实的部分,即真的部分。另一个部分是不真的部分、须作出牺牲的部分,即非精神的部分。而前一个部分、真的部分应该成为全人,即精神。这就叫做"精神是人的固有本质"或"作为人而存在着的人只能是精神性的。"这就是为了捕获精神所作的急切的猛扑,就仿佛人们随后就要捕捉到自己似的。而在追逐自己的过程中,人们在眼前失去了作为现在的他们的这一自己。

当他们强烈地追求永远达不到的他们自己时,他们就蔑视聪明人的通例:像人实际那样地来看待人。他们宁愿像人该当是那样地来看待人。为此,他们逼使每个人追求他该当如此的自我并"为一切人的平等权利、一切人的同样的尊严,为使一切人成为同样道德或理性的人而奋斗。”[①]

是的，“如果人们像他们应该成为和能够成为的那样，如果一切人都是理性的，大家彼此都像兄弟般地相爱”，那么这就是一种天堂的生活。[②] 好吧，就让人们像他们应该成为和能够成为的那样吧！然而他们应该成为什么？当然不会高于他们所能成为的什么！而他们能够成为什么呢？恰恰也是不会高于他们之所能，即不会高于他们所拥有的成为什么的能力与力量。然而，他们在实际上之所以成为什么，正是因为他们没有能力不成为什么。这就叫做，有能力成为什么即等于实际上是什么。人们在实际上不是什么，他们就没有成为什么的能力；人们在实际上不做什么，他们就没有做什么的能力。试问患白内障的盲人能看到什么吗？只有成功地做了白内障手术，他方能重见光明。然而现在他之所以不能看见东西，只是因为在实际上他看不到东西。可能性和现实性总是一致的。人们不能够做他们不做的事；恰如人们不做他们不能够做的事那样。

这种主张的怪癖性质，在人们作了下述考虑之后就不复存在了。人们可以考虑，在“什么什么是可能的”这一说法中，几乎仅仅只表示这样的意思：“我能够设想什么什么”，例如：“一切人合理地生活是可能的”就等于说“我能够设想一切人”。现今由于我的思维不能够实现，也就是说实现不了一切人合理地生活这样的

① （匿名）：《共产主义在瑞士。对布伦奇里博士先生根据从魏特林那里发现的文件所作的有关瑞士共产主义者委员会（所谓的！）报告的说明》，第 24 页，伯尔尼，1843 年。

② 同上书，第 63 页。

情况，就必须把这一切留给人自己。故而对于我来说，普遍的理性仅仅是可以设想的，是一种可设想性。但在实际上，作为这样一种可设想性即是一种**现实性**，它只有在涉及我所不**能够**做的方面即其他人的合理性方面，才被称做可能性。只要这一切取决于你，一切人也许就都能是合理的，因为你对此并不反对。是的，在你思维所及的范围内，你也许不能够发现任何障碍，因此在你的思维中并不与事情相对抗：事情对于你来说是可以设想的。

然而由于人并不都是合理的，故而他们就不能是合理的。

如果某人设想某物轻而易举地就是可能的，在实际上却不存在或没有发生，那么他就能确信：有什么在妨碍着它，它就该是不可能的。我们的时代有着它的艺术、科学等等。艺术可能是极差的，但人们是否可以说：只要我们欲图的话，我们就理应拥有一种较好的艺术和“能够”拥有它？我们恰恰只拥有我们能够拥有的那么多的艺术。我们今天的艺术是现时**唯一可能的**，因而是现实的艺术。

即使把“可能”一词的意义最终归结为“将来”的意思，它也保留着“现实”的充分力量。如人们说：明天出太阳是可能的。这只不过是意味着：对于今天来说，明天是现实的将来。因为几乎毋须解释的是：将来只有在它尚未出现时才是现实的“将来”。

那么对该词作这样评价的目的是什么呢？如果在这背后没有隐藏着数千年的遗患无穷的误解，如果在“可能”这个小字眼的这一唯一的概念中，并非是一切中迷的人们的幽灵都在作祟的话，那么我们就不会像在这里那样为考察该词而操心。

刚才所指出的思想统治着中迷的世界，如此这般，可能性无非就是可设想性，而为了这一可憎的可设想性一向作出了无数的牺牲。人能够变为理性的，这是可以设想的；他们能够认识基督，这是可以设想的；可以设想他们能够为善而激奋、能够变成有道德的人；可以设想他们全体能够庇护于教会的怀抱；可以设想他们能够对国家有害的事不想、不说、不做；可以设想他们能够成为恭顺的臣民。因此之故，由于这一切是可以设想的，依据推论，这一切就是可能的。进一步说，因为这一切对人来说是可能的（恰恰在此有着虚假的方面：因为这一切对于我来说是可以设想的，这一切对于人来说也是可能的），故而只要这一切是他们的使命，他们就应当是这样的，而最后仅仅依据这一使命去看人、把人仅仅当作负有使命者，并非"如同他们实际上的那样，而是如同他们应当成为什么的那样"。

那么，进一步的推论呢？并非个别的人是人，却是思想、理想是人。个人与人的关系并不是儿童与成人的关系，而是像粉笔所描的点与所设想的点之关系，或像一个有限的创造物与永恒的造物主之间的关系，而按照新的观点来说，则犹如标本与类的关系那样。在此表现出来的则是对"人类"、对"永恒的、不朽的人类"的赞颂，个人则必须为了人类的荣誉而捐躯并在为"人类精神"作贡献之中寻求自己的"不朽的荣誉"。

因此，只要僧侣时代或教书匠时代持续多久，思维者在世界上就统治多久。只要是他们所设想的就是可能的，而只要是可能的，就必须予以实现。他们设想：人的理想只有在他们的思想中方是现实的。但是他们也设想实现理想的可能性，毋庸置辩的是，实现即是现实的、可以设想的，它是一种观念。

我和你，我们虽然可以是某个克鲁玛赫尔所能设想的人：我们尚能够成为善良的基督教徒，然而一旦他欲图"规劝"我们，我们就随即使他感到：我们的基督教信仰仅仅是可以设想的，在其他方面，就是不可能的。如若他以他的逼人的思想、他的"善的信仰"没完没了地盯着我们，那么他将一定会懂得：我们根本没有必要成为我们不欲成为的什么。

事情会继续发展下去，将比最虔诚的信徒和虔诚者还要有过之而无不及。"但愿一切人均是理性的，但愿一切人均按正义行事，但愿一切人由人类爱所指引等等！"在人们的面前作为人的使命、作为他们奋斗的目标而提出的是：理性、正义和人类爱等等。然而什么叫做是理性的？是悉听自我的尊便吗？不，理性是满篇都是反对利己主义规则的一本书。

迄今的历史是精神的人的历史。在官能时期之后，真正的历史方才开始，这就叫做精神性、宗教性、非官能性、超感觉性和荒谬的时期。而今，人们开始欲图成为和变为某种状况。什么状况？真、善、美。说得详细点即是德行、虔诚、满意等等。他欲图把自己造就成"正义的人"、"正义的事物"。人是他的目标、他的责任、他的使命、天职、任务、他的理想。他对他自己来说是一个未来的人、彼岸的人。而什么把他造就为"正义的汉子"的呢？是真的存在、善的存在、道德的存在等等。于是他就对不承认这一"什么"、不寻求这同一道德、不拥有同一信仰的每一个人冷眼而视：他驱逐"分裂主义者、异教徒、宗派主义者"等等。

不会有羊和狗会努力去成为"正义的羊、正义的狗"；没有什么动物会把它的本质当作是一种任务，即当作一种它必须予以实现的概念。它顺其自然地活着，就是说它分解、消亡着，这就是它实现着它自己。它不要求成为或变为不同于实际上的它的其他什么。

我是要劝告你们像动物那样吗？我确实不会鼓励你们应该变成动物，因为如此这般又将是一项任务、一个理想（"在勤奋方面蜜蜂能够胜过你"）。如果有人希望动物变成人，那么情况也是完全相同的。你们的天性总归是人的天性，你们是人的天性，亦即是人。然而恰恰是因为你们已经是人，故而你们就毋须再去变成人。甚至动物也受到"训练"，而一只受过训练的动物会做出许多不自然的事。然而一只受过训练的狗，对于它自己来说，并不比一只自然的狗要好，即使对于我们来说它是比较容易接近的，它也从中得不到什么好处。

一向流行的是致力于把一切人"教育成"具有道德的、理性的、虔诚的、人的及类似的"本质"，亦即是训练。这一切努力由于不可制服的自我特性、独自性和利己主义而遭到失败。受训练者从未达到他们的理想，而且只是在口头上信奉崇高的原则或者公开表明信仰、宗教信仰。面对这一信仰，他们在生活中就必须"总是把自己看作是罪人"并且停留在他们理想的后面，是"软弱的人"还带有"人的弱点"的意识。

如果你并不把理想当作你的使命而加以追求，而是如同时间消解了一切那样，你自己消解了自己，那么情况就完全不同了。消解并不是你们的"使命"，因为它是现今的实情。

然而人的教养与宗教性无疑会使他们自由，但仅仅是为了把他们提供给另一个主人，而摆脱前一个主人的自由。我在宗教那里学到了抑制我的欲望，我通过从科学那里得到的诡计破除了世界的抵抗。我甚至不为任何人效劳："我不是任何人的奴仆。"然而随即产生的情况是：你必须比听命于人更厉害地听命于神。同样，我尽管通过我的冲动摆脱了不合理的使命，却要听命于理性这个主人。我赢得了"精神上的自由"，"精神的自由"。然而由此我却恰恰要受精神的驱使。精神命令我，理性指挥我，他们是我的指导者和命令者。占优势的是"理性的人"和"精神的奴隶"。如果我并非是肉体的话，那么我确实也并非是精神。精神的自由即是我的顺从，因为我是高于精神或肉体的。

毫无疑义，教养使我成为强者。它给予我超越一切冲动之上的力量，既超越于我的天性的冲动又超越于世界的苛求和暴力行为之上。我知晓并且通过教养赢得了力量，为的是使我毋须受到我的欲求、想望、激情的强制：我是它们的主人。同样地我由于科学和艺术而成为顽强的世界的主人，海洋与陆地必须听命于这一世界的主人，甚至星星也必须向他作出说明。精神使我成为主人。我却没有超越在精神自身之上的力量。尽管我从宗教（教养）那里学到了"征服世界"的手段，然而却没有学到该如何也能制服神并成为神的主人的方法，因为神"是精神"。我不能成为它的主人的精神有着极为多样的形态：它可以叫做神或民族精神，叫做国家、家庭、理性，也可以叫做自由、人性、人。

我感谢地接受数世纪的教养为我获得的东西。我不想丢弃和放弃这里面的任何东西：我并非是徒劳无益地活过来的。关于我拥有超越于我的天性之上的力量和我毋庸成为我的欲求的奴隶这样的经验是不该从我那里丢失的。关于我能够通过教养的手段征服世界的经验是以昂贵的代价取得的，我是不会忘掉的。但是我所想要的还更多。

人们问道，人能够变成什么？他能够做到什么？获得什么财物？他们把一切事物中的最高者作为使命提出来。就仿佛对于我来说一切都是可能似的。

如若人们看到有谁沉溺于疯狂、激情等等之中（如商贩精神、嫉妒），那么油然而生的就是把他从这种中迷状态中解救出来的要求和帮助他"自制"的要求。"我们欲图把他造就为一个人！"如果没有另一种中迷状态随即代替前一种的话，这当然是非常好的。但是，人们使金钱的奴隶摆脱了对金钱的贪欲，只不过是为了把他交给虔诚、人道或诸如此类的原则，为了重新把他转移到一种固定的立场上。

从狭隘的立场到崇高的立场的这种转移就表现在：意志不可以集中在易逝的事情上，而要专注地集中在永不消逝的事情上；不要集中在暂时的事情上，而要集中在永恒的、绝对的、神的、纯粹人的之类的事情上——要集中在精神的事情上。

人们很快就能看出，他们把他们的心寄托在什么上，或他们从事什么事情，都绝不是无所谓的。人们认识了对象的重要性。一个超越在个别事物之上的对象是事物的本质。是的，本质仅仅是在事物中的可以设想的部分，仅仅是为了思维着的人才存在的。因此并非是你的心集中于事物，而是你的思想集中在本质上。"没有眼见而信者即是幸福"，这就是说思维者即是幸福，因为他们是与看不见的东西打交道并信它。然而有一个思维的对象，它在数百年来构成了重要争论之点，到头来却得到这样的结果：这一对象是“不再值得一提的”。人们虽然看到了这一点，但是他们又总是在心目中保留着对象就自身而言的那种重要性、保留着它的绝对的价值，就仿佛洋娃娃只是最重要的事物并非是对于孩子而言的，可兰经是最重要的事物并非是对于土耳其人而言似的。只要我对于我自己来说并非是唯一重要的事物，那么我对任何对象的“估价高”就是毫无所谓的。只有我反对这一对象或大或小的罪行才有价值。我的依附和服从的程度表明了我甘心效劳的立场，我的罪孽程度则表明了我的独自性的程度。

但是即使仅仅是为了能够入睡，最终而且在根本上，人们必须知晓如何把一切事物从他们的心中逐出。我们不与之打交道的事物也不可以与我们打交道。沽名钓誉者摆脱不了他的沽名钓誉的计划，敬畏神灵者摆脱不了对神的思想。迷惑与中迷者是一致的。

欲图实现自己的本质或根据自己的概念生活（在相信神的人那里无非是“虔诚”，而在相信人类的人那里则叫做“人那样地”生活），这只有有情欲的人和有罪的人才能向自己提出。人只要在感官的快乐和灵魂的平和之间有着焦虑的选择，那么他就是一个“可怜的罪人”。基督教徒也不过只是怀有情欲的人。由于他认识神圣的东西并自我意识到他冒犯了它，故而他把自己看作是可怜的罪人：把情欲理解为“罪孽”，这是基督教意识，这即是基督教徒自身。但是如若在现代人的嘴边不再挂着“罪”、“罪孽”，而是代之以用“利己主义”、“利己心”、“自私自利”等来约束他们，如若把魔鬼转译为“非人”或“利己主义的人”，基督教徒会因此而比以前少吗？还不是照旧存在着以往在善与恶之间的分裂吗？超越在我们之上的审判者——人不是依然存在吗？使自己成为人这样的天职还不是照常存在吗？如果说人们不再把它称为“天职”，而叫做“任务”以至于“义务”的话，那么这种名称的改变当然是完全正确的，因为“人”并不像神那样是一种能够作出“召唤”的人格的本质，但在名称之外的一切就依然如故了。

每个人与客体都有一种关系，而且每个人与客体的关系都是各不相同的。我们把一本书作为例子，两千年来数百万人与这本书有着关系，这本书就叫做《圣经》。对于每个人来说，《圣经》过去是什么、现在是什么？绝对只能是他把《圣经》当什么它就是什么！谁对《圣经》根本不感兴趣，那么对他来说，《圣经》就什么也不是。谁把《圣经》当作护身符来使用，那么对于他来说，《圣经》就只有当作魔法手段使用的价值；谁在如同儿童那样玩《圣经》，那么对他来说，《圣经》就只不过是玩具等等。

只是基督教要求：《圣经》对于一切人来说都应是同样的事物，即神圣的书或“神圣的著作”。这无非是说：基督教徒的观点也应当成为其他人的观点，任何人对这一客体的关系都不允许是其他的关系。这样，关系的独自性就被破坏了。于是一种精神，一种思想就被固定为“真正的”、“唯一真正的”精神。在阻止想把《圣经》看做什么就当作什么的这种自由的过程中，一般看法的自由也遭到了阻止，而代之以强制推行一种观点或一种判断。谁下判断说《圣经》是人类的长久的迷误，那么他就是犯罪地在下判断。

在实际上，无论是将《圣经》撕坏或当作玩具玩的儿童，或者是将耳朵靠在《圣经》上，在《圣经》默不作声的情况下，就将它轻蔑地抛弃的印加人阿塔乌阿尔帕[①]，都能像把《圣经》颂扬为“神的话语”的僧侣那样，或像把《圣经》说成是人的拙劣的手笔的批判者那样，对《圣经》作出正当的判断。因为我们如何对待各种事物，这是我们的爱好和我们的随心所欲的事。我们按照内心的爱好来使用它们，或说得更明白些：我们使用它们，一如我们之所能。当僧侣们看到，黑格尔和思辨的神学家们从《圣经》的内容中产生出思辨的思想，他们会惊呼什么？恰恰是惊呼的那些人按照内心的爱好来解释《圣经》或者是“随心所欲地来对待《圣经》”。

因为我们而且是全体在对待客体方面均表明自己是随心所欲的，这就是说按照我们最称心的方式、按照我们的心愿来处置它们（对于哲学家来说最称心的事是在一切事物中都能探索发现一个“观念”，如同对于敬神者来说最称心的事是通过一切事物，如通过维持《圣经》的神圣使神成为他的朋友那样），这样，我们就恰恰在这一我们自己的随心所欲的领域内碰到了最难堪的随心所欲，最可怕的暴力行为和最愚蠢的强制。如果说我们这样、那样地对待神圣的对象亦即是随心所欲地进行处置，那么当僧侣们按照他们的方式同样随心所欲地对待我们并且还认为我们应受惩罚异教徒的火刑或其他刑罚如检查之类，那么我们为此要怎样来责怪他们呢？

人从事物中产生出人的一切。“如同你观看世界那样，世界也反过来观看你。”随即人们就能听到这样贤明的劝告：你必须仅仅“公正和没有偏见地”去观看世界。就仿佛孩子不是“公正和没

① 印加族历史人物，1533 年被西班牙殖民主义者绞死。——译者

有偏见地"去观看《圣经》似的，如若孩子把《圣经》当作玩具的话。给予我们这类贤明的指令的例如有费尔巴哈。[①] 如果人们从事物中造就出人们欲图的东西的话，人们也是同样公正地观看事物，在这里事物指的是一般的客体、对象，如神、我们的同胞、爱人、书、动物等。由此可见，事物以及对它的观察并不是第一位的，而我则是第一位的，我的意志是第一位的。人们欲图从事物中产生出思想，欲图在世界上发现理性，欲图在世界上拥有神圣性，因此人们将会找到它们。"你们寻找，你们就会找到。"我欲图寻找什么，这决定于我。譬如我欲图从《圣经》里得到启迪，那么这种启迪就是我得到的。我欲图彻底地阅读和考察《圣经》，那么按照我的力量就会为我产生出彻底的教导与批判。我为我自己选择了我所向往的什么，而在选择中我向我自己表明了随心所欲。

与此相联系的是这样的观点：我对客体所作的每一判断，都是我的意志的创造物。上述观点又把我引导至：我并没有在创造物上、判断上丧失我自己，而是我保持为不断进行创造的创造者、判断者。各种对象的一切谓语均是我的陈述、我的判断、我的创造物。如若它们欲图摆脱我和自己独立起来，或者甚至欲图使我敬佩，那么我最紧迫要做的事就是将它们收回到它们的虚无之中，即收回到我自己这个创造者之中去。神、基督、三位一体、道德、善之类就是这样的创造物。关于它们，我不仅必须允许自己说，它们是真理，而且也必须允许自己说，它们是欺骗。如同我曾经欲图和命

① 〔见费尔巴哈：《未来哲学原理》，第 70 页，苏黎世与温特图尔，1843 年。施蒂纳在这里所指的显然是费尔巴哈所说的"那种对于感性事物即实际事物的未被歪曲的、客观的看法。"〕（见《费尔巴哈哲学著作选集》，上卷，第 174 页。——译者）

令它们的存在那样,我也可以欲图它们的不存在。我绝不能允许它们成长凌驾在我之上,绝不能拥有听任它们变为某种"绝对的东西"的软弱性,如果是这样的话,它们就将被永恒化并从我的势力和命令之中脱逃。由此我就将成为固定化原则、宗教特有的生活原则的牺牲品。宗教致力于创造"不可触动的圣物"、"永恒的真理",简言之,创造一个"神圣的东西"来从你这里剥夺你自己的东西。

客体在它的神圣的形态之下,如同在它的非神圣的形态下那样,同样使我们成为中迷者,超感性的客体如同感性的客体那样同样能做到这一点。欲望和狂热都与两方面有关系,而金钱的欲望与对天国的憧憬则站在同一水平上。当启蒙主义者欲图为感性世界赢得人们时,拉瓦特尔[①]则为憧憬看不见的东西而说教。一方诉诸感情,而另一方则诉诸活动。

对各种对象的看法是千差万别的,如对神、基督、世界等等的看法过去是、现在仍旧是极其多种多样的。在此,每个人都是"持不同观点者",而在流血斗争之后终于达到了这样一点:有关同一对象的相反观点不再判为犯有死罪的异端行为。"持不同观点者"互相和睦相处。然而,为什么我只该对一种事物持有不同观点,为什么就不能将所持不同观点推至它的最终的顶端,即推到根本就不承认任何事物的存在,就是说考虑事物的虚无,粉碎事物?这样看法本身就终结了,因为不再需要对什么有看法。为什么我

① 拉瓦特尔,约翰·卡斯帕尔(1741—1801):瑞士僧侣哲学家,启蒙运动与法国大革命的反对者。——译者

就该说：上帝并不是阿拉，不是婆罗门，不是耶和华，上帝即是上帝，而为什么不该说："上帝不就是欺骗吗？"如若我是个"无神论者"的话，为什么人们就要让我受火刑？因为人们把受造之物放在创造者之上（"他们去敬拜、侍奉被造之物，不敬奉那造物的主。"①），而且为了使主体更恭顺地效劳，需要一个进行统治的客体。我应该屈服在绝对者之下，我应该如此做。

基督教通过"思想的王国"而得以自我完成。思想是这样一种内向性，在它那里一切世界之光都熄灭了，一切存在均变成了不存在。内向的人（心、头脑）是一切中的一切。这个思想的王国期待着自己的拯救，同时也期待着为奥狄浦斯所猜中的斯芬克斯之谜，为的是它最后的死亡。我是这一王国的存在的消灭者，因为在创造者的王国之中不再形成自己的王国、国家中的国家，而是形成了我的创造性的无思想的被造之物。基督教徒世界、基督教和宗教自身只有在同时连同僵化了的、思维着的世界一起才能走向灭亡。只有思想枯竭了，信徒方不再存在。对于思维者来说，他的思维是一项"崇高的劳动、崇高的活动"，而这是建立在一种坚定的信仰，对真理信仰的基础之上的。首先，祈祷是一项神圣的活动；之后，这一神圣的"礼拜"转化为合理的和有道理的"思维"。而这种思维同时又在"神圣的真理"之中，保持着它的不可动摇的信仰基础，而且它仅仅是真理的精神为了自己进行效劳而绷紧的奇异的机器。自由的思维和自由的科学在琢磨着我，因为并非我是自由的，并非我琢磨着我自己，而是思维是自由的并且琢磨着我使之与天

① 《罗马书》，第1章，第25节。

国和天国的东西或“神的东西”打交道，本来这就叫做与世界和世界的事物打交道，只不过是与一个“其他的”世界打交道。这只不过是世界的颠倒和错乱而已，与世界的本质打交道，这就是一种精神错乱。就事物的直接性而言，思维者是盲目的和没有能力掌握它的。思维者不吃、不喝、不享乐，因为食者、饮者从不是思维者。是的，思维者为了思维忘却了饮食，忘却了他在生活中的前程和生计的担忧等等。他忘却了这一切，如同祈祷者忘却了这一切那样。由此可见，对于强健的自然的儿子来说，思维者是一个愚蠢的怪人、一个蠢人，尽管思维者把自然的儿子看作是神圣的，如同对于古代人来说，疯子是神圣的那样。自由的思维是疯狂，因为这是内向性的纯粹运动、是领导和指挥其他人的纯粹内向的人。沙门僧和思辨的哲学家标志着内向的人——蒙古人的阶梯的最低一级和最高一级。沙门僧和哲学家一起与幽灵、恶魔、精灵、神进行斗争。

与这种自由思维全然不同的是自己的思维，我的思维，并不是思维指导我，而是思维由我指导、继续或中断，一任我之所愿。这种自己的思维与自由思维的区别，犹如我按照意愿去满足的自己的情欲与我所屈服的、自由的、不受约束的情欲的区别那样。

费尔巴哈在《未来哲学原理》中总是诉诸存在。尽管他反对黑格尔和绝对哲学，然而在这里他还是停留在抽象上，因为“存在”就如同“自我”那样是一种抽象。只有我存在方不是单单的抽象，我存在是一切中的一切，因而自身是抽象或虚无，我是一切与虚无，然而我同时又是充满着思想，是一个思想世界。黑格尔批判自有的东西、我自己的东西、“意见”。“绝对的思维”是这样一种思维：它忘记了它是我的思维、忘记了我思维和只有通过我它才存在。但是我作为我自己又再度吞噬我自己的东西，我是它的主人，它只是我在任何时刻均能改变，亦即消灭、收回到我自身之中和消耗的我的意见。费尔巴哈欲图通过不可克服的存在来击倒黑格尔的"绝对思维"。然而在我这里存在就如同思维那样被克服了。这是我的感官〔存在？〕，如同那是我的思维那样。

在此费尔巴哈自然不外乎进行了其自身是陈腐的证明：我为了一切事物需要感官，或者是我不能整个地缺少这些器官。无疑，如若我在肉体上是不存在的，我就不能够进行思维。但是无论是为了思维和感觉，为了抽象或感受，首先我需要我自己，而且是完全特定的自己、独一无二的自己。如若我不是这样一个自我如黑格尔，那么我就并不如同我观察世界那样地来观察世界，我就不会像我恰恰是作为黑格尔发现了哲学体系那样来发现出这样一个哲学体系。我尽管如同其他人那样有感官，然而我并不像我所做的那样来利用它们。

费尔巴哈是如此这般地指责黑格尔的：黑格尔滥用语言，他对一些词的理解不同于自然的意识对此的理解。[①] 然而他也犯了同样的错误，他赋予"感性事物"一词不同于普通用法的异乎寻常的意义。在第 68—69 页上就写着："感性事物不是世俗的、无思想的、一目了然的东西。"[②]但是，如果说它是神圣的事物、充满思想的事物、隐蔽的只有通过中介才能理解的事物，那么它就不成其为人们所称的感性事物了。感性事物只是为了感性而存在的这样一

---

① 费尔巴哈：《未来哲学原理》，第 47 页，苏黎世与温特图尔，1843 年。(《费尔巴哈哲学著作选集》，上卷，第 154 页。——译者)

② 《费尔巴哈哲学著作选集》，上卷，第 174 页。——译者

种事物;反之,什么事物只能为采取高于感觉的方式的人、超越于感官享受和感官感受之上的人所享受,那么它充其量是为感性所中介或引进的,这就是说感性构成了获得该事物的一个条件,这样它就不再是感性事物了。感性事物,不管它是什么,只要为我所吸收就变为非感性事物,它譬如由于我的激情和我的心血所产生的冲动,不能再度具有感性的作用。

费尔巴哈为感性带来荣誉,这是很好的。然而在此他只知用唯心主义、"绝对哲学"的传统财产来穿戴他的"新哲学"的唯物主义。人们既不会听信于人可以没有面包仅仅靠着精神过活;人们也同样不会相信费尔巴哈:人作为感性的人就是一切,就是说是精神的、充满思想的等等。

通过存在根本什么也没有得到证明。想到的与没有想到的同样存在着。石块在街上存在,我关于它的概念也存在着。两者只是在不同的空间:前者在空地上,而后者则在我的头脑中、在我那里。因为如同大街那样,我也是空间。

行会成员或特权者容忍不了思想自由,这就是说容忍不了任何不是来自"一切善的授予者"那里的思想,无论这个授予者是叫神、教皇、教会或其他的什么。如果谁有了如此这般的违法的思想,那么他就必须悄悄地向听取忏悔的神父诉说并听凭他的惩戒,一直到自由思想忍受不了奴隶的鞭子为止。行会精神也以另一种方式操心:首先通过明智的教育使自由的思想根本不能产生。谁被适当地以道德的原则谆谆教诲,谁就从来不会摆脱道德的思想,因此对于他来说,抢夺、伪誓、欺诈之类就总是固定观念,对于这些事情,他是不需要防卫任何思想自由的。他拥有他的"从上面来的"思想,并固守在这里。

许可或特许的获得者的情况就不同了。每个人都必须有能力按照他的意愿拥有和形成思想。如果他拥有对某种思维能力的许可或特许,那么他就不需要任何特殊的特权。然而由于"一切人是理性的",因此在头脑中为自己装进任何什么思想,各按他的自然天赋的特许拥有或大或小的思想财富,这对每个人来说都是自由的。于是人们听到这样的告诫:"大家必须尊重一切意见和信念","每一种信念都是正当的","对其他人的观点都要宽大为怀"等等。

但是"你们的思想并非是我的思想,你们的道路并非是我的道路"。或者反过来我得确切些说:你们的思想是我的思想,对此我可以随我所愿地加以处理并且毫不容情地加以压制。你们的思想是我的财产,故而我可以随心所欲地加以消灭。为了粉碎和冲淡你们的思想,我并不首先要等待着你们的认可。你们纵使把这些思想称为你们的也是与我毫无关系,它们同时总是保持为我的,我欲图如何处置它们这是我的事情,而这绝不是僭越。我也可能在你们的思想范围内容忍你们,这样我就保持沉默。你们是否认为思想像小鸟那样自由地飞来飞去,故而任何人都可以为自己去捕捉,然后他就可以把它当作对我来说是不可触碰的他的所有物?飞来飞去的一切均是我的。

你们是否相信,你们是为自己而拥有思想,因此并不需要为此对任何人负责;或如你们会说的那样,对此你们只须对神作出说明?不,你们的无论是大的和小的思想均属于我,我对待它们一如我之所愿。

思想只有在下述情况下对我来说方才是自己的,如果我在任何时刻对于把思想置于死亡的危险之中这一点毫无顾虑，如果我对它的损失均不当作对我来说的一种损失，当作我的损失而害怕。尽管我拥有思想，然而思想从不能奴役我，从不能使我狂热、使我成为实现思想的工具，只有在这种情况下，思想方才是我自己的。

故而思想自由是存在的，如若我能够拥有一切可能的思想的话。但是，只有在思想不能变为主人的情况下，思想才变成所有物。在思想自由的时代，思想（观念）进行着统治，但如若我成为思想的所有物，那么思想就把自己当作我的创造物。

即使教阶制没有深入到人的内心之中，因此它不能夺走他们追求自由思想即追求也许是憎恶神的思想的勇气的话，那么人们也必定会把思想自由看作像消化自由那样的一个空洞的字眼。

按照行会成员的意见，应给与我思想；按照自由思想家的意见，我应寻求思想。在前一种情况，真理已经找到并存在着，我只须由于恩惠而从真理的授予者那里接受真理；在后一种情况，真理要去寻求，它是我未来的目标，我要朝着这个目标努力。

在这两种情况下，真理（真的思想）都在我之外，我要努力去得到它，不管是通过赠与（恩惠）还是通过争取（自己的功绩）。故而在第一种情况下，真理是一种特权；在第二种情况下，否，通往真理的道路对于一切人来说都是许可的。既非《圣经》、又非教皇、教会或其他什么掌握着真理，而是人们可以通过思辨的方法来掌握真理。

人们已经看到，在与真理的关系上，两者均是没有所有物的。他们或者是作为采邑而拥有真理（因为拿“教皇”来说就不是唯一者；作为唯一者的他是这一个西克斯图斯和这一个克莱门斯等等。

然而作为西克斯图斯、克莱门斯等等他就不拥有真理，而是作为“圣父”，即作为精神，他方拥有真理）或者是作为理想而拥有真理。作为采邑，真理仅仅是为了少数人（特权者）；作为理想则为了一切人（许可的获得者）。

思想自由的意义就在于：我们大家尽管都在黑暗之中，在错误的道路上踯躅，然而在这一道路上每个人都能愈益接近真理，所以就是在正确的道路上（“条条大路通罗马，或通世界的边涯等等”）。因此，思想自由的意义就不外乎是：对我来说，真的思想并非是自己的，因为如若它是这样的话，人们该如何把我与它分开呢？

思维已变成完全自由的了，而且思维还提出了一系列我必须服从的真理。思维寻求使自我完善为一个体系并使自己达到某种绝对的“状态”。譬如在国家中，思维就寻求一种观念，直到由此而产生出一个“理性国家”。在这个国家里，我必定是愉快的，在人（人类学）那里思维寻求着，直到它“发现了人”。

思想家与信仰者的区别仅仅在于：前者的信仰比后者的更多，而后者自身在他的信仰（信条）方面则更少加以考虑。信仰者只有少数信仰条目，而思想家却有成千条。但是思想家把联系带入到他的信条中去并且又把联系作为它们的评价标准。如果这个、那个信条不中他的意，他就将其抛弃。

思想家在他们的宣言方面是与信仰者并驾齐驱的。不说“出自于神的什么你们是磨灭不掉的”，而说“出自于真理的什么亦即是真”；不说“荣誉属于神”，而说：“荣誉属于真理”。究竟是神还是真理取胜，这对我来说是毫无所谓的，最首要的是我要取胜。

除此之外，在国家或社会的内部该如何设想“不受限制的自由”呢？国家诚然可以保护一个反对另一个，但是国家却不能由于无节制的自由，由于所谓的肆无忌惮而危及自己。所以在“教育自由”方面国家只不过宣布：每一个像国家（或说得更确切些，政权）所欲图的情况那样，教学的人对国家来说都是合适的。对于竞争者来说问题是取决于“像国家所欲图的情况那样”。举例说，如若教会不欲像国家所欲图那样去做，那么教会就无异自己把自己排除在竞争之外（如在法国）。在国家中对所有的、每一种竞争所划出的界限就叫做“国家的监督和指导”。国家把教育自由限制在一个适当的范围之内，同时也为思想自由树立了它的目标，因为人们所考虑的，一般不超出他们的教师所考虑的范围。

大家就不妨听听基佐大臣所说的吧：“当前的最大困难是对精神的指导和控制。以往是教会完成这一使命，现在教会对此是力不胜任了。这个重大任务有待于大学来完成，大学则是责无旁贷的。我们政府就有责任在这方面支持它。宪章是主张思想和信仰的自由的。”[①]故而，该大臣是为了促进思想和信仰的自由而要求“对精神的指导和控制”。

天主教将受考验者置于笃守教规的法庭之前，新教将受考验者置于《圣经》的基督信仰的法庭之前。如若有谁像卢格那样[②]欲把受考验者置于理性的法庭之前，那么情况也许只有些微的改善。究竟是教会、《圣经》还是理性（路德与胡斯则早就诉诸理性）是神圣的权威，这在本质上是没有任何区别的。

① 1844 年 4 月 25 日在贵族院的演说。

② 阿尔诺德·卢格：《布鲁诺·鲍威尔与授课自由》，载《德国现代哲学和政论界轶文集》，第 1 卷，第 120 页，苏黎世与温特图尔，1843 年。

究竟是任何一种普遍的东西或者仅仅是个别的东西是得到认可的？如果人们是这样提出问题的话，那么“当前的问题”就不会一下子得到解决。如果人们根本就不探询“认可”并且不是单单与“特权”进行斗争的话，那么，得到承认的究竟是普遍性（如国家、法律、风俗、道德等）还是个别性？“只承认理性良心的‘理性的’授课自由”[①]不会使我们达到目标；我们倒是需要利己主义的授课自由、为了一切独自性的授课自由。在这种独自性中，我变成可以被听见并且能够不受阻碍地表明自己。我使我自己“可以被听见”，仅仅这一点就是“理性”[②]，而不管我尚可能是非理性的。由于我使我自己可以被听见，因此我可以听到我自己，在这种情况下，其他人与我都享受着我自己和同时消耗着我自己。

像以往有着正统信仰的、忠诚的、道德的我是自由的那样，如果而今理性的我也自由了，那么由此会赢得什么呢？这些就真的是我的自由吗？

如果说我作为“理性的自我”是自由的，那么，在我这里的理性的东西或理性就是自由的。而这种理性的自由或思想的自由向来就是基督教世界的理想。人们欲图使思维自由。如前所述，如同思维是信仰那样，信仰即思维。思想家，这就是说既有信仰者又有理性主义者该当是自由的，而对其他人来说自由则是不可能的。但是，思想家的自由是“神之子的自由”，同时又是最苛刻的教阶

① 阿尔诺德·卢格：《布鲁诺·鲍威尔与授课自由》，第127页。

② “Vernunft”（理性）一词，是从动词“vernehmen”（听、听见）派生出来的，“vernehmbar”（听得见、可以被听见）这一形容词也是由该动词派生出来的。施蒂纳用这一点搞了上述的文字游戏。——译者

制或思想的统治:因为我屈服于思想。如果思想自由了,那么我就是它的奴隶,我就不拥有支配它的权力而将受它的控制。我却欲图拥有思想,欲图在我那里充斥着思想,但同时我又欲图是没有思想的,为我自己保持的不是思想自由而是思想的虚无。

如果问题取决于自我了解和建立联系的话,那么无疑我只能利用我所支配的那些人的手段,因为我也是人。而在实际上只有作为人我方拥有思想,我作为我自己同时又是没有思想的。谁是不能摆脱思想的,他充其量不过只是人,是语言的奴隶,这一人的规范和人的思想财富的奴隶。语言或"语词"最穷凶极恶地压制我们,因为语言统帅着充斥各种固定观念的整支军队来反对我们。如果现今恰好在你沉思的时候观察一下你自己,那么你将感到,如何只有在任何瞬间你都是无思和无言的情况下,你才能继续前进。你并不仅仅在睡眠之中是无言无思的,而是在深深的冥思之中情况也是如此。是的,甚至这种情况恰恰是最多的。而只有通过这种无思想状态、这种被误解的"思想自由"或摆脱思想的自由,你才是你自己的。由此出发,你才能到达把语言当作你的所有物来使用的境界。

思维不是我的思维,那么它仅仅是不断编造出来的思想,是奴隶的差事或"语词的仆人"的差事。我的思维的出发点并不是一种思想而是我自己,因此我也就是它的目的,恰恰就如同它的整个过程只不过是我的自我享乐的过程那样。与此相反,对于绝对的或自由的思维来说,思维本身即是出发点,它自己折磨自己的地方就在于把这一出发点作为极端的"抽象"(如作为存在)提出来。恰恰是这种抽象或思想以后将继续编造下去。

绝对思维是人的精神的事情，而这种精神则是神圣的精神。因此，此类思维是僧侣的事情，他们有着“对此的感受性”，对“人类最高利益”、对“精神”的感受性。

对于信仰者来说，真理是既定的事情，是一个事实；对于自由思想家来说，是尚须确定的事情。绝对思维尽管如此之没有信仰，这种思维的无信仰性却是有它的界限的，它仍然保持着对真理、对观念和对它们的最终胜利的信仰。它并不亵渎神圣精神。一切不亵渎神圣精神的思维即是对精神或精灵的信仰。

我不能摒弃思维，如同摒弃不了感觉那样；我不能摒弃精神活动，如同摒弃不了感性活动那样。如同感觉是我们对于事物的感受那样，思维是我们对于本质（思想）的感受。各种本质在一切感性事物那里，特别是在言词那里拥有着它的存在。言词的威力紧跟在事物的威力之后：首先人们受到鞭笞的强制，而后受到信念的强制。事物的威力征服了我们的勇气、我们的精神，与信念亦即言词的威力相比，甚至刑具与利剑也丧失了它的优势与力量。怀有信念的人是僧侣式的人，他抵挡得住撒旦的任何诱惑。

基督教只是去掉了尘世事物的不可抵御性，并使我们不隶属于尘世事物。同样，我也使我自己超越于真理和它的威力之上：我如同超越感觉那样超越真理。在我面前真理如同事物那样普通和无足轻重，它吸引不了我，鼓舞不了我。如果说在我面前存在着真理、正义、自由、人性等等的话，那么我是不会屈服于它们的。它们是言词，只不过是言词；如同对于基督教徒来说，一切事物只不过是“虚妄的事物”那样；在言词和真理之中（每一言词均是一个真理，如黑格尔所主张的那样：人们不能说谎），对于我来说，不存在任何幸运；如同对于基督教徒来说，在事物和空虚之中不存在任何幸运那样；如同尘世的财物不会使我幸福那样，真理也不会使我幸福。现在不再是撒旦而是精神演出了诱惑的故事。精神不再用尘世的事物而是用尘世的思想，用“观念的光辉”来进行诱惑。

在尘世的财产之外，一切神圣的财产也被作为无价值的东西而加以抛弃。

真理是虚套、空话和言词，它被放在联系或系列、联结之中，真理就成为逻辑学、科学与哲学。

为了思维与说话我需要真理与言词，如同吃饭就需要食物那样。没有真理与言词，我就既不能思维又不能说话。真理是用言词记载下来的人的思想，它因此如同其他事物那样存在着，只不过，它仅仅是对于精神或思维来说，是存在着的而已。真理是人的规范和人的创造物。如果人们把真理当作神的启示，那么就真理而言还保持着对于我来说的异己性的独自性，是的，在创造活动之后，作为我自己的创造物的真理，就已与我相疏远了。

基督教的人是思维的信仰者，他信仰思想的最高统治并欲图使思想——所谓的“原则”成为支配者。尽管有人对思想进行了检验而且没有在未曾进行批判的情况下从中选择一种思想作为他们的主人。然而在此他就和要在人群中嗅出“它的主人”的狗没有区别了：在任何时候他都专注于进行统治的思想。基督教徒可以没完没了地进行许多改革和革新，可以废除数百年来进行统治的概念。他总是一再地致力于寻求新的“原则”或新的主人，一再地确立更高的或“更深刻”的真理，一再地唤起崇拜，一再地宣布受命进行统治的精神，一再地规定适用于一切人的一种法则。

如果说,因为人是人就必须把他的生命和力量奉献给真理的话,那么即使只有一个这样的真理,人就是服从于规则、统治、法律等等的仆从。而譬如人、人性、自由等等就应当是这样的真理。

与此相反,人们能够说:你是否欲图深入一步进行思维,这就完全取决于你。如若你在思维之中希望使其成为某种重要的东西,那么就只要知道,有许多重要的问题要解决,而在没有克服这些问题的情况下你是不能前进的。对于你来说,不存在任何致力于思想(观念、真理)的义务和使命。然而如果你欲图如此做的话,那么你就要好好地利用其他人致力于解决这些困难的问题方面已经作出的成果。

因此,谁欲图思维,谁就必定拥有一项他在意欲之中有意识或无意识地为自己加上的任务,但是谁都不会拥有去思维或去信仰的任务。在前一种情况就可以叫做:你走得不够远,只有狭隘的和偏颇的兴趣,你没有到达事物的根底,简言之,你没有全部完成任务;但在另一方面,就你每一次所到之处而言,你总是处在尽头,不承担继续前进的使命并且你可以如同你所愿或所能的那样去做到。在这里的情况就如同其他工作的情况那样:如果你对此的乐趣已经消失,你就可以放弃它。这就恰如在你不再能够信仰事物的情况下,你就不能像神学家或哲学家所做的那样逼使你自己去信仰或持续地与标榜为神圣的信仰真理打交道,你倒是能心安理得地从它那里撤回你们的兴趣并任其自去。僧侣精神无疑会把你缺乏兴趣说成是"懒惰、无思想、顽固、自我欺骗"等等。但你尽可把无用之物弃置不顾。没有事物、没有所谓"人类的最高利益"、没有"神圣的事业"值得你去为其服务,值得你为它们本身的缘故与其打交道。如果说,你要寻求它们的价值的话,那就只要看它们对你来说,为你服务方面是否是有其价值。《圣经》的箴言告诫我们,要变得像孩子那样。但是孩子是没有神圣的兴趣的,并且根本就不知道什么“善事”。他们愈是确切地知晓他们的意向何在,他们就愈益会用最大的力量去考虑他们该如何达到这一点。

思维就像感觉那样不会停止。但是思想和观念的威力、理论和原则的统治、精神的至上权,简言之教阶制会长久持续着;只要僧侣们说大话,也就是神学家、哲学家、国务活动家、市侩、自由主义者、教师、仆从、双亲、儿童、夫妇、蒲鲁东、格奥尔格·桑德、布伦奇里等等说大话。只要人们信仰、思考着原则或者纵使是批判着原则,那么教阶制就会继续存在下去。因为即使是毁坏一切现存原则的最严厉的批判,最终也还是信仰原则。

每个人都在进行批判,然而标准则是不同的。人们寻求着“公正的”标准。这种“公正的”标准是第一个前提。批判者是从一个命题、一个真理或一种信仰出发的。信仰并非是批判者的创造物,而是独断论者的创造物,是的,信仰甚至习惯地直接出自现代文明之中如“自由”、“人道”等等。批判者并没有“发现了人”,但这一真理被独断论者作为“人”而确立起来。批判者,他也可以是与独断论者相同的人物,信仰这一真理、这个信条。在这种信仰之中和为这种信仰所中迷的情况下,他进行着批判。

批判的秘密是随便哪一种“真理”。真理是它的引出活力的奥秘。

但是我在隶从的批判和自主的批判之间作了区分。如果我在为了某个最高本质的前提下进行批判,那么我的批判就是为本质效劳的，是为了这一本质才进行批判的。举例说，如果我中迷于“自由国家”的信仰，那么我就从是否适合于这样的国家的观点出发，批判与此有关的一切，因为我热爱这种国家。如果我是作为一个信仰者来进行批判的话，那么对于我来说一切就分成神的或魔鬼的。在我的批判前，自然界就是由神的痕迹或魔鬼的痕迹所组成(因此就有了诸如“神的赐物”、“神山”、“魔鬼讲坛”等地名)，人就分成信仰者和无信仰者等等。如果我在批判中把人当作“真的本质”而加以信仰的话，那么对于我来说，一切就首先区分为人与非人等等。

一直到今天，批判仍然是爱的工作。因为无论何时我们进行批判都是对某个本质的爱。一切隶从的批判均是爱的产物。中迷，这种批判均是按照《新约》上所说的来行事：“但要凡事察验，善美的要持守。”[①]“善”是试金石、标准。善以万千名称和形态周而复始，却总是保持为前提，对于这种批判来说保持为独断论的固定点，保持为固定观念。

批判者着手工作之际就毫不掩饰地把“真理”作为前提，而且他在真理是我得到的这种信仰之中寻求着真理。他欲图确立真理，而在这一过程中他却执著于那一种“善”。

提出前提无非只是意味着先行提出一个思想，或者在其他一切之前先行考虑某事并且从这一既成的思想出发考虑其他的事，这就叫做以此来衡量并作出批判。换言之，这无非是说思维应该从既成的思想开始。如若完全从思维开始，而不是从存在开始的

① 《帖撒罗尼迦前书》，第 5 章，第 21 节。

话，如若思维是一个主体，一个自己行动着的个体，像植物已经是这样一种个体那样的话，那么思维必须从自身开始这一点就是要坚持的。但是思维的人格化恰恰铸成那些无数的错误。在黑格尔的体系中，就总是这样说的，就仿佛思维或“思维着的精神”（即人格化了的思维，作为精灵的思维）在思维和行动着似的。在批判的自由主义中总是说“批判”做这个那个，或“自我意识”发现这个那个。如果思维是作为个人的行动者，那么，思维自身就必须被当作前提；如果批判是这样的个人的行动者，那么就同样必须是思想先行。思维与批判只能从自身出发进行活动，它们自身必须是它们活动的前提，因为如果它们不存在的话，就不能够进行活动。被当作前提的思维是一种固定的思想、一种独断。思维与批判因而只能从一种独断出发，即从一种思想、一种固定观念、一个前提出发。

这样，我们又重新回到前面说过的地方：基督教就在于一个精神世界的发展，或它是本来的“思想自由”、“自由思想”或“自由精神”。“真正的”批判，曾被我称之为“隶从的”批判，因而是“自由”批判，因为它并不是我自己的。

如果你自身的东西没有被弄成自为的存在物，没有加以人格化，没有使之独立成为自己的“精神”，那么情况就不同了。你的思维并不是以思维为前提，而是以你为前提。但是你就是如此以你为前提吗？是的，然而这不是为了我，而是为了我的思维。在我的思维之前，我存在着。由此可以得出结论：先于我的思维存在的不是思想；或者说：我的思维没有前提而存在着。因为对于我的思维来说，我就是前提。这个前提不是由思维所创造的前提，不是既成思想的前提，而是设定的思维自身，是思维的所有者，这个前提只是证明了：思维只不过是所有物，这就是说“独立的”思维、“思维着的精神”根本就不存在。

这种对通常的考察方法的颠倒像空洞抽象的游戏，以至如果没有实际的结果与此相联系的话，连这种颠倒所针对的那些人也置身于它的无害的应用之中。

为了把这些用简洁的方式表达出来，那就只需表明：并非是人是一切的尺度，而是我是这样的尺度。隶从的批判者在眼前有着他欲图效劳的一个其他本质，一种观念。故而为了他的神，他只宰杀虚假的偶像。为了爱，这一本质会遇到些什么呢？这除了是爱的效劳外还有什么呢？当我进行批判时，在我眼前却从来没有我自己，我只是为了自己的快活，按照我的乐趣使自己欢乐。按照我的需要我相应地咬碎事物，或只吸进它的香气。

如若人们考虑到，因为隶从的批判者是由爱所引导的，他就认为自己是为事物本身效劳的，那么两种态度的差异就更显著地表现了出来。

真理或“一般真理”，人们是不欲放弃而是欲图去寻求的。它除了是最高本质外还会是什么呢？如果批判丧失了对真理的信仰，即使是“真的批判”也必将绝望。而真理只不过是一个思想，但不单单是“一个”思想，它是超越于一切思想之上的思想、不可推翻的思想，真理是使其他一切思想神圣的思想自身，是诸思想的神力，是“绝对”思想，“神圣的”思想。真理比所有的神维持得更长久，因为只有在为真理效劳和对它的爱之中，人们才推翻了诸神，最后则甚至推翻了神本身。“真理”经历了诸神世界的灭亡而仍然存在，因为真理是这个行将消逝的诸神世界的不朽灵魂，它是神性自身。

我欲图回答彼拉多的问题:什么是真理?真理是自由思想、自由观念、自由精神;真理是摆脱了你的东西,并非是你自己的东西,并非是在你的权力之中的东西。但是,真理也不是完全非独立、非个人、非现实和非具体的东西;真理不能像你那样出现,不能像你那样运动、变化和发展;真理从你那里期待并接受着一切而且甚至只有通过你它才存在:因为真理只有存在在你的头脑之中。你承认,真理是一种思想,然而并非每一种思想都是真的思想,或如你喜欢说的那样,并非每一种思想都真正地和实际地是思想。你依据什么来衡量和认识真的思想呢?依据你的无力,亦即依据你根本奈何不得它!如若思想征服了你、振奋了你和夺走了你,那么你就把它看成是真的思想。思想对你的统治向你证明了它的真实性。而如若思想占有了你而且你为它所中迷,那么你就感到在它那里是适宜的,因为这样你就找到了你的主人和师傅。当你寻找真理的时候,你的心在此又渴求着什么?渴求着你的主人!你并不追求你的权力,而是追求一个掌权者,而且你欲图颂扬掌权者("颂扬主人,我们的神!")。我亲爱的彼拉多,真理即是主人,而一切寻求真理的人都寻求和颂扬着主人。那么主人在哪里存在?除了在你的头脑中还有别的什么地方?他仅仅是精神,而你相信在哪里实际看到了他,那么他在那里就是一个精灵。主人仅仅是既成的思想,而使看不见的成为看得见的东西、使精神的东西成为有形体的东西这样的基督教的恐惧和折磨造出了精灵,而且是精灵信仰可怕的痛苦。

只要你信仰真理,你就不信仰自己同时是一个仆从、一个宗教的人。只有你是真理，或者更进一步，你是高于在你面前一无所有的真理的。当然你也探寻真理，你也当然“进行批判”，但是你并不探寻高于你的“更高真理”，并且也不按照这样的真理的标准进行批判。你使自己诉诸思想和概念犹如诉诸事物的现象，都是为了这样的目的：为了使它们适合你的兴趣、使它们可以用之于享受和使它们成为你自己的东西。你仅仅欲图征服它们并成为它们的所有者。你欲图在它们之中调整自己和欲图有如在家之感。如果它们再不能从你那里脱逃、不再拥有没有掌握的或没有理解的场所，如果它们对于你来说是合适的，如果它们是你的所有物的话，那么而后你就会感到它们是真的或在它们真实的光照下看到它们。如果以后它们又再度变得沉重起来，它们又再度从你的权力之中摆脱出来，那么这恰恰是它们的不真实，即你的无力。你的无力即是它们的力量，你的谦卑即是它们的傲慢。因此，它们的真实即是你，或者是对于它们来说你所成为的那种虚无和他们分解成的那种虚无。它们的真实即是它们的虚无性。

只有作为我的所有物，诸精神，即诸真理才进入静止状态。如果它们被剥夺了讨厌的生存，被弄成为我的所有物，如果不再说什么真理在发展着、统治着、自我维系着，历史（还有概念）获得胜利之类，那么它们而后才真正存在着。历史从没有获得过胜利，它充其量只是我获胜的手段，就像利剑那样（“真理之利剑”）。真理死了，一个字母、一个词、一个材料是我能够使用的东西。一切真理就其自身来说都死了，是死尸。真理只有像我的肺脏是活的，即在我自己活动的范围内的那种同样的方式才能是活生生的。真理就像蔬菜和杂草那样是材料。究竟是蔬菜还是杂草这就完全取决于我了。

对我来说,对象只是我所使用的材料。不管我的手伸向哪里,我都抓住使之与我相适应的真理。真理对于我来说是确定的,故而我毋须渴望真理。为真理效劳,从来就不是我的意图。真理对于我来说,只是我从事思维的头脑的食粮,如同土豆之于我从事消化的胃,朋友之于我好社交的心那样。只要我有兴趣和力量进行思考,那么每一真理对我的作用就仅仅在于按照我的能力来改造它。如同现实或世俗之于基督教徒那样,对于我来说,真理也是“空洞与虚无”。真理恰恰就像尘世的事物同样地继续存在着,尽管基督教徒已经证明了后者的虚无性。然而真理是空洞的,因为它并不在自身之中而是在我之中拥有它的价值。对于它自身来说,真理是没有价值的。真理是创造物。

就如同你们通过你们的活动造出无数的事物那样:重新改造了地面和到处作出人造之物,你们通过你们的思维,也会发现无数的真理。我们则欲图为此而喜悦。如同我不欲像机器般地伺候你们新发明的机器,而只是为了我的利益而帮助发动机器那样,我也只欲使用你们的真理,在此同时却不让为了真理的要求而使用我。

一切低于我的真理,我都是喜好的;而我必须以其为准则的、高于我的真理则是我不予承认的。对于我来说,不存在什么真理,因为没有什么可以超越于我!即使是我的本质、人的本质也不可以超越于我!而且是不可超越我这个“桶里的一滴水”、“无足轻重的人”!

如果你们大胆地声称:因为每个时代有它自己的真理,所以不存在“绝对真理”,那么你们就相信作了异乎寻常的事情。这样,你们尽管允诺每一时代有它的真理，然而这恰恰正好造出了“绝对真理”，一种任何时代都不可或缺的真理。因为每个时代，不管它的真理是怎样的，毕竟都拥有一个“真理”。

可以仅仅说，因为人们在每个时代进行思维，故而他们就有着思想或真理吗？可以说后一时代的思想或真理不同于前一时代的吗？不，应该说：每个时代都拥有它的“信仰真理”。在实际上，没有任何信仰真理不被认为是“更高真理”的，它是被人们当作“至尊者和高贵者”而必须加以服从和信仰的这样一种真理。一个时代的每一真理均是这个时代的固定观念。如果说人们在以后发现了另一真理的话，那么之所以如此，往往仅仅是因为人们在寻找着其他的真理：人们只是对愚昧加以改革并为它穿上现代的服装。因为人们只是欲图“为观念所鼓舞”，而谁可以对此权利加以怀疑呢？人们欲受一种思想所统治，为其所中迷！现代的这种形式的统治者即是“我们的本质”或“人”。

对所有自由的批判来说，思想是标准；而对于自主的批判来说，我自己就是这样的标准，我是不可言说的，因而不仅仅是既成的思想。因为单单既成的思想总是可以言说的，因为言词与思想是同时发生的。我的东西即是真的，我所依附的东西即是不真的，如联合是真的，国家和社会是不真的。“自由和真正的”批判为思想、观念、精神的彻底统治而操心，而“自主的”批判则只为我的自我享乐而操心。但是在这一点上，后者实际上——我们不想为它免却这种“耻辱”——与动物的本能的批判是类似的。对我来说，就如同进行批判的动物那样，只为我自己而不是为事业。我是真理的标准，我却并非是观念而是高于观念的，亦即我是不可言说的。我的批判并非是“自由的”，并非是摆脱我而自由的批判，不是“隶从的”、为观念效劳的批判，而是自主的批判。

真的或人的批判只是得出某物是否适合于人、真正的人；通过自主的批判你却只是得出，某物是否适合于你。

自由的批判与观念打交道，因此往往是带有理论性质的。不管这种批判如何也会对观念大加鞭挞，它却是摆脱不了观念的。它攻击精灵，然而它之所以能如此做，恰恰是在于它把它们看作是精灵。与这种批判有关的诸观念不会完全消失：新的一天的清晨的气息驱散不了它们。

相对于诸观念，尽管批判者可以进入不动心的状态，然而他从不会摆脱观念，这就是说他从来不会懂得：从来就不存在着超越于肉体的人的某种更高的东西，即他的人性、自由之类。这种更高的东西，对于批判者来说，就总是保持为人的“使命”、“人性”。而这种人性的观念依然是不现实的，因为它仍旧恰恰是“观念”，而且会这样继续下去。

反之，如若我把观念作为我的观念而加以把握的话，那么观念就已经是现实的，因为我即是它的现实性：它的现实性就在于我，拥有观念的有形体者。

有人说，在世界史中，自由观念实现着自己。而情况恰恰相反。只要有人考虑着这一观念，那么这一观念就是现实的；只要它是观念，就是说只要我考虑或拥有它，那么它就是现实的。并非是自由的观念在自我发展，而是人在自我发展，只是在这种自我发展中也自然而然地发展了他们的思维。

简言之，批判者尚不是所有者，因为他像对待强大的外来者那样来与观念作斗争,一如只要基督教徒与他的“恶的欲念”作斗争,他就不是他的“恶的欲念”的所有者那样。谁与罪恶作斗争,对于他来说,罪恶就是存在的。

批判在“认识的自由”、精神自由这种状态中停滞保持着。而精神只要充斥着纯粹的和真正的观念,精神而后就赢得了它的真正的自由。这是思想自由,这种自由在没有思想的情况下是不能成立的。

批判只有通过另一个观念才能攻击一个观念,如通过人类的观念来攻击特权的观念,或通过大公无私的观念来攻击利己主义的观念。

一般而言,基督教的开端在它批判的终点又再度出现:在这里如同那里一样将与“利己主义”作斗争。我应该重视的不是我自己、个人,而是应该重视观念或普遍者。

僧侣对利己主义的战争、执著于精神者对执著于尘世者的战争构成了整个基督教历史的内容。在新近的批判中,这种战争变得更是无所不包,狂热变得更完全。无疑,只有在战争作了充分的施展和发泄之后,战争才能消失。

我所思考和所做的事情是否是符合基督教的?什么使我为之操心?这是否是人的、自由的或人道的东西,抑或是非人的、非自由的、非人道的东西?对此我询问些什么?如若这仅仅是以我所欲图的东西为目的,如若在这之中我仅仅是满足了自己,而后就如你们所欲图的那样用言语加以覆盖:这一切对于我来说都是一样的。

也许我随后就为了保卫自己而反对我的前一思想,我也许会突然改变我的行动方式。并非是因为这种行动方式与基督教教义不相适应，并非是因为它与永恒的人权背道而驰，并非是它与人类、人性和人道的观念相冲突，而是因为我不再完全地停留在那里，因为它不再给予我充分的享乐，因为我怀疑以往的思想或者刚才熟练的行动方式不再使我满意。

如同作为所有物的世界，变成我可以随意派用场的材料那样，作为所有物的精神，也必定沦为在它面前我不必怀有神圣的畏惧的材料。然后，我首先就不会再对思想感到恐怖，尽管它可以如其所愿地肆无忌惮地和“魔鬼似地”出现，因为，如若思想用变得对我不舒服和用不能使我满足相威胁的话，那么，它的终结就和我的权力有关。然而我也不会在任何行动前畏缩，因为在它那里居住着无神、不道德和违反正义的精神，如同圣博尼法齐乌斯不会由于宗教的疑虑而放弃砍掉异教徒神圣的栎树那样。如果说世界的事物一度变成是空虚的，那么精神的思想也必将变成是空虚的。

没有思想是神圣的，因为没有思想相当于“虔诚”，没有感情是神圣的（没有神圣的友好的感情、没有母亲的感情等等），没有信仰是神圣的。它们全部是可让渡的，我的可让渡的财产，如同被我所创造那样，也同样被我所消灭。

基督教徒能够丧失一切事物或对象，丧失最亲爱的人、他的爱的“诸对象”，同时却不会失掉自己，即在基督教意义上的他的精神，他的灵魂。所有者能从自己那里抛弃并同时将“千倍地赢得”一切他的心所眷恋着的、激发他的热情的思想，因为他保持为思想的创造者。

我们全体无意识地和并非出自本意地致力于追求独自性。我们中的某人如若他并不放弃神圣的感情、神圣的思想、神圣的信仰的话，他就不会做到这一点。是的，不能从他的这个或那个神圣思想中拯救自己的人，我们几乎还没碰到过。我们反对信念的一切斗争都是基于这样的观点：我们有能力将对手从他的思想堡垒中逐出。然而我无意识所做的事，就只能做到事情的一半。因此我在每次战胜一种信仰之后，又再度成为另一种信仰的俘虏（中迷者），然后后一信仰重新又将我的整个自我纳入为它效劳之中。在我不再热衷于《圣经》之后，新的信仰又使我成为热衷于理性的人，或者说在我足够长久地为基督教的观念进行了奋斗之后，又使我成为热衷于人类观念的狂热者。

作为思想的所有者，我当然会将我的财产用盾牌保护住，如同我作为物的所有者不会乐意让每个人染指其间那样。同时我微笑着面对战斗的结束；微笑着将盾牌放在我的思想和我的信仰的尸体之上；在我被击败的时候，微笑着即是凯旋。这恰恰就是物的幽默。摒弃向人们的琐碎事情发泄他的幽默，这是每个拥有“崇高感情”的人皆能做到的。然而让他戏弄一切“伟大的思想、高尚的感情、崇高的激情和神圣的信仰”，则是以我是一切的所有者为先决条件的。

如果说宗教提出了我们全都是罪人这样的命题，那么我就与之相对提出另一个命题：我们全都是完善而从无更多的需要的。（因为我们在任何时候都是我们能够成为的一切。）因为我们不沾染任何缺点，故而罪孽就没有任何意义。如果没有人需要使更高者满意的话，你们还能向我指出世界上有一个罪人吗？如果我只需使我自己满意，那么我就不是罪人。如果我没有使自己满意，那么这就是由于我并没有损害在我之中的崇高者。反之,如若我应是虔诚的信徒的话,那么我就必须使神满意。如果我该像人那样地行动的话,那么我就必须使人的本质、人类观念之类满意。宗教称之为罪人者,人道主义则称之为"利己主义者"。然而,如果我毋须使任何他人都感到恰当的话,那么,"利己主义者"人道主义在"利己主义者"中所搞出的一种新式的魔鬼,不又是毫无意义了吗?人道主义者感到害怕的利己主义者与魔鬼比起来毫不逊色地同样是幽灵:他只是作为吓人的精灵和幻想的形象在他们的头脑中存在着。假若他们没有毫无拘束地在远古时代的善与恶的——他们给予的现代名称是"人的"与"利己主义的"——对立之中晃来晃去的话,那么他们就不会使白发苍苍的"罪人"返老还童地成为"利己主义者",并且在旧衣服上缝上新的补丁。但是,他们不会有其他的做法,因为他们把成为"人"看作是他们的任务。他们摆脱了善人,然而善却留了下来。

我们全都是完善的,在世界上没有一个人是罪人!有这样的疯子,他们想象自己是父之神、子之神和在月亮里的人,而把自己设想为罪人的蠢材也大有人在。但如同前者并非是月球上的人那样,后者也并不是罪人,他们的罪孽是臆想出来的。

假若有人险恶地提出抗议的话,那么他们的疯狂或他们的中迷至少就是他们的罪孽。他们的中迷无非是他们能够达到的境界,他们发展的结果,就如同路德对《圣经》的信仰恰恰就是他所能做到的一切那样。某人的发展使他进了疯人院;另一人的发展则使他进入名人纪念堂和阵亡战士祠。

不存在什么罪人和有罪的利己主义!

带着你的“人类爱”一起从我这里滚开吧！人类之友，你偷偷地爬进“罪恶的洞穴”吧，且在大城市的人群中逗留一下吧！你到处所发现的不是除了罪孽，还是罪孽、罪孽吗？你不会哀叹腐败的人类，抱怨可怕的利己主义吗？你会看到，哪个富人会不是冷酷无情和“利己主义的”？也许你已经称你自己是无神论者，然而你却忠于基督教的感情：要说富人不是“非人”，那要比骆驼穿过针眼还难。你充其量看到了多少你不把他投入“利己主义的一帮”中的人呢？你的人类爱又发现了什么？只不过是不值得爱的人！而他们又出自何处？出自于你、出自于你的人类的爱！在头脑中你带进了罪人，因此你找到了罪人，因此你到处安插罪人。如若人们不是称之为罪人的话，他们就不是罪人：只有你才是罪孽的创造者：恰恰是设想自己热爱人们的你把他们投入罪孽的污泥之中：恰恰是你把他们分成罪恶者与道德者、人与非人；恰恰是你以你中迷的恶毒语言来污损他们。因为你爱的并不是人们，而是人。我却要对你说，你从未看到过罪人，你只是梦见过他。

我认为我必须为他人效劳这一想法使我对自我享受感到扫兴，我设想我对他负有义务。我认为我的使命是“自我牺牲”、“献身”、“灵感”。对了，如若我不再为任何观念、“更高本质”效劳，那么不言而喻的是：我也不再为任何人效劳，而是在一切情况下都是为我自己效劳。这样不仅是依据行为和存在，而且对于我的意识来说，我都是唯一者。

适合于你的与其说是神的东西、人的东西之类，毋宁说是你自己的东西。

如果你把自己看得比人们为此而给予你的要强大，那么你就拥有更大的力量；如若你把自己看得更重，那么你拥有得就更多。

而后你就不仅对一切神的东西**负有使命**，对一切人的东西**拥有权利**，而且是你自己的东西的**所有者**，亦即你有力量使之成为你所拥有的一切的**所有者**，这就是说对于一切你自己的东西你是**适合的**和有能力的。

人们总是认为，必须给予我一种在我之外的使命。这样人们最终指望着我：我应对人的东西提出要求，因为我是人。这就是基督教的魔法圈。即使是费希特的自我也是在我之外的同一本质，因为每个人都是自我。而如若只有此一自我拥有权利的话，那么就是“这个自我”而并非我自己是如此的。我却并非是在其他自我之外的一个自我，而是唯一的自我：我是独一无二的。因此我的需要是独一无二的、我的行动是独一无二的，简言之，我那里的一切都是独一无二的。而只有作为这个独一无二的自我，我把一切都归我自己所有，如同我使自己工作、自我发展，都是作为这个我自己那样：我不是作为人而发展人，而是我作为我自己发展自己。

这些就是**唯一者**的意义之所在。

第三章　唯一者

基督教以前时期和基督教时期追求着相反的目标。前者欲使现实理想化,而后者则是使理想现实化;前者寻求着"神圣精神",后者寻求"崇高的肉体"。因此,对于现实,前者以无感受和"蔑视世界"而告终;后者则以摒弃理想、"蔑视精神"结束。

现实与理想的对立是不可调和的对立,一个从来不能变为另一个:如果说理想变成了现实,那么它恰恰就不再是理想;如果说现实变成了理想,那么就仅仅是理想,而根本不是现实。要消灭两者的对立,除了人们消灭这两者外没有其他的办法。只有在这"人们"之中,在这第三者那里,对立才得以终结。否则的话,观念与现实从不会是一致的。只要观念保持为观念,观念就不能予以现实化,除非作为观念的它已经死去方才能被现实化。现实的情况也是如此。

这样,我们在古代人那里就看到了观念的信奉者,在近代人那里看到了现实的信奉者。两者都摆脱不了对立,两者都只能徒然地渴望:前者渴望着精神,当古代世界的热望看来似乎得到满足,精神似乎已经降临之际,后者随即又渴望着这一精神的世俗化。然而这些渴望就必定永远保持为"虔诚愿望"。

古代人的虔诚愿望是神圣性;近代人的虔诚愿望是形体性。

如同在古代的憧憬将得到满足的时候,古代就必定消亡那样(因为古代仅仅由憧憬所组成),在基督教争斗的范围内是从不会达到形体性的。如同圣化或净化是贯穿古代世界的特征那样(如洁身之类),贯穿整个基督教时期的是形体化的特征:神降临到这个世界,变成了肉身并欲图拯救世界,就是说使这个世界充满着自己。因为神是"观念"或"精神",故而有人(如黑格尔)最终把"观念"引入一切之中,引入到世界之中而且还证明了"观念是一切东西之中的理性"。在当今文明之中的"人"是与异教的斯多葛派作为"智者"所提出的东西相适应的。后者与前者一样都是没有肉体的本质。斯多葛派的非现实的"智者",这个无形体的"圣人"在有了肉体的神之中变成一个现实的人物、一个有形体的"圣人";而非现实的"人",无形体的自我在有形体的自我、在我之中则变成现实的。

由于贯穿围绕整个基督教的问题是关于"神的存在",这个问题一而再,再而三地被提起,为此还提出了证据:对于存在、形体性、个体和现实性的热望总是不断地使人心情忙碌,因为从来没有一种解决方法使这种热望得到满足。最后,关于神的存在的问题总算了结了,然而仅仅是为了又再度以下述命题使之复活:"'神性的东西'是存在的"(费尔巴哈)。然而,这种神性的东西也并不存在,而"'纯粹人的东西'是可以现实化"这一最后的避难所,也不再会长久地提供保护。没有观念是存在的,因为没有观念有能力具有形体。经院哲学的唯实论和唯名论之争也有着同样的内容。简言之,这种争论贯穿在整个基督教的历史中,而且在这一历史之中是不会终止的。

基督教徒的世界致力于使各种观念在生活的各种关系中、在教会和国家的制度和法律中变成现实。然而各种观念进行反抗而且它们总是保持着某些非具体的东西(不能变成现实的东西)。尽管这些非具体的东西不停地向这一具体化的方向努力,然而形体性却总是没有达到。

现实对于实现者来说是无关紧要的,但现实是观念的实现这一点则是关系到一切的。因此他总不断地重新探询:现实的东西是否真正拥有它的核心——观念,而在他考察现实的东西同时他也考察了观念:观念是否如他所设想的那样是可以实现的,抑或只是被他不正确地加以考虑,因而是实行不了的。

基督教徒不应为家庭、国家等这些现存物而操心。基督教徒不应像古代人那样为这些"神的事"而作出自我牺牲,这些事只该被利用,以便在它们之中使精神活跃起来。现实的家庭已变得毫无所谓了,从这种家庭中应产生出理想的家庭,而后它就成了"真正现实的家庭",为神所祝福的神圣的家庭,或按照自由主义的思想方法是"理性的家庭"。在古代人那里,家庭、国家、祖国等作为现存物是神圣的;而在近代人那里,它们则首先要期待着神圣性的实现,它们作为现存物则仅仅是有罪的、尘世的并且务须"被拯救",亦即务须变成真正现实的。这里所包含的意义是:并非家庭等是现存物和现实的东西;神的事、观念倒是现存的和现实的。这个家庭是否通过接受真正现实的东西、观念而会使自己成为现实的,这一点则尚是未定之事。把家庭作为神的事而为之效劳并非是个人的任务,倒是应当反过来,个人的任务是为神的事效劳并把尚不是神圣的家庭奉献给神的事,这就是说在观念的名义下去征服一切，到处插上观念的军旗，使观念成为现实的力量。

然而由于基督教与古代一样都为**神的事**而操心，这样他们总算是再度殊途同归了。在异教的结尾，神的事变成了**外部世界的事**；在基督教结尾，则变成**内部世界的事**。古代没有做到完全把神的事移到世界之外去，而当基督教完成这个任务之时，神的事又随即渴望回到世界中去并欲图“拯救”世界。但是在基督教内部却达不到，也不能达到这样一点：作为**内部世界的事**、神的事真正变成**尘世的事自身**。被当作“邪恶的”、不合理的、偶然的、“利己主义的”东西，被当作在坏的意义上的“尘世的东西”固执地自我维持着和必须进行自我维持。留下的这类东西是够多的。基督教开始于由神变为人，它在所有时代都推进它的改变信仰和拯救的事业，以便在一切人和一切人的东西之中接待神并用精神渗透到一切之中去：在此是旨在为“神”找到一个席位。

如果最后把重点放在**人**或人类之上，那么再度又是人们“**永远诉说**”的观念：“人是不死的！”于是人们就认为发现了观念的现实性：**人**是历史的、世界历史的自我。他这一**理想**是真正发展自己和使自己**得以实现**者。他是真正的实在、有形体者，因为历史是他的形体，在这之中个人只不过是组成部分。基督是世界历史的自我，甚至是基督教之前历史的自我。在现代的观点看来，基督即是人，基督的形象已自我发展为**人的形象**：作为如此这般的人、单单的人是历史的“**中心点**”。在“人”那里又回到了想象的开端，因为“人”就像基督那样都是想象的。“人”作为世界历史的自我，画完了基督教观点的圆周。

如果在存在和使命之间，即在实际上的我和应该成为那样的我之间的紧张关系消失了，那么基督教魔法圈就要破除了。它仅仅作为观念对其形体性的憧憬而存在着，并随着两者分裂的缩小而消失。只要观念保留为观念，譬如像人或人类是一个无形体的观念那样，那么基督教就仍然存在着。有形体的观念、有形体的或“完成的”精神在基督教徒前作为“世界的末日”或“历史的目标”飘荡着，它对于基督教徒来说并非是存在于当前的。

个人只能参与神的王国的建立，或者按照对同一事物的现代的概念，参与人类的发展和历史。只要他参与其间，那么他就拥有基督教的价值，或按照现代的说法，具有人的价值。在其他的情况下，他就是尘土和行尸走肉。

个人就其自身而言是世界历史，并在其他的世界历史中拥有他的财产，这一切是超越基督教事物之上的。对于基督教徒来说，世界历史是比他更高的事物，因为它是基督或“人”的历史。对于利己主义者来说，只有**他的**历史才有价值，因为他只欲图发展**自己**，而不是发展人类观念、神的计划、天意、自由等等。他不把自己看作是观念的工具或神的容器，他不承认任何使命。他并不幻想自己是人类进步的当事人并必须为此而竭尽绵薄之力，而是安享人生且不管其间人类的发展是好还是坏。如若并不允许仿佛自然状况是应该歌颂似的这样的误解，那么人们就能记起莱瑙[①]的“三个吉卜赛人”。我在世界上是为了什么？是为了实现观念吗？为了通过我的市民性质来实现“国家”的观念，而做我自己的事；或通过婚姻而作为丈夫或父亲使家庭的观念成为一种存在？这样一

① 莱瑙，尼古拉（1802—1850）：奥地利著名抒情诗人。——译者

种使命与我有何关系？我并不按照使命生活，就如同花并不按照使命生长和散发香味那样。

如果把基督教的观点变成"我，这个唯一者是人"这样的命题的话，那么"人"这一理想就实现了。概念的问题是："什么是人？"而后则变成了个人的问题："谁是人？"人们用"什么"来寻求概念，以使它得以实现；而用"谁"开头则根本就不再是问题，而是在提问者那里从个人角度随即有了回答：问题自己对自己作了回答。

人们谈到神时说："姓名并没有道出你。"这对于我来说是适用的：没有概念表达出我自己，人们作为我的本质所作出的说明根本没有对我作出充分的论述。它只不过是名称。人们也同样地谈论神：神是完全的，因此神没有寻求完全的使命。这也恰恰适用于我。

我是我的权力的所有者。如果我知道我自己是唯一者，那么而后我就是所有者。在唯一者那里，甚至所有者也回到他的创造性的无之中去，他就是从这创造性的无之中诞生。每一在我之上的更高本质，不管它是神、是人都削弱我的唯一性的感情，而且只有在这种意识的太阳之前方才黯然失色。如果我把我的事业放在我自己，唯一者身上，那么我的事业就放在它的易逝的、难免一死的创造者身上，而他自己也消耗着自己。我可以说：

我把无当作自己事业的基础。

附录　施蒂纳生平年表

1806	10 月 25 日:约翰·卡斯巴尔·施米特(笔名麦克斯·施蒂纳)生于德国巴伐利亚。他的父亲是制作长笛的师傅。
1826—1828	在柏林等地学习哲学、神学和古典语言学。授课教员有:黑格尔、施莱尔马赫、马尔海内克。
1828—1829	在埃尔兰根学习。
1832—1834	在柏林大学注册,就学于米歇勒特。
1834—1835	毕业论文《论教育法》,得到有限制的中学授课证书。
1835—1836	作为柏林王家中学的试用教员,此后再也没有在公立学校谋得职位。
1839—1844	在柏林一所私立"中等女子学校"任教。
1840	普鲁士国王弗里德里希-威廉四世即位,文化大臣艾希霍思就任。普鲁士资产阶级自由主义运动的开端。
1841	费尔巴哈:《基督教的本质》;赫斯:《欧洲的三头政治》;蒲鲁东:《什么是财产?》发表。
1841—1843	1841 年 12 月 24 日至 1843 年 1 月 31 日书报检查在普鲁士暂时废止。
1842	"施蒂纳"与柏林的"自由人"交往;他用这个笔名发表了题为《关于布·鲍威尔的〈末日的宣告〉》的文章并匿名发表了随即遭禁的《柏林教区的一位教友对五十七名柏林神职人员的呼吁书的抗辩:基督教的安息日》;秘密警察的调查对施蒂纳只产生了"好的印象"(据 G. 迈耶)。
	3 月 7 日至 10 月 13 日:施蒂纳为马克思编辑的《莱茵报》写通

讯:《我们教育的不真的原则或人道主义和现实主义》等;5月6日至12月31日:为《莱比锡总汇报》写通讯及《自由人》等文。

同年发表的论著有:布·鲍威尔:《善的自由事业与我自己的事务》;魏特林:《和谐与自由的保证》。

1843　费尔巴哈:《基督教的本质》、《关于哲学改造的临时纲要》;布·鲍威尔:《犹太人问题》;埃·鲍威尔:《德国的自由主义运动》;蒲鲁东:《论人类等级的起源》发表;卢格出版:《德国现代哲学和政论界轶文集》,海尔维格出版《来自瑞士的二十一印张》。

施蒂纳与“自由人”圈内的玛丽·威廉明妮·德哈尔特结婚;她带去了数万塔勒的财富。

1843—1844　布·鲍威尔创办《文学总汇报》。施蒂纳为布尔的《柏林月刊》撰写了《爱的国家的若干暂时的东西》、《欧仁·苏的〈巴黎的秘密〉》。

1844　马克思在《德法年鉴》上发表《黑格尔法哲学批判导言》和《论犹太人问题》。

6月:西里西亚织工起义,德国工人运动的开始。

10月1日:施蒂纳离开了女子中学。10月底:《唯一者及其所有物》在莱比锡出版,所标明的出版年份为1845年;10月28日该书为萨克森行政当局所查封并禁止发行;11月2日内政大臣取消了禁令。(“预料该书不会真正对读者产生不良后果,作者所运用的哲学充其量只会表明极为可怜的后果,它将使人们望而生畏。所谓‘生活的宗教-道德的观点’也不过只是这种低级和狭隘的立场所作的表态,而几乎没有什么实际意义。”根据科尔纽的说法。)

1845　施蒂纳在《维干德季刊》上对“施蒂纳的评论者”作出答复。

他徒劳地尝试在柏林创办一牛奶铺。

1845—1846　马克思与恩格斯着手写作《德意志意识形态》。

1845—1847　施蒂纳翻译《法国与英国的国民经济学家》,第1—4卷,萨伊:

	《实践政治经济学详细课本》,莱比锡,1845/1846;第5—8卷,亚当·斯密:《关于国民财富的本质和原因的研究》,莱比锡,1846/1847。
1848	三月:在柏林爆发革命。(“毋须特别指出的是:施蒂纳就像对整个运动那样,在1848年3月的日子中丝毫也没有投身其间。”——马凯)施蒂纳似是《奥地利新闻报》匿名文章的作者。
1853/1854	施蒂纳因负债两次遭拘禁;其时以当代理商谋生。
1856	6月25日:麦克斯·施蒂纳在柏林去世;参加葬礼的有布尔与布·鲍威尔。

图书在版编目(CIP)数据

唯一者及其所有物/(德)麦克斯·施蒂纳著;金海民译.—北京:商务印书馆,2017
(汉译世界学术名著丛书:120年纪念版:珍藏本)
ISBN 978-7-100-14479-7

Ⅰ.①唯… Ⅱ.①麦… ②金… Ⅲ.①无政府主义 ②利己主义 Ⅳ.①B516.49

中国版本图书馆CIP数据核字(2017)第153288号

汉译世界学术名著丛书
(120年纪念版·珍藏本)
唯一者及其所有物
〔德〕麦克斯·施蒂纳 著
金海民 译

商 务 印 书 馆 出 版
(北京王府井大街36号 邮政编码100710)
商 务 印 书 馆 发 行
北京市十月印刷有限公司印刷
ISBN 978-7-100-14479-7

2017年12月第1版 开本710×1000 1/16
2017年12月北京第1次印刷 印张27
定价:135.00元